高等学校土建类专业"十二五"规划教材

建筑工程经济与企业管理

徐 蓉 主编

吴 芸 李 艳 副主编

化学工业出版社

·北京·

本书主要从建筑经济和建筑企业管理两个方面，论述了市场经济条件下建筑企业经营管理的基本内容。主要内容分两部分，第一部分为建筑经济部分，主要介绍内容有：绪论、资金的时间价值、方案的评价指标和多方案的比选、建设项目的不确定性和风险分析、建设项目的经济评价方法、价值工程；第二部分为建筑企业管理部分，主要介绍内容有：建筑工程招投标与合同管理、建筑企业经营管理、建筑企业资源管理、建筑企业生产管理、建筑企业成本管理及经济核算等。

本书适用于大专院校土木工程与工程管理等专业的教学用书，也可作为从事建筑企业管理和工程项目管理的工程技术人员和管理人员的学习培训用书。

图书在版编目（CIP）数据

建筑工程经济与企业管理/徐蓉主编. —北京：化学
工业出版社，2012.1（2023.2重印）
高等学校土建类专业"十二五"规划教材
ISBN 978-7-122-12671-9

Ⅰ．建… Ⅱ．徐… Ⅲ．①建筑经济-高等学校-教材
②建筑企业-工业企业管理-高等学校-教材 Ⅳ．F407.9

中国版本图书馆CIP数据核字（2011）第217295号

责任编辑：陶艳玲　　　　　　　　　　装帧设计：杨　北
责任校对：洪雅姝

出版发行：化学工业出版社（北京市东城区青年湖南街13号　邮政编码100011）
印　　装：北京科印技术咨询服务有限公司数码印刷分部
787mm×1092mm　1/16　印张20½　字数537千字　2023年2月北京第1版第5次印刷

购书咨询：010-64518888　　　　　　售后服务：010-64518899
网　　址：http://www.cip.com.cn
凡购买本书，如有缺损质量问题，本社销售中心负责调换。

定　　价：58.00元

前　言

我国经济体制改革的目标是建立有中国特色的社会主义市场经济体制。在市场经济条件下，市场对企业的生存和发展起到至关重要的作用，尤其是建筑企业，作为我国社会主义经济建设的支柱产业，更要时刻掌握市场动态，力求在对手如林的市场竞争中占得先机。企业在市场经营过程中的指导思想是如何创造更多的利润，只有创造更多的利润，才有雄厚的资金扩大再生产和改善员工的生活条件，为国民经济发展做出贡献。作为建筑企业的决策者、管理者更要及时把握市场经济规律、掌握建筑经济的知识和理论，从而能够正确制定企业发展规划，确定生产经营策略，加强企业综合能力，不断提高企业的经济效益。

我国建筑业的改革正处于计划经济体制向市场经济体制转变，粗放型管理向集约型管理、精细化管理的转变时期，对于建筑企业而言，加强经营管理尤为重要。随着建筑企业推行现代化企业制度和实施现代化管理，很多企业管理者对科学管理进行了成功探索，创造了不少成功经验。实践证明，管理出效益。加强管理，可以使企业产生良好的经济效益和社会效益，立于不败之地；加强管理，可以使经济效益差的企业扭亏为盈；加强管理，可以使濒于倒闭的企业起死回生；加强管理，可以使企业不断壮大，实现可持续发展。

同时，对建筑企业的管理离不开对建筑经济知识的掌握，企业管理者只有充分掌握建筑经济理论，才能更好地把握市场的动态，才能更好地了解市场运行的经济规律，才能知道市场需要什么、企业应该为市场提供什么，从而正确制定企业的发展战略，提高企业的管理水平。

编者考虑到，随着近几年来建筑经济理论研究的深入，建筑企业管理改革实践的发展，不论是建筑经济理论知识、建筑业企业的管理水平，还是从业人员的素质都有了长足的发展。建筑经济与建筑企业管理方面的知识也在不断地更新和扩充。本书希望能够对建筑经济和企业管理的相关知识进行更加全面地阐述，做到基本理论更加系统、专业知识更加全面、实用意义更加强化，以推动我国建筑企业的发展。

本书由徐蓉（同济大学）主编，吴芸（上海电力学院）、李艳（海南大学）副主编，各章节编写人员如下：第1章、第2章、第3章由徐蓉、袁浩（同济大学）、李晓婷（同济大学）、师安东（三门峡中等专业学校）编写，第4章、第5章由王艳红（兰州理工大学）编写，第6章由王旭峰（同济大学）江达浩（同济大学）编写，第7章、第8章、第9章由吴芸、马锦明（同济大学）、吴海潮（同济大学）编写，第10章、第11章由李艳、徐蓉、赵翰文（同济大学）编写，最后全书由徐蓉、吴芸统一审阅定稿。

限于编者的学识，在编写过程中难免出现这样或那样的不足，敬请有关专家和学者给予指正，不胜感激！

编者

目　录

第1章 绪 论

1.1 基本建设与建筑业

1.1.1 基本建设

1.1.1.1 基本建设的含义

基本建设是国民经济各部门为了扩大再生产而进行的增加固定资产的建设工作，也就是指建造、购置和安装固定资产的活动以及与此有关的其他工作。基本建设在国民经济中具有十分重要的作用，它是发展社会生产力、推动国民经济、满足人民日益增长的物质文化需求以及增强综合国力的重要手段。同时通过基本建设还可以调整社会的产业结构，合理配置社会生产力。基本建设的每个建设项目都是从酝酿、构思开始，通过可行性研究决策之后，进入项目设计和施工阶段，直至竣工验收，交付使用和生产运营。

1.1.1.2 基本建设的内容

（1）固定资产的建造　固定资产的建造包括建筑物和构筑物的营造与设备安装两部分。营造工作主要包括各类房屋及构筑物的建造工程，管道及输电线路的敷设工程、水利工程等；设备安装工作主要包括生产、运输、试验、检验等各种需要安装的设备的装配和装置工程。

（2）固定资产的购置　固定资产的购置包括对符合固定资产条件的设备、工具、器具等的购置。固定资产不是根据其物质的技术性决定的，而是根据其经济用途决定的。设备购置既是流通过程，也是形成固定资产的一条途径。因此，固定资产的购置是基本建设的重要内容。

（3）其他建设工作　包括勘察设计、土地征用、职工培训、建设单位管理等工作。这些工作是进行基本建设所不可缺少的，所以，它们也是基本建设的重要内容。

1.1.1.3 基本建设的作用

基本建设的主要作用如下：为国民经济各部门提供生产能力，为提高人民的生活水平创造新的基础设施。此外，基本建设可以合理配置生产力，并利用先进技术改造国民经济。

1.1.1.4 基本建设的分类

基本建设有不同的分类方法，可以按专业分类、按项目的性质进行分类、按项目用途分类，可以按项目的建设过程分类以及按项目规模进行分类。具体分类如下。

（1）基本建设按专业不同可分为建筑工程项目、安装工程项目、桥梁工程项目、公路工程项目、铁路工程项目、水电工程项目、航道工程项目、隧道工程项目等。

（2）基本建设按项目性质不同可分为新建、扩建、改建、恢复和迁建项目建设。

新建项目。新建项目是指从无到有，即新开始建设的项目。有的建设项目原有基础很小，需重新进行总体设计，经扩大建设规模后，其新增的固定资产价值超过原有的固定资产价值3倍以上的，也属于新建项目。

扩建项目。扩建项目指原有企业事业单位为扩大原有产品的生产能力和效益，或增加产品的生产能力和效益，扩建主要是生产车间或工程的项目，也包括事业单位和行政单位增加的业务用房。

改建项目。改建项目指原有企事业单位为提高生产效率，改进产品质量或调整产品方向，对原有设施、工艺流程进行改造的项目。

恢复项目。恢复项目是指企事业单位的固定资产因自然灾害、战争或人为因素等原因，已全部或部分报废，后又投资的恢复建设的项目。不论是按原来规模恢复建设，还是在恢复的同时又进行改建的项目，都属于恢复项目。但是尚未建成投产的项目，因自然灾害损坏再重建的，仍按原项目看待，不属于恢复项目。

迁建项目。迁建项目是指原有企事业单位由于各种原因迁到另外的地方建设的项目，不论其建设规模是和企业原来一样的还是扩大了的，都属于迁建项目。

（3）基本建设按用途不同划分可分为生产建设项目和非生产建设项目。

a. 生产建设项目，是指直接用于物质生产或满足物质生产需要的建设项目，包括工业、农业、林业、水利、气象、交通运输、邮电通讯、商业和物资供应设施建设、地质资源勘探建设等。

b. 非生产性建设项目，是指用于人民物质和文化生活需要的建设项目，包括公用事业设施建设、科学实验研究以及住宅建设、文教卫生等其他非生产建设项目。

（4）基本建设按建设过程不同划分可分为预备项目、筹建项目、在建项目、投产项目和收尾项目。

a. 预备项目，按照中长期投资计划拟建而进行研究，不进行实际建设准备工作的项目。

b. 筹建项目，经批准立项正在进行建设准备，还未开始施工的项目。

c. 在建项目，计划年度内正在建设的项目，包括新开工项目和续建项目。

d. 投产项目，指计划年度内按设计文件规定建成主体工程和相应配套工程经验收合格并正式投产或交付使用的项目，包括全部投产项目、部分投产项目和建成投产单项工程。

e. 收尾项目，以前年度已经全部建成投产，但尚有少量不影响正常生产或使用的辅助工程或非生产建设工程，在本年内继续施工的项目。

（5）基本建设按建设投资规模不同划分可分为大型项目、中型项目和小型项目。

划分的标准各行业并不相同，一般情况下，生产单一产品的企业，按产品的设计能力来划分，生产多种产品的，按主要产品的设计能力来划分；难以按生产能力划分的按其全部投资额划分。

1.1.2　建筑业

1.1.2.1　建筑业的定义

广义的建筑业是指围绕土木建筑工程产品生产过程这一中心环节，向前延伸到对建筑产品的规划和计划，向后延伸到运行和维护，包括工程勘察、设计、建筑材料的生产与供应、构配件加工与组装、土木与建筑工程施工、设备仪器以及管道安装、项目运营期间的维护、工程管理服务以及与这些过程有关的教学、咨询、科研、行业组织等机构的服务。从其定义来看，建筑业实质上是以建筑产品生产过程为主导，以相关工程服务为辅助，以与建筑业有关的科研、教育及相关工业生产为依托的、功能完善的产业，它并不局限于施工活动中。

狭义的建筑业是指国民经济中直接从事建筑产品加工生产活动的行业。它的基本特征是，通往物化劳动，将建筑材料、构配件和工艺设备组合，使之产生一系列的物理和化学变化，最终形成土木建筑工程产品。

我国 1997 年颁布的《中华人民共和国建筑法》从所管辖范围的角度，将建筑业的活动分为四大类：

（1）各类房屋建筑及其附属设施的建造与其配套的线路、管道、设备的安装活动；

（2）抢险救灾及其他临时性房屋建筑和农民在自建低层住宅的建造活动；

（3）军用房屋建筑工程的建造活动；

（4）其他专业建筑工程的建造活动（指铁路、水利水电设施、公路、港口、码头、机场等）。

1.1.2.2　建筑业内部划分

根据国家标准《国民经济行业分类》（GB/T 4754—2002）建筑业进一步划分为四类。

（1）**房屋和土木工程建筑业**　房屋工程建筑。指房屋主体工程的施工活动，不包括主体施工前的工程准备活动。土木工程建筑。指土木工程主体的施工活动，不包括施工前的工程准备活动。

土木工程建筑还包括铁路、道路、隧道和桥梁工程建筑，水利和港口工程建筑，架线和管道工程建筑以及其他土木工程建筑。

（2）**建筑安装业**　指建筑物主体工程竣工后，建筑物内各种设备的安装活动，以及施工中的线路敷设和管道安装。不包括工程收尾的装饰。

（3）**建筑装饰业**　指对建筑工程后期的装饰、装修和清理活动，以及对居室的装修活动。

（4）**其他建筑业**　包括工程准备、提供施工设备服务以及其他未列明的建筑活动。

1.1.2.3　建筑业在国民经济中的作用

建筑业在国民经济中的作用主要包括：为发展生产及改善人民生活提供物质技术基础；为社会创造新的财富，给国家提供巨额国民收入；促进就业和其他产业部门的发展。

1.1.3　基本建设与建筑业的关系

1.1.3.1　基本建设与建筑业的联系

（1）基本建设的主要内容由建筑业来完成。建筑安装工作量在基本建设投资中占有相当大的比重，一般为 60％左右。建筑业技术进步和生产效率的提高，直接关系着基本建设工作的进程和效果。事实证明，没有强大的建筑业，就无法进行大规模的基本建设。

（2）基本建设投资是促进建筑业发展的客观需要。基本建设投资的多少直接影响着建筑业工程任务的多少，如果基本建设投资忽高忽低，建筑业的发展就时好时坏。所以，只有基本建设规模得到健康发展，才能促进建筑业的发展。

1.1.3.2　基本建设与建筑业的区别

（1）性质不同，基本建设是一种投资行为，是一种综合的经济活动，而建筑业是一个物质生产部门，主要从事建筑安装等物质生产活动。

（2）内容不同。基本建设除了包括建筑业完成的建筑安装工程内容外，还包括对设备的购置。而建筑业的生产任务除了基本建设投资形成的建筑安装任务外，还有更新改造和维修活动形成的建筑安装生产任务。

（3）任务不同。基本建设的主要任务是在一定期限和资金限额内完成投资活动，得到足够需用的固定资产，而建筑业的主要任务是为社会提供更多、更好、更经济的建筑产品并获取收益。

1.2　建筑经济的研究对象和研究内容

本书中的"建筑经济"研究的是工程经济学在基本建设项目上的应用问题，因此建筑经济的研究对象和研究内容与工程经济学的研究内容和研究对象基本一致。

1.2.1　工程经济学的发展过程

工程经济学的创始人是亚瑟·惠灵顿（Arthar M. Wellington）。作为一名建筑工程师，惠灵顿认为，资本化的成本分析法可应用于对铁路最佳长度或路线曲率的选择，从而开创了工程领域中的经济评价工作。工程经济（学）也从此破土萌芽了。什么是工程经济学呢？惠灵顿认为，不能把工程学简单地理解和定义为建造艺术。在他看来，工程经济并不是建造艺术，而是一门少花钱多办事的艺术。

真正使工程经济学成为一门系统化科学的学者，则是格兰特（Eugene L. Grant），他在1930年发表了被誉为工程经济学经典之作的《工程经济学原理》。格兰特教授不仅在该书中剖析了古典工程经济的局限性，而且以复利计算为基础，讨论了判别因子和短期评价的重要性以及长期资本投资的一般方法，首创了工程经济学的评价理论和原则。

20世纪60年代以来，工程经济学研究主要集中在风险投资、决策敏感性分析和市场不确定性因素分析等方面，主要代表人物是美国的德加莫（Degarmo）、卡纳达（Canada）和塔奎因（Tarquin）。德加莫教授以对投资形态和决策方案的比较研究，开辟了工程经济学对经济计划和公用事业的应用研究途径；卡纳达教授的理论重视外在经济因素和风险性投资分析，代表作为《工程经济学》（1980年）；塔奎因教授等人的理论则强调投资方案的选择与比较，他们提出的各种经济评价原则（如利润、成本与服务年限的评价原则，盈亏平衡原则和债务报酬率分析原则等）成为美国工程经济学教材中的主要理论。

近十年来，西方工程经济学理论出现了宏观化研究的趋势，工程经济中的微观部门效果分析正逐渐同宏观的效益研究、环境效益分析结合在一起，国家的经济制度和政策等宏观问题成为当代工程经济学研究的新内容。

1.2.2　工程经济学的研究对象

20世纪初，纽约电话公司总工程师John J. Carty在审查提交给他的许多工程建议书时，总要问下面三个问题：

（1）究竟为什么要干这个工程？

（2）为什么要现在干这个工程？

（3）为什么要以这种方式干这个工程？

第一个问题可以延伸为：是否可以执行另一个新的工程建设方案？现在项目是否应扩大、缩小或报废？现行标准和生产流程是否应加以修改？第二个问题可以延伸为：现在是按超过要求的更高生产能力来建设，还是仅用足够的生产能力来及时满足预期的需要？投资的费用及其他条件是否有利于现在做这个工程？第三个问题可以延伸为：有没有其他的可行方式？这些方式中哪些更经济？

他所提到的问题是人们在工程技术活动中常遇到的一些问题，工程经济学研究的对象就是解决这类问题的方案和途径。传统工程经济学面对的主要是这类微观技术经济问题，如某项工程的建设问题、某企业的技术改造问题、某技术措施的评价问题、多种技术方案的选择问题等。随着社会和经济的发展，现代工程经济学面对的问题越来越广泛，从微观的技术经济问题延伸到宏观的技术问题，如能源问题、环境问题、资源开发利用问题、国家经济制度与政策问题。工程经济学解决问题的延伸产生了新的工程经济分析的方法，丰富了工程经济学的内容，但不应将工程经济学研究的对象与这些经济问题的研究对象完全等同起来，工程经济学也无法解释这些问题所有的经济现象，它着重解决的是如何对这些问题进行经济评价和分析。

1.2.3　工程经济学的研究内容

工程经济学的研究内容包括方案的评价指标和多方案的比选问题、建设项目的不确定性和风险分析、建设项目的经济评价方法以及价值工程等内容。其中，方案的评价指标方面主要研究投资回收期、净现值（净年值）和内部收益率等三类指标；多方案的比选根据项目之间的关系有互斥方案、独立方案和混合方案。由于独立方案和混合方案可以通过一定的分析方法转化为互斥方案，本书重点研究互斥方案的比选，包括寿命期相等的互斥方案和寿命期不等的互斥方案的比选，而其中寿命期相等情况下的互斥方案又可分为收益已知和收益未知这两种情况，然后分别对不同类别、不同情况下的互斥方案采用相应的比选方法进行最优方案选择；建设项目的不确定性和风险分析主要研究盈亏平衡分析、敏感性分析、概率分析和蒙特卡洛模拟法共四类方法；建设项目的经济评价方法主要从财务评价、国民经济评价和社会评价三方面对项目的可行性进行评价；价值工程主要研究选择价值工程的分析对象、功能分析以及方案的创造与方案的评价等内容。这些内容将在本书的第 3、第 4、第 5 和第 6 章分别介绍。

1.3 项目建设程序

1.3.1 项目建设程序的概念

项目虽然是一次性的，但又层出不穷，并且项目之间是交错运转的。项目的这种单体的独立性和群体性的交叉使得新项目不断产生。

工程项目建设程序是指一项工程从设想、提出到决策，经过设计、施工直到投产使用的全过程的各阶段、各环节以及各主要工作内容之间必须遵循的先后顺序。

建设程序由国家制定法规予以规定，严格遵循和坚持按建设程序办事是提高工程建设经济效益的必要保障。

1.3.2 工程项目建设程序的划分

可行性研究的对象是项目。任何一个项目，按照自身运动的规律，从项目设想、立项，直到竣工投产，收回投资达到的预期目标，往往要经历一个相当长的过程。我们把这一过程称为项目发展周期，亦称项目周期，对于一般工业项目，这个过程通常要持续 10 至 30 年不等。

项目通常要经历三个时期：投资前期、投资时期和生产期。在联合国工业发展组织（UNIDO）编写的《工业可行性研究编写手册》中，所列的项目发展周期内各时期的工作重点及投资支出的一般规律如图 1-1 所示。

投资前期指从投资设想到评估决策这一时期。这一时期的中心任务是对项目的科学论证研究和评估决策。项目的成立与否、规模大小、资金来源及其利用方式、技术与设备选择等项目的重大问题都在决策时期完成。投资前期由以下几个阶段构成。机会研究阶段：对项目投资方向提出原则设想，并形成项目建议书；项目建议书是投资机会的具体化，是项目得以成立的书面文件。初步可行性研究阶段：针对提出的项目设想进行粗线条的论证，旨在删除不可行的方案。详细可行性研究阶段：详细可行性研究是投资前期工作的中心环节，在项目建议书审查通过后，就需组织各方面专家，对项目进行科学的、详细的研究论证，提出项目的可行性研究报告。决策阶段：项目决策是以可行性研究报告为基础，对项目成立与否及其他主要问题作出决策。

投资期即项目决策后从建设到竣工验收、交付使用这一时期。这一时期的主要任务是实现投资期的目标，把构思设计变为现实。投资期包括谈判和签订合同，工程设计、施工准备与施工、试运转等阶段。

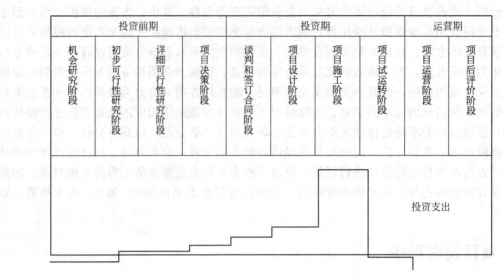

图 1-1   工程项目生命周期各阶段划分图

运营期的主要内容是实现项目的战略目标，收回投资。这一时期包括以下几个环节：实现生产经营目标与资金回收以及项目后评价，项目后评价的主要工作：第一，影响评估，这是通过项目建成投产使用后对社会经济、政治、技术和环境等方面产生的影响来评估项目决策的正确性；第二，经济效益评价，通过产生的实际经济效益与可行性研究所确定的经济效益相比较，以评价项目投资是否值得，市场调查是否准确，经营管理是否得当。

1.3.3   建设项目周期各阶段对投资的影响

大多数建设项目后期有共同的人力和费用投入模式：开始少、后来多，而当建设项目建成时又迅速减缓。

（1）建设项目投资前期的决策阶段对投资的影响   建设项目投资前期的决策阶段的基本特征是智力化或称知识密集性。其主要投入是投资机会分析费、市场调查分析费和可行性研究费等，一般工业建设项目这类费用约为投资的1%左右。在项目决策结果没有得出之前，一般不会进行土地、材料、设备等要素投入，这表明在项目决策阶段，工作成本对投资影响极小，对要素成本不构成影响。

建设项目投资前期的决策阶段的产出是决策结果，它是对投资活动的成果目标（使用功能）、基本实施方案和主要投入要素（品种、数量、质量、价格、取得形式）做出的总体策划。这个阶段的产出对总投资的影响，一般工业建设项目的经验数据为60%~70%；估计产出对项目使用功能影响在70%~80%。这表明项目决策阶段对项目投资和使用功能具有决定性的影响。

（2）建设项目投资期的设计阶段对投资的影响   建设项目投资期的设计阶段的基本一般特征是智力和技术的双重性。这个阶段的投入包括两方面：一是设计人员的工作报酬，一般工业项目的经验数据为2%~10%；二是某些重要建设要素的预定和购置，一般工业建设项目的经验数据在10%~20%，主要订购的是土地和特殊材料设备。这表明在项目规划设计阶段，工作成本对投资影响较小，要素成本是一个重要控制因素。

建设项目投资期的设计阶段的产出，一般是用图纸表示的具体设计方案。在这个阶段，项目成果的功能、基本实施方案和主要投入要素（品种、数量、质量和取得形式）就基本确定了，这个阶段的产出对总投资影响，一般工业建设项目的经验数据为20%~30%；对项目使用功能的影响估计在 10％～20％。这表明项目设计阶段对项目投资和使用功能具有重要影响。

（3）建设项目投资期的施工阶段对投资的影响　建设项目投资期的施工阶段的基本特征是资金和劳动的双重性。这个阶段的投入包括两个方面：一是建筑施工人员的工作报酬，一般工业建设项目的经验数据为 10％～20％；二是建筑施工要素的投入，一般工业建设项目的经验数据为 50％～60％。这表明在项目施工阶段，成本已经成为项目投资的重要影响因素。

建设项目投资期的施工阶段的产出就是投资活动的最终成功——投资产品。由于投资的主要因素在此之前已基本确定下来，所以这个阶段对产出的影响较小，对总投资影响一般工业建设项目的经验数据为 10％～15％，对项目使用功能影响估计在 5％～10％。

（4）建设项目运营期的后评价阶段对投资的影响　这一阶段，从一般意义上讲只是一种探索项目投资的事后控制和检验评估的规律和方法。

从以上分析不难看到，随着项目周期的阶段性变化，影响项目投资的前三种因素有一定的变化规律：工作费用是从小到大的变化趋势，变化程度很大；项目要素费用也是从小到大的变化趋势，变化程度居中；产出对总投资和项目使用功能的影响是从大到小的变化趋势，变化程度很大。

由此可见，建设项目最后实现的经济效果，很大程度是由设计工作决定的，而设计工作又是体现和贯彻项目决策意图的，所以在项目决策和设计上的失误是重大的失误。相反，在项目决策和设计上的节约是重大的节约。为此，必须重视和加强建设项目的决策和设计工作，这对于提高建设项目投资的经济效益，起着极其重要的作用。此外，为了缩短项目周期，尽快发挥建设项目投资的经济效益和社会效益，应该着眼于建设项目各阶段所需时间的缩短和提高建设项目各阶段工作的质量。

从基本建设特点和建设项目周期可知，基本建设是横跨于国民经济各部门、各地区、各行业和各投资者之间综合性较强的经济活动，是社会化大生产。其工程浩繁，牵涉面广，环节甚多，要求在广阔的范围内紧密配合。基本建设全过程的各项工作又必须集中在一定的建设地点实施。于是空间上的活动范围互相牵制，纵向和横向、内部和外部的协作关系错综复杂，因此其工作必有先有后，循序渐进。这就要求基本建设必须有组织、有计划、按顺序地进行。

1.4　可行性研究

基本建设前期工作对于建设项目的成败有着至关重要的作用。历史的经验证明，许多建设项目的失败究其原因都是前期工作没有做好，仓促上马所致。因此，掌握科学的方法，做好建设项目的前期工作，尤其是可行性研究工作，是避免投资决策失误，提高建设项目经济效益的有效途径。

1.4.1　项目可行性研究的概念

可行性通常指"可能的，行得通的，可以实现或可以成功的"等含义。因此，任何一个决策者，在其决策行动之前，都应有一个"可行性"研究的问题。

可行性研究是关于项目是否可行的研究。一个项目是否可行通常包含了四个问题：项目是否必要？项目能够实现与否？实现后的效果如何？项目实施的风险大小？任何项目首先要有客观的需求，在当今日益复杂的经济、技术和社会环境中，有些项目表面上似乎是必要的，而实际上也许根本不存在使其成立的条件。同样，项目可行性也是一个需要详细研究才能知晓的问题。只有项目在技术上可行，才有可能实现。一个项目除了能实现，还必须有良好的经济和社会效果，还应分析项目实施的不确定性因素和减少风险的措施。

在项目建议书批准之后，要依据批复的项目建议书对项目进行更深入、全面的可行性研究，并编写可行性研究报告。

项目可行性研究是目前国内外在工程建设中广泛采用的一种技术经济论证方法。指工程项目在做出投资决策前，先对与该项目相关的技术、经济、社会、环境等所有方面进行调查研究，对项目各种可能的拟建方案进行技术经济分析和论证，研究项目在技术上的先进性、经济上的合理性以及建设上的可行性，并对项目建成后的经济效益、社会效益、环境效益等内容进行科学预测和评价，据此提出该项目是否应该投资建设，以及选定最佳投资建设方案等结论性意见，为项目投资决策提供依据。

1.4.2 可行性研究的阶段和步骤

1.4.2.1 可行性研究的阶段划分

可行性研究工作一般分为投资机会研究、初步可行性研究、详细可行性研究。投资前期机会研究、初步可行性研究、详细可行性研究的目的、任务、要求以及所需费用和时间各不相同，其研究的深度和可靠程度也不同，见表1-1。

表 1-1　可行性研究的内容

研究阶段	投资机会研究	初步可行性研究	详细可行性研究
研究性质	项目设想	项目初选	项目拟定
研究目的和内容	鉴别投资方向，寻求投资机会，选择项目，提出项目投资建议	对项目作初步评价，进行专题辅助研究，广泛分析、筛选方案，确定项目的初步可行性	对项目进行深入细致的技术经济论证，重点对项目的技术方案和经济效益进行分析评价，进行多方案比选，提出结论性意见
研究要求	编制项目建议书	编制初步可行性研究报告	编制详细可行性研究报告
研究作用	为初步选择战略投资项目提出依据，批准后列入建设前期工作计划，作为企业对战略投资项目的初步决策	判定是否有必要进行下一步详细可行性研究，进一步判明建设项目的生命力	作为项目投资决策的基础和重要依据
估算精度	±30%	±20%	±10%
研究费用(占总投资的百分比)	0.2～1.0	0.3～1.5	大型项目 0.2～1.0 中小型项目 1.0～3.0

（1）投资机会研究　机会研究主要是为项目主体（项目的主要组织、投资及负责者）寻求具有良好发展情景，对经济发展有较大贡献，并具有较大成功可能性的投资机会。通过机会研究形成项目设想，因此，机会研究是项目产生的摇篮。机会研究的一般方法是从经济、技术、社会及自然状况等大的方面发生的变化中挖掘潜在的发展机会，通过创造性的思维提出项目设想。

（2）初步可行性研究　在机会研究之后，虽然形成了项目设想，但还需要对项目设想做进一步的分析和细化，要从产品的市场需求、经济政策、法律、资源、能源、交通运输、技术、工艺及设备等大的方面对项目的可行性进行系统的分析。初步可行性研究主要对项目在市场、技术、环境、选点、效率、资金等方面的可行性进行初步分析，同时为项目设计出主要的实施方案或方案纲要。

（3）详细可行性研究　通过初步可行性研究后，对于项目具体的实施方案和计划还需要经过详细可行性研究来确定。详细可行性研究一般要对项目的纲要、技术、工艺及设备、厂址选择及厂区规划、资金筹措、建设计划及项目的经济效果等多方面进行全面、系统的分析、论证、计划和规划。虽然研究范围没有超出初步可行性研究的范围，但其详细程度却大大提高。

1.4.2.2　可行性研究的作用

可行性研究的主要作用有：

（1）作为工程建设项目投资决策的依据；

（2）作为编制设计任务书的依据；

（3）作为筹集资金和申请银行贷款的依据；

（4）作为与有关方签署合同和协议的依据；

（5）作为工程项目建设的基础资料；

（6）作为向当地建设主管部门申请开工建设手续的依据；

（7）作为环保部门审查项目对环境影响的依据；

（8）作为项目建成后企业组织管理、机构设置、职工培训等工作的依据。

1.4.3　可行性研究的编制程序和依据

1.4.3.1　建设项目可行性研究的程序

（1）筹划准备　项目建议书被批准后，建设单位即可组织或委托有资质的工程咨询单位对拟建项目进行可行性研究。双方应当签订合同协议，协议中应明确规定可行性研究的工作范围、目标、前提条件、进度安排、费用支付方法和协作方式等内容。建设单位应当提供项目建议书和项目有关的背景材料、基本参数等资料，协调、检查监督可行性工作。可行性研究的承担者在接受委托时，应了解委托者的目标、意见和具体的要求，收集与项目有关的基础资料、基本参数、技术标注等基准依据。

（2）调查研究　调查研究包括市场、技术和经济三方面的内容，如市场需求与市场机会、产品选择、需要量、价格与市场竞争；工艺路线与设备选择；原材料、能源动力供应与运输；建厂地址、地点、场址的选择，建设条件与生产条件等。对这些方面都要做深入的调查，全面地收集资料，并进行详细的分析研究和评价。

（3）方案的制定和选择　这是可行性研究的一个重要步骤。在充分的调查研究的基础上制定出技术方案和建设方案，经过分析比较，选出最佳方案。在这个过程中，有时需要进行专题性辅助研究，有时要把不同的方案进行组合，设计成若干个可供选择的方案，这些方案包括产品、生产经济规模、工艺流程、设备选型、车间组成、组织机构和人员配备等方案。

（4）深入研究　对选出的方案进行详细的研究，重点是在对选定的方案进行财务预测的基础上，进行项目的财务效益分析和国民经济分析。在估算和预测工程项目的总投资、总成本费用、销售税金及附加、销售收入和利润的基础上，进行项目的盈利能力分析、清偿能力分析、费用效益分析、敏感性分析、盈亏分析和风险分析，论证项目在经济上的合理性。

（5）编制可行性研究报告　在对工程项目进行了技术经济分析论证后，证明项目建设的必要性、实现条件的可能性、技术上的先进性和经济上的合理性，即可编制可行性研究报告，推荐一个及以上的项目建设方案和实施计划，提出结论性意见和重大措施建议供决策单位作为决策的依据。可行性研究报告的编制工作流程如图1-2所示。

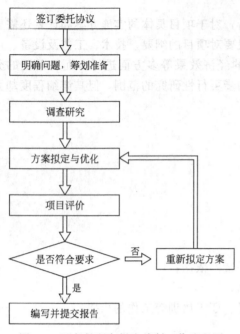

图 1-2　可行性研究报告编制工作流程图

1.4.3.2　可行性研究的编制依据

可行性研究需要进行评价和论证，而评价和论证的结果都是以大量数据资料为基础，通过对各种资料进行综合的分析和比较而得到的。因此，进行可行性研究时，广泛收集各种有关基础资料是工作顺利开展的前提条件，这些资料包括：

（1）国民经济建设的长远规划，地区和部门的规划；

（2）国家有关方针、政策和法规；

（3）经国家有关部门批准的资源报告；

（4）项目建议书和委托单位关于拟建项目设想的文字说明；

（5）可靠的自然、地理、气象、地质、经济和社会等基础资料；

（6）水电、交通、原料燃料等外部条件资料；

（7）有关技术标准、规范、参考指标等；

（8）国家颁布的有关项目评价的通过方法和参数。

1.4.4　可行性研究报告的内容

项目可行性研究报告，一般应按以下要求编写。

（1）**总论**　主要包括项目提出的背景与依据、项目概况、投资者概况、可行性研究报告编制的依据、建设单位和可行性研究报告的编制单位及编制人员等。

其中项目提出的背景是指项目是在什么背景下提出的，包括宏观背景与微观背景等。项目提出的依据是指项目依据哪些文件提出。一般包括项目建议书的批复、选址意见书及其他有关部门批复文件和协议等，以考察该项目是否符合规定的投资决策程序。

投资者概况包括投资者的名称、地址、法人代表、注册资本、资产和负债情况、经营范围和经营概况、建设和管理拟建项目的经验等，以考察投资者是否具备实施拟建项目的经济技术实力。

项目概况包括项目的名称、性质、地址、占地面积、建筑面积、建设内容、投资和收益情况等，使有关部门和人员对拟建项目有一个充分的了解。

（2）**市场预测**　是指对项目产品供求的分析。通过科学的方法预测项目产品在一定时期的供给量与需求量，并对其关系进行定量和定性分析，最后得出项目产品是否有市场的结论。主要包括：市场现状调查、产品供需预测、价格预测、竞争力与营销策略、市场风险分析等。

（3）**资源条件评价**　主要包括对生产原材料、辅助生产材料的供应情况，即对资源可利用量、资源品质情况、资源赋存条件、资源开发价值等的评价。

（4）**建设规模与产品方案**　主要包括建设规模与产品方案的构成、建设规模与产品方案的比选、推荐的建设规模与产品方案、技术改造项目推荐方案与原企业设施利用的合理性等内容。

（5）**场（厂）址选择**　主要包括场（厂）址现状及建设条件描述、场（厂）址方案比选、周边环境状况等内容。

（6）技术设备工程方案　主要包括工艺技术方案选择、主要设备方案选择、工程方案选择、技术改造项目技术设备方案与改造前的比较等内容。

（7）原材料燃料供应　主要包括主要原材料供应方案选择、燃料供应方案选择等内容。

（8）总图运输与公共辅助工程　主要包括总图布置方案、场（厂）内外运输方案、公用工程与辅助工程方案、技术改造项目与原企业设施的协作配套等内容。

（9）节能措施　主要包括节能措施、能耗指标分析等内容。

（10）节水措施　主要包括节水措施、水耗指标分析等内容。

（11）环境影响评估　在投资项目实施前，要进行环境影响评估，充分调查所涉及的各种环境因素，据此识别预测和评价该项目可能对环境带来的影响，并按照社会经济发展与环境保护相协调的原则提出预防或减轻给环境带来的不良影响。主要包括：环境条件调查、影响环境因素分析、环境保护措施等。

（12）劳动安全、卫生与消防设计　是在已确定的技术方案和工程方案的基础上，分析研究建设和生产过程中可能发生工伤、职业病、火灾的隐患，提出相应的防范措施，并对项目职业安全健康管理体系的建设提出相应建议。主要包括：危险因素和危害程度分析、安全防范措施、卫生保健措施、消防设施等。

（13）组织机构与人力资源配置　主要包括组织机构设置及其适应性分析、人力资源配置、员工培训等内容。

（14）项目实施进度　项目工程建设方案确定后，应研究提出项目进度计划。主要包括：建设工期、实施进度安排、技术改造项目的建设与生产的衔接等内容。

（15）投资估算　是在对项目建设规模、技术方案、设备方案、工程方案及项目进度计划等进行研究并初步确定的基础上，估计项目总投入资金（包括建设投资和流动资金），并测算建设期内每年资金的需要量。主要包括：投资估算范围与依据、建设投资估算、流动资金估算、总投资额及分年投资计划。

（16）融资方案研究　通过拟建项目的资金来源渠道、融资模式、融资方式、融资组织形式选择、融资结构、融资成本、融资风险的研究，对拟定的融资方案进行对比，优化融资方案。项目的融资通常需要在投资估算的基础上进行。

（17）财务评价　是根据现行价格条件下投资成本、产品成本费用、销售收入、销售税金及附加、利润及利润分配等财务数据，计算出一系列技术经济指标对拟建项目的财务效益进行的分析和评价。主要包括：财务评价基础数据与参数选取、销售收入与成本费用估算、编制财务评价报表、盈利能力分析、偿债能力分析、不确定性分析、财务评价结论。

（18）国民经济评价　国民经济评价是站在整个国民经济角度来考察和分析拟建项目的可行性。一般来说，凡是影响国民经济宏观布局、产业政策实施和生产等有关国计民生的产品的大中型投资项目，都要求进行国民经济效益评价。主要包括：影子价格及评价参数的选取、效益费用范围调整、效益费用数值调整、编制国民经济评价报表、计算国民经济评价指标、得出国民经济评价结论等。

（19）社会评价　是在国民经济评价基础上更进一步的分析与评价，它不但考虑经济增长因素，而且还考虑收入公平分配因素。它是站在整个社会的角度分析，评价投资对实现社会目标的贡献。社会评价主要包括：项目对社会影响分析、项目与所在地互适性分析、社会风险分析、社会评价结论等。

（20）风险分析　主要是对项目实施过程中所可能会遇到的风险进行分析与评价，以降低风险，同时提高项目的抗风险能力。主要包括：项目主要风险、风险程度分析、防范与降低风险对策。

（21）综合评价结论　运用各项数据，从技术、经济、社会、财务等各个方面论述工程项目的可行性，推荐一个或几个可行性方案。

1.4.5　可行性报告的编制原则、要求

1.4.5.1　可行性报告的编制原则

（1）表达精确　这是编制可行性研究报告时应特别注意的问题，在可行性研究报告中不应采用模糊不清的表达方式；

（2）内容真实　可行性研究报告涉及的内容及数据，必须绝对真实可靠，不许有任何偏差及失误。可行性研究报告中所运用的资料、数据，都要经过反复核实，确保内容的真实性；

（3）预测准确　可行性研究是投资决策前的活动，他是对事物未来发展的情况、可能遇到的问题和结构的估计，具有预测性。因此，必须进行深入的调查研究，充分占有资料，运用切合实际的预测方法，科学地进行预测；

（4）论证严密　论证性是可行性研究报告的一个显著特点。要使其有论证性，必须做到运用系统的分析方法，围绕影响项目的各种因素进行全面、系统的分析，既要做宏观分析，也要做微观分析。

1.4.5.2　可行性报告的编制要求

（1）应能充分反映项目可行性研究工作的成果，内容齐全、结论明确、数据准确、论据充分，满足决策者确定方案与项目的要求；

（2）选用主要设备的规格、参数应能满足订货的要求，引进的技术设备资料应能满足合同谈判的要求；

（3）报告中的重大技术、经济方案应有两个以上的方案必选；

（4）确定的主要工程技术数据，应能满足项目初步设计的要求；

（5）融资方案应能满足银行等金融部门信贷决策的需要；

（6）反映在可行性研究中出现的某些方案的重大分歧及未被采纳的理由，以供委托单位与投资者权衡利弊进行决策；

（7）应附有评估、决策（审批）所需的合同、协议、意向书、政府批件等。

1.4.6　可行性报告的审批

（1）审批所需资料

a. 项目建设单位主管部门报告；

b. 相应的资质等级工程咨询、设计单位编制完成的可行性研究报告文本；

c. 项目建议书批准文件；

d. 项目法人组建方案和招投标初步方案，规划用地许可证，需征地项目的土地部门预审文件，环境许可意见，资金落实情况，贷款意向书；

e. 涉及公共安全的重要项目需要提供地震、消防等部门意见。

（2）审批原则　可行性研究报告按要求编制完成后，根据有关规定，按照建设总规模和限额的划分审批权限（即：省级发展和改革委员会审批，国家发展和改革委员会审批，由国家发展和改革委员会审核报国务院审批）进行报批。

根据《国务院关于投资体制改革的决定》（国发〔2004〕20号），政府对于投资项目的管理分为审批、核准和备案三种方式。对于政府投资项目或使用政府性资金、国际金融组织和外国政府贷款投资建设的项目，应继续实行审批制；对于企业不使用政府性资金投资建设

的项目，一律不再实行审批制，区别不同情况实行核准制和备案制。

习　　题

1. 基本建设的含义、内容和分类是什么？
2. 简述我国建筑业的定义和划分情况。
3. 简述基本建设和建筑业之间的区别与联系。
4. 建设的基本程序是什么？如何划分？
5. 简述可行性研究报告的作用和编制内容。
6. 可行性报告内容包括哪些？
7. 可行性报告的编制原则、要求分别是什么？
8. 简述可行性报告的审批过程。

第2章 资金的时间价值

2.1 现金流量

在建设工程经济分析中，通常将所考察的对象看作是一个独立的经济系统，来考察建设项目的经济效益，而这个独立的经济系统可以使一个工程项目、一个企业，甚至是一个地区和国家。对一个系统而言，在某一时点 t 上流出系统的货币称为现金流出，记为 CO_t；流入系统的货币称为现金流入，记为 CI_t；同一时间点上的现金流入和现金流出的代数和称为净现金流量，记为 $NCF = (CI - CO)_t$。现金流入量、现金流出量和净现金流量统称为现金流量。

在市场经济中，项目的现金流入量 CI_t 包括产品的销售收入、回收固定资产余值和回收流动资金等；项目的现金的流出量 CO_t 包括建设投资、流动资金、经营成本和销售税金等。

2.1.1 现金流量表

一个项目的实施，需要持续一定的时间。在项目的寿命期内，各种现金流量的数额和发生的时间不尽相同。为了便于分析不同时间点上的现金流入和现金流出，计算其净现金流量，通常用现金流量表（见表2-1）的形式来表示特定项目在一定时间内发生的现金流量。[现金流入表示为"＋"，现金流出表示为"－"。]

表 2-1 现金流量表 单位：万元

年末	1	2	3	⋯	n
现金流入	0	0	600	⋯	900
现金流出	1000	800	100	⋯	120
净现金流量	－1000	－800	500	⋯	780

2.1.2 现金流量图

现金流量图是一种反映经济系统资金运动状态的图式，即把经济系统的现金流量绘入一个时间坐标图中，表示出各现金流入、现金流出与相应时间的对应关系。在建设项目方案的经济分析中，为了计算方案带来的经济效益，通常将方案的收入与耗费表示为现金的流入与现金的流出。如图2-1所示。

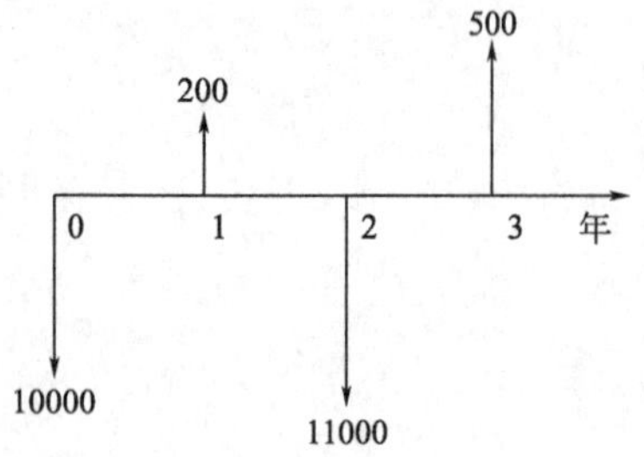

说明：此图表示在方案开始时，即第一年年初支出10000元，在第二年年初（即第一年年末）收入现金200元，在第二年年末支出现金11000元，第三年年末收入现金500元。

现金流量图具有以下特点。

① 现金流量图为一个二维坐标矢量图。其横轴表示项目的时间延续，横轴上标注的相等间隔代表相等

图 2-1 现金流量图示例（单位：元）

的时间长度，在工程项目中通常是年，其他投资项目中可以是年、季度、月或任意的时间间隔。

② 与横轴相连的垂直线代表不同时间点上流入或流出系统的现金流量。箭头向上代表现金流入 CI，箭头向下代表现金流出 CO，并用线段的长短示意现金流量绝对值的大小。

③ 横轴上各个时间点称为时点，代表计息期。每个计息期的终点为下一个计息期的起点，而下一个计息周期的起点为上一期的终点。0 代表工程项目的起点，也是第一个计息期的起点；1，2，…，n 分别代表第 1 期末、第 2 期末、…、第 n 期末，也即第 2 期初，第 3 期初，…，第 n 期初。

④ 现金流量图因借贷双方的立场不同，理解也不同。借方的收入即是贷方的支出，反之亦然。

因此，要正确绘制现金流量图，必须把握好现金流量的三要素，即现金流量的大小（现金数额）、方向（现金流入或流出）和作用点（现金发生的时间点）。

2.1.3 累计现金流量曲线图

如果将现金流量表中各年净现金流量的数值逐年横向累加，可得到各年净现金流量的累计值。累计现金流量图反映工程项目从开始建设至寿命终结全过程累计资金活动情况，它可以直观地反映出项目的总体经营状况。累计净现金流量的计算公式为

$$CNCF_t = \sum_{t=0}^{n} NCF_t = \sum_{t=0}^{n} (CI - CO)_t \qquad (2-1)$$

式中　$CNCF_t$——第 t 年的累计净现金流量；

　　　NCF_t——第 t 年的净现金流量；

　　　CI_t——第 t 年的现金流入；

　　　CO_t——第 t 年的现金流出。

可见累计净现金流量是一个随时间变化的函数，将各年的累计净现金流量在时间轴上连续标出并连接起来，即得到累计净现金流量曲线图。如图 2-2 所示。

图 2-2 表示某工程项目的净累计现金流量，在项目开始前，其现金流量为零（A 点）。在工程项目的初期要进行开发、设计和其他准备工作，故累计净现金流量曲线下降到 B 点；接着是主要建设投资期，用于建设厂房和生产装置以及其他设备，于是曲线更陡地下降到 C 点。随后要使用流动资金进行试车到交付正式生产，曲线到达了 D 点，D 点表示工程项目的最大累计支出。过了这个时期，有产品出售获得的收入超过了生产成本及其他业务费用，所以曲线转而上

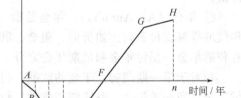

图 2-2　累计净现金流量曲线图

升，当达到 F 点时，全部收入正好与以前花在这一项目上的支出相平衡。过 F 点后，曲线继续上升，表明累计净现金流量为正值，有净收入。最后到这一工程项目的有效寿命期的末尾，现金流入可能下降，或许由于这样一些原因：如生产成本增加，产品售价由于竞争而下降，或由于产品品种落后导致销售量减少等。如果有流动资金回笼或固定资产还有残值，则在这个工程项目的寿命末期还有现金流入。从整个工程项目来看，初期的现金流量常是负值，后期的现金流量常为正值。

2.2 资金时间价值理论

2.2.1 资金时间价值的概念

在市场经济中，投资项目应该使得资金增值。最保险的投资方式是将资金存入商业银行，为此存款人将获得一定的存款利息；如果将这笔资金投资到某一工程建设项目中，投资人的资金增值体现在他将获取相应的投资利润。

由于资金增值采取了随时间推移而增值的外在形式，故称之为资金的时间价值。资金的时间价值有两种表现形式，即利润和利息。

（1）资金时间价值产生的原因

资金之所以会产生时间价值，是基于以下方面的原因。

① 货币增值因素　利息或利润是用来支付给出资人放弃在资本使用期间投资其他项目的机会的回报，而出资人可以获得投资收益的事实直接刺激通过储蓄来积累资本，因此推迟目前的消费支出有利于在未来创造财富。

② 时间风险因素　利息或利润是支付给投资人所冒的一种让别人或其他组织使用自己资本的风险回报。一般来说，未来的预期收入具有不确定性，时间越长，不确定性也越大，意味着风险也随时间的增加而增大。因此，对于同样量的货币，人们更愿意现在拥有而不是将来拥有，这也解释了为什么商业银行的长期存贷款利率要比短期的要高。

（2）资金时间价值的相关概念

① 时值与时点　资金的数值由于计算利息而随时间的延长而增值，在每个计息期期末的数值是不同的。在某个资金时间节点上的数值称为时值。现金流量图上，时间轴上的某一点称为时点。

② 现值（P：Present value）　发生在（或折算为）时间序列起点处的资金值称为资金的现值。时间序列的起点通常是评价时刻的点，即现金流量图的零点处。

③ 折现　将时点处资金的时值折算为现值，即对应零时点的过程称为折现。

④ 终值（F：Future value）　即资金发生在（或折算为）某一特定时间序列终点时的价值。

⑤ 年金（A：Annuity）　年金是指一定时期内每期有连续相等金额的收付款项，又称年值或等额支付系列。如折旧、租金、利息、保险金、养老金等通常都采用年金形式。年金有普通年金、预付年金和延期年金之分。

相对于第一期期初，年金的收款、付款方式有多种：每期期末收款、付款的年金称为后付年金，即普通年金；每期期初收款、付款的年金称为预付年金，或先付年金；距今若干期以后发生的每期期末收款、付款的年金，称为延期年金。

2.2.2 利息

利息是资金时间价值的一种重要表现形式，通常用利息额的多少作为衡量资金时间价值的绝对尺度。在借贷过程中，债务人支付给债权人超过原借款额金额的部分就是利息。

（1）单利

如果总的利息与本金、利率和计息期数成线性关系，即"利不生利"，这种计息方式称为单利。单利在当代商业活动中不经常使用。用单利来计算获取或支付的总利息 I 可以用下面的公式

$$I = P \times n \times i \tag{2-2}$$

式中 P——本金；

　　n——计息期数（例如年）；

　　i——每个计息期的利率。

在计息期 n 结束时，最后偿还的总金额 $F=P+I$。

【例 1】 以单利方式借入一笔资金 1000 元，3 年期，年利率为 10%，所支付的总利息因该为多少？3 年后偿还的本利和为多少？

解：

$$I=1000\times3\times10\%=300\ （元）$$

3 年后的本利和 $F=P+I=1000+300=1300\ （元）$

（2）复利

如果任一计息期末（例如一年），都按剩余本金与该期期初累计利息之和计算利息，即"利生利，利滚利"，这种计息方式称为复利。复利利息计算公式为

$$I=P\times[(1+i)^n-1] \tag{2-3}$$

在偿还期未结束时，最后偿还总金额为 $F=P\times(1+i)^n$

【例 2】 借款额为 1000 元，计息期为 3 年，年利率为 10%，采用复利的计息方法计算 3 年后应偿还的本息总额。

解：

计算过程见表 2-2。

表 2-2 计算过程　　　　　　　　　　　单位：元

期/年	期初欠款 (1)	本期利息 (2)=(1)×10%	年末欠款 (3)=(1)+(2)
1	1000	100	1100
2	1100	110	1210
3	1210	121	1331

从表 2-2 可以看出，第 3 期末应偿还本息总和是 1331 元，与例 1 中同一问题按单利计息的本息总和 1300 元进行比较，如图 2-3 所示。之所以会产生差异，是因为复利的作用，即前期的利息将继续计算利息。本金数额越大，利息越高，或者计息期数越多，两者差异就越明显。因此，单利虽然考虑了货币的时间价值，但没有考虑到利息的时间价值，所以在日常应用中复利比单利广泛得多。

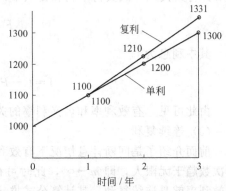

图 2-3 单利和复利的对比

2.2.3 名义利率和有效利率

例 2 的复利计算中，计息周期为一年。但在实际应用中，计息周期并不一定以一年为一个计息周期，往往有按半年一次、每季一次、每月一次甚至一日一次计算利息的，这时，一年内的复利计算次数分别为 2，4，12，365（通常一年计息按 360 天计算）。在这种情况下，年利率为名义利率，名义利率除以年计息次数可得到计息周期有效利率。

（1）名义利率

名义利率 r 是指计息周期利率 i 乘以一年内的计息周期数 m 所得的年利率。即

$$r=i\times m \tag{2-4}$$

若计息周期月利率为 1%，则年名义利率为 12%。很显然，计算名义利率时忽略了前面各期利息再生的因素，这与单利的计算相同。

（2）有效利率

有效利率是指资金在计息中所发生的实际利率，包括计息周期有效利率和年有效利率两种情况。

① 计息周期有效利率　计息周期有效利率即计息周期利率 i，由式（2-4）可知

$$i=r/m \tag{2-5}$$

② 年有效利率是指以年为单位的实际利率。

【例3】 年初存款 1000 元，年利率为 15%，分别按每年计息一次和按每月计息一次计算年末的本利和。

解：

① 按每年计息一次：

$$F=1000\times(1+15\%)=1150 \text{（元）}$$

② 按每月计息一次：

$$F=1000\times(1+15\%/12)^{12}=1160.75 \text{（元）}$$

由例 3 可见，名义利率相同而计息次数不同时，年末的本利和是不同的。这里按每月计息一次的本利和大于按一年计息一次的本息和，且相当于按年率 16.075% 计息一次，这个年利率称为年有效利率 i_{eff}。年有效利率和名义利率的关系如下

$$i_{eff}=\left(1+\frac{r}{m}\right)^m-1 \tag{2-6}$$

式中　i_{eff}——年有效利率；

　　　　r——名义利率；

　　　　m——年计息次数。

式（2-6）可从复利公式推出。如果年利率为 r，年计息次数为 m，则计息周期利率为 r/m，将其代入一次支付本利和公式中，可得 m 次计息后的本利和为

$$F=P\left(1+\frac{r}{m}\right)^m \tag{2-7}$$

其中利息为

$$I=F-P=P\left[\left(1+\frac{r}{m}\right)^m-1\right] \tag{2-8}$$

由此可见，有效利率和名义利率的关系实质上与复利和单利的关系一样。

（3）连续复利

前面介绍了是间断计息情况下有效利率，当每个计息时间趋于无限小时，则一年内的计息次数趋于无限大，即 $m\to\infty$，此时可视为计息没有时间间隔而成为连续计息，此时的年有效利率就是连续复利，其计算公式推导如下

$$i_{eff}=\lim_{m\to\infty}\left[\left(1+\frac{r}{m}\right)^m-1\right]=\lim_{m\to\infty}\left[\left(1+\frac{r}{m}\right)^{\frac{m}{r}}\right]^r-1=e^r-1 \tag{2-9}$$

式中　e——自然对数的底，取 2.71828。

【例4】 现设年名义利率 $r=15\%$，则计息周期为年、半年、季、月、周、日以及无限

小时的年有效利率分别为多少？

解：

年名义利率 $r=15\%$ 时，不同的计息周期下的年有效利率如表 2-3 所示。

表 2-3　年有效利率表

年名义利率 (r)	计息周期	年计息次数 m	计息周期利率 $(i=r/m)$	年有效利率 $i_{eff}=\left(1+\dfrac{r}{m}\right)^{m}-1$
15%	年	1	15%	15.000%
	半年	2	7.5%	15.563%
	季	4	3.75%	15.865%
	月	12	1.25%	16.075%
	周	52	0.2885%	16.158%
	日	365	0.411%	16.180%
	无穷小	∞	无限小	16.183%

从式（2-9）和表 2-3 可以看出，每年计息周期 m 越大，i_{eff} 与 r 相差就越大；另一方面，名义利率为 15%，按季度利率 3.75% 计息与按年利率 15.865% 计息，两者是等价的。所以，在工程经济分析中，如果各方案的计息期不同，就不能简单使用名义利率来评价，而必须换算成有效利率进行评价。

（4）影响利率的主要因素

利率是国民经济发展的重要杠杆之一，利率的高低由如下因素决定。

① 利率的高低首先取决于社会平均利润率的高低。它一般是利率的上限，因为如果利率高于社会平均利润率，借款者就会由于得不偿失、无利可图而选择放弃借贷。

② 在社会平均利润率一定的情况下，利率高低取决于金融市场借贷资本的供求状况。若供不应求，则利率上升；供过于求，则利率下降。

③ 风险的大小。借出资本总要承担一定的经济风险，而利率则与风险大小成正比，所以一般政府借贷的利率较低，而私人借贷的利率较高。

④ 通货膨胀对利率的波动有直接影响。物价水平发生变动会使借贷成本或收益也发生相应变化，即通货膨胀时会使实际利率下降，因此一般名义利率上调；反之，通货紧缩时会使实际利率上升，因此名义利率下调。

⑤ 期限的长短。借出资本归还期限不同，意味着不可预见的因素不同，由此造成的风险也不同，因而利率与期限长短成正比。贷款期限长，不可预见因素多，风险大，利率也就高；反之利率就低。

2.3　资金等值计算

2.3.1　等值的概念

当不同的投资方案产生相似的结果，服从同一个目标或实现同一个功能时，就应当比较这些方案。现在我们关注一个问题：如果考虑资金时间价值的话，如何比较提供同一服务或实现同一功能的不同投资方案？为了能进一步比较这些方案的比较需要建立在一个等值的基础上，这需要依赖以下一些因素：利率、金额、资金收入或支出发生的时间等。

　　为了更好地理解利息机理，更好地解释等值观念，请看下例。

　　【例 5】　假设某还款者银行信用卡透支了 17000 元，他打算在 4 个月内还清这笔欠款。银行每月月初按月利率 1‰征收信用卡欠款利息。针对这种情况，我们可以选择 3 种方案在 4 个月内偿还这 17000 元的欠款及利息，并证明：在所欠本金和月利率一定的情况下，各方案是等值的。三种方案见表 2-4。

　　解：

表 2-4　月利率为 1 %，4 个月偿还 17000 元欠款的 3 种方案　　　　单位：元

(1) 月	(2) 月初欠款	(3)=(2)×1% 当月应计利息	(4)=(2)+(3) 月末欠款	(5) 本金偿还	(6)=(3)+(5) 月末还本付息
方案 1：每月末支付当月的利息，在第 4 月末一次性偿还本金					
1	17000	170	17170	0	170
2	17000	170	17170	0	170
3	17000	170	17170	0	170
4	17000	170	17170	17000	17170
合计利息	68000	680 （总利息）			
方案 2：分 4 次等额月末还款（本金和利息）					
1	17000	170	17170	4187.10	4357.10
2	12812.90	128.13	12941.03	4228.97	4357.10
3	8583.93	85.84	8669.77	4271.26	4357.10
4	4312.67	43.13	4355.80	4313.97	4357.10
合计利息	42709.5	427.10			
方案 3：在第 4 个月末一次性还本付息					
1	17000	170	17170	0	0
2	17170	171.70	17341.70	0	0
3	17341.70	173.42	17515.12	0	0
4	17515.12	175.15	17690.27	17000	17690.27
合计利息	69026.82	690.27			

　　方案 1：第 4 个月末的时候一次性偿还本金，每个月偿还利息为 170 元。本方案每个月末都偿还清当月产生的利息，所以利息不累计到下月，也就不存在复利的问题。从表 2-4 中可以看到，4 个月的借款为 68000 元（17000×4），利息总额为 680 元，因此月利率为（680/68000）×100%＝1%。

　　方案 2：本方案规定每个月等额偿还 4357.10 元。月利率为（427.1/42709.5）×100%＝1%。该方案与方案 1 比较，借款总额较少。这是因为每个月都在偿还一定数额的本金，并且总的利息支付也比较小。

　　方案 3：在前 3 个月没有偿还任何本息，在第 4 个月末一次性偿还所有本息共计 17690.27 元。这个总和包括了最初的本金和 4 个月的累计（复利）利息 690.27 元。由于直到最后 1 个月一次性偿还本金和利息，所以导致借款总额非常大（69026.8 元）。同样，利息总额与借款总额的比率仍然是 1%。

　　因此，可以说，资金等值是指不同资金发生在不同时间，但在利率不变的条件下，其价值是等效的。根据资金等值的意义，我们可以对不同时点发生的现金流量进行等值计算。

2.3.2 现值、终值和年金三者间的等值变换

2.3.2.1 现值和终值间的变换公式

（1）现值向终值变换（已知 P，求 F）

假设某时刻投资额为 P，每期利息（利润或增长）率为 i，在一个计息期末，该投资增长为一将来额 $P+Pi=P(1+i)$；在第 2 个计息期末的时候，金额增长为 $P(1+i)(1+i)=P(1+i)^2$；第 3 个计息期末，金额增长为 $P(1+i)^2(1+i)=P(1+i)^3$，…在第 n 个计息期末，金额增长为 $F=P(1+i)^n$，见表 2-5。

表 2-5 复利终值计算表

期数（期末）	期初的本金 (1)	本期利息 (2)	期末本利和 (3)=(1)+(2)
1	P	Pi	$F_1=P(1+i)$
2	$P(1+i)$	$P(1+i)i$	$F_2=P(1+i)^2$
3	$P(1+i)^2$	$P(1+i)^2i$	$F_3=P(1+i)^3$
…	…	…	…
n	$P(1+i)^{n-1}$	$P(1+i)^{n-1}i$	$F_n=P(1+i)^n$

根据复利计算表可得，现金流量相对应的现值向终值进行等值变换的公式为

$$F=P(1+i)^N \tag{2-10}$$

我们把公式（2-10）中的 $(1+i)^N$ 称为一次支付复利系数，用函数符号 $(F/P,i,N)$ 来表示。因此公式（2-10）可改写成

$$F=P(F/P,i,N) \tag{2-11}$$

括号内的系数读作"计息期数为 N，每期利率为 i 的情况下，已知 P，求解 F"。需要注意，F/P 中 F 和 P 的顺序与公式（2-11）中未知变量 F 在等式的左边相同。书中所有的函数符号均使用这种字符顺序以便于记忆。

（2）终值向现值变换（已知 F，求 P）

从公式（2-10）中可以推导出计算 P 的公式

$$P=F(1+i)^{-N} \tag{2-12}$$

我们把公式（2-12）中的 $F(1+i)^{-N}$ 称为一次支付现值系数，用函数符号 $(P/F,i,N)$ 来表示。因此有

$$P=F(P/F,i,N) \tag{2-13}$$

2.3.2.2 与现值和将来值有关的等额支付系列的利息公式

图 2-4 是一个等额收入系列的现金流量图，每个等额收入 A 都发生在每个计息期末，

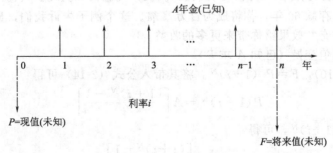

图 2-4 为与现值和将来值有关的等额支付系统的现金流量图

每期利率为 i。这样的等额支付系列被称为年金。应注意公式和图中年金 A 均发生在每个计息期末，因此：

① P（现值）发生在第一个 A（等额）的前一期；

② F（将来值）与最后一个 A 同时发生，同时是 P 之后 N 个计息期发生；

③ A（年金值）在从第 1 期到第 N 期的每个计息期末发生，包括第 1 期和第 N 期，不包括 0 期。

从图 2-4 中可以观察到 A、P 和 F 在发生时间上的关系，下面将列出反映 A、P 和 F 关系的 4 个公式。

（1）年金向终值变换（已知 A，求 F）

连续 N 期每期期末都有等额现金流量 A 发生，每期利息（利润或增长）率为 i，在 N 期期末的将来值 F 的计算方法就是，把与每个现金流量等值的将来值逐个相加，即

$$F=A(F/P,i,N-1)+A(F/P,i,N-2)+\cdots+A(F/P,i,1)+A(F/P,i,0)$$

得：$F=A\left[(1+i)^{N-1}+(1+i)^{N-2}+\cdots+(1+i)^{1}+(1+i)^{0}\right]$

可以看出，中括号内的数列是一等比数列，等比值为 $(1+i)^{-1}$，根据等比数列的求和公式，$S_N=\dfrac{a_1(1-q^N)}{1-q}(q\neq 1)$

式中 a_1——等比数列首项 $(1+i)^{N-1}$；

$\quad\quad q$——等比值 $(1+i)^{-1}$；

$\quad\quad N$——等比数列的项数。

可得 $F=A\left[\dfrac{(1+i)^{N-1}-\dfrac{1}{1+i}}{1-\dfrac{1}{1+i}}\right]$，可简化为

$$F=A\left[\frac{(1+i)^{N}-1}{i}\right] \tag{2-14}$$

公式（2-14）中 $\dfrac{(1+i)^{N}-1}{i}$ 的值称为等额支付复利系数，此系数是推导其他三个等额支付系数的起点，可用函数符号 $(F/A,i,N)$ 来表示此系数，因此公式（2-14）可改写为

$$F=A(F/A,i,N) \tag{2-15}$$

下面举例利用 $(F/A,i,N)$ 系数求解"财富积累"问题。

【例 6】 假设你现在只有 20 岁，从今往后你每天存款 1 元，一年 365 元年利率为 10%（$i=10\%$），求你存款到 80 岁时的将来值 F。

解：

按照公式（2-15）有：

$\quad F=A(F/A,i,N)=365\times(F/A,10\%,60)=365\times3034.82=1107709$（元）

可见当你坚持存款 60 年，你将成为百万富翁。这个例子告诉我们，显然你应该早点存款，让复利的"神奇"效果给你带来更多的收益。

（2）年值向现值变换（已知 A 求 P）

根据公式（2-10），$F=P(1+i)^{N}$。将其带入公式（2-14）可得

$$P(1+i)^{N}=A\left[\frac{(1+i)^{N}-1}{i}\right]$$

两边同除以 $(1+i)^{N}$，可得

$$P=A\left[\frac{(1+i)^{N}-1}{i(1+i)^{N}}\right] \tag{2-16}$$

因此，公式（2-16）反映了已知 N 期内期末等额现金流量 A，求解与其等值的第 1 期期初的现值关系。公式中大括号内的 $\dfrac{(1+i)^N-1}{i\ (1+i)^N}$ 称为等额支付现值系数，可用函数符号 $(P/A,\ i,\ N)$ 来表示此系数，因此公式（2-16）可改写为

$$P=A(P/A,i,N) \tag{2-17}$$

　　【例 7】　目前有一个设备需要大修，而且经过大修，该设备可以在未来 5 年内每年增加产出 20%——也就是 5 年内每年年末产生增量现金收入 20000 元，已知年利率为 15%，问最多支付多少钱来大修该设备是值得的呢？

　　解：

　　每年增加现金收入 20000 元，在年利率为 15% 的情况下持续增收 5 年。基于以上条件，我们可以计算出目前可支付的现值：

　　$P=A(P/A,\ i,\ N)=20000\times(P/A,\ 15\%,\ 5)=20000\times3.3522=67044$（元）

　　因此最多能支付 67044 元来大修该设备。

　　（3）终值向年值变换（已知 F，求解 A）

　　利用公式（2-14），可得 A 的求解公式

$$A=F\left[\frac{i}{(1+i)^N-1}\right] \tag{2-18}$$

公式（2-18）反映了已知第 N 期期末发生的将来值 F，求解与其等值的各期期末等额现金流量 A 的关系。公式中括号内系数 $\dfrac{i}{(1+i)^N-1}$ 称为等额支付积累基金系数，可用函数符号 $(A/F,\ i,\ N)$ 来表示此系数，因此公式（2-18）可改写为

$$A=F(A/F,i,N) \tag{2-19}$$

　　下面看一个养老基金问题。

　　【例 8】　一个企业员工计划在他 65 岁正式退休时，个人能有 40 万元的养老基金。他目前刚 30 岁，在接下来的 35 年里，如果年均存款利率为 4%，他每年需要向银行等额存入多少钱才能实现他的养老计划。

　　解：

　　将来值是 40 万元，在年利率为 4% 的情况下，要想在 35 年后获得 40 万元，他每年需要存入的年金为：

　　$A=F(A/F,\ i,\ N)=400000\times(A/F,\ 4\%,\ 35)=400000\times0.0136=5440$（元）

　　因此他每年需要存入 5440 元的金额，才能实现他的养老计划。

　　（4）现值向年值变换（已知 P，求 A）

　　根据公式（2-16），可得 A 的求解公式

$$A=P\left[\frac{i(1+i)^N}{(1+i)^N-1}\right] \tag{2-20}$$

　　公式（2-20）反映了已知第 N 期内第 1 期期初的现值 P，求解与其等值的各期期末等额现金流量 A 的关系。公式中括号内系数 $\dfrac{i\ (1+i)^N}{(1+i)^N-1}$ 称为等额支付资金恢复系数。可用函数符号 $(A/P,\ i,\ N)$ 来表示此系数，因此公式（2-20）可改写为

$$A=P(A/P,i,N) \tag{2-21}$$

　　前面例 5 中的方案 2，一笔现在借款，求与其等值的 4 个月内每个月末等额偿还欠款金额。可以用公式（2-21）求解这一问题。偿还 17000 元，4 月期，每月利率为 1%，等值 A 为

$$A = P(A/P, i, N) = 17000 \times (A/P, 1\%, 4) = 17000 \times 0.2563 = 4357.10(元)$$

现在表 2-4 中的方案 2 的第 3 列和第 5 列的结果就比较容易理解了，首先在第 1 月月末应付利息为 170 元，月末还款总额为 4357.10 元减去应付利息为第 1 月月末偿还的本金4187.10 元。第 2 月月初尚欠本金变为：$17000 - 4187.10 = 12812.90$（元）。第 2 月的应还利息为 128.13（元），第 2 月实际偿还的本金是 $4357.10 - 128.13 = 4228.97$（元）。方案 2后面 3 月和 4 月同理可计算出。

图 2-5 形象地用图描述出了方案 2 的情况。我们可以看到每个月都在月末偿还 4357.10元，因为每个月末的等额还款 4357.10 元中包括了一部分本金和当月所产生的利息，直到第4 月末把所有本金和利息还清（A 的精确值其实为 4356.78 元，此时的第 4 个月末的值可精确到 0）。应注意到在表 2-4 中所涉及等额支付的系数具有如下图 2-5 所示的共同特征。

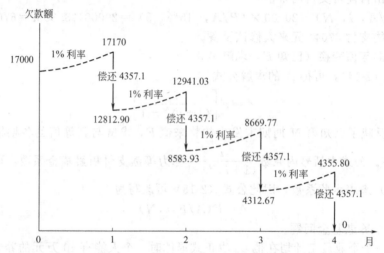

图 2-5　例 5 中方案 2 现金流量与偿还 17000 元贷款本金关系图　单位（元）

2.3.3　变额现金流序列公式

每期收支数额不相同的现金流量序列称为变额现金流量序列。变额现金流量序列是经常发生的，按照现金流量的变化规律，可分为两种情况。其一为一般情况，即变额现金流量序列无规律可循；其二为特殊情况，即变额现金流量序列按一定规律变额。按照变额现金流量序列的规律又可分为等差、等比两种情况。

2.3.3.1　一般变额现金流量序列的终值和现值

若每期期末的现金收支不等，且无一定的规律可循，可利用复利公式 $F = P(1+i)^N$ 或$P = F(1+i)^{-N}$ 分别计算后求和。

假设有一变额现金流量序列，各期末现金流量分别为 K_1、K_2、K_3、…、K_{n-1}、K_n，分别求其现值资金总额和终值资金总额。如图 2-6 所示。

现值资金总额以 K_P 表示，终值资金总额以 K_F 表示，则

$$K_P = \frac{K_1}{1+i} + \frac{K_2}{(1+i)^2} + \cdots + \frac{K_{n-1}}{(1+i)^{n-1}} + \frac{K_n}{(1+i)^n} = \sum_{t=1}^{n} K_t(1+i)^{-t} \quad (2\text{-}22)$$

$$K_F = K_1(1+i)^{n-1} + K_2(1+i)^{n-2} + \cdots + K_{n-1}(1+i) + K_n$$

$$= \sum_{t=1}^{n} K_t(1+i)^{n-t} \quad (2\text{-}23)$$

式中，t 表示时点，即第 t 期末。

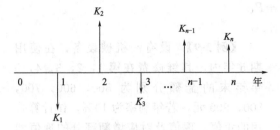

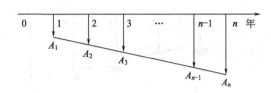

图 2-6　变额序列现金流量图　　　　　　　图 2-7　等差序列现金流量图

要注意的是，式（2-22）和式（2-23）中的 K_t 是有正负之分的，此处为表示方便而未标出。

2.3.3.2　特殊情况下的变额现金流量序列

（1）等差现金流量序列公式

即每期期末收支的现金流量序列是成等差变化的。其现金流量序列如图 2-7 所示。

每期期末现金支出分别为 A_1、A_2、A_3、…、A_{n-1}、A_n，并且它们是一个等差序列，公差为 G，令

$$A_1 = A, A_2 = A+G, A_3 = A+2G, \cdots A_{n-1} = A+(n-2)G, A_n = A+(n-1)G$$

根据前述收支总额的复利终值概念，若以 F 表示总额复利终值，则

$$F = A(1+i)^{n-1} + (A+G)(1+i)^{n-2} + \cdots + [A+(n-2)G](1+i) + [A+(n-1)G]$$
$$= [A(1+i)^{n-1} + A(1+i)^{n-2} + \cdots + A(1+i) + A] +$$
$$[G(1+i)^{n-2} + 2G(1+i)^{n-3} + \cdots + (n-2)G(1+i) + (n-1)G]$$
$$= A \cdot \frac{(1+i)^n - 1}{i} + G \sum_{k=1}^{n} (k-1)(1+i)^{n-k}$$

式中 $G \sum\limits_{k=1}^{n} (k-1)(1+i)^{n-k} = F_G$ 表示变额资金部分复利终值，$A \cdot \dfrac{(1+i)^n - 1}{i} = F_A$ 表示等额年金部分复利终值。下面推导 F_G 的表达式。

$$F_G = G \sum_{k=1}^{n} (k-1)(1+i)^{n-k}$$
$$= G \cdot \left[\frac{(1+i)^{n-1}-1}{i} + \frac{(1+i)^{n-2}-1}{i} + \cdots + \frac{(1+i)^2-1}{i} + \frac{(1+i)^1-1}{i} + \frac{(1+i)^0-1}{i} \right]$$
$$= \frac{G}{i} \cdot [(1+i)^{n-1} + (1+i)^{n-2} + \cdots + (1+i)^2 + (1+i)^1 + 1] - \frac{nG}{i}$$
$$= \frac{G}{i} \cdot \frac{(1+i)^n - 1}{i} - \frac{nG}{i} \tag{2-24}$$

由公式（2-24）可得 F_G 变额资金部分的等额年金

$$A_G = F_G \cdot (A/F, i, N) = G \left[\frac{1}{i} - \frac{n}{i}(A/F, i, n) \right]$$

其中 $\dfrac{1}{i} - \dfrac{n}{i}(A/F, i, n)$ 称为梯度系数，可用函数符号 $(A/G, i, N)$ 来表示此系数，所以

$$F = F_A + F_G = \left(A + \frac{G}{i} \right) \times \frac{(1+i)^n - 1}{i} - \frac{nG}{i} \tag{2-25}$$

公式（2-25）经相应变换后可以分别求得等差变额情况下的现值 P 和 A。同 F 值一样，P 和 A 都是由等额部分（年金）和变额部分组成，即

$$P = P_A + P_G$$
$$A = A_A + A_G$$

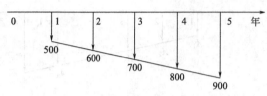

图 2-8　例 2-9 中的现金流量图

【**例 2-9**】　设有一机械设备，在使用期 5 年内，其维修费在第 1，2，3，4，5 年年末的金额分别为 500，600，700，800，900 元，若年利率为 10%，试计算费用的年值、现值及对应增额部分的现值和年金。

解：

已知 $i = 10\%$，$n = 5$，$A = 500$，$G = 100$，其现金流量图如图 2-8 所示。

由公式（2-25）可得

$$F = \left(A + \frac{G}{i}\right) \cdot \frac{(1+i)^n - 1}{i} - \frac{nG}{i}$$

$$= \left(500 + \frac{100}{10\%}\right) \cdot \frac{(1+10\%)^5 - 1}{10\%} - \frac{5 \times 100}{10\%} = 4157.65 \, 元$$

其对应的现值为

$$P = F(1+i)^{-n} = 2581.57 \, 元$$

对应每个期末发生的增额 G 这部分的现值 P_G 和对应增额的年金 A_G 计算如下

$$P_G = F_G(1+i)^{-n}$$

$$= \left[\frac{G}{i} \cdot \frac{(1+i)^n - 1}{i} - \frac{nG}{i}\right](1+i)^{-n}$$

$$= \frac{G}{i}(F/A, i, n)(P/F, i, n) - \frac{nG}{i}(P/F, i, n)$$

$$= \frac{100}{10\%}(F/A, 10\%, 5)(P/F, 10\%, 5) - \frac{5 \times 100}{10\%}(P/F, 10\%, 5)$$

$$= 686.18 \, （元）$$

$$A_G = P_G(A/P, i, n) = 686.18(A/P, 10\%, 5)$$

$$= 181.01 \, （元）$$

（2）等比现金流量序列公式

等比现金流量序列公式是指每期期末发生的现金流量序列是成等比变化的数列，其现金流量如图 2-9 所示。此现金流量序列的复利终值 F 可表示为

$$F = A(1+i)^{n-1} + Aq(1+i)^{n-2} + Aq^2(1+i)^{n-3} + \cdots + Aq^{n-2}(1+i) + Aq^{n-1}$$

$$= A \sum_{k=1}^{n} (1+i)^{n-1}\left(\frac{q}{1+i}\right)^{k-1}$$

$$= A(1+i)^{n-1} \frac{1 - \left(\frac{q}{1+i}\right)^n}{1 - \frac{q}{1+i}}$$

$$= A(1+i)^n \frac{1 - \left(\frac{q}{1+i}\right)^n}{1+i-q}$$

令 $q = 1 + s$，则上式可变为

$$F = A \frac{1}{i-s}(1+i)^n \left[1 - \left(\frac{1+s}{1+i}\right)^n\right]$$

同理可求得 P 和 A。

【**例 2-10**】　某项目第一年年初投资 700 万元，第二年年初又投资 100 万元，第二年获净收益 500 万元，至第六年净收益逐年递增 6%，第七年至第九年每年收益 800 万元，若年利率 10%，求与该项目现金流量等值的现值和终值。

解：

按题意，在 1 至 9 年内项目现金流量如图 2-10 所示。

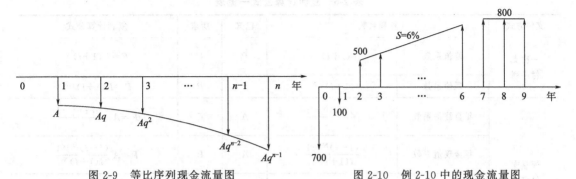

图 2-9　等比序列现金流量图　　　　　图 2-10　例 2-10 中的现金流量图

该现金流量序列的现值

$$P = -700 - 100(P/F, i, 1) + 500 \frac{1}{i-s}(1+i)^n \left[1 - \left(\frac{1+s}{1+i}\right)^5\right](P/F, i, 6)$$
$$+ 800(P/A, i, 3)(P/F, i, 6)$$
$$= -700 - 100(1+10\%)^{-1} + 500 \frac{1}{10\%-6\%}(1+10\%)^5 \left[1 - \left(\frac{1+6\%}{1+10\%}\right)^5\right]$$
$$(1+10\%)^{-6} + 800 \times \frac{(1+10\%)^3-1}{10\%(1+10\%)^3} \times (1+10\%)^{-6}$$
$$= 2253.32 （万元）$$

该现金流量序列的终值

$$F = P(F/P, i, n) = 2253.32 \times \left(\frac{F}{P}, 10\%, 9\right) = 2253.32 \times 2.358 = 5313.33（万元）$$

2.3.4　等值变换问题的注意问题

本章介绍的资金时间价值计算的有关公式汇总于表 2-6 中。在这些基本公式中，又以复利终值（或现值）公式为最基本的公式，其他公式都是在此基础上经过初等数学运算得到的。在具体运用公式时应注意以下问题。

① P 发生在第一个 A 的前一个计息周期时点（与第一个 A 相隔一个计息周期），F 与最后一个 A 在同一时点发生。

② 理清公式的来龙去脉，灵活运用。复利计算公式以复利终值公式为基本公式，现值、年值和终值之间有如下关系

$$(F/P, i, N) = \frac{1}{(P/F, i, N)}$$
$$(A/P, i, N) = \frac{1}{(P/A, i, N)}$$
$$(A/F, i, N) = \frac{1}{(F/A, i, N)}$$
$$(A/F, i, N) = (A/P, i, N) - i$$

掌握各系数之间的关系，可方便进行等值换算。但应注意，只有在 i 和 N 等条件相同的情况下，上述关系才成立。

③ 利用公式进行资金的等值计算时，要充分利用现金流量图。现金流量图不仅可以清晰准确的反映现金收支情况，而且有助于准确确定计息期数，使计算不致发生错误。

④ 可利用相关参考书《复利系数表》查得复利系数

表 2-6　复利计算公式一览表

支付方式		复利系数	已知	所求	复利计算公式
一次支付序列		终值系数 $(1+i)^N$	P	F	$F=P(1+i)^N$
		现值系数 $(1+i)^{-N}$	F	P	$P=F(1+i)^{-N}$
等额支付序列		年金终值系数 $\dfrac{(1+i)^N-1}{i}$	A	F	$F=A\dfrac{(1+i)^N-1}{i}$
		年金现值系数 $\dfrac{(1+i)^N-1}{i(1+i)^N}$	A	P	$P=A\dfrac{(1+i)^N-1}{i(1+i)^N}$
		偿债基金系数 $\dfrac{i}{(1+i)^N-1}$	F	A	$A=F\dfrac{i}{(1+i)^N-1}$
		资金恢复系数 $\dfrac{i(1+i)^N}{(1+i)^N-1}$	P	A	$A=P\dfrac{i(1+i)^N}{(1+i)^N-1}$
变额支付序列	等差支付	等差变额支付梯度系数 $\dfrac{1}{i}\cdot\dfrac{(1+i)^N-1}{i}-\dfrac{N}{i}$	G	F_G P_G	$F_G=G\left[\dfrac{1}{i}\cdot\dfrac{(1+i)^N-1}{i}-\dfrac{N}{i}\right]$ $P_G=F_G(1+i)^{-N}$
	等比支付	等比支付复利终值系数 $(1+i)^N\dfrac{1-\left(\dfrac{q}{1+i}\right)^N}{1+i-q}$	A	F	$F=A(1+i)^N\dfrac{1-\left(\dfrac{q}{1+i}\right)^N}{1+i-q}$

习 题

1. 简述项目现金流量的概念及现金流量的几种表示方式。

2. 简述资金时间价值的概念、产生的原因及表现形式。

3. 单利与复利的主要区别是什么？

4. 名义利率、有效利率及实际利率的概念及区别是什么？

5. 资金等值的概念是什么？

6. 计算下列情况的现值是多少？

(1) 某人第 7 年年末偿还 8500 元借款，存款利率（复利）为 8%；

(2) 某人第 12 年年末获得 10200 元，年利率为 12%，每月计息一次。

7. 计算下列等额支付的将来值是多少？

(1) 某人每年年末存入 400 元，年利率为 6%，连续存款 10 年；

(2) 某人每月月末存入银行 1500 元，连续存款 5 年，年利率为 12%，每半年计息一次。

8. 计算下列情况将来值的年值是多少？

(1) 某人欲 10 年末积累 12000 元，从现在起每年年末存入银行一笔钱，年利率为 8%；

(2) 第 20 年末欲得 20000 元，从现在起每年年末存入银行一笔钱，年利率为 7%，每半年计息一次。

9. 某设备初期投资为 100000 元，该设备的寿命期为 8 年，净收益发生于每年末且数值相等。基准收益率为 12% 时，试问年净收益为多少该投资合适？寿命期为 20 年，30 年、无限时又应为多少？

10. 某人现在 45 岁，现有存款 3000 元，在他 60 岁时将退休，退休时他想有 50000 元的存款。假设退休时他可以一次从单位获得 10000 元退休金。从现在开始起准备每年年末等额存入银行一笔钱，那么为达到退休时有 50000 元存款，则应存入多少钱？

11. 某企业获得 120 万元贷款，偿还期 4 年，年利率为 12%，试就以下 4 种还款方式，分别计算各年还款额（本金和利息），4 年还款总额的现金和终值。

(1) 每年年末还 30 万元本金和所欠利息；

(2) 每年年末只还所欠利息，本金在第四年末一次还清；

(3) 每年年末等额偿还本金和利息；

(4) 第四年末一次还清本金和利息。

12. 试写出下图所示现金流量的复利终值系数、现值系数，年利率以 i 计。

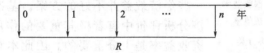

13. 证明下列等式：

(1) $(P/A, i, n) = (P/A, i, n-1) + (P/F, i, n)$

(2) $(A/P, i, n) - i = (A/F, i, n)$

(3) $(F/A, i, n) + (F/P, i, n) = (F/A, i, n+1)$

14. 试求下图所示现金流量的现值，已知年利率为 5%。

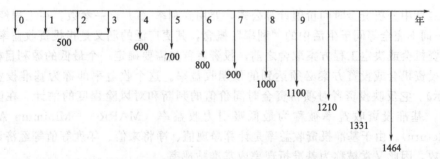

15. 某公司购买了一台机器，估计能使用 18 年，每 6 年要大修 1 次，每次大修费用假定为 2500 元，现在应存入银行多少钱才足以支付 18 年寿命期间的大修费用，按年利率 12% 计算，每半年计息 1 次。

16. 某公司购买了一台机器，原始成本为 14000 元，估计能使用 20 年，20 年末的残值为 4200 元，运行费用为每年 750 元，此外，每 5 年要大修一次，大修费用为每次 2500 元，试求机器的年等值费用。按年利率 10% 计算。

第3章 方案的评价指标和多方案的比选

方案评价可分为确定性评价和不确定性评价，本章研究确定性评价。根据是否考虑资金时间价值可将常用的经济评价指标与方法大体分为两类：即静态评价指标和动态评价指标的方法。前者不考虑资金时间价值，后者考虑资金的时间价值。如图 3-1 所示。

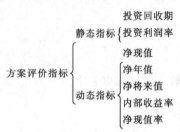

图 3-1 工程项目评价指标分类

基准投资收益率是投资方案和工程方案经济评价和比较的前提条件，是计算经济评价指标和评价方案优劣的基础。它的高低会直接影响经济评价的结果，改变方案比较的优劣顺序。如果它定得太高，可能会使许多经济效益好的方案不被采纳，如果定得太低，则可能接受一些经济效益并不好的方案。基准投资收益率在工程经济分析评价中有着极其重要的作用，正确地确定基准投资收益率是十分重要的。因此本章第一节首先介绍基准投资收益率概念。

3.1 基准投资收益率

3.1.1 基准投资收益率的涵义

在第二章中分析资金时间价值计算公式，要用到利率（i）这一参数。在工程经济学中，"利率"一词不完全等同于生活中的"利率"概念，其更广泛的涵义是指投资收益率。通常，在选择投资机会或决定工程方案取舍之前，投资者首先需要确定一个最低的盈利目标，即选择特定的投资机会或投资方案必须达到的预期收益率。这个收益率即称为基准投资收益率（用 i_c 表示）。它反映投资者对项目资金时间价值的判断和对风险程度的估计。在国外的一些文献中，基准投资收益率被称为最低吸引力收益率（MARR——Minimum Attractive Rate of Return）。由于基准投资收益率是计算净现值、净将来值、年度等值等经济评价指标的重要参数，因此又常被称为基准折现率或基准贴现率。

3.1.2 基准投资收益率确定要考虑的因素

通常，在确定基准投资收益率时可考虑以下因素：

（1）资金成本

资金成本是指为取得资金的使用权而向资金提供者所支付的报酬。债务资金的资金成本，包括支付给债权人的利息、金融机构的手续费等。股东权益投资的资金成本包括向股东支付的股息和金融机构的代理费等。股东直接投资的资本金的资金成本可根据资本金所有者对权益资金收益的要求确定。

投资所获盈利必须能够补偿资金成本，然后才会有利可图，因此投资盈利率最低限度不应小于资金成本率，因此资金成本是确定基准投资收益率的基本因素。

一个项目的投资资金的来源有多个渠道，每个渠道的成本也不相同，可以按照资金来源的比例计算一个加权平均资金成本作为基准贴现率的底限。

（2）风险报酬

投资风险是指实际收益对投资者预期收益的背离（投资收益的不确定性），风险可能给投资者带来超出预期的收益，也可能给投资者带来超出预期的损失。在一个完备的市场中，收益与风险成正相关，要获得高的投资收益率就意味着要承担大的风险。从投资者角度看，投资者承担的风险，就要获取相应的补偿，这就是风险报酬。例如政府债券投资可看作无风险投资，它投资回报率相对较小。此外，不论何种投资，认为都是存在风险的。对于存在风险的投资方案，投资者自然要求获得高于一般利润率的报酬，所以通常对风险大的投资项目要确定更高的基准投资收益率。

（3）资金的机会成本

机会成本是指投资者将有限的资金用于拟建项目而放弃的其他投资机会所能获得的最大收益。基准投资收益率应不低于单位资金成本和单位投资的机会成本。譬如现在投资机会很好很多，在企业能筹到的资金范围内，投资其他可能的项目最低也能达到相当于16%的利率水平，那么，基准投资收益率应不低于16%。

（4）通货膨胀

通货膨胀使货币贬值，投资者的实际报酬下降。因此，投资者在通货膨胀情况下，必须要求提高收益水平以补偿因通货膨胀造成的购买力损失。基准投资收益率中是否要考虑通货膨胀因素与采用的价格体系是否包括通货膨胀因素一致。如果现金流计算中，价格预测考虑了通货膨胀因素，则基准投资收益率中应计入通货膨胀率，否则不考虑通货膨胀因素。在实际工作中，通常采用后一种做法，即用基准年价格计算现金流量，排除通货膨胀的影响。

3.1.3　基准投资收益率的确定方法

尽管基准投资收益率是极其重要的一个评价参数，但其确定是比较困难的。不同的行业有不同的基准投资收益率，同一行业内部的企业收益率也有很大的差别，甚至在一个企业内部不同的部门和不同的经营活动所确定的基准收益率也不同。一般认为，基准投资收益率的下限应是资金成本或资金的机会成本，或者是资金成本和资金的机会成本中的最大值。

为更好地理解基准投资收益率的确定过程，可以分析图 3-2。

图 3-2 就是资金分配问题的一个简单例子，图中，A～G 7 个可行项目的累计投资额按照期望年收益率的高低依次给出。假设企业的可投资总额限定为 600 万元，从企业盈利的角

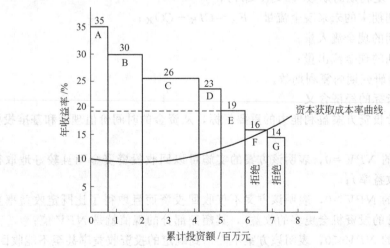

图 3-2　项目年收益率-投资额关系图

度，肯定优先从 A 投资到 E。被迫放弃的项目就是 F 和 G，其期望收益率为 16％，从机会成本的角度确定的基准投资收益率为 16％。

从资金成本的角度考虑：从资金获取的成本率曲线看，投资 E 项目所需的最后 100 万元的资金成本率小于其收益率，因此项目 E 是可接受的。再研究一下项目 F，它的期望收益率为 16％，企业若想投资项目 F，需要额外融资 100 万元，而资金的成本率曲线告诉我们，获取这 100 万元的资金成本率正好也是 16％，因此投资项目 F 将无法盈利。在这个例子中，根据资金成本原则确定的基准投资收益率也是 16％。而投资项目 G 的收益率低于资金成本率，项目 G 应放弃。

3.2　投资方案的评价指标

3.2.1　净现值

净现值（net present value，NPV）把不同时间点上发生的净现金流量，通过某个确定的利率 i_c，统一折算为现值（0 年），然后求其代数和。这样就可以用一个单一的数字来反映工程项目的经济性。

一个投资方案的净现值是衡量一个企业或个人能够承担得起多少超出成本的投资。换句话说，对于一个投资项目而言，一个正的净现值表示这个项目超出投资最低要求收益的收益金额。在这里假设投资方案产生的现金流量用于其他用途产生的收益率等于基准投资收益率。

（1）净现值函数

为了得到净现值与一系列现金流入和现金流出及 i（每个计息期间）之间的函数关系，可按下式用该利率将未来的资金额折算到现在的时点，计算净现值

$$NPV(i\%) = F_0(1+i_c)^0 + F_1(1+i_c)^{-1} + F_2(1+i_c)^{-2} + \cdots +$$
$$F_K(1+i_c)^{-K} + \cdots + F_N(1+i_c)^{-N}$$
$$= \sum_{K=0}^{N} F_K(1+i_c)^{-K} \tag{3-1}$$

式中　i_c——每个复利期内的有效利率或基准投资收益率；

　　　K——每个复利期的期数（$0 \leqslant K \leqslant N$）；

　　F_K——K 期期末的未来现金流量，$F_K = CI_K - CO_K$；

　　CI_k——K 期的现金流入量；

　　CO_k——K 期的现金流出量；

　　　N——项目研究期内复利期数。

（2）净现值指标的经济含义

净现值是评价投资方案盈利能力的重要指标，从资金的时间价值理论和基准投资收益率的概念可以看出：

① 如果方案的 $NPV=0$，表明该方案的实施可以回收投资资金而且较好地取得既定收益率（基准投资收益率）；

② 如果方案的 $NPV>0$，表明该方案不仅收回投资而且取得了比既定收益率更高的收益（即尚有比通常的投资机会更多的收益），其超额部分的现值就是 NPV 值；

③ 如果方案的 $NPV<0$，表明该方案不能达到既定的投资收益率甚至不能收回投资。

因此，净现值是考察方案盈利能力的重要指标，只有方案的 $NPV \geqslant 0$，方案在经济上

才是可以接受的，若方案的 $NPV<0$，则可认为方案在经济上是不可行的。

（3）净现值判据的优劣

净现值判据的优点是考虑了资金的时间价值，并全面考虑了项目在整个计算期内现金流量时间分布的状况；经济意义明确直观，能够直接以货币额表示项目的盈利水平；判断直观。

净现值判据不足之处是必须首先确定一个符合经济现实的基准收益率，而基准收益率的确定往往是比较困难的；在互斥方案评价时，净现值必须慎重考虑互斥方案的寿命，如果互斥方案的寿命不等，必须构造一个相同的分析期限，才能进行各个方案之间的必选；净现值判据也不能真正反映项目投资中单位投资的使用效率；不能直接说明在项目运营期间各年的经营成果；没有给出该投资过程确切的收益大小，不能综合反映投资的回收速度。

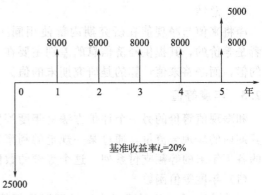

图 3-3　例 3-1 中的现金流量图

【**例 3-1**】　某公司的工程师们提议购买一种新设备来提高手动焊接操作的生产率。投资额是 25000 元，有 5 年的使用期，期末市场残值为 5000 元，由于采用新的设备，产量增加所增加的收益减去额外的经营成本后，每年的收益为 8000 元。图 3-3 表明了这次投资机会的现金流量图。如果公司的基准投资收益率为 20%，那么这个方案是否可以接受？请用净现值方法进行求解。

解：

$NPV(20\%)=8000(P/A,20\%,5)+5000(P/F,20\%,5)-25000=934.29$（元）

因为 $NPV(20\%)>0$，因此该方案是可以接受的。

3.2.2　净将来值

净将来值（net future value，NFV）把不同时间点上发生的净现金流量，通过某个确定的利率 i_c，统一折算为将来某一时点，然后求其代数和。与净现值相同，净将来值所提供的经济信息对资本投资决策是非常有用的。如果一个项目的 $NFV\geqslant0$，那么这个项目在经济上是可行的。

（1）净将来值函数

① $NFV(i_c)=F_0(1+i_c)^N+F_1(1+i_c)^{N-1}+F_2(1+i_c)^{N-2}+\cdots+$

$$F_K(1+i_c)^{N-K}\cdots+F_N(1+i_c)^0$$

$$=\sum_{K=0}^{N}F_K(1+i_c)^{N-K} \tag{3-2}$$

② 另一种计算方法是先把有关的现金流量换算成净现值，然后再把该现值换算成 N 年后的将来值，即

$$NFV(i_c)=NPV(i_c)(F/P,i_c,n) \tag{3-3}$$

（2）净将来值指标的经济含义

从式（3-3）可知，净将来值等于净现值乘以一个正常数，数值不同，符号是一致的。

由此可见，不同方案用净现值判断和用净将来值判断的结论相同。

【例 3-2】 用净将来值重新评价例 3-1 的方案，并用这个例子来说明净将来值和净现值之间的关系。

解：

$$NFV(20\%) = -25000(F/P,20\%,5) + 8000(F/A,20\%,5) + 5000 = 2324.8 \text{（元）}$$

因为 NFV（20%）>0，因此该方案是可以接受的。净将来值也可由净现值乘上一个常数算得，即

$$NFV(20\%) = NPV(20\%)(F/P,20\%,5) = 934.29 \times 2.4883 = 2324.8 \text{（元）}$$

（3）总结

净将来值与净现值在研究期内都使用同一个已知、固定不变的基准投资收益率 20%，两者是等价的，其提供经济信息的差别主要在于时间节点上的不同：净现值计算的是现在时点的值，而净将来值计算的是研究期末的值。

3.2.3 年度等值

和净现值等价的另一个评价方法是年度等值（net annual value，NAV）。即把项目方案计算期内的净现金流量，通过某一规定的利率 i_c（i_c 可以为基准投资收益率）折算成与其等值的各年年末的等额支付系列，这个等额的数值称为年度等值。

（1）年度等值函数

① 任何一个方案的净现金流量可以先折算成净现值，然后用等额支付系列资金恢复系数乘之，就可以得到年度等值 NAV，即

$$NAV(i_c) = NPV(i_c)(A/P,i_c,n) \tag{3-4}$$

② 同样可以将任何一个方案的净现金流量先折算成净将来值，然后用等额支付系列积累资金系数乘之，得到年度等值 NAV，即

$$NAV(i_c) = NFV(i_c)(A/F,i_c,n) \tag{3-5}$$

（2）三者关系：

由式（3-3）、式（3-4）和式（3-5）可以看出，当 i_c 和 n 都是有限值时，则 NFV（i_c）$=$ NPV（i_c）$\times$ 常数，NAV（i_c）$=NPV$（i_c）$\times$ 常数，这就是说，净现值、净将来值和年度等值是成比例的。

只要其中一个判据满足可行要求（如 $NPV>0$），则其他两个判据也满足可行要求（即必有 $NFV>0$，$NAV>0$）。两个不同的方案，不论是以净现值作为评价依据，还是以净将来值作为评价依据，或是以年度等值作为评价依据，其评价的结论都是相同的。

在实际工作中，一般设定方案研究期起点作为考察方案经济性的时点，所以通常采用净现值指标来评价方案，净将来值用得不多，但如果设定考察方案经济性的时点为方案研究期末，则需要计算净将来值指标。另外，在一些特殊情况下有时会设定研究期中的某一时点为考察点，则这时需要把该点以前的各期净现金流量用净将来值折算到该点，把该时点以后的净现金流量用净现值折算到该点，再在该点代数求和，并以其来评价方案。在对寿命不等的多方案进行经济比较时，年度等值指标特别有用。

3.2.4 内部收益率

（1）内部收益率的定义

内部收益率（internal rate of return，IRR）是另一个被广泛采用的投资方案的评价指标。它是指方案计算期内可以使净现金流量的净现值等于零的贴现率，如以 IRR 表示某投资方案的内部收益率，它必须满足下列等式

$$NPV(IRR) = \sum_{K=0}^{N} F_K (1 + IRR)^{-K} = 0 \tag{3-6}$$

如果从经济上解释，应该有 $-1 < IRR < \infty$，而对于大多数实际问题而言，$0 < IRR < \infty$。

由于工程项目方案的净现值为零时，其净将来值和年度等值也必须为零，因此

$$NFV(IRR) = 0, NAV(IRR) = 0。$$

（2）内部收益率的经济含义

假定一个工厂用 1000 万元购买一套设备，寿命为 4 年，各年的现金流入如图 3-4 所示。按式（3-6）可求得内部收益率 $IRR = 10\%$，这 10% 表示尚未恢复的（即仍在占用的）资金在 10% 的利率情况下，工程方案在寿命终了时可以使占用资金全部恢复。具体恢复过程如图 3-5 所示。内部收益率可理解为项目整个计算期内占用资金的平均盈利能力。

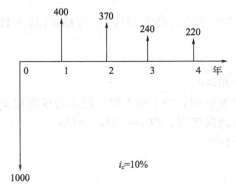

图 3-4　购买设备的净现金流量图
（单位：万元）

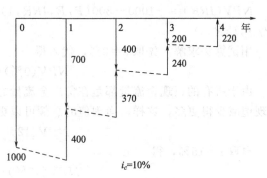

图 3-5　资金的恢复过程
（单位：万元）

如果第 4 年年末的现金流入不是 220 万元，而是 260 万元，那么按 10% 的利率，到期末除全部恢复占用的资金外，还有 40 万元的富余。为使期末资金刚好全部恢复，利率还可以高于 10%，即内部收益率也随之升高。因此内部收益率可以理解为工程项目对占用资金的一种恢复能力，其值越高，一般而言，投资方案的盈利能力也越高。

（3）内部收益率的一般解法

由于式（3-6）是一个 N 次式，故一般需要通过试算法求解内部收益率，即首先假定一初值 i 带入净现值公式计算，如果净现值为正，则增加 i 的值；如果净现值为负，则减少 i 的值，直到净现值等于零为止，此时的 i 值即为所求的内部收益率。

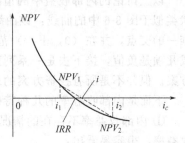

图 3-6　内部收益率 IRR 线性
插值法的计算示意图

手工计算时，通常当试算的 i 使 NPV 在零值左右摆动且先后两次试算的 i 值之间足够小时，再用线性插值法近似求出 IRR，如图 3-6 所示。

线性插值法的公式为

$$IRR = i = i_1 + (i_2 - i_1) \times \frac{NPV_1}{NPV_1 - NPV_2} \tag{3-7}$$

式中　i——内部收益率近似值；

i_1——较低的试算利率；

NPV_1——i_1 对应的净现值；

i_2——较高的试算利率；

NPV_2——i_2对应的净现值。

【例 3-3】 试计算表 3-1 中所列现金流量的内部收益率。

表 3-1 现金流量表 （单位：万元）

t 年年末	净现金流量 F_t	t 年年末	净现金流量 F_t
0	−1000	3	500
1	−800	4	500
2	500	5	1200

解：

按照内部收益率的定义可得

$NPV(IRR) = -1000 - 800(P/F, IRR, 1) + 500(P/A, IRR, 3)(P/F, IRR, 1) + 1200 (P/F, IRR, 5)$

用试算法求解，先取 $i = 0\%$，代入得

$$NPV(0\%) = 900 > 0$$

由于所有的正现金流量都是在负现金流量之后发生的，当 i 增大时，收入的现值比支出的现值减少得更多，这样，净现值的总额可以更加趋向于零。取 $i = 12\%$，可得

$$NPV(12\%) = 39 > 0$$

再取 $i = 15\%$，得

$$NPV(15\%) = -106 < 0$$

由此可见，内部收益率必在 12% 和 15% 之间，应用插值法公式可得

$$IRR = i_1 + (i_2 - i_1) \times \frac{NPV_1}{NPV_1 - NPV_2} = 12\% + \frac{39}{39 - (-106)} \times (15\% - 12\%) = 12.8\%$$

（4）内部收益率的几种特殊情况

以上讨论的内部收益率的情况仅适用于常规的投资方案。这类方案的净现值函数曲线形状类似于图 3-6 中的曲线：该曲线中净现值 $NPV(i)$ 随 i 的增加而减少，曲线与横轴仅有唯一的交点，并在 $(0, +\infty)$ 范围内。一般而言，投资方案的净现金流量从零年起有一项或几项是负值，接下去是一系列正值，而所有净现金流量代数和是正值时，就属于常规投资方案。但并不是所有投资方案的现金流量都属于上述常规现金流量。

下面是内部收益率的几种特殊情况。

① 内部收益率不存在的情况 图 3-7 所示的三种现金流量都不存在有明确意义的内部收益率，很容易看出：

（a）现金流量都是正的，当 $i_c \to \infty$ 时，$NPV(\infty) \to 800$；

（b）现金流量都是负的，当 $i_c \to \infty$ 时，$NPV(\infty) \to -1000$；

（a）、（b）两现金流量的净现值函数曲线与横坐标没有交点，所以内部收益率不存在；

（c）现金流量虽然开始是支出，以后是收入，但由于现金流量的收入代数和小于支出代数和，当 $i_c = 0$ 时，$NPV(0) = -300$；当 $i_c \to \infty$ 时，$NPV(\infty) \to -1000$，净现值函数曲线与横坐标没有交点，所以内部收益率也不存在。

② 非投资的情况 这是一种较特殊的情况，先从项目取得资金，然后偿付项目的有关费用。例如，现有项目的转让、企业发行债券等都属于这类情况。

图 3-8 是一种非投资的情况，投资者先从工程方案中取得资金，然后再对方案进行投

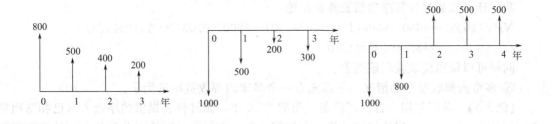

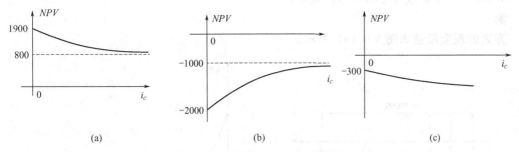

图 3-7　内部收益率不存在的情况

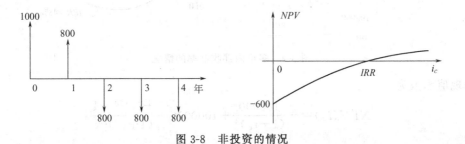

图 3-8　非投资的情况

资。注意，在此种情况下，只有内部收益率 IRR 小于基准投资收益率时，方案才可行。

如图 3-8 中的现金流量：

当 $i_c=0\%$ 时，$NPV(0)=-600$；

当 $i_c=10\%$ 时，

$$NPV(10\%)=+1000+800(P/F,10\%,1)-800(P/A,10\%,3)(P/F,10\%,1)=-81$$

当 $i_c=15\%$ 时，$NPV(15\%)=+108$；

当 $i_c=20\%$ 时，$NPV(20\%)=+236$。

从上面的计算可以看出，净现值随 i 增大而从负值变到正值，数值也增大，只有在内部收益率 IRR 小于基准投资收益率时，用基准投资收益率 i_c 计算净现值可得 $NPV(i_c)>0$，方案才可行。

【**例 3-4**】　某企业拟发行一种债券，面值为 5000 美元，票面利率为每年 8%。该债券可以在 20 年后按票面价值赎回，而且从现在开始的 1 年后开始支付每年利息。如果这张债券目前的市场价格为 4600 美元，该企业的 IRR 为 10%，问是否发行该债券？

解：

$$4600-5000(P/F,IRR,20)-5000\times0.08\times(P/A,IRR,20)=0$$

求得 $IRR=8.9\%$

因为 $8.9\%<10\%$，所以应该发行。

我们还可以通过计算净现值验算该结论：

$$NPV(10\%)=4600-5000(P/F,10\%,20)-5000\times0.08(P/A,10\%,20)$$
$$=436.49(美元)>0$$

同样可以得出应该发现该债券。

③ 多重内部收益率的情况　下面先看一个多重内部收益率的例子。

【例 3-5】　某厂租用一台生产设备，租期为 20 年，预计设备提供的净收入（已扣除租赁费）每年为 10000 元。租约规定承租人在使用 4 年后自行负责更换部分零件，预计所需费用为 100000 元，试求该方案的内部收益率。

解：

方案的现金流量如图 3-9（a）所示。

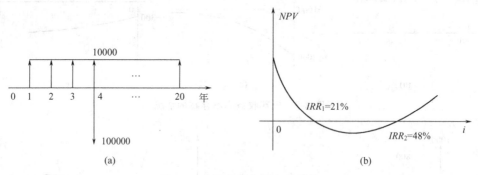

图 3-9　多重内部收益率的情况

净现值函数为

$$NPV(i_c)=-\frac{100000}{(1+i_c)^4}+10000\times\frac{(1+i_c)^{20}-1}{i_c(1+i_c)^{20}}$$

令 $NPV(i_c)=0$，则计算得到两个内部收益率 $IRR_1=21\%$，$IRR_2=48\%$。如图 3-9（b）所示。

由［例 3-5］看出，IRR 的个数与现金流量正负符号的变化次数有关。需要说明的是：存在多个内部收益率的情况给方案评价带来了困难，而且多个内部收益率本身没有一个能真实反映方案占用资金的收益率。所幸的是，实际工作中有多个内部收益率的方案并不常见，绝大多数情况下的方案仅有一个内部收益率。

（5）内部收益率判据的优劣

内部收益率判据的优点是考虑了资金的时间价值以及项目在整个计算期内的经济状况，不仅能反映投资过程的收益程度，而且内部收益率的大小不受外部参数影响，完全取决于项目投资过程净现金流量系列的情况，不需要事先确定基准收益率，而只需要知道基准收益率的大致范围即可。

内部收益率判据的缺点是计算麻烦，对于具有非常规现金流量的项目来讲，其财务内部收益率在某些情况下甚至不存在或者存在多个内部收益率。

3.2.5　投资回收期

常常听到"这个项目投资可以在某年之内回收"这类说法，这就是用回收期来评价投资方案。所谓回收期（payback or payout period）是指投资方案所产生的净现金流量补偿原投资所需要的时间长度。投资回收期的计算开始时间有两种：一种是从出现正现金流量的那年算起，另一种是投资开始时（第 0 年）算起。本书采用后一种计算方法。

（1）静态投资回收期（simple payback period）

F_t 代表在时点 t 时发生的净现金流量，则静态回收期就是满足下列公式的 N 值，即

$$\sum_{t=0}^{N} F_t = 0 \qquad (3-8)$$

表 3-2　三个方案的净现金流量　　　　　　（单位：万元）

年　　末	方案 A	方案 B	方案 C
0	−1000	−1000	−700
1	500	200	−300
2	300	300	500
3	200	500	500
4	200	1000	0
5	200	2000	0
6	200	4000	0
净现金流量总和	600	7000	0

以表 3-2 中的方案 A 为例，有

$$\sum_{t=0}^{3} F_t = -1000 + 500 + 300 + 200 = 0$$

可得方案 A 的静态投资回收期为 3 年。

前面讨论的所有指标都是用来反映计算期（研究期）N 内备选方案的盈利性。现在要讨论的回收期指标主要用来衡量一个投资方案的流动性而不是盈利性。因为流动性主要反映了一项投资的回收速度，所以回收期方法曾被用来衡量方案的风险。通常情况下，投资回收期越短越好，表示能在最短时期内回收投资，而回收期后的净现金流量都是投资方案的收益了。当计算所得的回收期小于或等于同行业相同规模的平均回收期时，说明方案较好；反之，方案较差。

（2）静态投资回收期判据的优劣

静态投资回收期判据的优点是简单易懂。通常要求回收期比投资方案的计算期要短，因此这个判据在一定程度上考虑了货币的时间因素。

其缺点是太粗糙，没有全面地考虑投资方案整个计算期内净现金流量的大小和发生的时间。由于以上缺点，回收期指标使早期效益好的方案显得比较有利。

但是静态投资回收期可以指出投资方案原始投资得到补偿的速度，所以当未来的情况很难预测而投资者又特别关心资金的回收时，回收期还是有用的，它可以作为其他评价判据的辅助指标。

（3）动态投资回收期（discounted payback period）

动态的投资回收期是指给定基准投资回报率 i_c，用项目方案的净现金流量求出偿还全部投资的时间。动态回收期 N_d 计算公式如下

$$\sum_{t=0}^{N_d} F_t (1 + i_c)^{-t} = 0 \qquad (3-9)$$

① 一般情况下动态回收期的计算

【例 3-6】 以表 3-2 中方案 A 为例，列表计算动态回收期。

解：

表 3-2 中方案 A 的净现金流量、净现金流量的现值和累计现值见表 3-3。

表 3-3 动态回收期计算 （单位：万元）

年　末	净现金流量	现值	累计现值
0	−1000	−1000	−1000
1	500	454.55	−545.45
2	300	247.93	−297.52
3	200	150.26	−147.26
4	200	136.60	−10.66
5	200	124.18	113.52

根据表 3-3 中的数据，动态回收期计算为

$$N_d = 4 + \frac{10.66}{124.18} = 4.09 \text{（年）}$$

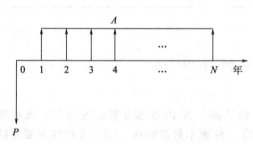

图 3-10 特定情况下的净现金流量图

② 特殊情况下回收期的计算

当项目方案的现金流量如图 3-10 的形式，即仅有第 0 年有一个投资为 P（即 $F_0 = -P$），以后各年的净现金流量相等（$F_t = A$，$t = 1$，2，3，…N），则由公式（3-9）计算可得

$$\frac{P}{A} = \frac{(1+i_c)^{N_d} - 1}{i_c(1+i_c)^{N_d}} \tag{3-10}$$

可求得动态回收期。

式（3-10）经移项整理得

$$(1+i_c)^{N_d} = \frac{1}{1 - \dfrac{Pi_c}{A}}$$

两边取对数得

$$\lg(1+i_c)^{N_d} = \lg \frac{1}{1 - \dfrac{Pi_c}{A}}$$

即 $N_d \lg(1+i_c) = \lg 1 - \lg\left(1 - \dfrac{Pi_c}{A}\right)$

$$N_d = \frac{-\lg\left(1 - \dfrac{Pi_c}{A}\right)}{\lg(1+i_c)} \tag{3-11}$$

【例 3-7】 某投资方案投资总额 $P = 1000$ 万元，预计从第一年年末开始每年获得净现金流入 250 万元，假定年利率为 5%，求方案的动态回收期。

解：

根据式（3-11），可得

$$N_d = \frac{-\lg\left(1 - \dfrac{1000 \times 0.05}{250}\right)}{\lg(1 + 0.05)} = 4.57 \ (\text{年})$$

（4）动态回收期判据的优劣

动态回收期的优点是克服了传统的静态投资回收期不考虑时间价值的缺点。对于家用电器和电子产品，寿命期很短，且很不确定，采用动态回收期作为判据，不失为一种直观的方法。

动态回收期的缺点是没有全面考虑投资方案整个计算期内现金流量，即只考虑回收之前的效果，不能反映投资回收之后的效果，故无法准确衡量方案在整个计算期内的经济效果。

（5）总结

从静态投资回收期变为考虑了货币时间价值的动态回收期，得出项目盈亏平衡所需的时间。然而，任何一种回收期方法都没有包括回收期后发生的现金流量，这意味着回收期指标没有考虑整个研究期的现金流量。因此，如果一个备选方案比其他的方案有更长的回收期，但却在总投资上产生较高的收益率，此时根据回收期决策可能会得出错误的结论。

3.2.6　投资方案评价指标的比较

（1）净现值和内部收益率之间的关系

前述已知，净现值函数图中 NPV 函数曲线和横轴 i_c 的交点即为 IRR，由图 3-6 的 NPV 函数图来进一步分析。

① 当 $i_c = i = IRR$ 时，则必有 $NPV = 0$，反之亦然；

② 当 $i_c = i_1 < IRR$ 时，则必有 $NPV > 0$，反之亦然；

③ 当 $i_c = i_2 > IRR$ 时，则必有 $NPV < 0$，反之亦然。

因此，根据 NPV 和 IRR 来评价方案在经济上是否可以接受必定会得出相同的结论。

（2）净现值与动态回收期的关系

设以 T 为自变量，净现值（NPV）函数为

$$NPV(T) = \sum_{t=0}^{T} F_t (1 + i_c)^{-t} \tag{3-12}$$

则根据动态回收期计算公式（3-9）与净现值计算公式（3-1）

当 $T = N_d$，$NPV(T) = 0$；

当 $T = n$（方案计算寿命期）时，$NPV(T) = NPV(n) = NPV$。

对于具有常规现金流量的投资方案，式（3-12）具有图 3-11 所示的（a）、（b）、（c）三种情况。从图 3-11 中我们可得出以下结论：

a. 当 $N_d = n$ 时，则必有 $NPV = 0$，反之亦然；

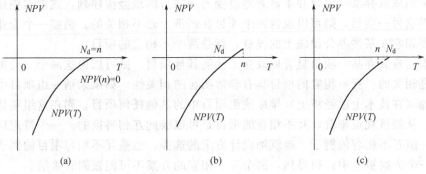

图 3-11　NPV 与 N_d 关系图

b. 当 $N_d < n$ 时，则必有 $NPV > 0$，反之亦然；

c. 当 $N_d > n$ 时，则必有 $NPV < 0$，反之亦然。

因此，根据 NPV 和 N_d 来评价方案在经济上是否可行，会得出相同的结论。

（3）净现值、内部收益率和动态回收期三个指标的比较分析

三个指标对同一个方案的基本评价结果是一致的，但是三个指标是无法相互替代的，这是由于它们各自特点及所具备的经济含义所决定的。

① 净现值是一个绝对效果指标，反映的是方案所取得的超过既定收益率的超额部分收益的现值，也可以认为是股东财富的增加额，它全面考虑了方案在整个寿命周期的现金流量和资金成本，是一个非常可靠和适用的经济评价指标。当方案有非常规现金流量而存在多个内部收益率时，它特别有用。另外，该指标可直接用于多方案的比较和选择，而其他两个指标是不能直接用于方案比较的。计算净现值时，需要事先确定基准投资收益率，而在有些情况下这是比较困难或者难以做到的，而且，净现值也不能直接反映方案单位投资的盈利水平，所以投资决策者不易理解和接受这一指标。

② 内部收益率是一个相对效果指标，实际上反映的是方案未收回投资的收益率，它全面考虑了方案在整个寿命周期的现金流量。由于其反映的是方案单位投资的盈利水平，符合习惯，为投资者易于理解和接受。特别是在难以确定基准投资收益率时，只要投资决策者能确定投资方案的内部收益率远远高于可能的资金成本和投资机会成本，仍然可以做出投资决策。同时，该指标也反映出方案筹集资金所能承担的最大资金成本。但是当方案存在非常规现金流量的情况，该指标的应用受到限制。同时，它也不能直接用于对投资规模不等的方案进行优劣比较。

③ 从动态投资回收期与净现值的关系以及动态投资回收期的经济含义可以看出，其所表现的投资方案经济特性基本上可以由净现值和静态投资回收期所代替。因此，动态投资回收期法通常被认为是净现值的一种简便方法，在我国投资项目经济评价中并没有将其列为必须要计算的经济评价指标。但是，在对投资方案初始评估时，或者仅能确定方案计算期早期阶段的现金流时，或者是对于一些技术更新周期快的投资方案进行评估时，动态投资回收期指标是一个比较适用的指标。

3.3 多方案的经济比较与选择方法

3.3.1 建设项目方案的类型

（1）项目的相关性

如果采纳或放弃某一项目并不显著地改变另一项目的现金流序列，或者采纳或放弃某一项目并不影响另一项目，则可以说这两个项目在经济上是不相关的。例如一个企业在专用铣床上的投资和它在某些办公设施上的投资，就是两个不相关的项目。

如果采纳或放弃某一项目显著地改变了任何其他项目，则可以说这两个（或更多）项目在经济上是相关的。互不相容的项目具有非常明显的相关性。如果采纳一组项目中的某一项目就自动地（在技术上或经济上）排斥这组项目中的其他任何项目，则在这组项目中存在互不相容性。从经济观点来看，互不相容的项目是可以彼此互相替换的。一个特定厂址方案的选择就是一组互不相容的例子；建筑物设计方案的选择，也是互不相容项目的例子，因为只能允许有一个方案被选中；很显然，两个互不相容的方案不可能被同时采纳。

两个（或多个）项目，即使它们之间不是互不相容、相互替换的，也可以在经济上互相

关联。在这种情况下，替换能力的程度小于项目的互不相容程度。一般来说，当两个方案对现金流序列有着相反的影响时，便遇到了每一个方案是否能够独立存在的问题，这时便产生了替换相关型。这种经济相关又称局部相关。此外还有所谓的互补相关型项目，例如，一个方案的采用将提高另一方案的利润，这两个方案就是经济上的互补相关型项目。

(2) 资金的定量分配

当可用于投资项目的资金不能满足投资主体采纳全部可行的项目时，就产生了资金的定量分配问题。资金限制对项目决策的影响产生了所谓投资决策的资金约束问题。资金总是有限的，相对于建设项目需求而言是短缺的，因此必须合理地节约使用资金。我们的建设项目投资决策问题必然是资金约束条件下的投资决策。

一般而言，资金定量分配使投资主体必须从待选方案组中选用某些项目并放弃另一些项目，这些所谓的另一些项目从其本身的经济性来看，是很可能被选中的。在资金的定量分配下，选择项目的过程同比较几个互不相容的项目是一样的。但此时的要点是：为了决定方案的取舍，必须在各方案之间比较它们的投资机会。

(3) 项目的不可分性

全部待选方案的资金需要量，一般很少正好与可利用的资金额相一致。某些大型项目可能需要可利用资金的很大一部分，而一些独立的较小的项目则只需要较少数量的可利用资金。这样，便可能产生在单一大项目和若干小项目之间取舍的项目选择问题。换句话说，由于定量分配资金而采用单一大项目，便自然要放弃采用若干较小的项目。人们总是假设，只要在决策中一个项目被否定了，则整个项目的局部或"一小部分"也不应被接受。

可以举一个例子来说明。三个投资项目 C、D 和 E，它们都是不可分的，所需资金分别为 100 万元、80 万元和 80 万元，得到的净现值（NPV）分别为 30 万元、20 万元和 20 万元。如果公司可以利用资金限额为 160 万元，那么若采用具有最高 $NPV=30$ 万元的大项目 C 就要放弃能够得到净现值共计为 40 万元的 D 和 E。因此，为了决定哪些项目应该被采纳和哪些项目应该被放弃，从项目的不可分性来说，也要求进行项目比较。

(4) 项目（方案）之间的关系

投资主体所面临的项目选择往往并不是单独一个项目，而是一个项目群，其追求的不是单一项目（方案）的局部最优，而是项目群的整体最优。系统理论认为，单独每个项目的经济性往往不能反映整个项目群的经济性。因此，投资主体在进行项目群选择时，除考虑每个项目（方案）的经济性之外，还必须分析各项目（方案）之间的相互关系。通常，投资项目的相互关系可以分为如下三种类型。

① 互斥型　互斥性的特点是项目或方案之间具有互不相容性（相互排斥性）。在每个项目（方案）中，能够任选一个并且只能选择一个；一旦选中任意一个项目（方案），其他项目（方案）必须放弃，不能同时被选中。

② 独立型　独立型的特点是项目之间具有相容性，只要条件允许，就可以任意选择项目群中的有利项目（如选取所有 $NPV \geqslant 0$ 的项目）。这些项目可以共存，而且投资、经营成本与收益都具有可加性。

③ 混合型　在一组项目（方案）中，项目（方案）之间有些具有互斥关系，有些具有独立关系，则把这种关系成为混合型关系。混合型在结构上又可分为两种形式。

a. 在一组独立的多个方案中，每个独立方案下又有若干个互斥方案的形式。例如，某大型零售业公司现欲投资在两个相距较远的 A 和 B 城市各建一座大型仓储式超市，显然 A、B 是独立的。目前在 A 城市有 3 个可行地点 A_1，A_2，A_3 供选择，在 B 城市有两个可行地

点 B_1、B_2 供选择，则 A_1，A_2，A_3 是互斥关系，B_1、B_2 也是互斥关系。这组方案的层次结构如图 3-12 所示。

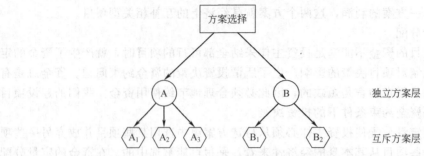

图 3-12　第一种类型混合方案结构图

b. 在一组互斥的多个方案中，每个互斥方案下又有若干个独立方案的形式。例如，某房地产开发商在某市区以出让方式获取一块熟地的使用权，按当地城市规划要求，该块地只能建居住物业（C 方案）或建商业物业（D 方案），不能建商居混合物业或工业物业。但对于居住物业和商业物业的具体类型没有严格规定。住宅可建成豪华套型（C_1）、高档套型（C_2）、普通套型（C_3）或混合套型的住宅（C_4），商业物业可建餐饮酒楼（D_1）、写字楼（D_2）、商场（D_3）、娱乐休闲服务（D_4）等。显然，C、D 是互斥方案，C_1、C_2、C_3、C_4 是一组独立方案，D_1、D_2、D_3、D_4 也是一组独立方案。这组方案的层次结构如图 3-13 所示。

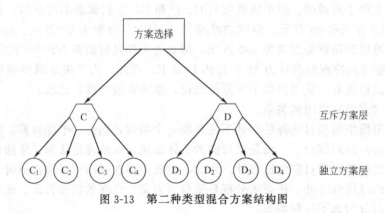

图 3-13　第二种类型混合方案结构图

3.3.2　互斥型方案的比选

（1）互斥型方案的类型

在建设项目方案比选中，较多的是互斥型方案的比较和选优问题。按互斥型方案寿命是否相等，互斥型方案分为两类：a. 各方案寿命相等的互斥型方案的比选；b. 各方案寿命不全相等的互斥型方案的比选。前者自动满足时间可比性的要求，故可以直接进行比较；后者则要借助于某些方法进行时间上的变换，在保证时间可比性之后进行选择。

（2）互斥型方案的比较原则

如果能够利用货币单位统一度量互斥方案的效益和费用，则可以利用下述 4 条比较原则作出判断。

① 现金流量的差额评价原则　即评价互斥型方案时，首先计算两个方案的现金流量之差，然后再考虑某一方案比另一方案增加的投资在经济上是否合算。应用差额现金流量法选

择方案应遵循以下原则：a. 唯有较低投资的方案被证明是合理时，较高投资的方案才能与其比较；b. 若追加投资是合理的，则应选择投资额较大的方案；反之则应选择投资额较小的方案。

② 比较基准原则　即相对于某一给定的基准投资收益率而言，如果差额内部收益率大于或等于基准投资收益率，则应选择投资大的方案；如差额内部收益率小于基准投资收益率，则应选择投资小的方案。

③ 环比原则　即对于互斥型方案的选择，必须将各方案按投资额从小到大排序，依次比较，而不能将各方案与投资最小的方案比较。

当有多个互斥方案进行比选时，为选出最优方案，各方案除与"0"方案["0"方案意味着 $NPV(i_c)=0$ 或者说 $IRR=i_c$ 的方案]比较外，各方案之间还应进行横向的两两比较。在方案间进行比较时，应采用基准投资收益率 i_c。N 个互斥型方案两两比较的可能性一共有 $N(N-1)/2$ 种，例如 10 个互斥型方案需比较 45 次。因此，在实际比较中可以采用环比原则来减少次数。

④ 时间可比原则　即进行互斥型方案比选时，各方案的寿命应该相等，否则必须利用某些办法，如最小公倍数寿命法，研究期法等进行方案寿命上的变换，以保证各方案具有相同的比较时间。

3.3.3　方案寿命期相等的互斥型方案比选

各方案寿命期相等的互斥型方案进行比选，可根据不同情况选用净现值（或净年值、净将来值）、差额净现值（或差额净年值、差额净将来值）、差额内部收益率、差额动态（静态）投资回收期等评价指标。

（1）用净现值法、净年值法、净将来值法进行互斥型方案比选

【例 3-8】　某公司拟生产某种新产品，为此需增加新的生产线，现有 A、B、C 三个互斥型方案，各投资方案的期初投资额、每年年末的销售收益及费用如表 3-4 所示。各投资方案的寿命期均为 6 年，6 年末的残值为零，基准投资收益率 $i_c=10\%$。试问选择哪个方案在经济上最有利？

表 3-4　各投资方案的现金流量　　　　　　　　单位：万元

投资方案	期初投资	销售收益	运用费用	净收益
A	2000	1200	500	700
B	3000	1600	650	950
C	4000	1600	450	1150

解：

首先将三个方案的现金流量图画出来，如图 3-14 所示，然后分别运用净现值法、净年值法和净将来值法求解。

① 净现值法　这种方法就是将包括期初投资额在内的各期净现金流量换算成净现值的比较方法。

$$NPV_A = -2000 + 700(P/A, 10\%, 6) = 1049（万元）$$

$$NPV_B = -3000 + 950(P/A, 10\%, 6) = 1137（万元）$$

$$NPV_C = -4000 + 1150(P/A, 10\%, 6) = 1008（万元）$$

可知 $NPV_A > 0$，$NPV_B > 0$，$NPV_C > 0$，因此三个方案在经济上都是可行的，其中 NPV_B 最大，因此 B 方案是最优方案，A 方案次之，C 方案相比较最差。

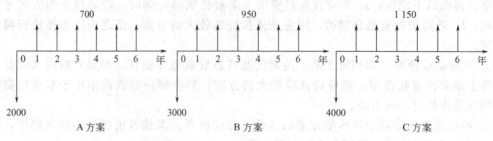

图 3-14 寿命相等的互斥型方案的净现金流量图（单位：万元）

② 净年值法

$NAV_A = -2000 (A/P, 10\%, 6) + 700 = 241$（万元）

$NAV_B = -3000 (A/P, 10\%, 6) + 950 = 261$（万元）

$NAV_C = -4000 (A/P, 10\%, 6) + 1150 = 232$（万元）

可知 $NAV_A > 0$，$NAV_B > 0$，$NAV_C > 0$，因此三个方案在经济上都是可行的，其中 NAV_B 最大，同样可以得到 B 方案是最优方案。

③ 净将来值法

$NFV_A = -2000 (F/P, 10\%, 6) + 700 (F/A, 10\%, 6) = 1858$（万元）

$NFV_B = -3000 (F/P, 10\%, 6) + 950 (F/A, 10\%, 6) = 2015$（万元）

$NFV_C = -4000 (F/P, 10\%, 6) + 1150 (F/A, 10\%, 6) = 1787$（万元）

同样，可知 $NFV_A > 0$，$NFV_B > 0$，$NFV_C > 0$，因此三个方案在经济上都可行，而 B 方案仍是最优方案。

（2）用差额法进行互斥型方案的比选

这种方案是计算差额净现值或净年值或净将来值，并根据它们的正负来进行互斥型方案的比选。在实践中，预测各投资方案收益与费用的绝对值往往是很不容易的，但是，在很多情况下研究各方案不同的经济要素，找出方案之间现金流量的差额却比较容易。研究比较两方案现金流量的差额，由差额净现值、净年值或净将来值的正负判定方案的优劣是有效的方法。

【例 3-9】 某建筑承包商拟投资购买设备用于租赁，现有 A_1、A_2、A_3 三个互斥型方案，各方案的期初投资额和每年净收益如表 3-5 所示。各投资方案的寿命期均为 10 年，10 年末的残值为零，基准投资收益率 $i_c = 15\%$。试选择在经济上最有利的方案。

表 3-5 各投资方案的现金流量 单位：万元

投资方案	期初投资	每年净收益
A_0	$NPV(15\%) = 0$	
A_1	5000	1400
A_2	8000	1900
A_3	10000	2500

解：

A_0 称为基准方案，有时所有互斥型方案均不符合条件，应把资金投资在其他可以获得基准投资收益率的方案上，这样的方案称为基准方案或零方案。零方案或基准方案的特点在于不管其投资额为多少，其 $NPV(i_c) = 0$ 或者说 $IRR = i_c$。

① 将投资方案按投资额由小到大排序为 A_0、A_1、A_2、A_3，其中 A_0 为基准方案。若投资 5000 元，每年获得 15％的基准投资收益率，则每年度净收益 R_0 为：

$$R_0 = P(A/P, 15\%, 10) = 5000 \times 0.19925 = 996.25 \text{（万元）}$$

对方案 A_1 与基准方案 A_0 进行比较，计算这两个方案差额现金流量，如图 3-15（a）所示，并按基准投资收益率 $i_c = 15\%$ 计算差额净现值 $\Delta NPV_{A_1-A_0}$，则

$$\Delta NPV_{A_1-A_0} = (1400 - 996.25)(P/A, 15\%, 10) - (5000 - 5000) = 2026.42 \text{（万元）}$$

因为 $\Delta NPV_{A_1-A_0} > 0$，说明方案 A_0 较劣，应该把它淘汰掉，保留方案 A_1 为临时最优方案。

② 对方案 A_2 与方案 A_1 进行比较，计算这两个方案差额现金流量，如图 3-15（b）所示，并按基准投资收益率 $i_c = 15\%$ 计算差额净现值 $\Delta NPV_{A_2-A_1}$，则

$$\Delta NPV_{A_2-A_1} = (1900 - 1400)(P/A, 15\%, 10) - (8000 - 5000) = -490.50 \text{（万元）}$$

因为 $\Delta NPV_{A_2-A_1} < 0$，说明方案 A_2 较劣，应该它淘汰掉，保留方案 A_1 为临时最优方案。

③ 对方案 A_3 与方案 A_1 进行比较，计算这两个方案差额现金流量，如图 3-15（c）所示，并按基准投资收益率 $i_c = 15\%$ 计算差额净现值 $\Delta NPV_{A_3-A_1}$，则

$$\Delta NPV_{A_3-A_1} = (2500 - 1400)(P/A, 15\%, 10) - (10000 - 5000) = 520.90 \text{（万元）}$$

因为 $\Delta NPV_{A_3-A_1} > 0$，说明方案 A_3 优于 A_1，因此 A_3 是最终的最优方案。

由此可见，当互斥型方案寿命相等时，只比较各方案的 NPV 并且 NPV 最大的方案与上述差额法的选择结论是一致的，这是因为

$$\Delta NPV_{A-B} = \sum_{t=0}^{N}(F_{At} - F_{Bt})(1+i_c)^{-t} = \sum_{t=0}^{N}F_{At}(1+i_c)^{-t} - \sum_{t=0}^{N}F_{Bt}(1+i_c)^{-t}$$
$$= NPV_A(i_c) - NPV_B(i_c)$$

故当 $\Delta NPV_{A-B}(i_c) \geqslant 0$ 时，必有 $NPV_A(i_c) \geqslant NPV_B(i_c)$ 成立。

另外，还可以运用差额净年值法和净将来值法进行互斥型方案的比选，所选择的最优方案应该和运用差额净现值法所得结论完全一样。

（3）用差额内部收益率（ΔIRR）进行互斥型方案的比选

这种方法是首先计算差额内部收益率，然后将差额内部收益率和基准投资收益率进行比较，若前者大于后者，则选择投资大的方案；反之，则选择投资小的方案。

【例 3-10】　以例 3-9 为例，基准投资收益率 $i_c = 15\%$，试比较哪个方案在经济上最优？

解：

① 计算方案 A_1 对基准方案 A_0 的差额内部收益率 $\Delta IRR_{A_1-A_0}$，使差额（$A_1 - A_0$）的净现值等于零，以求出 $\Delta IRR_{A_1-A_0}$。

根据图 3-15（a），则有

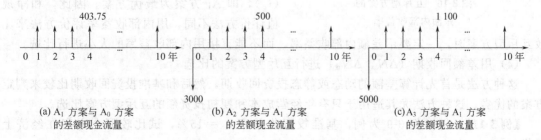

图 3-15　差额现金流量图（单位：万元）

$$1400(P/A,\Delta IRR_{A_1-A_0},10)-996.25(P/A,15\%,10)-(5000-5000)=0$$

从而

$$1400(P/A,\Delta IRR_{A_1-A_0},10)=996.25(P/A,15\%,10)=5000$$

即 $(P/A,\Delta IRR_{A_1-A_0},10)=5000/1400=3.571$

利用线性插值法解得：$\Delta IRR_{A_1-A_0}=25\%>i_c=15\%$。

因为差额内部收益率大于基准投资收益率 15%，所以方案 A_1 优于方案 A_0，故应以方案 A_1 为临时最优方案。

② 计算方案 A_2 对基准方案 A_1 的差额内部收益率 $\Delta IRR_{A_2-A_1}$，使差额（A_2-A_1）的净现值等于零，以求出 $\Delta IRR_{A_2-A_1}$。根据图 3-15（b），则有

$$(1900-1400)(P/A,\Delta IRR_{A_2-A_1},10)-(8000-5000)=0$$

解得：$\Delta IRR_{A_2-A_1}=10.5\%<i_c=15\%$。

因为差额内部收益率小于基准投资收益率 15%，所以方案 A_1 优于方案 A_2，故应以方案 A_1 为临时最优方案。

③ 计算方案 A_3 对基准方案 A_1 的差额内部收益率 $\Delta IRR_{A_3-A_1}$，使差额（A_3-A_1）的净现值等于零，以求出 $\Delta IRR_{A_3-A_1}$。根据图 3-15（c），则有

$$(2500-1900)(P/A,\Delta IRR_{A_3-A_1},10)-(10000-5000)=0$$

解得：$\Delta IRR_{A_3-A_1}=17.6\%>i_c=15\%$。

因为差额内部收益率大于基准投资收益率 15%，所以方案 A_3 优于方案 A_1，故方案 A_3 为最优方案。

必须指出的是，虽然在多数情况下，采用内部收益率法评价互斥型方案能够得到与差额内部收益率法相同的比选结果，但在相当多的情况下，直接按互斥型方案的内部收益率的高低选择方案并不一定能选出在基准投资收益率下净现值最大的方案。如本例中，计算 A_1、A_2、A_3 的内部收益率分别为 $IRR_{A_1}=25\%$，$IRR_{A_2}=19.9\%$，$IRR_{A_3}=21.9\%$。若按照 IRR 数值大小比选，则方案 A_1 为最优方案，这一结论与上述几种比选的结论是不一致的。

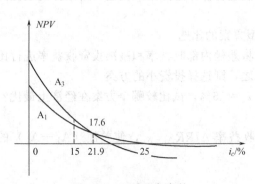

图 3-16　互斥型方案的
差额内部收益率

这种不一致，可用图 3-16 来说明。虽然方案 A_1 的内部收益率大于 A_3 的，但在 $i_c=15\%$ 处，A_3 的净现值却大于 A_1 的净现值。差额内部收益率 $\Delta IRR_{A_3-A_1}=17.6\%$，表示基准投资收益率为 17.6% 时，两个方案的净现值相同。由图 3-16 可见，当给定的基准投资收益率 $i_c<\Delta IRR_{A_3-A_1}$，$NPV_{A_3}(i_c)>NPV_{A_1}(i_c)$，即 A_3 方案为最优方案；当给定的基准投资收益率 $i_c>\Delta IRR_{A_3-A_1}$，$NPV_{A_3}(i)<NPV_{A_1}(i_c)$，即 A_1 方案为最优方案。因此，和净现值评价方法不同，用内部收益率评价方法来比较互斥型方案时，一定要用差额内部收益率，而不能直接用内部收益率的大小进行比选。

（4）用差额回收期（ΔN、ΔN_d）进行互斥型方案的比选

这种方法是首先计算差额的动态或静态投资回收期，然后和基准投资回收期比较来判定方案的优劣。这种方法尤其适用于只有年经营成本和期初投资额的互斥型方案比选。

【例 3-11】　仍以例 3-9 为例，基准投资收益率 $i_c=15\%$，试比较哪个方案在经济上最优？

解：

首先可以选方案 A_1 为临时最优方案，然后根据前面图 3-15，计算方案 A_2 相对于 A_1 的差额动态回收期 $\Delta N_{dA_2-A_1}$。

由公式（3-11）可知，

$$\Delta N_{dA_2-A_1} = \frac{-\lg\left[1-\dfrac{(8000-5000)\times 0.15}{(1900-1400)}\right]}{\lg(1+0.15)} = 16.5 \text{（年）} > 10 \text{（年）}$$

方案 A_2 劣于方案 A_1，因此应淘汰 A_2。

再取 A_3 与 A_1 比较

$$\Delta N_{dA_3-A_1} = \frac{-\lg\left[1-\dfrac{(10000-5000)\times 0.15}{(2500-1400)}\right]}{\lg(1+0.15)} = 8.2 \text{（年）} < 10 \text{（年）}$$

方案 A_3 优于方案 A_1，故方案 A_3 为最优方案。

3.3.4 收益未知的互斥型方案比选

（1）收益相同且未知的互斥型方案比选

在实际工作中，常常会需要比较一些特殊的方案，方案之间的效益相同或基本相同而其具体的数值是难以估算的或者无法用货币衡量。例如，一座人行天桥无论采用钢结构还是钢筋混凝土结构，其功能是一致的。这时，只需要以费用的大小作为比较方案的标准，以费用最小的方案为最优方案，这一方法称为最小费用法。最小费用法包括费用现值法、费用年值法、差额净现值法和差额内部收益率法等。下面通过具体实例加以说明。

【例 3-12】 某工厂拟采用某种新设备一台，市场上有 A、B 两种型号供选择，两种型号的年产品数量和质量相同（即年收益相同），但购置费和日常运营成本不同（见表 3-6）。两种型号设备的计算寿命皆为 5 年，$i_c = 8\%$。试比较并选择最经济的设备型号。

表 3-6 例 3-12 互斥方案的投资与经营成本　　　　　单位：元

设备型号（方案）	购置费	年运营成本	残值
A	16000	5000	1500
B	12000	6500	2000

解：

① 费用现值法　费用现值（PC：present cost）就是指将方案各年发生的费用折算为现值，再求和。费用现值法通过计算各方案的费用现值，以费用现值最小的方案为最优方案。

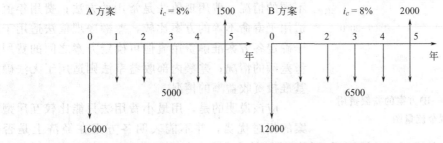

图 3-17 A、B 方案的费用净现金流量图

A、B 方案的现金流量图如图 3-17 所示，分别计算两方案的费用现值为

$$PC_A = 16000 + 5000(P/A, 8\%, 5) - 1500(P/F, 8\%, 5)$$
$$= 16000 + 5000 \times 3.9926 - 1500 \times 0.68059 = 34942.12（元）$$
$$PC_B = 12000 + 6500(P/A, 8\%, 5) - 2000(P/F, 8\%, 5)$$
$$= 12000 + 6500 \times 3.9926 - 2000 \times 0.68059 = 36590.72（元）$$

由于 $PC_A < PC_B$，所以 A 型号设备较经济。

② 费用年值法 费用年值（AC：annual cost）就是指年等值费用，即将方案各年发生的费用及初期投资折算为等值的费用年值。费用年值也可以理解为年平均费用，但这里的平均不是算术平均，而是考虑资金时间价值的动态平均。费用年值法就是比较各互斥型方案的费用年值，以费用年值最小的方案为最优方案。

$$AC_A = 16000(A/P, 8\%, 5) + 5000 - 1500(A/F, 8\%, 5)$$
$$= 16000 \times 0.25046 + 5000 - 1500 \times 0.17046 = 8751.67（元）$$
$$AC_B = 12000(A/P, 8\%, 5) + 6500 - 2000(A/F, 8\%, 5)$$
$$= 12000 \times 0.25046 + 6500 - 2000 \times 0.17046 = 9164.60（元）$$

由于 $AC_A < AC_B$，所以 A 型号设备较经济。

③ 差额净现值法 这里的差额净现值法和前文所述的有收益的互斥型方案比较的差额净现值是相同的。这是因为如果两个互斥方案的收益相同，在计算它们的差额净现金流量时，收益相抵，其差额净现金流量就是两方案费用形成的差额现金流量。

A、B 两方案所形成的差额现金流量如图 3-18 所示。

计算差额净现值
$$\Delta NPV_{A-B} = -4000 + 1500(P/A, 8\%, 5) - 500(P/F, 8\%, 5)$$
$$= -4000 + 1500 \times 3.9926 - 500 \times 0.68059 = 1648.60（元）$$

由于 $\Delta NPV_{A-B} > 0$，所以 A 型号优于 B 型号，即 A 型号较经济。

④ 差额内部收益率法 差额内部收益率法的基本思想同差额净现值法，只是不是计算净现值而是计算差额内部收益率来比较方案的优劣。

A、B 方案的差额内部收益率 ΔIRR_{A-B} 满足下式

$$-4000 + 1500 \frac{(1+\Delta IRR_{A-B})^5 - 1}{\Delta IRR_{A-B}(1+\Delta IRR_{A-B})^5} - 500 \frac{1}{(1+\Delta IRR_{A-B})^5} = 0$$

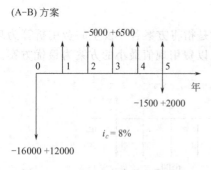

图 3-18 （A—B)方案的差额费用现金流量图

用线性插值法求得 $\Delta IRR_{A-B} = 23.34\% > 8\%$，所以 A 型号较经济。

从 ［例 3-12］ 中计算结果看，四种方法的比较结论是一致的，实际使用时择一应用。四种方法适用于不同的情况：费用现值法是常用的方法；费用年值法适用于寿命不等的方案比较，差额净现值法适用于难于确定各方案准确费用流但可确定方案之间的费用流量差额的情况；差额内部收益率法则适用于无法确定基准投资收益率的情况。

应该说明的是，用最小费用法只能比较互斥型方案的相对优劣，并不能表明各方案在经济上是否合理。这一方法尤其适用于已被证明必须实施的技术方案，如公用事业工程中的方案比较、生产线中配套设备的选型等。

（2）收益不同且未知的互斥型方案比选

对于产品产量（服务）不同，产品价格（服务收费标准）又难以确定的方案的比较，当其产品为单一产品或能折合为单一产品时，可采用最低价格（最低收费标准）法。计算公式为

$$P_{min} = \frac{\sum_{t=0}^{n}(I_t + C_t - L_t)(1 + i_c)^{-t}}{\sum_{t=0}^{n} Q_t(1 + i_c)^{-t}} \qquad (3-13)$$

式中　I_t——第 t 年的投资；

$\qquad C_t$——第 t 年的运营费用；

$\qquad L_t$——第 t 年的残值；

$\qquad Q_t$——第 t 年的产品（服务）量。

最低价格的计算可简单地理解为产品的费用现值与产品的产量现值之比，即考虑资金时间价值的情况下单位产品费用。下面用例子来说明其方法应用过程。

【例 3-13】　假设［例 3-12］中两种型号的设备加工零件的质量相同，但 A 型号设备的年产量为 10000 件，B 型号设备为 9000 件，且 A 和 B 型号设备的剩余生产能力均能被利用。试比较两型号设备的优劣。

解：

A 与 B 设备的年产量不同，应采用最低价格法

$$P_{min}^{A} = \frac{16000 + 5000(P/A, 8\%, 5) - 1500(P/F, 8\%, 5)}{10000(P/A, 8\%, 5)} = 0.88 \text{（元／件）}$$

$$P_{min}^{B} = \frac{12000 + 6500(P/A, 8\%, 5) - 2000(P/F, 8\%, 5)}{9000(P/A, 8\%, 5)} = 1.02 \text{（元／件）}$$

由于 $P_{min}^{A} < P_{min}^{B}$，因此 A 型号设备优于 B 型号设备。

3.3.5　寿命无限和寿命期不等的互斥型方案比选

当几个互斥型方案的寿命不等时，这几个方案就不能直接比较。为了能进行比较，必须进行适当处理以保证时间的可比性。

保证时间可比性的方法有多种，最常用的是方案重复法、年值法和研究期法。从理论上讲，为精确地比较两个方案，应该把考察的时间从现在起一直延长到两个方案寿命完全相同的未来某一时点上进行，但实际上这很难做到甚至有时根本无法做到。因此，根据客观情况，多少带有主观随意性地选择一个计算年限，各方案均按选定期限计算，以保证时间的可比性。

3.3.5.1　显方案重复法

显方案重复法是将被比较方案的一个或几个重复若干次或无限次，直至各方案期限相等为止。显然，这一相等期限就是各方案寿命的最小公倍数或无穷大寿命。前者可称为最小公倍数法，后者可称为无穷大寿命。

（1）最小公倍数法（又称方案重复法）

最小公倍数法是以各备选方案计算期的最小公倍数作为方案优选的共同计算期，并假设各个方案均在这样一个共同的计算期内重复进行，即各备选方案在其计算期结束后，均可按与其原方案计算期内完全相同的现金流量系列周而复始地循环下去直到共同的计算期。在此基础上计算出各个方案的净现值，以净现值最大的方案为最佳方案。

【例 3-14】　某公司拟购买某种设备，市场上有设备 A、B 两种设备均可满足使用需求，具体数据见表 3-7。设该公司的基准投资收益率 $i_c = 10\%$，试问选择哪台设备在经济上更有利？

表 3-7　寿命不等的互斥型方案投资与收益额　　　　　　　　　　单位：万元

设备	投资	每年末净收益	寿命
A	10	4.0	4
B	20	5.3	6

解：根据最小公倍数法，假设设备 A、B 方案能够完全重复，然后计算各方案的净现值（或费用现值），取其最大者（或最小者）为最优方案。A、B 设备寿命的最小公倍数为 12 年。在这期间 A 设备重复更新 2 次，B 设备更新 1 次，现金流量如图 3-19 所示。

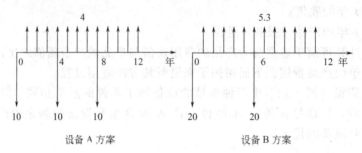

图 3-19　寿命不等设备的最小公倍数寿命期现金流量（单位：万元）

由图 3-19 可知：

$$NPV_A = 4 \times (P/A,10\%,12) - 10 \times (P/F,10\%,8) - 10 \times (P/F,10\%,4) - 10$$
$$= 5.76（万元）$$
$$NPV_B = 5.3 \times (P/A,10\%,12) - 20 \times (P/F,10\%,6) - 20$$
$$= 4.82（万元）$$

因为 $NPV_A > NPV_B$，所以选择 A 设备更有利。

利用最小公倍数法有效解决了寿命不等的互斥型方案之间净现值的可比性问题。但这种方法所依赖的方案可重复实施的假定不是在任何情况下都适用。对于某些不可再生资源开发型项目，在进行计算期不等的互斥型方法比选时，方案可重复实施的假定不再成立，这种情况下就不能用最小公倍数法确定计算期。有的时候最小公倍数法求得的计算期过长，甚至远远超过项目寿命期或计算期上限，这就降低了所计算方案经济效果指标的可靠性和真实性，故也不适合用最小公倍数法。最小公倍数法还不适用于技术更新快的产品和设备方案的比较，因为在没有到共同的计算期之前，某些方案存在的合理性已经成为问题。

（2）无穷大寿命期法

如果几个方案的最小公倍数寿命数值很大，或根本不存在有限的最小公倍数寿命，按上述方法计算非常麻烦，这时可以采用无穷大寿命期法计算。一些公共事业工程项目方案，如铁路、桥梁、运河、大坝等，可以通过大修或反复更新使其寿命延长至很长的年限直至无穷。这时其现金流量大致也是周期性地重复出现。根据这一特点，可以发现寿命无限方案现金流量的现值与年值之间的特别关系。

按资金等值原理，已知

$$P = A \frac{(1+i_c)^N - 1}{i_c(1+i_c)^N}$$

当 $N \to \infty$ 时，

$$P = A \left[\lim_{N \to \infty} \frac{(1+i_c)^N - 1}{i_c(1+i_c)^N} \right] = \frac{A}{i_c}$$

即

$$P = \frac{A}{i_c} \text{ 或 } A = P \times i_c \qquad (3\text{-}14)$$

应用上面两式可以方便地解决无限寿命期互斥型方案的比选。方案的初始投资费用加上假设永久运行所需支出的运营费用和维护费用的现值，称为资本化成本。下面通过例子具体说明。

【例 3-15】　某桥梁工程初步拟定 2 个结构方案供设计选择。A 方案为钢筋混凝土结构，初始投资 1500 万元，年维护费为 10 万元，每 5 年大修 1 次的费用为 100 万元；B 方案为钢结构，初始投资 2000 万元，年维护费为 5 万元，每 10 年大修 1 次的费用为 100 万元。假设该工程的基准投资收益率为 $i_c = 5\%$，哪一个方案经济？

解：

① 费用现值法

A 方案的费用现值为

$$PC_A = 1500 + 10/5\% + 100(A/F, 5\%, 5)/5\% = 2062 \text{（万元）}$$

B 方案的费用现值为

$$PC_B = 2000 + 5/5\% + 100(A/F, 5\%, 10)/5\% = 2259 \text{（万元）}$$

由于 $PC_A < PC_B$，故 A 方案经济。

② 费用年值法

A 方案的费用年值为

$$AC_A = 10 + 100(A/F, 5\%, 5) + 1500 \times 5\% = 103.10 \text{（万元）}$$

B 方案的费用年值为

$$AC_B = 5 + 100(A/F, 5\%, 10) + 2000 \times 5\% = 112.95 \text{（万元）}$$

由于 $AC_A < AC_B$，故 A 方案经济。

3.3.5.2　隐方案重复法

隐方案重复法是指虽然比选过程不需要进行重复，但却以方案重复为前提假设，隐方案重复法包括净年值法和差额内部收益率法。

（1）净年值法

用净年值法进行寿命不等的互斥型方案经济效果评价，实际上隐含这样一个假定：各方案在其寿命结束时均可按原方案重复实施或以原方案经济效果水平相同的方案实施。净年值是以"年"为时间单位比较各方案的经济效果，因为一个方案无论重复多少次，其净年值是不变的，从而使寿命不等的互斥型方案具有时间可比性。净年值法更适用于评价具有不同计算期的互斥型方案的经济效果。

由于无穷大寿命法的 $NPV(i_c) = NAV(i_c)/i_c$，所以若有 $NPV_A > NPV_B$，必有 $NAV_A > NAV_B$ 成立。因此，直接比较寿命不等的互斥型方案第一个周期的 NAV，即可得到与无穷大寿命法一致的结论。对各备选方案净现金流量的净年值 NAV 进行比较，以 $NAV \geqslant 0$ 且 NAV 最大者为最优方案。

【例 3-16】　以 [例 3-14] 为例，假设用净年值法进行设备 A、B 方案的比选，试问选择哪台设备在经济上更有利？

解：

分别计算设备 A、B 方案的净年值，则有：

$$NAV_A(10\%) = 4 - 10(A/P, 10\%, 4) = 0.85 \text{（万元）}$$

$$NAV_B(10\%) = 5.3 - 20(A/P, 10\%, 6) = 0.71 \text{（万元）}$$

由于 $NAV_A(10\%) > NAV_B(10\%)$，故与显方案重复法结论一致，即选择 A 设备经济上更有利。

（2）差额内部收益率法

差额内部收益率法实际上是净年值法的变形，当互斥型方案寿命不等时，可以利用令两方案净年值相等的方法求解差额内部收益率，即

$$\sum_{t=0}^{N_A} F_{tA}(P/F,\Delta IRR,t)(A/P,\Delta IRR,N_A) = \sum_{t=0}^{N_B} F_{tB}(P/F,\Delta IRR,t)(A/P,\Delta IRR,N_B)$$

在 ΔIRR 存在的情况下，若 $\Delta IRR \geqslant i_c$，则初始投资大的方案为优，若 $0 < \Delta IRR < i_c$，则初始投资小的方案为优。

【例 3-17】 仍以［例 3-14］为例，假设用差额内部收益率法进行设备 A、B 方案的比选，试问选择哪台设备在经济上更有利？

解： 为了求解差额内部收益率，可令 $NAV_A = NAV_B$，则有：

$$4 - 10(A/P,\Delta IRR,4) = 5.3 - 20(A/P,\Delta IRR,6)$$

得

$$10(A/P,\Delta IRR,4) - 20(A/P,\Delta IRR,6) + 1.3 = 0$$

利用插值法计算，可求出 $\Delta IRR = 8\%$。因为差额内部收益率小于基准投资收益率 10%，故选择 A 设备经济上更有利。

3.3.5.3 研究期法

方案重复法、年值法及差额内部收益率法实质上都是延长寿命期以达到可比要求，这通常被认为合理的。但在某些情况下并不符合实际，因为技术进步往往使完全重复不经济，甚至在实践中是完全不可能的。一种比较可行的办法是研究期法，即选择一段时间作为可比较的计算期。研究期的选择没有特殊的规定，但显然以各方案中寿命最短者为研究期时计算最为简便，而且可以完全避免可重复性假设。

不过值得注意的是，研究期法涉及寿命未结束时方案的未使用价值的处理问题，其处理方法有 3 种：第 1 种承认方案未使用价值；第 2 种不承认方案未使用价值；第 3 种预测方案未使用价值在研究期末的价值并作为现金流入量。

【例 3-18】 对［例 3-14］用研究期法进行设备 A、B 方案的比选，试问选择哪台设备在经济上更有利？

解：

① 承认方案未使用价值　假定取设备 A 方案寿命 4 年为研究期，并承认设备 B 方案投资使用 6 年的价值，即将设备 B 投资按时间价值分摊到整个寿命期 6 年中，然后取 4 年研究期的净现值与设备 A 方案的净现值相比较，则有

$$NPV_A = 4 \times (P/A,10\%,4) - 10 = 2.68 \text{（万元）}$$

$$NPV_B = [5.3 - 20 \times (A/P,10\%,6)](P/A,10\%,4) = 2.24 \text{（万元）}$$

因为 $NPV_A > NPV_B$，故选择 A 设备经济上更有利。

② 不承认未使用价值

$$NPV_A = 4 \times (P/A,10\%,4) - 10 = 2.68 \text{（万元）}$$

$$NPV_B = [5.3 - 20 \times (A/P,10\%,4)](P/A,10\%,4) = -3.2 \text{（万元）}$$

因为 $NPV_A > NPV_B$，故选择 A 设备经济上更有利。

③ 预测未来价值　假设设备 B 在研究期末可以处理回收现金 8 万元，则有

$$NPV_A = 4 \times (P/A,10\%,4) - 10 = 2.68 \text{（万元）}$$

$$NPV_B=5.3\times(P/A,10\%,4)+8\times(P/F,10\%,4)-20=-2.26\text{（万元）}$$

因为 $NPV_A > NPV_B$，故选择 A 设备经济上更有利。

3.4　独立方案与混合方案的比较选择

3.4.1　独立方案的比较选择

在一组独立方案的比较选择过程中，可决定选择其中任意一个或多个方案，甚至全部方案，也可能一个方案也不选。独立方案的这个特点决定了独立方案的现金流量及经济效果具有可加性。一般独立方案选择有下面两种情况。

① 无资源限制的情况　如果独立方案之间共享的资源（通常为资金）足够多（没有限制），则任何一个方案只要是经济上可行的，就可采纳并实施。

② 有资源限制的情况　如果独立方案之间共享的资源是有限的，不能满足所有方案的需求，则在不超过这种资源限额的条件下，独立方案的选择有两种方法：一是方案组合法；二是内部收益率或净现值率排序法。

（1）方案组合法

方案组合法的原理是：列出独立方案所有可能的组合，每个组合形成一个组合方案（其现金流量为被组合方案的现金流量的叠加），由于是所有可能的组合，故最终的选择只可能是其中的一个组合方案，因此所有可能的组合方案形成互斥关系，可按互斥型方案的比较方法确定最优的组合方案，最优的组合方案即为独立方案的最佳选择。具体步骤如下。

① 列出独立方案的所有可能组合，形成若干个新的组合方案（其中包括 0 方案，其投资为 0，收益也为 0），则所有可能组合方案形成互斥型方案；

② 每个组合方案的现金流量为被组合的各独立方案的现金流量的叠加；

③ 将所有的组合方案按初始投资额从小到大的顺序排列；

④ 排除总投资额超过投资限额的组合方案；

⑤ 对剩余的组合方案按互斥型方案的比较方法确定最优组合方案；

⑥ 最优组合方案所包含的独立方案即为该组独立方案的最佳选择。

【例 3-19】　有三个独立方案 A、B、C，寿命期皆为 10 年，现金流量如表 3-8 所示，基准投资收益率 $i_c=8\%$，投资资金限额为 12000 万元。要求选择最优方案。

表 3-8　[例 3-19]方案投资和年净收益额　　　　　　单位：万元

方案	初始投资	年净收益	寿命/年
A	3000	600	10
B	5000	850	10
C	7000	1200	10

解： ① 列出所有可能的组合方案，以 1 代表方案被接受，以 0 代表方案被拒绝，则所有可能的组合方案（包括 0 方案）见表 3-9。

② 对每个组合方案内的各独立方案的现金流量进行叠加，作为组合方案的现金流量，并按叠加投资额从小到大的顺序对组合方案进行排序，排除总投资额超过投资限额的组合方案（A+B+C）。

③ 按组合方案的现金流量计算各组方案的净现值（见表 3-9 最后一列）。

表 3-9　方案组合即组合方案数据　　　　　　　单位：万元

序号	方案组合			组合方案	初始投资	年净收益	寿命 /年	净现值
	A	B	C					
1	0	0	0	0	0	0	10	0
2	1	0	0	A	3000	600	10	1026
3	0	1	0	B	5000	850	10	704
4	0	0	1	C	7000	1200	10	1052
5	1	1	0	A+B	8000	1450	10	1730
6	1	0	1	A+C	10000	1800	10	2078
7	0	1	1	B+C	12000	2050	10	1756
8	1	1	1	A+B+C	15000	—	—	—

④（由于 A+C）方案净现值最大，所以（A+C）为最优组合方案，故最优的选择应是 A 和 C。

（2）内部收益率或净现值率排序法

内部收益率排序法是日本学者提出的一种独特的方法，又称之为右下右上法。现在还是以例 3-19 为例说明这种方法的选择过程。

① 计算各方案的内部收益率。分别求出 A、B、C 三个方案的内部收益率为

$$IRR_A = 15.10\%$$
$$IRR_B = 11.03\%$$
$$IRR_C = 11.23\%$$

② 这组独立方案按内部收益率从大到小的顺序排列，将它们以直方形的图式绘制在以投资为横轴、内部收益率为纵轴的坐标系上（如图 3-20 所示），并标明基准投资收益率和投资的期限。

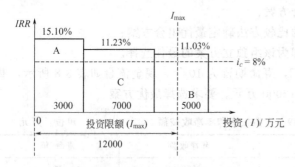

图 3-20　A、B、C 内部收益率排序图

③ 排除 i_c 线以下和投资限额线右边的方案。由于方案的不可分割性，所以 B 方案不能选中，因此最后选择的最优方案是 A 和 C。

净现值率排序法与 IRR 排序法具有相同的原理。计算各方案的净现值，排除净现值小于零的方案，然后计算各方案的净现值率（净现值率＝净现值/投资的现值），按净现值率从大到小的顺序，依次选取方案，直至所选取方案的投资额之和达到或最大限度地接近投资限额。

内部收益率或净现值率排序法存在一个缺陷，即可能会出现投资资金没有被充分利用的情况。如上述的例子中，假如有个独立的 D 方案，投资额为 2000 万元，内部收益率为 10%，显然再选 D 方案，并未突破投资限额，且 D 方案本身也有利可图。而用这种方法，有可能忽视了这一方案。当然，在实际工作中，如果遇到一组方案数目很多的独立方案，用方案组合法，计算是相当繁琐的。这时，利用内部收益率或净现值率排序法相当方便。

3.4.2　混合方案的比较选择

混合方案的结构类型不同选择方法也不一样，分两种情形讨论。

（1）在一组独立的多方案中，每个独立方案下又有若干个互斥方案的情形

例如：A、B 两方案是相互独立的，A 方案下有 3 个互斥方案 A_1、A_2、A_3，B 方案下有 2 个互斥方案 B_1、B_2，如何选择最佳方案呢？

这种结构类型的混合方案也应采用方案组合法进行比较选择，基本方法与过程和独立方案组合是相同的，不同的是在方案组合构成上，其组合方案数目也比独立方案的组合方案数目少。如果 m 代表相互独立的方案数目，n_j 代表第 j 个独立方案下互斥方案的数目，则这一组混合方案可以组合成互斥方案的组合方案数目为：

$$N = \prod_{j=1}^{m} (n_j) \tag{3-15}$$

上例的一组混合方案形成的所有可能组合方案见表 3-10。

表 3-10　情形（1）的混合方案组合

序号	方案组合					组合方案
	A			B		
	A_1	A_2	A_3	B_1	B_2	
1	0	0	0	0	0	0
2	1	0	0	0	0	A_1
3	0	1	0	0	0	A_2
4	0	0	1	0	0	A_3
5	0	0	0	1	0	B_1
6	0	0	0	0	1	B_2
7	1	0	0	1	0	A_1+B_1
8	1	0	0	0	1	A_1+B_2
9	0	1	0	1	0	A_2+B_1
10	0	1	0	0	1	A_2+B_2
11	0	0	1	1	0	A_3+B_1
12	0	0	1	0	1	A_3+B_2

表中各组合方案的现金流量为被组合方案的现金流量的叠加。所有组合方案形成互斥方案关系，按互斥方案的比选方法，确定最优组合方案，最优组合方案中被组合的方案即为该混合方案的最佳选择。具体的方法和过程同独立方案的比较。

（2）在一组互斥方案中，每个互斥方案下又有若干个独立方案的情形

例如：C、D 是互斥方案，C 方案下有 C_1、C_2、C_3 这 3 个独立方案，D 方案下有 D_1、D_2、D_3、D_4 这 4 个独立方案，如何确定最优方案呢？

分析一下方案之间的关系，就可以找到确定最优方案的方法。由于 C、D 是互斥的，最终的选择将只会是其中之一，所以 C_1、C_2、C_3 选择与 D_1、D_2、D_3、D_4 选择互相没有制约，可分别对这两组按独立方案选择方法确定最优组合方案，然后再按互斥方案比选的方法确定选择哪一个组合方案，具体过程为：

① 对 C_1、C_2、C_3 这 3 个独立方案，按独立方案的选择方法确定最优的组合方案（见表 3-11）。假设最优组合方案是第 5 个组合方案，即 C_1+C_2，以此作为方案 C。

② 对 D_1、D_2、D_3、D_4 这 4 个独立方案，按独立方案的选择方法确定最优的组合方案（见表 3-12）。假设最优组合方案是第 13 个组合方案，即 $D_1+D_2+D_4$，以此作为方案 D。

表 3-11 情形（2）的 C 下独立方案组合

序号	方案组合			组合方案
	C_1	C_2	C_3	
1	0	0	0	0
2	1	0	0	C_1
3	0	1	0	C_2
4	0	0	1	C_3
5	1	1	0	C_1+C_2
6	1	0	1	C_1+C_3
7	0	1	1	C_2+C_3
8	1	1	1	$C_1+C_2+C_3$

表 3-12 情形（2）的 D 下独立方案组合

序号	方案组合				组合方案
	D_1	D_2	D_3	D_4	
1	0	0	0	0	0
2	1	0		0	D_1
3	0	1	0	0	D_2
4	0	0	1	0	D_3
5	0	0	0	1	D_4
6	1	1	0	0	D_1+D_2
7	1	0	1	0	D_1+D_3
8	1	0	0	1	D_1+D_4
9	0	1	1	0	D_2+D_3
10	0	1	0	1	D_2+D_4
11	0	0	1	1	D_3+D_4
12	1	1	1	0	$D_1+D_2+D_3$
13	1	1	0	1	$D_1+D_2+D_4$
14	0	1	1	1	$D_2+D_3+D_4$
15	1	0	1	1	$D_1+D_3+D_4$
16	1	1	1	1	$D_1+D_2+D_3+D_4$

③ 将由最优组合方案构成的 C、D 两方案按互斥方案的比选方法确定最优方案，假设最优方案为 D 方案，则该组混合方案的最佳选择应是 D_1、D_2、D_4。

习　题

1. 基准投资收益率的含义是什么？确定基准收益率要考虑哪些因素？
2. 投资项目的相互关系分为哪几种类型？其各有什么特点
3. 互斥型方案的类别与优选比较原则是什么？
4. 互斥型方案比选的静态指标通常有哪些？分别是什么含义？

5. 寿命期相等的互斥型方案比选方法有哪些?

6. 寿命期不相等的互斥型方案比选方法有哪些?

7. 某投资者拟投资房产,现有 3 处房产供选择。该投资者拟购置房产后,出租经营,8 年后再转手出让,各处房产的购置价、年租金和转卖价见下表。其基准投资收益率为 12%。分别用净现值法、差额净现值法或差额内部收益率法,选择最佳方案。

单位:万元

项　目	A 房产	B 房产	C 房产
购置价	150	170	230
净转让价	125	145	185
年净租金收入	24	30	41

8. 由于一个较大居住区内居民经常抱怨没有娱乐健身设施,故政府考虑修建一个公共娱乐健身场所。虽然政府无法提供资金,但可以为项目筹集建设资金提供担保。建设设施的贷款利息和本金的偿还,可在 12 年内以每年的净收入来支付。若银行贷款利率为 8%,各级别的费用与收入数据见下表,则应修建哪种级别的设施?

单位:百万元

级别	建设费用	年运行费用	年收入
Ⅰ	50	3.5	12
Ⅱ	340	8.0	58
Ⅲ	460	9.0	80
Ⅳ	480	9.5	81

9. 为了满足两地交通运输增长的需求,拟在两地之间建一条铁路或新开一条高速公路,也可考虑两个项目同时上,如果两个项目同时上,由于分流影响,两个项目的现金流量将会受到影响。基准投资收益率 10%。根据下表提供的数据,对方案进行比较选择(注:表中括号里面的数据为两个项目同时上的净现金流)。

单位:百万元

方案	年　末			
	0	1	2	3~30
铁路(A)	−40000	−30000	−20000	15000(12000)
公路(B)	−20000	−15000	−15000	9000(5250)

10. 考虑 6 个互斥方案,下表是按初始投资费用从小到大的顺序排列的,表中给出了各方案的内部收益率和方案间的差额内部收益率,所有方案都具有同样的寿命和其他可比条件。

(1) 如果必须采纳方案中的一个,但又无足够的资本去实施最后 3 个方案,基准投资收益率为 5%,那么应该选哪个方案?为什么?

(2) 假设对于方案Ⅳ、Ⅴ和Ⅵ,全部投资资金仍旧不足,且能够吸引投资者的最小收益率是 12%,你将推荐哪个方案?为什么?

（3）至少多大的基准投资收益率才能保证选择方案 IV 是正确的？为什么？

（4）如果有足够的资金，基准投资收益率为 10%，你将选择哪个方案，为什么？

（5）如果有足够的资金，基准投资收益率为 15%，你将选择哪个方案，为什么？

方案	IRR	差额内部收益率				
		I	II	III	IV	V
I	1%					
II	8%	21%				
III	11%	15%	12%			
IV	15%	22%	19%	17%		
V	13%	19%	16%	15%	9%	
VI	14%	21%	18%	16%	14%	21%

11. 对于现金流量如下图所示的工程方案，求投资回收期 N 年与内部收益率 IRR、建设期 M 计算期 n 的关系。

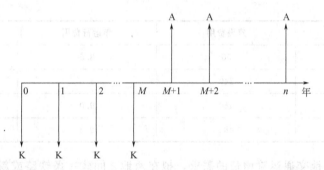

12. 某音像公司投资分析人员提出了 6 个供考虑的方案，假设每个方案期末均无残值，并且有 10 年寿命，且方案是独立的，$i_c = 9\%$。各方案的数据如下表所示。

方 案	A	B	C	D	E	F
投资资本	80000	40000	10000	30000	15000	90000
年净现金流量	11000	8000	2000	7150	2500	1400

（1）假定音像公司有足够的资本，应选择哪个方案？

（2）假定音像公司仅有 90000 元的投资资本，应如何选择？

（3）假定仅有 90000 元的投资资本，在这些独立方案中选择投资收益率最高的方案，并将其没用完的资本投资于其他机会且取得 15% 的收益率，则该项投资组合与（2）中确定的方案比较孰优孰劣？

（4）假设方案是互斥的，应如何选择？

13. 某石油化工联合企业下属 3 个公司 A、B、C 分别提出各自的技术改造方案。A、B、C 是相互独立的，但各公司投资项目均由若干互斥方案实现（见下表）。假定各方案的寿命期均为 8 年，设 $i_c = 15\%$，资金限额分别为：（1）600 万元；（2）800 万元；（3）400 万元，试问在上述资金限制下，如何从整个企业的角度作出最优投资决策？

单位：万元

项　目	方　案	初始投资	年末净收益
A	A_1	100	38
	A_2	200	69
	A_3	300	88
B	B_1	100	19
	B_2	200	55
	B_3	300	75
	B_4	400	92
C	C_1	200	86
	C_2	300	109
	C_3	400	154

14. 某企业下设 3 个工厂 A、B、C，各厂都有几个互斥的技术改造方案，如下表所示，各方案的寿命期均为 10 年。该企业可以从 X、Y 和 Z 银行获得资金来源。X 银行的利率是 10%，可以获得贷款 3000 万元，Y 银行的利率是 12%，可以获得贷款 3000 万元，Z 银行的利率是 15%，可以获得贷款 3000 万元。当然也可以不贷款。试解答下述问题：

(1) 假如每个工厂都可以采用维持现状的方案（即不投资方案），那么怎样筹集资金？选择哪些方案为好？

(2) B 工厂的方案是改善工作环境的方案，由于关系到作业安全，不能维持现状，那么此时应如何筹措资金？选择哪些方案为好？

投资方案	初始投资	比现状增加的年净收益
A_1	1000	272
A_2	2000	511
B_1	1000	20
B_2	2000	326
B_3	3000	456
C_1	1000	509
C_2	2000	639
C_3	3000	878

15. 某物流公司拟采购一批载重量为 10 吨的运输车辆，现有两种方案可供选择：第一个方案是某合资车辆制造企业生产的 A 型卡车，购置费为 22 万元/辆；第二个方案是国内某国有大型汽车制造企业生产的 B 型卡车，购置费为 16 万元/辆。每车的车辆操作人员平均工资为 30000 元/年，车辆的经济适用寿命均为 5 年，5 年内 A 型可行驶 50 万千米，B 型可以行驶 40 万千米，5 年末的残值为购置费的 18%。在运营期间，A 型车的燃油成本、日常维护成本和大修成本合计为 1.20 元/km，B 型车的燃油成本、日常维护成本和大修成本合计为 1.10 元/km，基准折现率为 8%。试比较两方案。

第4章 建设项目的不确定性和风险分析

4.1 项目的不确定性和风险问题

4.1.1 建设项目的不确定性

不确定性是与确定性相对的一个概念，指某一事件、活动在未来可能发生，也可能不发生，其发生状况、事件及其结果的可能性或概率是未知的。建设项目经济评价所采用的数据，如投资、产量、成本、价格、收入、计算期等大多是对未来的预测和估计，但是未来的情况是会发生变化的，比如影响各种方案经济效果的政治、经济形势、外部环境条件、技术发展情况等因素的变化，加上预测的局限性，使得项目经济评价中所使用的各项经济参数偏离预测值，进而计算出的各项经济评价指标具有不确定性。所以，除了对建设项目进行确定性分析之外，对项目进行不确定性分析也是非常必要的。不确定性分析是通过对拟建项目的不确定因素进行分析，计算基本变量的增减变化对项目经济效果的影响程度，找出最敏感的因素及其临界点。不确定性分析方法包括盈亏平衡分析和敏感性分析。

4.1.2 风险分析的概念

风险是指未来发生不利事件的概率或可能性。由于项目具有不确定性，会导致项目实施后偏离预期的经济效果，从而产生风险。风险是介于确定性与不确定性之间的一种状态，不利事件发生的概率是可以计量的。不确定性是指人们在事先只知道所采取行动的所有可能后果，而不知道它们出现的可能性。风险分析就是通过对风险因素的识别，采用定性与定量分析的方法估计各风险因素发生的可能性及对项目的影响程度，揭示影响项目成败的关键风险因素，提出项目风险的预警、预报和相应的对策，为投资决策服务。风险分析的作用是在投资决策阶段，通过信息反馈，改进或优化项目设计方案，起到降低项目风险的作用。风险分析的过程包括风险识别、风险估计、风险评价与风险防范应对。

4.1.3 不确定性分析和风险分析的关系

风险与不确定性是紧密相连的，由于项目具有不确定性，使得项目实施的结果可能会偏离预期目标，得到可能高于或低于预期的收益，甚至会遭受一定的损失，即产生风险。可以说，不确定性是投资项目产生风险的根本原因。风险分析与不确定性分析的目的相同，都是识别分析、评价影响项目的主要因素，防范不利影响，提高项目投资的成功率。

不确定性分析与风险分析是有区别的，通常将对不能事先知道的某个不确定因素可能出现的各种状况的发生概率（可能性）的分析称为不确定性分析；把对能事先知道的某个不确定因素可能出现的各种状况的发生概率（可能性）的分析称为风险分析。不确定性分析是针对不确定性因素进行的，通过盈亏平衡分析和敏感性分析考察不确定性因素对项目的影响程度，估计项目的总体风险状况和确定敏感性因素。风险分析是针对风险因素进行的，利用概率分析、蒙特卡洛等方法，分析风险因素发生的可能性以及对项目实施产生影响的可能性，确定项目实施的风险程度。但是，两者又有一定的联系，通过不确定性分析，得到敏感因素及敏感程度，但是不知道不确定性因素发生的可能性及影响程度，再借助于风险分析得到不确定性因素发生的可能性以及可能给项目带来经济损失的程度。

4.2　盈亏平衡分析

4.2.1　盈亏平衡分析的概念

（1）盈亏平衡分析的定义

盈亏平衡分析也称量本利分析，就是将项目投产后的产销量作为不确定因素，通过计算企业或项目的盈亏平衡点的产销量，据此分析判断不确定性因素对方案经济效果的影响程度，说明方案实施的风险大小及项目承担风险的能力，为投资决策提供科学依据。

根据生产成本及销售收入与产销量之间是否呈线性关系，盈亏平衡分析又可进一步分为线性盈亏平衡分析（图 4-1）和非线性盈亏平衡分析。

（2）盈亏平衡的分析过程

盈亏平衡分析实际是一种特殊形式的临界点分析。进行这种分析时，将产量或者销售量作为不确定因素，求取盈亏平衡时临界点所对应的产量或者销售量。

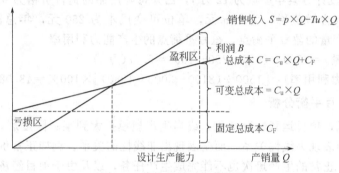

图 4-1　线性盈亏平衡分析图

4.2.2　线性盈亏平衡分析

图 4-1 的横坐标为产销量 Q（生产量等于销售量），纵坐标为金额（总成本和销售收入）。假定在一定时期内，产品价格不变时，销售收入随产销数量的增加而增加，呈线性函数关系，在图形上就是以零为起点的斜线。产品总成本 C 是固定总成本和变动总成本之和，当单位产品的变动成本不变时，总成本也呈线性变化。

从图 4-1 可知，销售收入线与总成本线的交点是盈亏平衡点（BEP），也叫保本点。表明企业在此产销量下总收入与总成本相等，既没有利润，也不发生亏损。在此基础上，增加产销量，销量收入超过总成本，收入线与成本线之间的距离为利润值，形成盈利区；反之，形成亏损区。这种用图示表达量本利的相互关系，不仅形象直观，一目了然，而且容易理解。

项目盈亏平衡点（BEP）的表达形式有多种。可以用绝对值表示，如以实物产销量、单位产品售价、单位产品的可变成本、年固定总成本以及年销售收入等表示的盈亏平衡点；也可以用相对值表示，如以生产能力利用率表示的盈亏平衡点。其中以产销量和生产能力利用率表示的盈亏平衡点应用最为广泛。盈亏平衡点一般采用公式计算，也可利用盈亏平衡图求得。

用生产能力利用率表示的盈亏平衡点（BEP）为

BEP（％）＝年固定总成本/（年销售收入－年可变成本－年销售税金及附加－

年增值税）×100％

用产量表示的盈亏平衡点 BEP（产量）为

BEP(产量)＝年固定总成本/(单位产品销售价格－单位产品可变成本－单位产品销售税金及附加－单位产品增值税)

两者之间的换算关系为

$$BEP(产量)＝BEP(\%)×设计生产能力 \qquad (4-1)$$

盈亏平衡点应按项目投产后的正常年份计算，而不能按计算期内的平均值计算。

(1) 盈亏平衡的结果分析

对建设项目运用盈亏平衡点分析时应注意：盈亏平衡点要按项目投产后的正常年份年产销量、变动成本、固定成本、产品价格和营业税金及附加等数据来计算，而不能按计算期内的平均值计算。

盈亏平衡点反映了项目对市场变化的适应能力和抗风险能力。

盈亏平衡点越低，达到此点的盈亏平衡产销量就越少，项目投产后的盈利的可能性越大，适应市场变化的能力越强，抗风险能力也越强。

(2) 盈亏平衡分析的应用

【例 4-1】 某设计方案年产量为 12 万 t，已知每吨产品的销售价格为 675 元，每吨产品缴付的销售税金（含增值税）为 165 元，单位可变成本为 250 元，年总固定成本费用为 1500 万元，试求产量的盈亏平衡点、盈亏平衡点的生产能力利用率。

解： BEP(产量)＝1500÷(675－250－165)＝5.77(万 t)

BEP(生产能力利用率)＝[1500÷(8100－3000－1980)]×100%＝48.08%

4.2.3 非线性盈亏平衡分析

随着市场情况，项目运营情况变化，或当生产规模扩大到某一限度后，成本、产销量、产品售价并不单纯表现为线性关系，而是表现出非线性的关系。例如正常价格的原料、动力已不能保证供应，正常的生产班次也不能完成生产任务，以及由于项目经济规模的扩大，产量增加，而使单位产品的成本有所降低。因此，成本函数不再是线性的而变成非线性的了。当市场供求关系变化时，产品价格不再是一个不变的值，所以销售收入与产量也不再是线性关系，而是非线性关系。当销售收入函数与成本函数呈非线性变化趋势时，对其进行盈亏平衡分析就是非线性盈亏平衡分析。

非线性盈亏平衡分析的原理与线性盈亏平衡分析的原理是相同的，都是通过列盈亏平衡等式求得盈亏平衡点。由于销售收入函数与成本函数至少有一个是非线性的，所以盈亏平衡点往往不止一个，需要画盈亏平衡分析图来判断各区间的盈亏情况。

【例 4-2】 某项目所生产的产品的总固定成本为 10 万元，单位产品可变成本为 1000 元，产品销售价为 $21000Q^{-1/2}$ 元，Q 为产品产销量，试确定该产品的经济规模区和最优规模。

解：

销售收入＝$21000\sqrt{Q}$

总成本方程＝$100000＋1000Q$

令销售收入＝总成本

$21000\sqrt{Q}＝100000＋1000Q$

$Q^2－241Q＋10^4＝0$

$Q＝(241±\sqrt{241^2－4×10^4})/2＝(241±134)＝53(188)$

因此经济规模区为 (53，188)

利润方程：$21000\sqrt{Q}－1000Q－100000$

对利润方程求导，使导数为零。

$$\mathrm{d}E/\mathrm{d}Q = \mathrm{d}\,(21000\sqrt{Q}-1000Q-100000)\,/\mathrm{d}Q=0$$

$$10500\,\frac{1}{\sqrt{Q}}-1000=0$$

$$1000\sqrt{Q}=10500$$

得到 $Q=110$，所以最优规模为 110，如图 4-2 所示。

4.2.4　互斥方案的盈亏平衡分析

单方案的盈亏平衡分析是通过求得 BEP 来分析发生盈利与亏损的可能性。如有某个共同的不确定性因素影响互斥方案的取舍时，可先求出两个方案的盈亏平衡点（BEP），再根据 BEP 进行取舍。多方案的盈亏平衡分析是盈亏平衡分析方法的延伸，它是将同时影响各方案经济效果指标的共有的不确定因素作为自变量，将各方案的经济效果指标作为因变量，建立各方案经济效果指标与不确定因素之间的函数关系。由于各方案经济效果函数的斜率不同，所以各函数曲线必然会发生交叉，即在不确定因素的不同取值区间内，各方案的经济效果指标高低的排序不同，由此来确定方案的取舍。

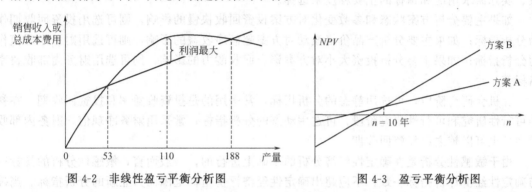

图 4-2　非线性盈亏平衡分析图　　　　图 4-3　盈亏平衡分析图

【例 4-3】（寿命期为共同的不确定性因素）某产品有两种生产方案，方案 A 初始投资为 70 万元，预期年净收益 15 万元；方案 B 初始投资 170 万元，预期年收益 35 万元。该项目产品的市场寿命具有较大的不确定性，如果给定基准折现率为 15%，不考虑期末资产残值，试就项目寿命期分析两方案的临界点。

解：设项目寿命期为 n

$$NPV_A=-70+15(P/A,\ 15\%,\ n)$$
$$NPV_B=-170+35(P/A,\ 15\%,\ n)$$

当 $NPV_A=NPV_B$ 时，有

$$-70+15(P/A,\ 15\%,\ n)=-170+35(P/A,\ 15\%,\ n)$$
$$(P/A,\ 15\%,\ n)=5$$

查复利系数表，通过线性内插法得到 $n\approx10$ 年（图 4-3）。

这就是以项目寿命期为共有变量时方案 A 与方案 B 的盈亏平衡点。由于方案 B 年净收益比较高，项目寿命期延长对方案 B 有利。故可知：如果根据市场预测项目寿命期小于 10 年，应采用方案 A；如果寿命期在 10 年以上，则应采用方案 B，如图 4-3 所示。

4.3　敏感性分析

4.3.1　敏感性分析的定义与分类

（1）敏感性分析的定义

敏感性分析法是分析各种不确定性因素发生增减变化时，对财务或经济评价指标的影响，并计算敏感度系数和临界点，找出敏感因素。

（2）敏感性分析的分类

① 单因素敏感性分析，是对单一不确定因素变化对方案经济效果的影响进行分析，即假设各个不确定因素之间相互独立，每次只考察一个因素，其他因素保持不变，以分析这个可变因素对经济评价指标的影响程度和敏感程度。为了找出关键的敏感性因素，通常只进行单因素敏感性分析。

② 多因素敏感性分析，是假设两个或两个以上互相独立的不确定因素同时变化时，分析这些变化的因素对经济评价指标的影响程度和敏感程度。

4.3.2　敏感性分析的步骤

（1）确定分析指标。

分析指标的确定与进行分析的目标和任务有关，一般是根据项目的特点、不同的研究阶段、实际需求情况和指标的重要程度来选择。

如果主要分析方案状态和参数变化对方案投资回收快慢的影响，则可选用投资回收期作为分析指标；如果主要分析产品价格波动对方案超额净收益的影响，则可选用财务净现值作为分析指标；如果主要分析投资大小对方案资金回收能力的影响，则可选用财务内部收益率指标等。

在机会研究阶段，可选用静态的分析指标，常采用的是投资收益率和投资回收期。在初步可行性研究和可行性研究阶段，可选用动态的分析指标，常采用财务净现值、财务内部收益率，也可以辅之以投资回收期。

由于敏感性分析是在确定性经济分析的基础上进行的，一般而言，敏感性分析的指标应与确定性经济评价指标一致，不应超出确定性经济评价指标范围而另立新的分析指标。当确定性经济评价指标较多时，敏感性分析可以围绕其中一个或若干个最重要的指标进行。

（2）选择需要分析的不确定性因素。

① 选择分析的不确定因素时应遵循的原则

a. 预计这些因素在其可能变动的范围内对经济评价指标的影响较大；

b. 对在确定性经济分析中采用该因素的数据的准确性把握不大。

② 选择项目敏感性分析的因素要考虑的方面

a. 从收益方面看，主要包括产销量与销售价格；

b. 从费用方面来看，包括成本（特别是与人工费、原材料、燃料、动力费及技术水平有关的变动成本）、建设投资、流动资金占用、折现率、汇率等；

c. 从时间方面来看，包括项目建设期、生产期，生产期又可考虑投产期和正常生产期。

（3）分析每个不确定因素的波动程度及其对分析指标可能带来的增减变化情况。

① 对选定的不确定因素，应根据实际情况设定这些因素的变动幅度，其他因素固定不变；

② 计算不确定因素每次变动对经济评价指标的影响；

③ 对每一因素的每一变动，均重复以上计算，然后，把因素变动及相应指标变动结果用敏感性分析表和敏感性分析图的形式表示出来，以便于测定敏感因素。

（4）确定敏感性因素。

敏感性分析的目的在于寻求敏感因素，这可以通过计算敏感度系数和临界点来判断。

① 敏感度系数（S_{AF}）　敏感度系数表示项目评价指标对不确定因素的敏感程度。计算

公式为(4-2)。

$$S_{AF} = \frac{\Delta A / A}{\Delta F / F} \tag{4-2}$$

式中 $\Delta F/F$——不确定性因素 F 的变化率，%；

$\Delta A/A$——不确定性因素 F 发生 ΔF 变化时，评价指标 A 的相应变化率，%。

$S_{AF} > 0$，表示评价指标与不确定性因素同方向变化；$S_{AF} < 0$，表示评价指标与不确定性因素反方向变化。$|S_{AF}|$ 越大，表明评价指标 A 对于不确定性因素 F 越敏感；反之，则不敏感。据此可以找出哪些因素是最关键的因素。

② 临界点 临界点是指项目允许不确定因素向不利方向变化的极限值。超过极限，项目的效益指标将不可行。

利用临界点判别敏感因素的方法是一种绝对测定法，方案能否接受的判据是各经济评价指标能否达到临界值。如果某因素可能出现的变动幅度超过最大允许变动幅度，则表明该因素是方案的敏感因素。把临界点与未来实际可能发生的变化幅度相比较，就可大致分析该项目的风险情况。

在实践中常常把敏感度系数和临界点两种方法结合起来确定敏感性因素。

（5）选择方案

如果进行敏感性分析的目的是对不同的项目（或某一项目的不同方案）进行选择，一般应选择敏感程度小、承受风险能力强、可靠性大的项目或方案。

4.3.3 单因素敏感性分析

【例 4-4】 某投资项目的基本数值估算值如表 4-1 所示，$i_c = 10\%$，试对其进行单因素敏感性分析。

表 4-1 项目基本方案现金流量表

序号	年份 项目	1	2	3	4	5	6	7	8
1	现金流入	0	0	1000	1400	2400	2400	2400	2400
1.1	销售收入			1000	1400	2400	2400	2400	2400
2	现金流出	2000	1000	600	800	1200	1200	1200	1200
2.1	投资	2000	1000						
2.2	经营成本			600	800	1200	1200	1200	1200
3	净现金流量	−2000	−1000	400	600	1200	1200	1200	1200

解：① 选取年销售收入、投资和经营成本三个因素进行敏感性分析。

② 设定不确定因素的变化幅度分别为 $\pm 5\%$、$\pm 10\%$、$\pm 15\%$、$\pm 20\%$。

③ 确定敏感性分析的经济评价指标为内部收益率，计算基本方案的内部收益率。

$-2000(P/F, IRR, 1) - 1000(P/F, IRR, 2) + 400(P/F, IRR, 3) + 600(P/F, IRR, 4) + 1200(P/A, IRR, 4)(P/F, IRR, 4) = 0$

得到：$IRR = 15.73\%$

④ 计算敏感性指标。计算不确定因素发生不同幅度变化时，对应经济评价指标内部收益率的变化结果，同时计算敏感性系数和临界点。

⑤ 编制敏感性分析表（表 4-2）以及敏感度系数与临界点分析表（表 4-3），绘制敏感性分析图，如图 4-4 所示。

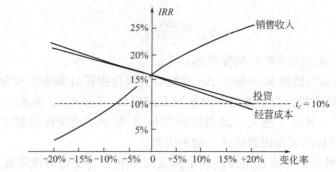

图 4-4 敏感性分析图

表 4-2 敏感性分析表

不确定因素 \ 变化率	—20%	—15%	—10%	—5%	0%	5%	10%	15%	20%
投资	21.89	20.17	18.58	17.10	15.73	14.44	13.24	12.10	11.03
销售收入	2.70	6.39	9.75	12.85	15.73	18.43	20.98	23.40	25.70
经营成本	21.23	19.91	18.56	17.16	15.73	14.25	12.72	11.13	9.49

表 4-3 敏感度系数和临界点分析表

序号	不确定因素	变化率/%	内部收益率	敏感度系数	临界点/%	临界值
		基本方案	15.73			
1	投资	—20	21.89	—1.958	25.10	第1年：2502万元 第2年：1251万元
		—15	20.17	—1.882		
		—10	18.58	—1.812		
		—5	17.10	—1.742		
		+5	14.44	—1.640		
		+10	13.24	—1.583		
		+15	12.10	—1.538		
		+20	11.03	—1.494		
2	销售收入	—20	2.70	4.142	—9.62	第3年：904万元 第4年：1265万元 第5~8年：2149万元
		—15	6.39	3.958		
		—10	9.75	3.802		
		—5	12.85	3.662		
		+5	18.43	3.433		
		+10	20.98	3.338		
		+15	23.40	3.251		
		+20	25.70	3.169		
3	经营成本	—20	21.23	—1.748	18.46	第3年：711万元 第4年：948万元 第5~8年：1422万元
		—15	19.91	—1.772		
		—10	18.56	—1.799		
		—5	17.16	—1.818		
		+5	14.25	—1.882		
		+10	12.72	—1.914		
		+15	11.13	—1.950		
		+20	9.49	—1.983		

　　根据以上分析结果，各不确定因素的敏感度系数绝对值从大到小的顺序为：销售收入、经营成本、投资。

4.3.4　多因素敏感性分析

　　单因素敏感性分析的方法简单，但其不足在于忽略了因素之间的相关性。实际上，一个因素的变动往往也伴随着其他因素的变动，多因素敏感性分析考虑了这种相关性，因而能反映几个因素同时变动对项目产生的综合影响，弥补了单因素分析的局限性，更全面地剖析了事物的本质。因此，在对一些有特殊要求的项目进行敏感性分析时，除进行单因素敏感性分析外，还要进行多因素敏感性分析。

　　（1）双因素敏感性分析

　　双因素敏感性分析是考虑两个不确定因素同时变化对项目所产生的影响。

　　【例 4-5】　设某项目基本方案的基本数据估算值如表 4-4 所示，试就年销售收入和建设投资进行双因素敏感性分析（基准收益率 $i_c=9\%$）。

表 4-4　基本数据估算值

因　素	建设投资 /万元	年销售收入 /万元	年经营成本 /万元	期末残值 /万元	寿命 /年
估算值	1500	600	250	200	6

　　解：设 x 表示建设投资变化的百分比，y 表示销售收入的变化率，假定 x、y 均在 $\pm20\%$ 的变化范围之内。

$$NPV=-1500(1+x)+600(1+y)(P/A,9\%,6)-250(P/A,9\%,6)+200(P/F,9\%,6)$$

$$NPV=189.36-1500x+2691.6y$$

　　令 $NPV=0$ 得到 $y=0.557x-0.0704$

　　可得 $NPV=0$ 时的临界线，绘图，如图 4-5 所示。

　　临界线将 oxy 平面分为两个区域，平面上任意一点代表投资和销售收入的一种变化组合，当这点位于临界线的左上方时，$NPV(i_c)>0$，是可以接受的变化组合，当点位于线右下方时，$NPV(i_c)<0$，是不能接受的变化组合。

　　（2）三项预测值敏感性分析

　　三项预测值指的是对投资方案的因素给出三个预测值，即最不利的状态 P，最可能的状态 M 和最有利的状态 O，根据三个预测值进行敏感性分析。

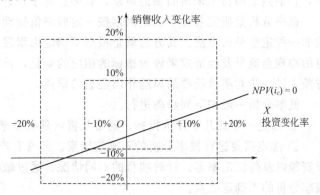

图 4-5　双因素敏感性分析图

　　【例 4-6】　某企业准备购置新设备，投资、寿命如表 4-5 所示，试就使用寿命、年支出和年销售收入三项因素进行敏感性分析（基准收益率 $i_c=9\%$）。

表 4-5　数据表　　　　　　　　　　　　　　　　单位：万元

项　目	投　资	使用寿命	年销售收入	年支出
最有利(O)	15	18	11	2
最可能(M)	15	10	7	4.3
最不利(P)	15	8	5	5.7

解： 通过计算，得到表 4-6 中的值。

表 4-6　三项预测值敏感性分析　　　　　　　　　单位：万元

项　目		年　支　出								
		O			M			P		
		寿命			寿命			寿命		
		O	M	P	O	M	P	O	M	P
年销售收入	O	69.35	45.39	36.72	47.79	29.89	23.5	34.67	20.56	15.46
	M	31.86	18.55	13.74	10.3	3.12	0.52	−2.82	−6.28	−7.53
	P	13.12	5.13	2.24	8.44	−10.3	−10.98	−21.56	−19.70	−19.00

4.4　概率分析与概率树分析

4.4.1　概率分析

在敏感性分析中我们对不确定因素进行敏感性排序，得到了最敏感的不确定因素，为决策者确定重点研究和控制的因素提供了依据。但是敏感性分析没有考虑到每一个不确定因素发生变化的概率，也就不能判断因素变化对项目效益产生影响的可能性有多大，可能会出现一种情况，通过敏感性分析找出的敏感性因素，因为其未来发生的概率较小，所以对项目的影响不大，而另一不太敏感的因素未来发生的概率较大，反而会给项目带来较大的影响。所以，正确判断项目未来所面临的风险，有必要对项目进行概率分析。

概率分析是研究各种不确定因素按一定概率值变动时，对项目方案经济评价指标产生影响的一种定量分析方法。其方法就是根据不确定因素发生不同幅度变化的概率分布，得到项目的净现金流量及经济效果评价指标的相应的变化，计算经济评价指标的期望值、标准差和方差，进一步对项目面临的风险作出定量的描述。

概率分析一般按下列步骤进行。

① 选定一个或几个评价指标。通常是将内部收益率、净现值等作为评价指标。

② 选定需要进行概率分析的不确定因素。通常有产品价格、销售量、主要原材料价格、投资额以及外汇汇率等。针对项目的不同情况，通过敏感性分析，选择最为敏感的因素作为概率分析的不确定因素。

③ 预测不确定因素变化的取值范围及概率分布。单因素概率分析，设定一个因素变化，其他因素均不变化，即只有一个自变量；多因素概率分析，设定多个因素同时变化，对多个自变量进行概率分析。

④ 根据测定的风险因素取值和概率分布，计算评价指标的相应取值和概率分布。

⑤ 计算评价指标的期望值和项目可接受的概率。

⑥ 分析计算结果，判断其可接受性，研究减轻和控制不利影响的措施。

【例 4-7】　某项目在寿命期内可能出现的 5 种状态的净现金流量及其发生的概率见表 4-7，假定各年的净现金流量之间相互独立，方案净现值服从正态分布，基准折现率为 10%，试计算：净现值大于或等于零的概率；净现值小于 −75 万元的概率；净现值大于 1500 万元的概率。

表 4-7　不同状态的发生概率及净现金流量　　　单位：百万元

状态	S_1	S_2	S_3	S_4	S_5
概率	$P_1=0.1$	$P_2=0.2$	$P_3=0.4$	$P_4=0.2$	$P_5=0.1$
第 0 年	-22.5	-22.5	-22.5	-24.75	-27
第 1 年	0	0	0	0	0
第 2~10 年	2.45	3.93	6.90	7.59	7.79
第 11 年	5.45	6.93	9.90	10.59	10.94

解： ① 计算各个状态的净现值

$NPV^{(1)}=-22.5+2.45(P/A,10\%,9)(P/F,10\%,1)+5.45(P/F,10\%,11)=-7.791$

$NPV^{(2)}=-22.5+3.93(P/A,10\%,9)(P/F,10\%,1)+6.93(P/F,10\%,11)=0.504$

$NPV^{(3)}=-22.5+6.90(P/A,10\%,9)(P/F,10\%,1)+9.90(P/F,10\%,11)=17.1$

$NPV^{(4)}=-24.75+7.59(P/A,10\%,9)(P/F,10\%,1)+10.59(P/F,10\%,11)$
$\qquad\quad=18.699$

$NPV^{(5)}=-27+7.79(P/A,10\%,9)(P/F,10\%,1)+10.94(P/F,10\%,11)=17.619$

计算方案净现值的期望值、方差和标准差：

$$E(NPV)=\sum_{j=1}^{k}NPV^{(j)}P_j$$
$$=0.1\times(-7.791)+0.2\times0.504+0.4\times17.1+0.2\times18.699$$
$$+0.1\times17.619$$
$$=11.663（百万元）$$

$$D(NPV)=\sum_{j=1}^{5}[NPV_j-E(NPV)]^2P_j=87.968$$

$$\sigma(NPV)=\sqrt{D(NPV)}=9.379（百万元）$$

② 概率分析。净现值为连续变量，而且 $\mu=E(NPV)=11.633$，$\sigma(NPV)=9.379$，根据

$$P(X<x)=\Phi\left(\frac{x-\mu}{\sigma}\right)=\frac{NPV-11.633}{9.379}$$ 可以求出各项概率。

a. 净现值大于或等于零的概率

$P(NPV\geqslant0)=1-P(NPV<0)$
$$=1-\Phi\left(\frac{0-11.633}{9.379}\right)=1-1+\Phi(1.24)=0.8925$$

b. 净现值小于 -0.75 百万元的概率

$$P(NPV<0.75)=\Phi\left(\frac{-0.75-11.633}{9.379}\right)=1-\Phi(1.32)=0.0924$$

c. 净现值大于 15 百万元的概率

$P(NPV\geqslant15)=1-P(NPV<15)$
$$=1-\Phi\left(\frac{15-11.633}{9.379}\right)=1-\Phi(0.36)=0.3594$$

由计算结果可知，该项目净现值大于等于 0 的概率为 89.25%，净现值大于 1500 万元的概率为 35.94%，故风险不大，可以进行投资。

4.4.2　概率树分析

概率树分析是借助现代计算技术，运用概率论和数理统计原理进行概率分析，求得风险因素取值的概率分布，并计算期望值、方差或标准差，表明项目的风险程度的一种分析方法。

概率树分析的一般步骤如下。

① 列出要考虑的各种风险因素，如投资、经营成本、销售价格等；

② 设想各种风险因素可能发生的状态，即确定其数值发生变化个数；

③ 分别确定各种状态可能出现的概率，并使可能发生状态概率之和等于1；

④ 分别求出各种风险因素发生变化时，方案净现金流量各状态发生的概率和相应状态下的净现值 $NPV^{(j)}$；

⑤ 求方案净现值的期望值（均值）$E(NPV)$

$$E(NPV) = \sum_{j=1}^{k} NPV^{(j)} \cdot P_j \qquad\qquad (4\text{-}3)$$

式中　P_j——第 j 种状态出现的概率；

　　　k——可能出现的状态数。

⑥ 求出方案净现值非负的累计概率；

⑦ 对概率分析结果作说明。

【例 4-8】　某商品住宅小区开发项目现金流量的估计值如表 4-8 所示，根据经验推断，销售收入和开发成本为离散型随机变量，其值在估计值的基础上可能发生的变化及其概率见表 4-9。试确定该项目净现值大于等于零的概率。基准收益率 $i_c = 12\%$

表 4-8　现金流量表　　　　　　　　　　　　　　　　单位：万元

年份	1	2	3
其他税费	857	7143	8800
销售收入	5888	4873	6900
开发成本	56	464	1196
净现金流量	−5087	1806	9350

表 4-9　开发成本和销售收入变化的概率

概率　变幅 因素	−20%	0	+20%
销售成本	0.2	0.6	0.2
开发成本	0.1	0.3	0.6

解：① 项目净现金流量未来可能发生的 9 种状态如图 4-6 所示。

② 分别计算项目净现金流量各种状态的概率

$$P_j\ (j=1,\ 2,\ \cdots,\ 9)：$$
$$P_1 = 0.2 \times 0.6 = 0.12$$
$$P_2 = 0.2 \times 0.3 = 0.06$$
$$P_3 = 0.2 \times 0.1 = 0.02$$

....

③ 分别计算项目各状态下的净现值 $NPV^{(j)}$ （$j=1$，2，…，9）

$$NPV^{(j)} = \sum_{t=1}^{3} (CI - CO)_t^{(j)} (1 + 12\%)^{-t} = 3123.2$$

④ 计算项目净现值的期望值。净现值的期望值 $= 0.12 \times 3123.2 + 0.06 \times 5690.4 + 0.02 \times 8257.6 + 0.36 \times (-141.3) + 0.18 \times 2425.9 + 0.06 \times 4993.0 + 0.12 \times (-1767.0) + 0.06 \times (-838.7) + 0.02 \times 1728.5 = 1339.1$（万元）

⑤ 计算净现大于等于零的概率

$$P(NPV \geqslant 0) = 1 - 0.36 - 0.12 - 0.06 = 0.46$$

结论：该项目净现值的期望值大于零，是可行的。但净现值大于零的概率不够大，说明项目存在一定的风险。

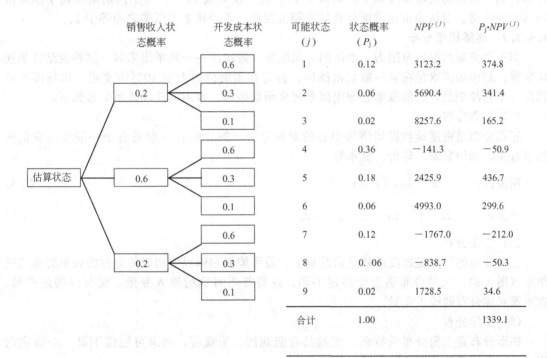

图 4-6　概率树分析图

4.5　蒙特卡洛模拟法

蒙特卡洛模拟法是一种用随机模拟分析不确定性问题的方法。当项目风险变量个数多于三个，每个风险变量可能出现三个以上或无限多种状态时（如连续随机变量），运用概率树进行风险分析则会比较复杂，而采用蒙特卡洛模拟技术则比较适合。蒙特卡洛模拟法，是用随机抽样的方法抽取一组输入变量的概率分布特征的数值，输入这组变量计算项目评价指标，通过多次抽样计算可获得评价指标的概率分布及累计概率分布、期望值、方差、标准差，计算项目可行或不可行的概率，从而估计项目投资所承担的风险。

4.5.1　蒙特卡洛模拟法的实施步骤

① 通过敏感性分析，确定风险随机变量；

② 构造风险随机变量概率分布模型；

③ 为各输入风险随机变量抽取随机数;

④ 将抽取的随机数转化为各输入变量的抽样值;

⑤ 将抽样值组成一组项目评价基础数据;

⑥ 根据基础数据计算出评价指标值;

⑦ 整理模拟结果所得经济评价指标的期望值、方差、标准差和它的概率分布及累计概率,绘制累计概率图,计算项目可行或不可行的概率。

4.5.2 常用的概率分布类型

4.5.2.1 离散概率分布

当输入变量可能值为有限个数,这种随机变量称为离散随机变量,其概率分布则为离散分布。如产品市场需求可能低于预期值20%、低于预期值10%、等于预期值和高于预期值10%四种状态,即认为市场需求是离散型随机变量。各种状态的概率之和等于1。

4.5.2.2 连续概率分布

当一个变量的取值范围为一个区间,无法按一定次序一一列举出来时,这种变量称为连续变量。如市场需求量在某一数量范围内,假定在预期值的上下10%内变化,市场需求量就是一个连续变量,它的概率分布用概率密度函数表示。常用的连续概率分布如下。

（1）正态分布

正态分布是密度函数以均值为中心的对称分布（图4-7）,一般适合于一般经济变量的概率分布,如销售量、售价、成本等。

期望值: $\bar{x} = \int x p(x) \mathrm{d}x$ (4-4)

方差: $D = \int_{-\infty}^{+\infty} (x - \bar{x})^2 p(x) \mathrm{d}x$ (4-5)

（2）三角分布

三角分布的特点是密度函数是由悲观值、最可能值和乐观值构成的对称的或不对称的三角形（图4-8）。三角分布适合于描述工期、投资等不对称的输入变量,也可以描述产量、成本等对称分布的输入变量。

（3）梯形分布

梯形分布是三角分布的特例,变量具有悲观值、乐观值,而最可能值不是一个确定的值,是一个可能的分布范围（图4-9）。

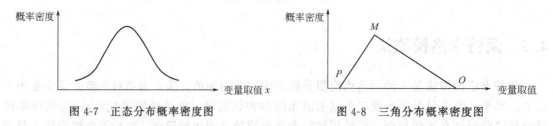

图 4-7 正态分布概率密度图   图 4-8 三角分布概率密度图

（4）β 分布

β 分布是密度函数在均值两边呈不对称分布,一般适合于描述工期等不对称分布的变量（图4-10）。若对变量作出三种估计值,即悲观值 P、乐观值 O、最可能值 M。则

期望值: $\bar{x} = \dfrac{P + 4M + O}{6}$ (4-6)

方差: $D = \left(\dfrac{O - P}{6}\right)^2$ (4-7)

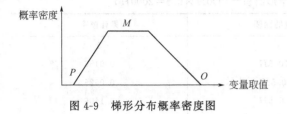

图 4-9　梯形分布概率密度图

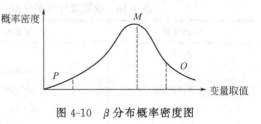

图 4-10　β 分布概率密度图

（5）均匀分布（图 4-11）

期望值：　　$\bar{x} = \dfrac{a+b}{6}$　　　　　　　　　　　　　　　（4-8）

方差：　　$D = \dfrac{(b-a)^2}{12}$　　　　　　　　　　　　　　　（4-9）

【例 4-9】　某项目固定资产为 10000 万元，流动资金 1000 万元，项目 2 年建成，第 3 年投产，当年达产。年不含增值税销售收入为 5000 万元，经营成本 2000 万元，年附加税及营业外支出 50 万元，项目寿命期 12 年。若固定资产投资服从悲观值为 13000 万元，最可能值为 10000 万元，乐观值为 9000 万元的三角分布，年销售收入服从期望值为 5000 万元、$\sigma=$ 300 万元的正态分布，年经营成本服从期望值为 2000 万元、$\sigma=100$ 万元的正态分布。基准收益率为 15%，计算项目可行的概率。

　　解：① 确定风险变量

通过敏感性分析，确定风险随机变量为投资、销售收入和经营成本。

② 构造概率分布模型

建设投资服从三角形分布，悲观值为 13000 万元，乐观值为 9000 万元，最大可能值为 1000 万元，如图 4-12 所示。建设投资三角形分布的累计概率如表 4-10 所示。销售收入服从 N（5000，300），经营成本服从 N（2000，100）。

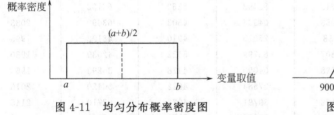

图 4-11　均匀分布概率密度图

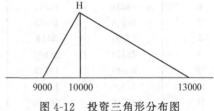

图 4-12　投资三角形分布图

③ 对投资、销售收入和经营成本分别抽取随机数。

从随机数表中抽取随机数，并设定模拟次数为 20 次，见表 4-11。

④ 将抽取的随机数转化为各输入变量的抽样值。

a. 服从三角分布的随机变量抽样值的产生办法。根据随机数在投资累计概率表或累计概率图中查取。投资的第一个随机数是 48867，查取累计概率 0.48867 所对应的投资额。从表 4-10 中查得投资额在 10300～10600 之间，通过线性内插得到相应的投资额为 10526 万元。

b. 服从正态分布的随机变量抽样值的产生办法。从标准正态分布表中查找随机数对应的累计概率。如销售收入的第一个随机数是 06242，查标准正态分布表得到销售收入的随机离差在 -1.53 到 -1.54 之间，经线性内插得 -1.5348，销售收入的抽样值为 5000-300× 1.5348=4540 万元。经营成本的第一个随机数是 66903，查标准正态分布表得到经营成本的随机离差在 0.4328，经营成本的抽样值为 2000+100×0.4328=2043 万元。

表 4-10 投资累计概率分布（三角形面积＝4000H×0.5＝2000H）

≤投资额	＜预定投资额的面积	累计概率
9000	0	0
9250	250×0.25×0.5H	0.0156
9500	500×0.5×0.5H	0.0625
9750	750×0.75×0.5H	0.1406
10000	1000×0.5H	0.25
10300	1000×0.5H＋300(H＋0.9H)/2	0.3925
10600	500H＋600(H＋0.8H)/2	0.52
10900	500H＋900(H＋0.7H)/2	0.6325
11200	500H＋1200(H＋0.6H)/2	0.73
11500	500H＋1500(H＋0.5H)/2	0.8125
11800	500H＋1800(H＋0.4H)/2	0.88
12100	500H＋2100(H＋0.3H)/2	0.9325
12400	500H＋2400(H＋0.2H)/2	0.97
12700	500H＋2700(H＋0.1H)/2	0.9925
13000	500H＋3000H/2	1.00

表 4-11 输入变量随机抽样取值

模拟顺序	投 资		销售收入		经营成本	
	随机数	投资取值	随机数	收入取值	随机数	成本取值
1	48867	10526	06242	4540	66903	2043
2	32267	10153	84601	5306	31484	1952
3	27345	10049	51345	5010	61290	2029
4	55753	10700	09115	4600	72534	2057
5	93124	12093	65079	5116	39507	1973
6	98658	12612	88493	5360	66162	2042
7	68216	11053	04903	4503	63090	2033
8	17901	9838	26015	4910	48192	1995
9	88124	11807	65799	5122	42039	1980
10	83464	11598	04090	4478	36293	1965
11	91310	11989	27684	4822	56420	2016
12	32739	10162	39791	4922	92710	2145
13	07751	9548	79836	5251	47929	1995
14	55228	10686	63448	5103	43793	1982
15	89013	11858	43011	4947	09746	1870
16	51828	10596	09063	4599	18988	1912
17	59783	10808	21433	4762	09549	1869
18	80267	11464	04407	4489	56646	2017
19	82919	11574	38960	4916	17226	1905
20	77017	11346	19619	4744	68855	2049

⑤ 投资、销售收入、经营成本的各 20 个抽样值组成 20 组项目评价基础数据。

⑥ 根据 20 组项目评价基础数据，计算 20 个项目评价指标值，即内部收益率。

⑦ 整理模拟结果。将计算得到的内部收益率从小到大排序，计算累计概率。从累计概率图 4-13 和累计概率表 4-12 可以得到内部收益率大于 15％的概率为 85％，即项目可行的概率为 85％。

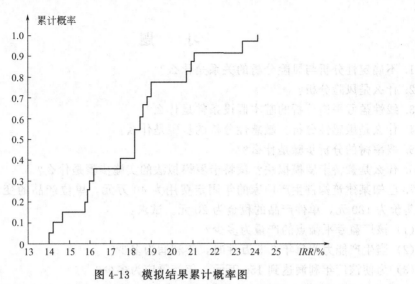

图 4-13　模拟结果累计概率图

表 4-12　蒙特卡洛模拟法累计概率计算表

模拟顺序	模拟结果		概率[①]	累计概率
	内部收益率	净现值(15%)		
18	13.9	−487.46	5%	5%
10	14.05	−423.37	5%	10%
7	14.60	−173.12	5%	15%
11	15.78	364.58	5%	20%
1	15.83	346.23	5%	25%
4	15.89	377.41	5%	30%
20	15.99	443.56	5%	35%
16	17.48	1048.10	5%	40%
19	18.25	1502.52	5%	45%
15	18.26	1537.80	5%	50%
5	18.26	1572.00	5%	55%
9	18.56	1797.47	5%	60%
6	18.78	1793.74	5%	65%
17	18.84	1673.41	5%	70%
12	19.00	1667.60	5%	75%
14	21.00	2632.16	5%	80%
8	21.09	2491.37	5%	85%
3	21.14	2564.63	5%	90%
2	34.11	3919.66	5%	95%
13	24.81	4022.47	5%	100%
期望值	19.37	1433.54		
方差	20.38			
离散系数	23.43%			

① 每次模拟结果的概率=1/模拟次数。

习 题

1. 不确定性分析与风险分析的关系是什么？

2. 什么是风险分析？

3. 线性盈亏平衡分析的基本假设条件是什么？

4. 什么是敏感性分析？敏感性分析的步骤是什么？

5. 概率树的分析步骤是什么？

6. 什么是蒙特卡罗模拟法？蒙特卡罗模拟法的实施步骤是什么？

7. 已知某建筑构件生产厂家的年固定费用为 40 万元，单位产品的变动费用为 120 元，每件售价为 180 元，单件产品的税金为 20 元。试求：

(1) 该厂盈亏平衡点的产量为多少？

(2) 当生产能力为每年 2.5 万件时，年利润为多少？

(3) 为使该厂年利润达到 150 万元，年产量应为多少？

8. 某公司选用两类设备，A 设备年固定费用 60 万元，单件变动费用 80 元；B 设备年固定费用 120 万元，单件变动费用 50 元，设两类设备经济寿命期相同。当市场需求 2.5 万件时，应该选择哪种设备，并绘出简图。

9. 某投资项目的主要经济参数的估计值为：初始投资 15000 万元，寿命 10 年，期末无残值，年收入 3500 万元，年支出 1500 万元，投资收益率为 15%，预测年收入、初始投资、寿命为项目的不确定因素，其变化率为 -20% ~ +20%，以内部收益率为评价指标对这几个因素进行单因素敏感性分析，绘制敏感性分析图，计算敏感度系数及临界点分析表。

10. 某项投资活动，其主要经济参数如表 4-13 所示，其中年收入与贴现率为不确定因素，试进行净现值敏感性分析。

表 4-13 投资的主要经济参数

参数	最不利	最可能	最有利
初始投资	-10000	-10000	-10000
年收入	2500	3000	4000
贴现率	20%	15%	12%
寿命	6	6	6

11. 某方案需要投资 25000 元，预期寿命为 5 年，残值为 0，每年净现金流量为随机变量，其变动如下：5000 元（概率 $P=0.3$），10000 元（$P=0.5$），12000 元（$P=0.2$），若利率为 12%，试计算净现值的期望值与标准差。

第 5 章　建设项目的经济评价方法

5.1　建设项目经济评价的程序

5.1.1　建设项目的分类

建设项目可以从不同角度进行分类：

① 按建设项目的目标，分为经营性项目和非经营性项目。经营性项目通过投资以实现所有者权益的市场价值最大化为目标，以投资谋利为行为趋向。绝大多数生产或流通领域的投资项目都属于这类项目。非经营性项目不以追求盈利为目标，有些是本身就没有经营活动、没有收益的项目，例如城市道路、路灯、公共绿化、航道疏浚、水利灌溉渠道、植树造林等项目；另外有些项目的产出直接为公众提供基本生活服务，本身有生产经营活动，有营业收入，但产品价格不由市场机制形成。

② 按建设项目的产品（或服务）属性，分为公共项目和非公共项目。公共项目是指为满足社会公众需要，生产或提供公共物品（包括服务）的项目。非公共项目是指除公共项目以外的其他项目。

③ 按建设项目的投资管理形式，分为政府投资项目和企业投资项目。政府投资项目是指使用政府性资金的建设项目以及有关的投资活动。政府性资金包括：财政预算投资资金；利用国际金融组织和外国政府贷款的主权外债资金；纳入预算管理的专项建设资金；法律、法规规定的其他政府性资金。不使用政府性资金的投资项目统称为企业投资项目。

④ 按建设项目与企业原有资产的关系，分为新建项目和改扩建项目。

⑤ 按建设项目的融资主体，分为新设法人项目和既有法人项目。新设法人项目由新组建的项目法人为项目进行融资，既有法人要依托现任法人为项目进行融资。

5.1.2　建设项目经济评价的基本原则

建设项目经济评价是建设项目前期工作的重要内容，有利于加强固定资产宏观调控，提高投资决策的科学化，引导和促进各类资源合理配置，优化投资结构，建设和规避投资风险，充分发挥投资效益。

建设项目经济评价包括财务评价（也称财务分析）和国民经济评价（也称经济分析），一般根据项目性质、项目目标、项目投资者、项目财务主体以及项目对经济与社会的影响程度来确定经济评价的内容。对于费用效益计算比较简单，建设期和运营期比较短，不涉及进出口平衡等一般项目，如果财务评价的结论能够满足投资决策需要，可不进行国民经济评价；对于关系公共利益、国家安全和市场不能有效配置资源的经济和社会发展的项目，除应进行财务评价外，还应进行国民经济评价；对于特别重大的建设项目还应辅以区域经济与宏观经济影响分析方法进行国民经济评价。

建设项目经济评价应遵循的基本原则如下。

① "有无对比"原则。"有无对比"是指"有项目"相对于"无项目"的对比分析。"无项目"是指不对该项目进行投资时，在计算期内，与项目有关的资产、费用与收益的预计发展情况；"有项目"是指对该项目进行投资后，在计算期内，资产、费用与收益的预计情况。

② 效益与费用计算口径对应一致的原则。

③ 收益与风险权衡的原则。在考虑效益的情况下，还要对项目所面临的风险作出充分的估计，权衡得失利弊后再进行决策。

④ 定量分析与定性分析相结合，以定量分析为主的原则。

⑤ 动态分析与静态分析相结合，以动态分析为主的原则。

5.1.3　建设项目经济评价的程序

建设项目经济评价一般分为以下几个程序（如图 5-1 所示）。

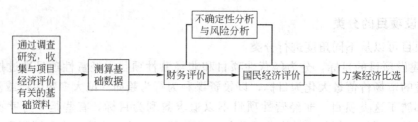

图 5-1　项目经济评价的程序

① 通过调查研究，收集与项目经济评价有关的基础资料。通过大量的调查研究工作，对涉及项目的有关方面做深入细致的调查研究，收集有关数据和资料，并进行分析、计算和整理。

② 测算各种基础数据。根据调查研究的结果，对投资项目的投资额、利息、流动资金、经营成本、销售收入、利润以及税金等指标，按照经济评价要求进行较为准确的测算，为经济评价提供基础数据。

③ 财务评价。财务评价是在国家现行财税制度和价格体系的前提下，从项目的角度出发，计算项目范围内的财务效益和费用，分析项目的盈利能力和清偿能力，评价项目在财务上的可行性。

④ 国民经济评价。国民经济评价是在合理配置资源的前提下，从国家经济整体利益的角度出发，计算项目对国民经济的贡献，分析项目的经济效率、效果和对社会的影响，评价项目在宏观经济上的合理性。

⑤ 不确定性分析与风险分析。项目经济评价所采用的基本变量都是对未来的预测和假设，因而具有不确定性，所以还需要对拟建项目的不确定因素进行分析。不确定性分析主要包括盈亏平衡分析和敏感性分析，盈亏平衡分析只适用于财务评价，敏感性分析可同时适用于财务评价和国民经济评价。风险分析是通过风险因素的识别，采用定性或定量分析的方法估计各风险因素发生的可能性及对项目的影响程度，揭示影响项目成败的关键风险因素，提出项目风险的预警、预报和相应的对策，为投资决策服务。

⑥ 方案经济比选。在投资决策中，对涉及的各决策要素和研究方面，应从技术和经济相结合的角度进行多方案分析论证，比选优化，如产品或服务的数量、技术和设备选择、原材料供应、运输方式、厂（场）址选择、资金筹措等方面，根据比较的结果，结合其他因素进行决策。

5.2　项目的财务评价

5.2.1　融资方案和资金成本分析

5.2.1.1　融资方案

融资方案是在投资估算的基础上，研究拟建项目的资金渠道、融资形式、融资结构、融资成本、融资风险，比较融资方案，并在此基础上确定资金筹措方案并进行财务评价。

（1）项目的融资主体

融资主体是进行融资活动，并承担融资责任和风险的经济实体。按照项目融资主体的组织形式不同分为既有项目法人融资和新设项目法人融资两种形式。

① 既有项目法人融资　　既有项目法人融资是依托现有法人进行的融资活动。其特点是：一是拟建项目不组建新的项目法人，由既有法人统一组织融资活动并承担融资责任和风险；二是拟建项目一般是在既有法人资产和信用的基础上进行的，并形成增量资产；三是从既有法人的财务整体状况考察融资后的偿债能力。

② 新设项目法人融资　　新设项目法人融资是指新组建项目法人进行的融资活动。其特点是：项目投资由新设项目法人筹集的资本金和债务资金构成；由新设项目法人承担融资责任和风险；从项目投产后的经济效益情况考察偿债能力。

（2）项目资金的来源和融资方式

根据投资估算得到项目所需资金数量后，应该考虑资金的可得性、供应的充足性、融资成本的高低，选择融资渠道。融资的渠道主要如下。

① 项目法人自有资金。

② 政府财政性资金。

③ 国内外银行等金融机构的信贷资金。

④ 国内外证券市场资金。

⑤ 国内外非银行金融机构的资金，如信托投资公司、投资基金公司、风险投资公司、保险公司、租赁公司等机构的资金。

⑥ 外国政府、企业、团体、个人等的资金。

⑦ 国内企业、团体、个人的资金。

项目的融资方式一般分为直接融资和间接融资两种方式。直接融资方式是指投资者对拟建项目的直接投资，以及项目法人通过发行（增发）股票、债券等直接筹集的资金。间接融资是指从银行及非银行金融机构借入的资金。

（3）资本金的筹措

资本金是指项目投资中由投资者提供的资金，对项目来说是非债务资金，也是获得债务资金的基础。国家对经营性项目试行资本金制度，规定了经营性项目的建设都要有一定数额的资本金，并提出了各行业资本金的最低比例要求。如表 5-1 所示。

表 5-1　项目资本金占项目总投资的比例

序号	投 资 行 业	项目资本金占项目总投资的比例
1	钢铁	40%及以上
2	交通运输、煤炭、水泥、电解铝、铜冶炼、房地产开发项目(不含经济适用房项目)	35%及以上
3	邮电、化肥	25%及以上
4	电力、机电、建材、化工、石油加工、有色(铜冶炼除外)、轻工、纺织、商贸及其他行业	20%及以上

① 新设项目法人项目资本金筹措　　新设法人的资本金，由项目发起人和投资者为拟建项目所投入的资金。资金的来源主要有：

a. 政府财政性资金；

b. 国家授权投资机构入股的资金；

c. 国内外企业入股的资金；

d. 社会团体、个人入股的资金；

e. 受赠予资金。

资金的出资形态可以是现金，也可以是实物、工业产权、非专利技术、土地使用权、资源开采权作价出资。用作资本金的实物、工业产权、非专利技术、土地使用权、资源开采权作价的资金，必须经过有资格的资产评估机构评估作价，并只能在资本金中占有一定的比例。

② 既有项目法人项目资本金筹措　资本金的来源主要如下。

a. 项目法人可用于项目的资金；

b. 资产变现的资金；

c. 发行股票筹集的资金；

d. 政府财政性资金；

e. 国内外企业法人入股资金；

f. 受赠予资金。

(4) 债务资金的筹措

债务资金是项目投资中除资本金外，需要从金融市场借入的资金。债务资金来源主要有：

① 信贷融资　国内信贷资金主要有政策性银行和商业银行等提供的贷款；国外信贷资金主要有商业银行提供的贷款，以及世界银行、亚洲开发银行等国际金融机构提供的贷款；外国政府贷款；出口信贷以及信托投资公司等非银行金融机构提供的贷款。

② 债券融资　债券融资是指项目法人以自身的财务状况和信用条件为基础，通过发行企业债券筹集资金，用于项目建设的融资方式。除了一般债券融资外，还有可转换债券融资，这种债券在有效期内，只需支付利息，债券持有人有权按照约定将债券转换成公司的普通股，如果债券持有人放弃这一选择，融资企业需要在债券到期日兑付本金。

③ 融资租赁　融资租赁是资产拥有者将资产租给承租人，在一定时期内使用，由承租人支付租赁费的融资方式。融资租赁这种方式，一般是由承租人选定设备，由出租人购置后租给承租人使用，承租人按期交付租金，租赁期满后，出租人可以将设备作价售让给承租人。

5.2.1.2　资金成本

(1) 资金成本的概念

资金成本是指项目筹集和使用资金所支付的费用，由资金占用费和资金筹集费两部分组成，即：

$$资金成本＝资金占用费＋资金筹集费$$

资金占用费是指使用资金过程中发生的向资金提供者支付的代价，包括借款利息、债券利息、优先股股息、普通股红利及权益收益等。

资金筹集费是指资金筹集过程中所发生的各种费用，包括：律师费、资信评估费、公证费、证券印刷费、发行手续费、担保费、承诺费、银行贷款管理费等。

资金成本以资金成本率来表示。资金成本率是指能使筹得的资金同筹资期及使用期发生的各种费用等值时的收益率或贴现率。不同来源的资金成本率计算不尽相同，理论上可以用下列公式表示

$$\sum_{t=0}^{n} \frac{F_t - C_t}{(1+i)^t} = 0 \tag{5-1}$$

式中　F_t——各年实际筹措资金流入额；

　　　C_t——各年实际资金筹集费和对资金提供者的各种付款；

　　　i——资金成本率；

　　　n——资金占用期限。

（2）资金成本的计算

① 权益资金成本的计算

a. 优先股资金成本　优先股有固定的股息，优先股股息用税后净利润支付，这与贷款、债券利息的支付不同。股票一般不还本，可以看作永续年金。优先股资金成本的计算公式

$$优先股资金成本＝优先股股息/（优先股发行价格－发行成本）\tag{5-2}$$

【例 5-1】　某优先股面值 100 元，发行价格 95 元，发行成本 3 元，每年付息一次，固定股息率 5%。试计算该优先股资金成本。

　　解：优先股资金成本为：

$$资金成本＝5/（95－3）＝5.43\%$$

即该优先股的资金成本为 5.43%。

b. 普通股资金成本　普通股资金成本可采用资本资产定价模型法、税前债务成本加风险溢价法和股利增长模型法等方法进行估算。

（a）资本资产定价模型法。计算公式为

$$K_s＝R_f＋\beta(R_m－R_f)\tag{5-3}$$

式中　K_s——普通股资金成本；

　　　R_f——社会无风险投资收益率；

　　　β——项目的投资风险系数；

　　　R_m——市场投资组合预期收益率。

【例 5-2】　假如社会无风险投资收益率为 3%，市场投资组合预期收益率为 12%，某项目的投资风险系数为 1.2，采用资本资产定价模型计算普通股资金成本。

　　解：资金成本为：

$$K_s＝R_f＋\beta(R_m－R_f)＝3\%＋1.2(12\%－3\%)＝13.8\%$$

（b）税前债务成本加风险溢价法。计算公式为

$$K_s＝K_b＋RP_c\tag{5-4}$$

式中　K_s——普通股资金成本；

　　　K_b——税前债务资金成本；

　　　RP_c——投资者比债权人承担更大风险所要求的风险溢价。

（c）股利增长模型。计算公式为

$$K_s＝\frac{D_1}{P_0}＋G\tag{5-5}$$

式中　K_s——普通股资金成本；

　　　D_1——预期年股利额；

　　　P_0——普通股市价；

　　　G——股利期望增长率。

② 债务资金成本的计算

a. 借款资金成本　借款资金包括向银行及其他金融机构以借贷方式筹措的资金，在计算资金成本时，应考虑借款的利率水平、利率的计算方式、计息和付息方式以及还款期限等因素。

【例5-3】 年初向银行借款100万元，年利率为6%，按年付息，期限3年，到期一次还清借款，资金筹集费为借款额的5%。试计算该借款的资金成本。

解： $100-100\times5\%-100\times6\%/(1+i)^1-100\times6\%/(1+i)^2-100\times6\%/(1+i)^3-100/(1+i)^3=0$

通过试算得到：$i=7.94\%$

所以，该借款的资金成本为7.94%。

b. 债券资金成本　债券的发行价格有三种：溢价发行，即以高于债券票面金额的价格发行；折价发行，即以低于债券票面金额的价格发行；等价发行，即以债券票面金额的价格发行。在计算资金筹措总额时，应以其实际发行价格计算。

【例5-4】 面值100元债券，发行价格100元，票面年利率4%，3年期，到期一次还本付息，发行费0.5%，在债券发行时支付，兑付手续费0.5%。试计算债券资金成本。

解： $100-100\times0.5\%-100\times(1+3\times4\%)/(1+i)^3-100\times0.5\%/(1+i)^3=0$

通过试算得到：$i=4.18\%$

所以，该债券的资金成本为4.18%。

c. 融资租赁资金成本　融资租赁的资金占用费就是所支付的租赁费。

【例5-5】 融资租赁公司提供的设备租赁额为100万元，年租赁费率为15%，按年支付，租赁期限10年，到期设备归承租方，忽略设备余值的影响，资金筹集费为融资额的5%。试计算融资租赁的资金成本。

解： $100-100\times5\%-100\times15\%\left[\dfrac{(1+i)^{10}-1}{i(1+i)^{10}}\right]=0$

通过试算得到：$i=9.3\%$

所以，该融资租赁的资金成本为9.3%。

③ 加权资金成本的计算　建设项目的资金来源往往不是单一的，总资金由不同来源的资金共同组成，总资金的资本成本可以用加权资金成本来表示。将融资方案中各种融资的资金成本以该融资额占总融资额的比例作为加权系数进行加权平均，得到该融资方案的加权平均资金成本。即

$$K_w=\sum_{j=1}^{n}k_jW_j \tag{5-6}$$

式中　K_w——加权平均资金成本；

k_j——第j种融资的资金成本；

W_j——第j种融资的融资金额占融资方案总融资金额的比例，$\sum W_j=1$；

n——融资类型的数量。

5.2.2　盈利能力分析

财务评价是在国家现行财税制度和市场体系下，分析预测项目的财务效益与费用，计算财务评价指标，考察拟建项目的盈利能力、偿债能力，据以判断项目的财务可行性。

5.2.2.1　财务评价的内容与步骤

① 取财务评价基础数据与参数，包括主要投入品和产出品财务价格、税率、利率、计算期、固定资产折旧率、无形资产和递延资产摊销年限，生产负荷及基准收益率等基础数据和参数。

② 计算销售（营业）收入，估算成本费用。

③ 编制财务评价报表，主要有：现金流量表、利润与利润分配表、财务计划现金流量

表、资产负债表和借款还本付息估算表。

④ 计算财务评价指标，进行盈利能力和偿债能力分析。

⑤ 进行不确定性分析，包括敏感性分析和盈亏平衡分析。

⑥ 编写财务评价报告。

财务分析的步骤见图 5-2 所示。

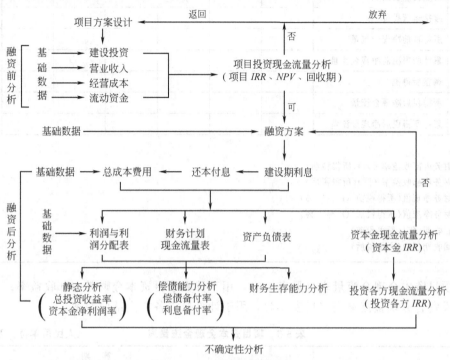

图 5-2　财务分析步骤图

5.2.2.2　财务评价的基本报表

（1）现金流量表

① 项目投资现金流量表（见表 5-2），用于计算项目投资内部收益率及净现值等财务分析指标；

表 5-2　项目投资现金流量表　　　　　　　　（人民币单位：万元）

序号	项　　目	合计	计　算　期					
			1	2	3	4	···	n
1	现金流入							
1.1	营业收入							
1.2	补贴收入							
1.3	回收固定资产余值							
1.4	回收流动资金							
2	现金流出							
2.1	建设投资							
2.2	流动资金							

序号	项　目	合计	计　算　期					
			1	2	3	4	…	n
2.3	经营成本							
2.4	营业税金及附加							
2.5	维持运营投资							
3	所得税前净现金流量							
4	累计所得税前净现金流量							
5	调整所得税							
6	所得税后净现金流量							
7	累计所得税后净现金流量							

计算指标：
项目投资财务内部收益率（%）（所得税前）
项目投资财务内部收益率（%）（所得税后）
项目投资财务净现值（所得税前）（$i_c=$　%）
项目投资财务净现值（所得税后）（$i_c=$　%）
项目投资回收期（年）（所得税前）
项目投资回收期（年）（所得税后）

　　② 项目资本金现金流量表（见表 5-3），用于计算项目资本金财务内部收益率；
　　③ 投资各方现金流量表（见表 5-4），用于计算投资各方内部收益率。

表 5-3　项目资本金现金流量表　　　　　　　　（人民币单位：万元）

序号	项　目	合计	计　算　期					
			1	2	3	4	…	n
1	现金流入							
1.1	营业收入							
1.2	补贴收入							
1.3	回收固定资产余值							
1.4	回收流动资金							
2	现金流出							
2.1	项目资本金							
2.2	借款本金偿还							
2.3	借款利息支付							
2.4	经营成本							
2.5	营业税金及附加							
2.6	所得税							
2.7	维持运营投资							
3	净现金流量							

计算指标：
资本金财务内收益率/%

表 5-4　投资各方现金流量表　　　　（人民币单位：万元）

序号	项　目	合计	计　算　期					
			1	2	3	4	...	n
1	现金流入							
1.1	实分利润							
1.2	资产处置收益分配							
1.3	租赁费收入							
1.4	技术转让或使用收入							
1.5	其他现金流入							
2	现金流出							
2.1	实缴资本							
2.2	租赁资产支出							
2.3	其他现金流出							
3	净现金流量							

计算指标：
投资各方财务内部收益率/%

（2）利润与利润分配表（见表 5-5）

反映项目计算期内各年营业收入、总成本费用、利润总额等情况，以及所得税后利润的分配，用于计算总投资收益率、项目资本金净利润率等指标。

表 5-5　利润与利润分配表　　　　（人民币单位：万元）

序号	项　目	合计	计　算　期					
			1	2	3	4	...	n
1	营业收入							
2	营业税金及附加							
3	总成本费用							
4	补贴收入							
5	利润总额(1−2−3+4)							
6	弥补以前年度亏损							
7	应纳税所得额(5−6)							
8	所得税							
9	净利润(5−8)							
10	期初未分配利润							
11	可供分配利润(9+10)							
12	提取法定盈余公积金							
13	可供投资者分配的利润							
14	应付优先股股利							
15	提取任意盈余公积金							
16	应付普通股股利							

续表

序号	项　目	合计	计　算　期					
			1	2	3	4	…	n
17	各投资方利润分配							
	其中:××方							
	××方							
18	未分配利润(13—14—15—17)							
19	息税前利润							
20	息税折旧摊销前利润							

（3）财务计划现金流量表（见表 5-6）

反映项目计算期各年的投资、融资及经营活动的现金流入与流出，用于计算累计盈余资金，分析项目的财务生存能力。

表 5-6　财务计划现金流量表　　　　　　　（人民币单位：万元）

序号	项　目	合计	计　算　期					
			1	2	3	4	…	n
1	经营活动净现金利率							
1.1	现金流入							
1.1.1	营业收入							
1.1.2	增值税销项税额							
1.1.3	补贴收入							
1.1.4	其他流入							
1.2	现金流出							
1.2.1	经营成本							
1.2.2	增值税进项税额							
1.2.3	营业税金及附加							
1.2.4	增值税							
1.2.5	所得税							
1.2.6	其他流出							
2	投资活动净现金流量							
2.1	现金流入							
2.2	现金流出							
2.2.1	建设投资							
2.2.2	维持运营投资							
2.2.3	流动资金							
2.2.4	其他流出							
3	筹资活动净现金流量							
3.1	现金流入							
3.1.1	项目资本金投入							

续表

序号	项　　目	合计	计　算　期					
			1	2	3	4	...	n
3.1.2	建设投资借款							
3.1.3	流动资金借款							
3.1.4	债券							
3.1.5	短期借款							
3.1.6	其他流入							
3.2	现金流出							
3.2.1	各种利息支出							
3.2.2	偿还债务本金							
3.2.3	应付利润							
3.2.4	其他流出							
4	净现金流量(1+2+3)							
5	累计盈余资金							

（4）资产负债表（见表 5-7）

用于综合反映项目计算期内跟年末资产、负债和所有者权益的增减变化及对应关系，计算资产负债率。

表 5-7　资产负债表　　　　　　　　　　　　　（人民币单位：万元）

序号	项　　目	合计	计　算　期					
			1	2	3	4	...	n
1	资产							
1.1	流动资产总额							
1.1.1	货币资金							
1.1.2	应收账款							
1.1.3	预付账款							
1.1.4	存货							
1.1.5	其他							
1.2	在建工程							
1.3	固定资产净值							
1.4	无形及其他资产净值							
2	负债及所有者权益							
2.1	流动负债总额							
2.1.1	短期借款							
2.1.2	应付账款							
2.1.3	预收账款							
2.1.4	其他							
2.2	建设投资借款							

序号	项　目	合计	计　算　期					
			1	2	3	4	…	n
2.3	流动资金借款							
2.4	负债小计(2.1＋2.2＋2.3)							
2.5	所有者权益							
2.5.1	资本金							
2.5.2	资本公积							
2.5.3	累计盈余公积金							
2.5.4	累计未分配利润							
计算指标： 资产负债率/%								

（5）借款还本付息计划表（见表 5-8）

反映项目计算期内各年借款本金偿还利息支付情况，用于计算偿债备付率和利息备付率指标。

表 5-8　借款还本付息计划表　　　　　（人民币单位：万元）

序号	项　目	合计	计　算　期					
			1	2	3	4	…	n
1	借款1							
1.1	期初借款余额							
1.2	当期还本付息							
	其中:还本							
	付息							
1.3	期末借款余额							
2	借款2							
2.1	期初借款余额							
2.2	当期还本付息							
	其中:还本							
	付息							
2.3	期末借款余额							
3	债券							
3.1	期初债务余额							
3.2	当期还本付息							
	其中:还本							
	付息							
3.3	期末债务余额							
4	借款和债券合计							
4.1	期初余额							

续表

序号	项　　目	合计	计　算　期					
			1	2	3	4	⋯	n
4.2	当期还本付息							
	其中:还本							
	付息							
4.3	期末余额							
计算指标	利息备付率							
	偿债备付率							

5.2.2.3　盈利能力分析

盈利能力分析是项目财务评价的主要内容之一。盈利能力分析包括动态分析（折现现金流量分析）和静态分析（非折现盈利能力分析）

（1）动态分析

动态分析是通过编制财务现金流量表，根据资金时间价值原理，计算财务内部收益率、财务净现值等指标，分析项目的获利能力。

① 财务内部收益率（FIRR）　财务内部收益率是评价项目盈利能力的相对指标，是指项目在整个计算期内各年净现金流量现值累计等于零时的折现率，其表达式为

$$\sum_{t=1}^{n}(CI-CO)_t(1+FIRR)^{-t}=0 \tag{5-7}$$

式中　　CI ——现金流入量；

　　　　CO ——现金流出量；

　　$(CI-CO)_t$ ——第 t 年的净现金流量；

　　　　n ——计算期年数。

财务内部收益率可根据财务现金流量表中净现金流量，用试算法计算，也可采用专用软件的财务函数进行计算。

按分析的范围和对象不同，财务内部收益率分为项目财务内部收益率、资本金财务内部收益率和投资各方财务内部收益率。

a. 项目财务内部收益率，是考察项目融资方案前且在所得税前整个项目的盈利能力，为决策者进行项目比选和为银行金融机构进行信贷决策提供依据。

b. 资本金财务内部收益率，是以项目资本金为计算基础，考察所得税后资本金可能获得的收益水平。

c. 投资各方财务内部收益率，是以投资各方出资额为计算基础，考察投资各方可能获得的收益水平。

项目财务内部收益率的判别依据为，当财务内部收益率大于或者等于财务基准内部收益率（i_c）时，即认为项目的盈利能力能够满足要求。资本金财务内部收益率和投资各方财务内部收益率应与出资方最低期望收益率对比，判断投资方收益水平。

② 财务净现值（FNPV）　财务净现值是指按设定的折现率计算的项目计算期内各年净现金流量的现值之和。计算公式为：

$$FNPV=\sum_{t=1}^{n}(CI-CO)_t(1+i_c)^{-t} \tag{5-8}$$

式中　　CI——现金流入量；

　　　　CO——现金流出量；

$(CI-CO)_t$——第 t 年的净现金流量；

　　　　n——计算期年数；

　　　　i_c——设定的折现率。

财务净现值是评价项目盈利能力的绝对指标，它反映项目在满足按设定折现率要求的盈利之外，获得的超额盈利的现值。财务净现值等于或者大于零，表明项目的盈利能力达到或者超过按设定的折现率计算的盈利水平。

（2）静态分析

静态分析是不采取折现方式处理数据，主要依据利润与利润分配表，并借助现金流量表计算相关盈利能力指标，包括资本金净利润率（ROE）、总投资收益率（ROI）等。

① 总投资收益率（ROI）　总投资收益率（return on investment，简称 ROI）就是单位总投资能够实现的息税前利润。是指工程项目达到设计生产能力后正常年份的年息税前利润或运营期内年平均息税前利润与项目总投资的比率。计算公式为

$$ROI=\frac{EBIT}{TI}\times100\%\tag{5-9}$$

式中　ROI——总投资收益率；

　　$EBIT$——项目正常年份的年息税前利润或运营期内年平均息税前利润；

　　　TI——项目总投资。

年息税前利润＝年营业收入－年营业税金及附加－年总成本费用＋利息支出；

年营业税金及附加＝年消费税＋年营业税＋年资源税＋年城乡维护建设税＋教育费附加；

项目总投资＝建设投资＋建设期利息＋流动资金。

总投资收益率高于同行业的收益率参考值时，认为该项目盈利能力满足要求；反之，则表明此项目不能满足盈利能力的要求。

总投资收益率越高，从项目所获得的息税前利润就越多。对于建设工程项目而言，若总投资收益率高于同期银行利率，适度举债是有利的；反之，过高的负债比率将损害企业和投资者的利益。由此可以看出，总投资收益率这一指标不仅可以用来衡量工程建设项目的获利能力，还可以作为建设工程筹资决策参考的依据。

② 项目资本金净利润率（ROE）　项目资本金净利润率（return on equity，简称 ROE）表示项目资本金的盈利水平，是指项目达到设计能力后正常年份的年净利润或运营期内年平均净利润与项目资本金的比率。计算公式为

$$ROE=\frac{NP}{EC}\times100\%\tag{5-10}$$

式中　ROE——项目资本金净利润率；

　　　NP——项目正常年份的年净利润或运营期内年平均净利润；

　　　EC——项目资本金。

项目资本金净利润率高于同行业净利润率参考值时，认为该项目盈利能力满足要求。反之，则认为不能满足要求。总投资收益率和项目资本金净利润率指标常用于项目融资后盈利能力分析。

5.2.3　清偿能力分析

对于筹措资金中包含债务资金的项目，清偿能力考查项目能否按期偿还借款的能力。根

据有关财务报表，计算借款偿还期、利息备付率（ICR）、偿债备付率（$DSCR$）和资产负债率（$LOAR$）等指标，评价项目借款偿债能力。

（1）借款偿还期

借款偿还期是指项目投产后获得的也用于还本付息的资金，还清借款本息所需的时间，一般一年为单位表示。

借款偿还期计算的是项目的最大偿还能力，适用于尽快还款的项目，不适用于已经约定借款偿还期限的项目，对于已约定借款偿还期限的项目，可以采用利息备付率和偿债备付率指标分析项目的清偿能力。计算公式为

$$借款偿还期＝借款偿还后开始出现盈余年份－开始借款年份＋\frac{当年借款额}{当年可用于还款的资金额}$$

$$(5-11)$$

（2）利息备付率（ICR）　利息备付率（interest converage ratio，简称 ICR）是指项目在借款偿还期内各年可用于支付利息的息税前利润与当期应付利息费用的比值。它从付息资金来源的充裕性角度反映项目偿付债务利息的能力，表示使用项目息税前利润偿付利息的保证倍率。计算公式为

$$ICR = \frac{EBIT}{PI} \times 100\% \qquad (5-12)$$

式中　ICR——利息备付率；

　　　$EBIT$——息税前利润；

　　　　PI——计入总成本费用的应付利息。

息税前利润＝利润总额＋计入总成本费用的利息费用

利息备付率可以按年计算，也可以按整个借款期计算。利息备付率表示使用项目利润偿付利息的保证倍率。利息备付率越高，表明利息偿付的保障程度越高。对于正常运营的企业，利息备付率应当大于 2，否则，表示付息能力保障程度不够。

（3）偿债备付率（$DSCR$）

偿债备付率（debt service coverage ratio，简称 $DSCR$）是指项目在借款偿还期内，各年可用于还本付息的资金与当期应还本付息金额的比值。它从还本付息资金来源的充裕性角度反映项目偿付债务本息的保障程度和支付能力。计算公式为

$$DSCR = \frac{EBITAD - T_{AX}}{PD} \times 100\% \qquad (5-13)$$

式中　$DSCR$——偿债备付率；

　　$EBITAD$——息税前利润加折旧和摊销；

　　　T_{AX}——企业所得税；

　　　　PD——应还本付息金额，包括还本金额和计入总成本费用的全部利息。

融资租赁费用可视同借款偿还。运营期内的短期借款本息也应纳入计算。

偿债备付率可以按年计算，也可以按整个借款期计算。偿债备付率表示可用于还本付息的资金偿还债务资金的保障程度。偿债备付率高，表明可用于还本付息的资金保障程度高。正常情况下，偿债备付率应大于 1，当指标小于 1 时，表示当年资金来源不足以偿付当期债务，需要通过短期借款偿付已到期债务。

（4）资产负债率（$LOAR$）

资产负债率（liability on asset ratio，简称 $LOAR$）是指各期末负债总额同资产总额的比率，表示总资产中有多少是通过负债得来的。它是评价项目负债水平的综合指标，反映项

目利用债权人提供资金后的经营活动能力，同时又能体现债权人发放贷款的安全度。计算公式为

$$LOAR = \frac{TL}{TA} \times 100\%$$

(5-14)

式中　$LOAR$——资产负债率；

　　　TL——期末负债总额；

　　　TA——期末资产总额。

适度的资产负债率，表明企业经营安全、稳健，具有较强的筹资能力，也表明企业和债权人的风险较小。一般来讲，资产负债率应在国家所发布的行业建设项目偿债能力测算与协调参数结果所规定的资产负债率的合理区间内。对该指标的分析，应结合国家宏观经济状况、行业发展趋势、企业所处的竞争环境等具体条件判定。项目财务分析中，在长期债务还清后，可不计算资产负债率。

5.3　公共项目的国民经济评价和社会评价

5.3.1　经济费用效益分析

经济费用效益分析是从资源合理配置的角度，分析项目投资的经济效率和对社会福利所作出的贡献，评价项目的经济合理性。对于财务现金流量不能全面、真实地反映其经济价值，需要进行经济费用效益分析的项目，应将经济费用效益分析的结论作为项目决策的主要依据之一。

（1）经济费用效益分析的目的

① 全面识别整个社会为项目付出的代价，以及项目为提高社会福利所作出的贡献，评价项目投资的经济合理性；

② 分析项目的经济费用效益流量与财务现金流量存在的差别，以及造成这些差别的原因，提出相关的政策调整建议；

③ 对于市场化运作的基础设施等项目，通过经济费用效益分析来论证项目的经济价值，为制定财务方案提供依据；

④ 分析各利益相关者为项目付出的代价及获得的收益，通过对受损者及受益者的经济费用效益分析，为社会评价提供依据。

（2）进行经济费用效益分析的项目范围

① 自然垄断的项目。如电力、电信、交通运输等行业的项目，存在着规模效益递增的产业特征，企业一般不会按照帕累托最优规则进行运作，从而导致市场配置资源失效。

② 产出具有公共产品特征的项目。项目提供的产品或服务在同一时间内可以被共同消费，具有"消费的非排他性"（未花钱购买公共产品的人不能被排除在此产品或服务的消费之外）和"消费的非竞争性"（一人消费一种公共产品并不以牺牲其他人的消费为代价）。由于市场价格机制只有通过将那些不愿意付费的消费者排除在该物品的消费之外才能得以有效运作，因此，导致市场机制对公共产品的资源配置失效。

③ 外部效果显著的项目。外部效果是指一个个体或厂商的行为对另一个个体或厂商产生了影响，而该影响的行为主体没有负相应的责任或没有获得应有的报酬的现象。产生外部效果的行为主体由于不受预算约束，因此，常常不考虑外部效果承受者的损益情况。这样，这类行为主体在其行为过程中常常会低效率甚至无效率地使用资源，造成消费者剩余与生产

者剩余的损失及市场失灵。

④ 具有涉及国家控制的战略性开发及国家经济安全的项目。这类项目往往具有公共性、外部效果等综合特征，不能完全依靠市场配置资源。

（3）经济效益和费用的识别

① 项目经济效益和费用的识别原则

a. 全面识别的原则　在经济费用效益分析中，应尽可能全面地识别建设项目的经济效益和费用，对项目涉及的所有社会成员的有关费用和效益进行识别和计算，全面分析项目投资及运营活动耗用资源的真实价值，以及为社会成员福利的实际增加所做出的贡献。

（a）分析体现在项目实体本身的直接费用和效益，以及项目引起的其他组织、机构或个人发生的各种外部费用和效益；

（b）分析项目的近期影响，以及项目可能带来的中期、远期影响；

（c）分析与项目主要目标直接联系的直接费用和效益，以及各种间接费用和效益；

（d）分析具有物资载体的有形费用和效益，以及各种无形费用和效益。

b. 增量分析的原则　项目经济费用效益分析应建立在增量效益和增量费用识别以及计算的基础之上，不应考虑沉没成本和已实现的效益。应按照"有无对比"增量分析的原则，通过项目的实施效果与无项目情况下可能发生的情况进行对比分析，作为计算机会成本或增量效益的依据。

c. 考虑关联效应原则　在经济费用效益识别时，应该考虑项目投资可能产生的其他关联效应。在识别过程中，要防止漏算，同时也要防止重复计算。

d. 以本国居民作为分析对象的原则　对于跨越国界，对本国之外的其他社会成员产生影响的项目，应重点分析对本国公民新增的效益和费用。项目对本国以外的社会群体所产生效应，应单独陈述。

e. 剔除转移支付的原则　转移支付代表购买力的转移行为，接收转移支付的一方所获得的效益与付出方所产生的费用相等，转移支付行为本身没有导致新增资源的产生。在经济费用效益分析中，税赋、补贴、借款和利息属于转移支付，在进行经济费用效益分析时，不得再计算转移支付的影响。

但是，一些税收和补贴可能会影响市场价格水平，导致包括税收和补贴的财务价格可能并不反映真实的经济成本和效益，在进行经济费用效益分析中，转移支付的处理应区别对待：

（a）剔除企业所得税或补贴对财务价格的影响；（b）一些税收、补贴或罚款往往是用于校正项目"外部效果"的一种重要手段，这类转移支付不可剔除，可以用于计算外部效果；（c）项目投入与产出中流转税应具体问题具体处理。

对于产出品，增加供给满足国内市场供应的，流转税不应剔除；顶替原有市场供应的，应剔除流转税。

对于投入品，用新增供应来满足项目的，应剔除流转税；挤占原有用户需求来满足项目的，流转税不应剔除。

在不能判定产出或投入是增加供给还是挤占（替代）原有供给的情况下，可简化处理，即产出品不剔除实际缴纳的流转税，投入品剔除实际缴纳的流转税。

② 直接效益与直接费用　直接效益是指由项目产出物直接生成，并在项目范围内计算的经济效益。包括：

a. 增加项目产出物或者服务的质量以满足国内需求所产生的效益；

b. 替代效益较低的相同或类似企业的产出物或者服务，使被替代企业减产（停产）从而减少国家有用资源耗费或者损失所产生的效益；

c. 增加出口或者减少进口从而增加或者节支的外汇等。

直接费用是指项目使用投入物所形成，并在项目范围内计算的费用。包括：

a. 其他部门为本项目提供投入物，需要扩大生产规模所耗用的资源费用；

b. 减少对其他项目或者最终消费投入物的供应而放弃的效益；

c. 增加进口或者减少出口从而耗用或者减少的外汇等。

③ 间接效益与间接费用　间接效益和间接费用是指项目对国民经济所作出的贡献和国民经济为项目付出的代价中，在直接效益与直接费用中未得到反映的那部分效益与费用。通常把与项目相关的间接效益（外部效益）和间接费用（外部费用）统称为外部效果。包括以下各类效果。

a. 环境及生态影响效果　为对建设项目进行全面的经济费用效益分析，应重视对环境影响外部效果的经济费用效益分析，尽可能地对环境成本与效益进行量化，在可行的情况下赋予经济价值，并纳入整个项目经济费用效益分析框架体系之中。对于建设项目环境影响的量化分析，应从社会整体角度对建设项目环境影响的经济费用和效益进行识别和计算。

b. 产生关联效果　产生关联效果是指一个项目的实施可能会刺激其他产业的发展，增加新的生产能力或使原有生产能力得到更充分的利用。

c. 技术扩散效果　技术扩散效果是指建设技术先进的项目会培养和造就大量的技术人员和管理人员，他们除了为本项目服务外，由于人员流动、技术交流，对整个社会经济发展也会带来好处。

在外部效果的计算中，为防止计算的扩大化，项目的外部效果一般只计算一次相关效果，不应连续计算。

④ 转移支付　项目的某些财务收益和支出，从国民经济角度看，并没有造成资源的实际增加或者减少，而是国民经济内部的"转移支付"，不记做项目的经济效益与费用。转移支付主要包括：

a. 国家和地方政府的税收；

b. 国内银行借款利息；

c. 国家和地方政府给予项目的补贴。

如果以项目的财务评价为基础进行经济费用效益分析时，应从财务效益与费用中剔除在经济费用效益分析中记为转移支付的部分。

(4) 经济费用效益流量表的编制

经济费用效益流量表的编制，可以按照经济费用效益识别和计算的原则和方法直接进行，也可以在财务分析的基础上将财务现金流量转换为反映真正资源变动状况的经济费用效益流量。

① 在财务评价的基础上编制经济费用效益流量表　以项目财务评价为基础编制经济费用效益流量表，应注意合理调整效益与费用的范围及内容。

a. 剔除转移支付，将财务现金流量表中列支的销售税金及附加税、增值税、国内借款利息作为转移支付剔除。

b. 计算外部效益与外部费用时，应根据项目的具体情况，确定可以量化的项目外部效果和外部费用。分析确定哪些是项目重要的外部效果，需要采用什么方法估算，并保持效益费用的计算口径一致。

c. 调整建设投资、用影子价格、影子汇率逐项调整构成投资的各项费用，剔除涨价预备费、税金、国内借款建设期利息等转移支付项目。

进口设备价格调整通常要剔除进口关税、增值税等转移支付。建筑工程费和安装工程费按材料费、劳动力影子价格进行调整；土地费按土地影子价格进行调整。

d. 调整流动资金，财务账目中的应收、应付款项及现金并没有实际耗用社会资源，在经济费用效益分析中应将其从流动资金中剔除。如果财务评价中的流动资金是采用扩大指标法估算的，经济费用效益分析仍应按照扩大指标法，以调整后的销售收入、经营费用等乘以相应的流动资金指标系数进行估算；如果财务评价中的流动资金是采用分项详细估算法进行估算的，则应用影子价格重新分项估算。

根据建设投资和流动资金调整结果，编制经济费用效益分析投资费用估算调整表，如表 5-9 所示。

表 5-9　投资费用估算调整表　　　　　　（人民币单位：万元）

序号	项　　目	财务评价			经济费用效益分析			经济费用效益分析 比财务分析增减
		外币	人民币	合计	外币	人民币	合计	
1	建设投资							
1.1	建筑工程费							
1.2	设备购置费							
1.3	安装工程费							
1.4	其他费用							
1.4.1	其中:土地费用							
1.4.2	专利及专有技术							
1.5	基本预备费							
1.6	涨价预备费							
1.7	建设期利息							
2	流动资金							
	合计(1+2)							

e. 调整经营费用，用影子价格调整各项经营费用，对主要原材料、燃料及动力费用影子价格进行调整；对劳动工资及福利费，用影子工资进行调整。编制经营费用效益分析费用估算调整表，如表 5-10 所示。

f. 调整销售收入，用影子价格调整计算项目产出物的销售收入。

g. 调整外汇价值，经济费用效益分析中各项销售收入和费用支出中的外汇部分，应用影子价格进行调整，计算外汇价值。从国外引入的资金和向国外支付的投资效益、贷款本息，也应用影子汇率进行调整。编制项目直接效益估算投资表，如表 5-11 所示。

h. 编制项目投资经济费用效益流量表（表 5-12）和国内投资经济费用效益流量表（表 5-13）。

② 直接编制经济费用效益流量表

a. 对于项目的各项投入物，应按照机会成本的原则计算其经济价值；

b. 识别项目产出物可能带来的各种影响效果；

c. 对于具有市场价格的产出物，以市场价格为基础计算其经济价值；

d. 对于没有市场价格的产出效果，应按照支付意愿及接受补偿意愿的原则计算其经济价值；

表 5-10　经营费用估算调整表　　　　（人民币单位：万元）

序号	项　目	单位	投入量	财务分析		经济费用效益分析	
				单价/元	成本	单价/元	费用
1	外购原材料						
1.1	原材料 A						
1.2	原材料 B						
1.3	原材料 C						
1.4	……						
2	外购燃料及动力						
2.1	煤						
2.2	水						
2.3	电						
2.4	重油						
2.5	……						
3	工资及福利费						
4	修理费						
5	其他费用						
	合 计						

表 5-11　项目直接效益估算投资表　　　　（人民币单位：万元）

产出物名称			投产第一期负荷/%				投产第二期负荷/%				正常生产年份/%			
			产品 A	产品 B	……	小计	产品 A	产品 B	……	小计	产品 A	产品 B	……	小计
年产出量		计算单位												
		国内												
		国际												
		合计												
财务分析	国内市场	单价/元												
		现金收入												
	国际市场	单价/美元												
		现金收入												
经济费用效益分析	国内市场	单价/元												
		直接效益												
	国际市场	单价/美元												
		直接效益												
合　计														

　　e. 对于难以进行货币量化的产出效果，应尽可能地采用其他量纲进行量化。难以量化的，进行定性描述，以全面反映项目的产出效果。

表 5-12　项目投资经济费用效益流量表　　（人民币单位：万元）

序号	项　目	合计	计　算　期					
			1	2	3	4	……	n
1	效益流量							
1.1	项目直接效益							
1.2	资产余值回收							
1.3	项目间接效益							
2	费用流量							
2.1	建设投资							
2.2	维持运营投资							
2.3	流动资金							
2.4	经营费用							
2.5	项目间接费用							
3	净效益流量							

表 5-13　国内投资经济费用效益流量表　　（人民币单位：万元）

序号	项　目	合计	计　算　期					
			1	2	3	4	……	n
1	效益流量							
1.1	项目直接效益							
1.2	资产余值回收							
1.3	项目间接效益							
2	费用流量							
2.1	建设投资中国内资金							
2.2	流动资金中国内资金							
2.3	经营费用							
2.4	流到国外的资金							
2.4.1	国外借款本金偿还							
2.4.2	国外借款利息偿还							
2.4.3	其他							
2.5	项目间接费用							
3	国内投资净效益流量							

（5）经济费用效益分析指标的计算

① 经济净现值（ENPV）　经济净现值是项目按照社会折现率将计算期内各年的经济净效益流量折现到建设期初的现值之和，是经济费用效益分析的主要评价指标。计算公式为

$$ENPV = \sum_{t=1}^{n} (B-C)_t (1+i_s)^{-t} \qquad (5\text{-}15)$$

式中　　B——经济效益流量；

　　　　C——经济费用流量；

$(B-C)_t$——第 t 期的经济净效益流量；

　　n——项目计算期；

　　i_s——社会折现率。

　　在经济费用效益分析中，如果经济净现值等于或大于 0，说明项目可以达到社会折现率要求的效率水平，认为该项目从经济资源配置的角度可以被接受。

　　② 经济内部效益率（EIRR）　经济内部效益率是项目在计算期内经济净效益流量的现值累计等于 0 时的折现率，是经济费用效益分析的辅助评价指标。计算公式为

$$\sum_{t=1}^{n}(B-C)_t(1+EIRR)^{-t}=0 \tag{5-16}$$

式中　　B——经济效益流量；

　　　　C——经济费用流量；

　$(B-C)_t$——第 t 期的经济净效益流量；

　　　　n——项目计算期；

　$EIRR$——经济内部效益率。

　　如果经济内部效益率等于或大于社会折现率，表明项目资源配置的经济效率达到了可以接受的水平。

　　③ 效益费用比　效益费用比是项目在计算期内效益流量的现值与费用流量的现值的比率，是经济费用效益分析的辅助评价指标。计算公式为

$$R_{BC}=\frac{\sum_{t=1}^{n}B_t(1+i_s)^{-t}}{\sum_{t=1}^{n}C_t(1+i_s)^{-t}} \tag{5-17}$$

式中　　R_{BC}——效益费用比；

　　　　B_t——第 t 期的经济效益；

　　　　C_t——第 t 期的经济费用；

　　如果效益费用比大于 1，表明项目资源配置的经济效率达到了可以被接受的水平。

5.3.2　影子价格理论

5.3.2.1　影子价格的概念

　　在财务分析中，采用的价格体系是市场价格，用市场价格计算项目的效益和费用，市场价格反映的是产品的市场价值。而在经济费用效益分析中，应该采用影子价格计算项目的效益和费用，影子价格反映的是资源的经济价值。

　　影子价格是进行经济费用效益分析，计算经济效益与费用时所用的价格，是按照一定原则确定的，能够反映投入物和产出物的真实价值，反映市场供应状况，反映资源稀缺程度，使资源得到合理配置的价格。进行经济费用效益分析时，项目的主要投入物和产出物价格，原则上都应采用影子价格。

　　影子价格理论最初来自于求解数学规划，在求解一个"目标"最大化数学规划的过程中，发现每种"资源"对于"目标"有着边际贡献。即这种"资源"每增加一个单位，"目标"就会增加一定的单位，不同的"资源"有着不同的边际贡献。这种"资源"对于目标的边际贡献被定义为"资源"的影子价格。经济费用效益分析中采用了这种影子价格的基本思想，计算项目耗用资源及产出贡献的真实价值。

5.3.2.2　经济效益和费用的计算原则

　　（1）支付意愿原则

项目产出物的正面效果的计算遵循支付意愿（WTP）原则，用于分析社会成员为项目所产出的效益愿意支付的价值。

（2）受偿意愿支付原则

项目产出物的负面效果的计算遵循接受补偿意愿（WTA）原则，用于分析社会成员为接受这种不利影响所得到补偿的价值。

（3）机会成本原则

项目投入的经济费用的计算应遵循机会成本原则，用于分析项目所占用的所有资源的机会成本。机会成本应按资源的其他最有效利用所产生的效益进行计算。

（4）实际价值计算原则

项目经济费用效益分析应对所有费用和效益采用反映资源真实价值的实际价格进行计算，不考虑通货膨胀因素的影响，但应考虑相对价格变动。

5.3.2.3　影子价格的计算

（1）市场定价货物的影子价格

随着我国市场经济发展和贸易范围的扩大，大部分货物的价格由市场形成，价格可以近似反映其真实价值，进行经济费用效益分析可将这些货物的市场价格加上或者减去国内运杂费等，作为投入物或者产出物的影子价格。

① 可外贸货物影子价格　项目使用或生产可外贸货物，将直接或间接影响国家对这种货物的进口或出口，包括项目产出物直接出口、间接出口和替代进口；项目投入物直接进口、间接进口和减少出口。可外贸货物的影子价格是以口岸价为基础，乘以影子汇率加上或者减去国内运杂费和贸易费用得到的。计算公式为

$$投入物影子价格（项目投入物的到厂价格）＝到岸价（CIF）×影子汇率＋$$
$$国内运杂费＋贸易费用 \qquad (5\text{-}18)$$
$$产出物影子价格（项目产出物的出厂价格）＝离岸价（FOB）×影子汇率－$$
$$国内运杂费－贸易费用 \qquad (5\text{-}19)$$

贸易费用是指外经贸机构为进出口货物所耗用的，用影子价格计算的流通费用，包括货物的储运、再包装、短途运输、装卸、保险、检验等环节的费用支出，以及资金占用的机会成本，但不包括长途运输费用。贸易费用，一般用货物的口岸价乘以贸易费率计算。

② 非贸易货物的影子价格　非贸易货物分为投入物和产出物，计算公式为：

$$投入物影子价格（到厂价）＝市场价格＋国内运杂费 \qquad (5\text{-}20)$$
$$产出物影子价格（出厂价）＝市场价格－国内运杂费 \qquad (5\text{-}21)$$

（2）政府调控价格货物的影子价格

有些货物或者服务不完全由市场机制形成价格，而是由政府调控价格，例如由政府发布指导价、最高限价和最低限价等。这些货物或者服务的价格不能完全反映其真实价值。在进行经济费用效益分析时，应对这些货物或者服务的影子价格采用特殊方法确定。确定影子价格的原则，投入物按机会成本分解定价，产出物按消费者支付意愿定价。

① 电价　电价作为项目投入物，其影子价格按完全成本分解定价，电力过剩时按可变成本分解定价。电价作为项目产出物的影子价格，可按电力对当地经济边际贡献率定价。

② 铁路运价　铁路运价作为项目投入物，其影子价格按完全成本分解定价，对运能富裕的地区，按可变成本分解定价。

③ 水价　水价作为项目投入物，其影子价格按后备水源的边际成本分解定价，或者按恢复水功能的成本计算。水价作为项目产出物的影子价格，按消费者支付意愿或者按消费者承受能力加政府补贴计算。

（3）特殊投入物的影子价格

项目的特殊投入物是指项目在建设、生产运营中使用的劳动力、土地和自然资源等。项目使用这些特殊投入物所发生的经济费用，应分别采用下列方法确定其影子价格。

① 影子工资　影子工资反映国民经济为项目使用劳动力所付出的真实代价，由劳动力机会成本和劳动力转移而引起的新增资源耗费两部分构成。

劳动力机会成本是指劳动力如果不就业于拟建项目而从事于其他生产经营活动所创造的最大效益。它与劳动力的技术熟练程度和供求状况（过剩与稀缺）有关，技术越熟练，稀缺程度越高，其机会成本越高，反之越低。新增资源耗费是指项目使用劳动力，由于劳动者就业或者迁移而增加的城市管理费用和城市交通等基础设施投资费用。

② 土地影子价格　土地是一种特殊投入物，项目使用了土地，该土地就不能用于其他用途，因此便放弃了将其用于其他用途所产生的经济效益。同时，使用土地也增加了一定资源消耗。土地的影子价格按照机会成本和消费者支付意愿来确定。

a. 农用土地影子价格　农用土地影子价格由土地的机会成本和占用该土地而引起的新增资源消耗两部分构成。土地机会成本按项目占用土地后国家放弃的该土地最佳可替代用途的净效益计算。土地影子价格中新增资源消耗一般包括拆迁费用和劳动力安置费用。

农用土地影子价格可从机会成本和新增资源消耗两方面计算，也可以在财务评价中土地费用的基础上调整计算。后一种具体做法是，属于机会成本性质的费用，如土地补偿费、青苗补偿费等，按机会成本的计算方法调整计算；属于新增资源消耗费用，如拆迁费用、剩余劳动力安置费用、养老保险费用等，按影子价格调整计算；属于转移支付的，如粮食开发基金、耕地占用税等，应予以剔除。

b. 城镇土地影子价格　城镇土地影子价格通常按市场价格计算，主要包括土地出让金、征地费、拆迁安置补偿等。

③ 自然资源影子价格　在经济费用效益分析中，各种自然资源是一种特殊的投入物，项目使用了自然资源，国民经济就为其付出了代价。如果项目使用的自然资源的市场价格不能反映其经济价值，或者项目并未付出费用，在经济费用效益分析中，要用该资源的影子价格计算经济费用。矿产等不可再生自然资源的影子价格按资源的机会成本计算，水和森林等可再生自然资源的影子价格按资源再生费用计算。

5.3.3　社会评价的方法介绍

5.3.3.1　社会评价的概念及范围

社会评价是指调查和预测拟建项目的建设、运营产生的社会影响与社会效益，分析项目所在地区的社会环境对项目的适应性和可接受程度。通过分析项目所涉及的各种社会因素，评价项目的社会可行性，提出与当地社会协调发展，规避社会风险，促进项目顺利实施，保持社会稳定的方案。

社会评价适用于那些社会因素较为复杂，社会影响较为久远，社会效益较为显著，社会矛盾较为突出，社会风险较大的投资项目。其中主要包括需要大量移民搬迁或者占用农田较多的水利枢纽项目、交通运输项目、矿产和油气田开发项目、扶贫项目、农村区域开发项目，以及文化教育、卫生等公益性项目。

5.3.3.2　社会评价的目的

投资项目社会评价是应用社会学的一些基本理论和方法，系统地调查和收集与项目相关的社会因素和社会数据，了解项目实施过程中可能出现的社会问题，研究、分析对项目成功有影响的社会因素，提出保证项目顺利实施和效果持续发挥的建议和措施的一种项目评价方法。

投资项目社会评价的主要目的是判断项目的社会可行性，评价工程项目的投资建设和运营活动对社会发展目标所做出的贡献。社会发展的目标包括提高人们的教育水平、知识和技能，增进人们的健康和福利以及公平分配问题，这就决定了投资项目的社会评价具有多重目标和功能。

（1）在宏观层面上投资项目社会评价的目的

① 实现经济和社会的稳定、持续和协调发展；

② 满足人们的基本社会需求；

③ 保证不同地区之间的公平协调发展；

④ 充分利用地方资源、人力资源、技术和知识，增强地方的参与程度；

⑤ 减少或避免项目建设和运行可能引发的社会问题。

（2）在项目层面上投资项目社会评价的目的

① 制定一个能够切实完成项目目标的机制和组织模式；

② 保证项目收益在项目所在地区不同利益相关者之间的公平分配；

③ 预测潜在风险并分析减少不可预见的不良社会后果和影响的对策措施；

④ 提出为实现各种社会目标而需要对项目设计方案进行改进的建议；

⑤ 通过采用参与式途径来增强项目所在地区民众有效参与项目建设和管理，以维持项目效果可持续性的发展；

⑥ 防止或尽量减少项目对地区社会环境造成的负面影响。

5.3.3.3　社会评价的内容

社会评价从以人为本的原则出发，研究内容包括项目的社会影响分析、项目与所在地区的互适性分析和社会风险分析。

（1）社会影响分析

项目的社会影响分析是分析预测项目对社会可能产生的正面影响和负面影响。

① 项目对所在地区居民收入的影响，主要分析预测由于项目实施可能造成当地居民收入增加或者减少的范围、程度及其原因；收入分配是否公平，是否扩大贫富收入差距，并提出促进收入公平分配的措施建议。扶贫项目，应着重分析项目实施后，能在多大程度上减轻当地居民的贫困和帮助多少贫困人口脱贫。

② 项目对所在地区居民生活水平和生活质量的影响，分析预测项目实施后居民居住水平、消费水平、消费结构、人均寿命的变化及其原因。

③ 项目对所在地区居民就业的影响，分析预测项目的建设、运营对当地居民就业结构和就业机会的正面影响与负面影响。其中正面影响是指可能增加就业机会和就业人数，负面影响是指可能减少原有就业机会及就业人数，以及由此引发的社会矛盾。

④ 项目对所在地区不同利益群体的影响，分析预测项目的建设和运营使哪些人收益或受损，以及对受损群体的补偿措施和途径。新建露天矿区、水利枢纽工程、交通运输工程、城市基础设施等一般都会引起非自愿移民，应特别加强这项内容的分析。

⑤ 项目对所在地区的弱势群体利益的影响，分析预测项目的建设和运营对当地妇女、儿童、残疾人员利益的正面影响和负面影响。

⑥ 项目对所在地区文化、教育、卫生水平的影响，分析预测项目建设和运营期间是否可能引起当地文化教育水平、卫生健康程度的变化以及对当地人文环境的影响，提出减小不利影响的措施建议。公益性项目要特别加强这项内容的分析。

⑦ 项目对当地基础设施、社会服务质量和城市化进程等的影响，分析预测项目建设和

运营期间，是否可能增加或者占用当地的基础设施，包括道路、桥梁、供电、给排水、供汽、服务网点等，以及产出的影响。

⑧ 项目对所在地区少数民族风俗习惯和宗教的影响，分析预测项目建设和运营是否符合国家的民族和宗教政策，是否充分考虑了当地民族的风俗习惯、生活方式以及当地居民的宗教信仰，是否会引发民族矛盾、宗教纠纷，影响当地社会安定。

通过以上分析，对项目的社会影响作出评价。编制项目社会影响分析表，如表 5-14 所示。

表 5-14　项目社会影响分析表

序号	社会因素	影响的范围、程度	可能出现的后果	措施建议
1	对居民收入的影响			
2	对居民生活水平与生活质量的影响			
3	对居民就业的影响			
4	对不同利益群体的影响			
5	对弱势群体的影响			
6	对地区文化、教育、卫生水平的影响			
7	对地区基础设施、社会服务质量和城市化进程的影响			
8	对少数民族风俗习惯和宗教的影响			

（2）互适性分析

互适性分析主要是分析预测项目能否为当地的社会环境、人文条件所接纳，以及当地政府、居民支持项目存在与发展的程度，考察项目与当地社会环境的相互适应关系。

① 分析预测与项目直接相关的不同利益群体对项目建设和运营的态度及参与程度，选择可以促使项目成功的各利益群体的参与方式，对可能阻碍项目存在与发展的因素提出防范措施。

② 分析预测项目所在地区的各类组织对项目建设和运营的态度，可能在哪些方面、在多大程度上对项目予以支持和配合。对需要由当地提供交通、电力、通信、供水等基础设施条件，粮食、蔬菜、肉类等生活供应条件，医疗、教育等社会福利条件的项目，当地是否能够提供，是否能够保障。国家重大建设项目要特别注重这方面内容的分析。

③ 分析预测项目所在地区现有技术、文化状况能否适应项目建设和发展。主要为发展地方经济。改善当地居民生产生活条件兴建的水利项目、公路交通项目、扶贫项目，应分析当地居民的教育水平能否适应项目要求的技术条件，能否保证实现项目既定目标。

通过项目与所在地的互适性分析，就当地社会对项目适应性和可接受程度作出评价。编制社会对项目的适应性和可接受程度分析表，如表 5-15 所示。

表 5-15　社会对项目的适应性和可接受程度分析表

序号	社会因素	适应程度	可能出现的问题	措施建议
1	不同利益群体			
2	当地组织机构			
3	当地技术文化条件			

（3）社会风险分析

项目的社会风险分析是对可能影响项目的各种社会因素进行识别和排序，选择影响面大、持续时间长，并容易导致较大矛盾的社会因素进行预测，分析可能出现这种风险的社会环境和条件。那些可能诱发民族矛盾、宗教矛盾的项目要注重这方面的分析，并提出防范措施。编制项目社会风险分析表，如表 5-16 所示。总结起来，项目社会评价框架如图 5-3 所示。

表 5-16　社会风险分析表

序号	风险因素	持续时间	可能导致的后果	措施建议
1	移民安置问题			
2	民族矛盾、宗教问题			
3	弱势群体支持问题			
4	受损补偿问题			

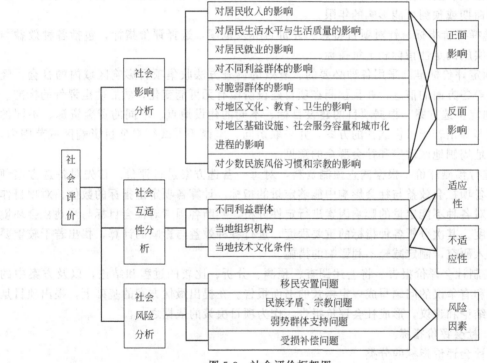

图 5-3　社会评价框架图

5.3.3.4　社会评价的步骤

社会评价一般分为调查社会资料、识别社会因素、论证比选方案三个步骤。

（1）调查社会资料

调查了解项目所在地区的社会环境等方面的资料。调查的内容包括项目所在地区人口统计资料，基础设施与服务设施状况；当地的风俗习惯、人际关系；各利益群体对项目的反应、要求与接收程度；各利益群体参与项目活动的可能性，如项目所在地区干部、群众对参与项目活动的态度和积极性，可能参与的形式、时间，妇女在参与项目活动方面有无特殊情况等。社会调查可采用多种调查方法，比如查阅历史文献，统计资料，问卷调查，现场访问、观察，开座谈会等。

（2）识别社会因素

分析社会调查获得的资料，对项目涉及的各种社会因素进行分类。一般可分为三类。

① 影响人类生活和行为的因素；

② 影响社会环境变迁的因素；

③ 影响社会稳定与发展的因素。

从这些因素中识别与选择影响项目实施和项目成功的主要社会因素，作为社会评价的重点和论证比选方案的内容之一。

（3）论证比选方案

对项目可行性研究拟定的建设地点、技术方案和工程方案中涉及的主要社会因素进行定性、定量分析，比选推荐社会正面影响大、社会负面影响小的方案。

① 确定评价目标与范围　根据项目建设的主要目标、功能及国家（或地区）的社会发展战略，对主要社会因素进行分析研究，找出项目对社会各方面可能产生的影响，选出项目应当评价的目标，确定主要目标和次要目标。分析的范围包括项目产生的可能波及的时间范围、空间范围。空间范围一般是项目建设所在的社区、县及相邻的社区、县。时间范围一般是项目寿命期或预测可能影响的年限。

② 选择评价指标　针对项目特点、评价目标及范围，选择评价指标，包括各种效益与影响项目实施的定性指标和定量指标。

③ 确定评价标准　采用各种必要的、有效的调查方法收集项目影响区域内的社会、经济、环境等各方面的信息，并且预测在项目建设阶段有无可能变化，然后确定评价的标准。

④ 制定备选方案　根据项目的建设目标、不同的建设地点、不同的资金资源、不同的技术方案等提出若干可供选择的方案，并采取访问、座谈等方式征求项目影响区域范围内，特别是厂址周围地区政府和社会群众的意见。

⑤ 进行预测评价　根据调查预测资料，对每一备选方案进行评价。首先对备选方案预测和计算各项社会效益与社会影响中能够定量的指标，计算各项定量指标的数值，对项目作出评价；对各种不能定量的影响因素进行定性分析，判断各因素对社会目标与当地社会环境影响的程度。其次分析各种指标的重要程度，进行各种效益与影响的计算，找出若干较重要的指标深入研究，制定减轻不利影响的措施。

⑥ 编制社会评价报告　将上述调查、预测、分析、比较的过程和结论，以及方案中的重要问题和有争议的问题写成一定格式的书面报告。在提出最优方案的基础上，提出项目是否可行的结论和建议，形成社会评价报告，作为项目决策的依据之一。

5.3.3.5　社会评价指标

（1）社会评价指标的分类

① 客观指标和主观指标。客观指标反映客观社会现象，适用于衡量项目带来的结构变化。例如，客观指标衡量贫困时，使用的是贫困线以下的家庭数量、人均净收入或人均粮食生产量等客观的数据。主观指标适用于衡量对个人的影响，即他们的福利现状和期望，以及对各种影响的满意程度。

② 核心指标和辅助指标。核心指标是能够直接衡量项目的社会影响的指标，例如受项目影响人群的收入和就业情况，社会服务和当地文化状况以及项目地区的特定人群对项目的看法等指标。辅助指标是特定行业的，与特定项目目标或具体情况相关的其他一般性指标。

（2）社会评价指标的特征

① 可量化计算的；

② 信息资料是可靠的、易于得到的；

③ 数据的收集和测算要考虑成本，并且应在预算范围之内；

④ 指标应该考虑时间的因素，是在特定的时间内收集数据进行测算的；

⑤ 指标中应有与反映和衡量弱势群体社会状况改善有关的评价指标。

⑥ 指标应对变化反应灵敏，才能正确反映现实；

⑦ 指标应是易于理解和接受的；

⑧ 指标应该是全面的，既能反映正面影响，又能反映负面影响。

（3）社会评价指标体系

不同行业、不同类型的项目在选择指标时，不可能完全相同，但是，都是以各项社会政策为基础，针对项目对国家与地方各项社会发展目标的贡献与影响进行分析评价，一般社会评价指标应包括表 5-17 所示内容。

表 5-17 社会评价指标体系

一级指标	二级指标	三级指标
1. 对社会的影响	1.1 就业效果 1.2 对收入分配的影响 1.3 对社区发展和城市建设的影响 1.4 对人们身心健康的影响 1.5 对社会环境的影响 1.6 对地区福利和社会保障的影响 1.7 对社区组织机构和地方管理结构的影响 ……	1.1.1 安排直接就业 1.1.2 吸收间接就业 …… 1.4.1 增加社区服务设施 1.4.2 改善城市基础设施扩大社区住宅面积 1.4.3 ……
2. 项目的互适性	2.1 当地政府对项目的态度 2.2 当地群众对项目的态度 2.3 当地社会组织对项目的态度 2.4 当地的基础设施支持条件 2.5 当地的技术支持条件 2.6 当地的文化教育水平 2.7 群众的参与积极性 ……	2.1.1 地方政府财政支持 2.1.2 地方政府加强宣传力度 …… 2.6.1 当地科研院所众多 2.6.2 科技人员素质较高
3. 项目的社会风险	3.1 对弱势群体的影响 3.2 对人们风俗习惯、宗教信仰、民族团结和文化多样性的影响 3.3 对受损群体的安置和补偿的影响 ……	3.1.1 对妇女的影响 3.1.2 对儿童的影响 3.1.3 对老年人的影响 ……

5.3.3.6 社会评价的方法

项目涉及的社会因素、社会影响和社会风险不可能用统一的指标、量纲和判据进行评价，因此社会评价应根据项目的具体情况采用灵活的评价方法。

（1）定性分析方法和定量分析方法

影响项目的社会因素通常多而繁杂。有的社会因素可以采用一定的计算公式定量计算，如就业效益、收入分配效益、节约资源效益等，而更多的社会因素则难以计量，更难以以一定的量纲用统一的计算公式进行计算。因此，社会评价通常采用定量分析与定性分析相结合、参数评价与经验判断相结合的方法，能定量的尽量定量，不能定量计算的指标则进行定性分析。在评价过程中，也可先作定量分析，再用定性分析进行补充说明。

① 定性分析方法 定性分析方法就是在进行项目的社会评价时，以采用文字描述为主的形式，详细说明事物的情况、性质、程度、优劣，并对项目进行分析的方法。

定性分析在需要和可能的情况下，尽量引用直接或间接的数据，来准确地说明问题的性质和影响程度。例如，分析项目对所在地区的文化教育的影响，可以采用一些统计数据，如项目建设前后所在地区的小学生入学率、人均拥有的大学文凭数、大专院校科研人员人数、人均图书拥有量等。进行定性分析,首先要确定所分析指标的标准;然后在可比的基础上按照有无分析法对该指标进行对比分析;最后在衡量影响重要程度的基础上,对各指标进行权重的确定和排序,为项目的综合评价做好准备。

项目社会评价中定性评价指标一般有:先进技术的引进、社会基础设施、生态平衡、资源利用、时间节约、地区开发和经济发展、人口结构的改变以及人民科学文化水平的提高等指标。

② 定量分析方法　定量分析方法就是依据数学公式或模型,在调查分析得到的原始数据的基础上进行计算得出结果,再对项目进行分析的评价方法。定量分析一般要有统一的量纲、计算公式和判别标准。定量分析方法比较客观、科学,但是往往需要一定的假设条件。

(2) 快速社会评价法和详细社会评价法

在项目前期准备阶段,采用的社会评价方法主要有快速社会评价法和详细社会评价法。

① 快速社会评价法　快速社会评价法是在项目前期进行社会评价常采用的一种简便方法。通过这一方法可大致了解拟建项目所在地区社会环境的基本状况,识别主要影响因素,粗略地预测可能出现的情况及其对项目的影响程度。快速社会评价主要是分析现有资料和现有状况,着眼于负面社会因素的分析判断,一般以定性描述为主。快速社会评价的方法步骤如下。

a. 识别主要社会因素,对影响项目的社会因素进行分组,可按其与项目之间的关系和预期影响程度划分为影响一般、影响较大和影响严重三级。应侧重分析评价那些影响严重的社会因素。

b. 确定利益群体,对项目所在地区的受益、受损利益群体进行划分,着重对受损利益群体的情况进行分析。按受损程度,将受损利益群体划分为受损一般、受损较大、受损严重三级,重点分析受损严重群体的人数、结构以及他们对项目的态度和可能产生的矛盾。

c. 估计接受程度,大体分析当地现有经济条件、社会条件对项目存在与发展的接受程度,一般分为高、中、低三级。应侧重对接受程度低的因素进行分析,并提出项目与当地社会环境相互适应的措施和建议。

② 详细社会评价法　详细社会评价法是在可行性研究阶段广泛应用的一种评价方法。其功能是在快速社会评价的基础上,进一步研究与项目相关的社会因素和社会影响,进行详细论证,并预测风险程度。在评价时,结合项目备选的技术方案、工程方案等,从社会分析角度进行优化。详细社会评价采用定量与定性分析相结合的方法,进行过程分析。主要步骤如下。

a. 识别社会影响因素并排序,对社会影响因素按其正面影响与负面影响,持续时间长短、风险度大小、风险变化趋势(减弱或强化)进行分组。应着重对那些持续时间长、风险度大、可能激化的负面影响进行论证。

b. 识别利益群体并排序,对利益群体按其直接受益或者受损,间接受益或者受损,减轻或者补偿受损措施的代价分组。在此基础上详细论证各受益群体与受损群体之间,利益群体与项目之间的利害关系以及可能出现的社会矛盾。

c. 论证当地社会环境对项目的适应程度,详细分析项目建设与运营过程中可以从地方获得支持与配合的程度,按好、中、差分组。应着重研究地方利益群体、当地政府和非政府机构的参与方式及参与意愿,并提出协调矛盾的措施。

d. 比选优化方案,将上述各项分析的结果进行归纳,比选、推荐合理方案。

在进行项目详细评价时一般采用参与式评价,即吸收公众参与评价项目的技术方案、工程方案等。这种方式有利于提高项目方案的透明度；有助于取得项目所在地各有关利益群体的理解、支持与合作；有利于提高项目的成功率，预防不良社会后果。一般来说，公众参与程度越高，项目的社会风险越小。参与式评价可采用下列形式。

（a）咨询式参与，由社会评价人员将项目方案中涉及当地居民生产、生活的有关内容直接交给居民讨论，征询意见。通常采用问卷调查法。

（b）邀请式参与，由社会评价人员邀请不同利益群体中有代表性的人员座谈，注意听取反对意见，并进行分析。

（c）委托式参与，由社会评价人员将项目方案中特别需要当地居民支持、配合的问题，委托给当地政府或机构，组织有关利益群体讨论，并收集反馈的意见。

（3）几种常用的社会评价方法

① 有无对比分析法　有无对比分析法是指在有项目情况和无项目情况时的社会效益对比分析方法。这种方法是项目社会评价中经常采用的方法。社会评价通过有无对比分析，确定拟建项目可能引起的社会变化，预测各种效益和影响的性质、范围和程度。在社会评价中，无项目情况就是指没有拟建项目情况下研究区域的社会情况；有项目情况就是考虑拟建项目建设运营中引起各种社会经济变化后的社会经济状况。有项目情况减去同一时刻的无项目情况，就是由于项目建设引起的社会影响。

② 利益群体分析法　项目利益群体是指与项目有直接或间接的利害关系，并对项目的成功与否有直接或间接影响的所有有关各方，如项目的受益人、受害人、与项目有关的政府组织与非政府组织等。利益群体的划分一般是按各群体与项目的关系及其对项目的影响程度与性质或其受项目影响的程度决定的。项目利益群体一般划分为：项目受益人、项目受害人、项目受影响人、其他利益群体（包括项目的建设单位、设计单位、咨询单位、与项目有关的政府部门与非政府组织）。利益群体分析的主要内容有：根据项目单位的要求和项目的主要目标，确定项目所包括的主要利益群体；明确各利益群体的利益所在及其与项目的关系；分析各个利益群体之间的相互关系；分析各利益群体参与项目的设计、实施的各种可能方式。

利益群体分析一般按下列步骤进行：构造项目群体列表；评价各利益群体对项目成功与否所起作用的重要程度；根据项目目标，对项目各利益群体的重要性作出评价；根据以上各步的分析结果，提出在项目实施过程中对各利益群体应采取的措施。

③ 矩阵分析总结法　矩阵分析总结法是将社会评价的各种定量和定性分析指标列于矩阵表（项目社会评价综合表）中，使各单项指标的评价情况一目了然。由评价人员对矩阵中所列的各指标进行分析，阐明每一个指标的评价结果及其对整个项目社会可行性的影响程度。然后将一般可行且影响较小的指标逐步排除，重点考察和分析那些对项目影响大而且存在风险的问题，权衡利弊得失，研究说明补偿措施情况。最后，进行分析和归纳，指出对项目社会可行性具有关键作用和影响的决定性因素，从而得出对项目社会可行性作出的总结评价，并指出项目从社会因素方面考虑是否可行。

④ 综合分析评价法　分析项目的社会可行性时通常要考虑项目的多个社会效益和目标的实现。对这种多个目标的评价决策问题，通常选用多目标决策科学中的一些方法，如德尔菲法、矩阵分析法、层次分析法、模糊综合评价法、数据包络分析法等。评价人员可以根据项目定量与定性指标的复杂程度，选择合适的评价方法。

多目标综合评价法一般都要组织若干专家，包括各行业和各学科的专家学者，根据国家的产业发展政策以及地区的社会发展水平和社会发展目标，结合拟建项目的具体情况，对确定下来的各个分项指标视其对项目的重要程度给予一定的权重，并对每个指标进行分析和打分，最后计算出项目的综合社会评价效果，得出评价的结论。

习 题

1. 建设项目经济评价的基本原则是什么？
2. 项目经济评价的程序是什么？
3. 项目资本金的融资渠道有哪些？
4. 财务评价的内容和步骤是什么？
5. 财务评价的基本报表有哪些？
6. 财务评价的盈利能力分析都有哪些指标？
7. 财务评价的清偿能力分析都有哪些指标？
8. 如何进行项目经济效益和费用的识别？
9. 什么是转移支付，都包括哪些内容？
10. 如何编制经济费用效益流量表？
11. 什么是影子价格？
12. 简述社会评价的内容。
13. 简述社会评价的方法。

14. 某企业拟建一个市场急需产品的工业项目。建设期 1 年，运营期 6 年。项目建成当年投产。投产第 1 年当地政府扶持该产品生产的启动经费 100 万元。其他基本数据如下：

（1）建设投资 1000 万元。预计全部形成固定资产，固定资产使用年限 10 年，期末残值 100 万元。投产当年又投入资本金 200 万元作为运营期的流动资金。

（2）正常年份营业收入为 800 万元，经营成本 300 万元，产品营业税及附加税率为 6%，所得税率 33%，行业基准收益率 10%，基准投资回收期 6 年。

（3）投产第 1 年仅达到设计生产能力的 80%，预计这一年的营业收入、经营成本和总成本均按正常年份的 80% 计算，以后各年均达到设计生产能力。

（4）运营的第 3 年预计需要更新新型自动控制设备购置投资 500 万元才能维持以后的正常运营需要。

问题：

（1）编制拟建项目投资现金流量表。

（2）计算项目的静态投资回收期、财务净现值。

（3）从财务角度分析拟建项目的可行性。

15. 某拟建项目固定资产投资估算总额（含无形资产）为 3600 万元，其中：预计形成固定资产 3060 万元（含建设期贷款利息为 60 万元），无形资产 540 万元。固定资产使用年限为 10 年，残值率 4%，固定资产余值在项目运营期末收回。

（1）该项目的建设期为 2 年，运营期为 6 年。项目的资金投入、收益、成本等基础数据，如表 5-18 所示。

（2）建设投资借款合同规定的还款方式为：投产期的前 4 年等额成本，利息照付。借款利率为 6%（按年计息）；流动资金借款利率为 4%（按年计息）。无形资产在运营期 6 年中，平均摊入成本。流动资金为 800 万元，在项目的运营期末全部收回。

（3）设计生产能力为年产量 120 万件某种产品，产品售价为 38 元/件，营业税金及附加税率为 6%，所得税率 33%，行业基准收益率 8%。

（4）行业平均总投资收益率为 10%，资本金净利润率为 15%。

（5）提取应付投资者各方股利的利率，按股东会事先约定计取运营期头两年按可供投资者分配利润 10％计取，以后各年均按 30％计取，亏损年份不计取。期末未分配利润作为企业继续投资或扩大生产的资金积累。

问题：

（1）编制借款还本付息计划表、总成本费用估算表和利润与利润分配表。

（2）编制项目资本金现金流量表。计算项目的静态投资回收期和财务净现值。

（3）从财务角度评价项目的可行性

表 5-18　某建设项目资金投入、收益及成本表　　　（单位：万元）

序号	项　　目	建设期		运营期		
		1	2	3	4	5-8
1	建设投资 自有资金部分 贷款(不含利息)	1200	340 2000			
2	流动资金 自有资金部分 贷款(不含利息)			300 100	400	
3	年销售量/万件			60	120	120
4	年经营成本			1682	3230	3230

第6章 价值工程

6.1 价值工程概述

6.1.1 价值工程的产生和发展

价值工程（Value Engineering 简称 VE），又称价值分析（Value Analysis 简称 VA），起源于 20 世纪 40 年代的美国。在第二次世界大战期间，美国的军事工业迅速发展，但是由于战争期间资源紧张，为了保证军工产品的生产，急需解决短缺材料的供应问题。美国通用电气公司采购科长麦尔斯（L. D. Miles）通过系统的研究与分析发现，用户购买某种物品，不是要买某种物品的本身，而是为了获得该物品所具有的功能。于是，他从产品的功能分析出发，努力寻求与短缺材料具有同样功能的替代品，从而较好地保证了公司军工产品生产的材料供应。通用电气公司积极探索与开发价值分析法，并开始对广大职工进行专业培训活动，在麦尔斯的积极领导下，价值工程便进入了广泛的推行阶段。

麦尔斯创立的价值分析技术，受到通用电气公司高层领导的重视，从 1948 年开始，麦尔斯领导一个小组对价值分析进行推广，大力培训人员，使价值分析日趋完善。据统计，最初 4 年就有 1000 多人接受培训。这些接受培训的人员回到各自的工作单位以后，积极推行价值分析，取得明显的经济效益，公司在应用价值分析的前 17 年获得经济效益在 2 亿美元以上。

由于国际市场的扩大和科学技术的进步，企业间的竞争力度逐渐增大，价值分析的效果又十分明显。据统计，1963 年美国国防部由于采用价值工程，使年度财政节约 7200 万美元；1972 年在美国俄亥俄州设计拦水坝，通过价值工程分析节约了 1900 万美元，成本降低约 10%。据美国《采购》杂志统计，在 1975 年至 1984 年的 10 年时间内，1 美元的价值工程投入，评价可获取 25～30 美元的收入。由美国全国纳税人联盟测算的结果显示：从 1995 年开始，由于价值工程的系统应用，每年节约额为 20.19 亿美元。根据美国核算总局分析，价值工程一班可以节约计划费用开支的 3%～5%。美国联邦政府机构 1995 年开展价值工程的节约额见表 6-1。

表 6-1　美国联邦政府各机构统计的 1995 年价值工程节约额　　　　单位：美元

国防部	734385000	司法部	5990387
运输部	686373874	退伍军人管理局	2270880
服务管理部	109608453	健康与人类服务部	1884464
陆军工程兵	59554000	国际发展部	800000
内政部	22427840	其他	91721
农业部	8764155		

日本从 1955 年开始引进价值工程，1961 年开始，日本产业能率短期大学主办价值工程学习班，并培养了一批价值工程专家。1965 年便成立了"日本价值工程协会"，致力于研究和普及价值工程。据 1975 年在机械、电机、运输和精密仪器四个行业的调查，有 100 家公

司对调查表作出答复，其中有多达 90 家的公司运用价值工程，其中有 76 家运用价值工程取得了极佳的效果。据 1983 年和 1984 年日本两次价值工程全国大会的调查，每一个价值工作者一年中降低的平均成本分别是 0.38 亿与 1 亿日元。

我国在 1978 年公开介绍价值工程，同年 6 月，上海市哲学社会科学学会举行了《价值工程概论》的公开报告。1980 年，在中国人民大学校庆 30 周年的科学讨论会上，工业经济系组织了价值工程专题讨论会。从 20 世纪 80 年代至 90 年代，我国机械、冶金、轻工、机电、建筑、兵器等行业都在积极推广并运用价值工程，从老产品改造到新产品开发，从生产技术到经营管理，从商品生产到工程项目建设，运用价值工程的项目都获得了卓越成果。1999 年 8 月，《科技日报》以"渤海快速钻井技术———一个高效发展的典型"为题，整版报道了中国海洋石油渤海公司运用价值工程，成功创新了"渤海快速钻井技术"和"创井作业"的管理模式。该项目共计节支创效 7595 万元，荣获了 1999 年国家科技进步二等奖。

据统计，在 1991～1995 年期间，在我国《价值工程》杂志上发表的应用成果情况，其中工业成果占 80.6%，建筑业为 4%，农业占 3.4%，其他行业占 11.7%，第三产业应用的很少。而在工业中，又以机械制造业所占比例最多，占 34.3%。从地域的分布看，华东地区占 31.1%，其次分别是华北、中南、东北，分别各占 26.1%、17.7%、15.8%。1998 年，在北京召开了"首届价值工程代表会议"，并成立了"中国价值工程协会筹委会"。2001 年 4 月，北京价值工程学会（VESB）成立，并作为团体会员加入国家价值工程学会。2005 年 10 月，中国技术经济研究会价值工程专业委员会成立，该协会得到中国科协批准，对外使用中国价值工程协会（CSVE）的称谓，由此构建一个全国性的对外交易平台，以提高中国价值工程在国外的影响。

目前，经济全球化已经发展到很高的水平，企业在全球市场中的竞争也逐渐加剧。因此，企业要想获得发展，必须进行创新，而价值工程技术的核心就是创新。这种创新不仅局限于产品研制过程的技术开发概念，而是将技术、管理和经济有关的知识有机结合，在对市场用户的现实与潜在需求进行综合分析之后，再通过系统的管理，有效协调企业内部各个方面的力量，甚至包括吸收用户参与产品的设计、改进，最终创造出企业、用户与社会都满意、具有高价值的创新产品。在这种背景之下，我国对价值工程的研究及运用都迈上了新的高度。

6.1.2　价值工程的定义及其特点

价值工程是一种把功能与成本、技术与经济结合起来进行技术经济评价的方法。它不仅广泛应用于产品设计和产品开发，而且应用于各种建设项目，甚至应用于组织机构的改革。

6.1.2.1　价值工程的定义

（1）美国国防部对价值工程的定义

美国国防部编写的《价值工程手册》将价值工程定义为：价值工程是以最低的总费用，以不损害必要的性能、可靠性、质量、维修性而实现必须的功能为目的，着重于对国防部的系统、装置、设施、程序、补给品的功能要求进行分析的有组织的活动。

这个定义突出了美国国防部运用价值工程的理念，即以支付同样的国防总费用为前提，充分发挥国防实力，并且增加国防费用投入的效益。

（2）日本对价值工程的定义

在日本《价值工程函授教材》中，他们把价值工程定义为：价值工程是以最低的寿命周期费用，可靠地实现必要功能，着重于产品的功能研究的有组织的活动。

这个定义的内涵是：

① 价值工程经济方面的目的是，通过价值工程改进产品的设计，使产品寿命周期费用最低；

② 价值工程技术方面的目的是，通过价值工程改进产品的设计，使产品能够满足用户的功能需求；

③ 价值工程的总目的是，充分分析产品功能的实现和产品寿命周期成本两者之间的关系，从而考虑产品价值的提高。

（3）我国对价值工程的定义

1987 年，我国制定了关于价值工程的国家标准（GB 8223—87），对价值工程的定义是：价值工程是通过各相关领域的协作，对所研究对象的功能与费用进行系统分析，不断创新，旨在提高研究对象价值的思想方法和管理技术。

这种定义的内涵包括：

① 将价值工程性质确定为一种"思想方法和管理技术"；

② 价值工程的中心内容是对"功能与费用进行系统分析"和"不断创新"；

③ 分析和创新有明确的方向—旨在提高价值；

④ 价值工程通常是由多个领域协作开展活动。

综合各国运用价值工程的理念和目的可以得知，价值工程是以提高产品（或作业）价值和有效利用资源为目的的，通过有组织的创造性工作，寻求用最低的寿命周期成本，可靠地实现使用者所需功能，以获得最佳的综合效益的一种管理技术。价值工程中所述的"价值"也是一个相对的概念，是指作为某种产品（或作业）所具有的功能与获得该功能的全部费用的比值。它不是对象的使用价值，也不是对象的交换价值，而是对象的比较价值，是作为评价事物有效程度的一种尺度。这种尺度可以表示为一个数字公式

$$V = \frac{F}{C}$$

式中　V——价值；

　　　　F——研究对象的功能，广义讲是指产品或作业的功能和用途；

　　　　C——成本，即寿命周期成本。

为实现物品功能耗费的成本，包括劳动占用和劳动消耗，是指产品的寿命周期的全部费用，定义中的"成本"是产品的科研、设计、试验、试制、生产、销售、使用、维修直到报废所花费用的总和。

定义中的"产品"泛指以实物形态存在的各种产品，如材料、制成品、设备、建设工程等；"作业"是指提供一定的功能的工艺、工序、作业、活动等。

6.1.2.2　价值工程与其他管理技术的区别

① 价值工程是一门管理技术，又不同于一般的工业工程和全面质量管理技术。诞生于20 世纪初的工业工程，着重于研究作业、工序、时间等从材料到工艺流程的问题，这种管理技术主要是降低加工费用。20 世纪 20 年代创始的全面质量管理是按照设计图纸把产品可靠的制造出来，是从结果分析问题原因帮助消除不良产品的一种管理技术。但它们都是以产品设计图纸已给定的技术条件为前提的，因此，降低产品成本都有局限性。价值工程改变过去以物品或结构为中心的思考方法，从产品的功能出发，在设计过程中，重新审核设计图纸，对产品进行改进，把与用户需求的功能无关的零部件消除掉，更改具有过剩功能的材质和零部件，设计出价值更高的产品。由于它冲破了原来设计图纸的界限，故能大幅度地降低成本。

② 价值工程与一般的投资决策理论也不同。一般的投资决策理论研究的是项目的投资

效果，强调的是项目的可行性，而价值工程考虑的是如何用最少的人力、物力、财力和时间获得必要的功能的技术经济分析方法，强调的是产品的功能分析和功能改进。

③ 价值工程废弃了会计制度上沿用的时候成本和与产品费用无关的计算成本方法，采用以产品功能为中心分析成本的事前成本计算方法，保证了成本的正确可靠性。

总之，价值工程采用系统的工作方法，通过各相关领域的协作，对所研究对象功能与成本、效益和费用之间进行系统分析，不断创新，旨在提高所研究对象价值的思想方法和管理技术。

6.1.2.3　价值工程的特点

（1）价值工程的目标，是以最低的寿命周期成本，使产品具备它所必须具备的功能

产品的寿命周期成本由生产成本和使用及维护成本组成。产品生产成本 C_1 是指发生在生产企业内部的成本，也是用户购买产品的费用，包括产品的科研、实验、设计、试制、生产、销售等费用及税金等；产品使用及维护成本 C_2 是指用户在使用过程中支付的各种费用的总和，它包括使用过程中能耗费用、维修费用、人工费用、管理费用等，有时还包括报废拆除所需费用（扣除残值）。

在一定范围内，产品的生产成本和使用费用存在此消彼长的关系。随着产品功能水平提高，产品的生产成本 C_1 增加，使用及维护成本 C_2 降低；反之产品，功能水平降低，其生产成本 C_1 降低，但是使用及维护成本 C_2 增加。因此，当功能水平逐渐提高时，寿命周期成本 $C = C_1 + C_2$，呈马鞍形变化，如图 6-1 所示。在 F' 点，产品功能较少，此时虽然生产成本较低，但由于不能满足使用者的基本需要，使用成本较高，因而使用寿命周期成本较高；在 F'' 虽然使用成本较低，但由于存在多余的功能，因而致使生产成本过高，同样寿命周期成本也较高。只有在 F_0 点，产品功能既能满足用户的需求，同时生产成本 C_1 和使用及维护成本 C_2 两条曲线叠加所对应的寿命成本为最小值 C_{min}，体现了比较理想的功能和成本的关系。由此可知，工程产品的寿命周期成本与其功能是辩证统一的关系。因此，价值工程的活动应贯穿于生产和使用的全过程，要兼顾生产者和用户的利益，以获得最佳的社会综合效益。

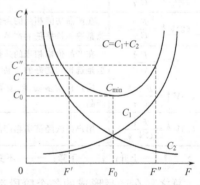

图 6-1　产品功能与成本关系图

（2）价值工程的核心是对产品进行功能分析

价值工程中的功能是指对象能够满足某种要求的一种属性，具体说来功能就是效用，价值工程在分析功能的基础之上，再去研究结构、材质等问题。

（3）价值工程将产品价值、功能和成本作为一个整体同时来考虑

价值工程中对价值、功能、成本的考虑，不是片面和孤立的，而是在确保产品功能的基础上综合考虑生产成本和使用成本，兼顾生产者和用户的效益，创造出总体价值最高的产品。

（4）价值工程强调不断改革和创新

价值工程强调不断改革和创新，开拓新途径，获得新方案，创造新功能载体，从而简化产品结构，节约原材料，提高产品的技术经济效益。

（5）价值工程要求将功能定量化

价值工程要求将功能定量化，即将功能转化为能够与成本直接相比的量化值。

（6）价值工程是以集体的智慧开展的有计划、有组织的管理活动

由于价值工程研究的问题涉及产品的整个寿命周期，涉及面广，研究过程复杂，如提高产品价值涉及产品的设计、生产、采购和销售等过程。这不能靠个别人员和个别部门，而要经过许多部门和环节的配合，才能收到良好的效果。因此，企业在开展价值工程活动时，必须组织人才，开展科研、设计、生产、管理、采购、供销、财务等活动，甚至组织用户等各方面有经验的人员参加，以适当的组织形式组成一个智力结构合理的集体，共同研究，发挥集体智慧、经验和积极性，排除片面性和盲目性，博采众长，有计划、有领导、有组织地开展活动，以达到提高方案价值的目的。

6.1.3　提高价值的途径

由于价值功能是以提高产品价值为目的，这既是用户的需要，也是生产经营者追求的目的，两者的根本利益是一致的。因此，企业应当研究产品功能与成本的最佳匹配。价值功能的基本原理公式 $V = F/C$，不仅深刻地反映出产品价值与产品功能和实现此功能所耗成本之间的关系，而且也为如何提高价值提供了五种途径，见表 6-2。

表 6-2　提高产品价值途径

途径	原因	运用范围	措施
$(1) V\uparrow = \dfrac{F\uparrow}{C\downarrow}$	用户喜欢物美价廉的产品	新产品设计，老产品更新换代，重大技术革新项目	采用新工艺、新技术、新方法、新材料
$(2) V\uparrow = \dfrac{F\rightarrow}{C\downarrow}$	在产品功能相当的条件下，用户总是选择价格低的产品	质量比较稳定的产品，定型产品，功能基本满足用户需要的产品	改进工艺、选择价廉代用材料，加强管理，搞好服务
$(3) V\uparrow = \dfrac{F\uparrow}{C\rightarrow}$	在产品价格相当的条件下，用户总是选择功能好的产品	质量较差产品，功能不足产品，竞争能力差的产品	采用新工艺、新技术等，提高功能
$(4) V\uparrow = \dfrac{F\uparrow\uparrow}{C\downarrow}$	用户喜欢多功能、新颖、时髦的产品	高档产品，新产品，特殊功能产品	采用新方案、新材料、新技术等
$(5) V\uparrow = \dfrac{F\downarrow}{C\downarrow\downarrow}$	用户喜欢经济实惠产品	消耗品，特别是一次性使用的消耗品	以简代繁，使用价廉的代用材料

注：↑——上升；↓——下降；→——不变；↑↑——快速上升；↓↓——快速下降。

总之，在产品形成的各个阶段都可以应用价值工程提高产品的价值。但在不同阶段进行价值工程活动，其经济效果的提高幅度却是大不相同的：对于大型复杂的产品，应用价值工程的重点是在产品的研究设计阶段，一旦图纸已经设计完成并投产，产品的价值就基本决定了，这时再进行价值工程分析就变得更加复杂，不仅原来的许多工作成果要付诸东流，而且改变生产工艺、设备工具等可能会造成很大的浪费，使价值工程活动的技术经济效果大大下降。因此，价值工程更侧重在产品的研制和设计阶段，以寻求价值突破，取得最佳的综合效果。在建设项目中价值工程活动更侧重在产品的研制与设计阶段，因为这两个阶段是提高建设项目经济效果的关键环节。

6.1.4　价值工程的工作程序

价值工程的工作程序，就是针对产品的功能和成本提出问题、分析问题、解决问题的过程。其工作程序如表 6-3 所示。

6.1.5　建筑业推广价值工程应用的意义

建筑业、工业、农业、交通运输业以及商业一起构成了我国的五大产业部门，可见建筑业在我国经济发展中的地位和作用。建筑业不仅能够为国民经济各部门的发展提供物质技术，而且能够促进重工业及其其他行业的发展。因此，在建筑业推广应用价值工程具有重要的意义。

表 6-3　价值工程的工作程序

工作阶段	设计程序	工作步骤		对应问题
		基本步骤	详细步骤	
准备阶段	制定工作计划	确定目标	1. 工作对象选择	1. 价值工程的研究对象是什么
			2. 信息资料收集	
分析阶段	功能分析	功能分析	3. 功能定义	2. 这是干什么用的
			4. 功能整理	
		功能评价	5. 功能成本分析	3. 成本是多少
			6. 功能评价	4. 价值是多少
			7. 确定改进范围	
创新阶段	初步设计	制定创新方案	8. 方案创造	5. 有无其他方法实现同样功能
	评价各设计方案，改进、优化方案		9. 概略评价	6. 新方法的成本是多少
			10. 调整完善	
			11. 详细评价	
	方案书面化		12. 提出方案	7. 新方案能满足功能要求吗
实施阶段	检查实施情况并评价活动成果	方案实施与成果评价	13. 方案审批	8. 偏离目标了吗
			14. 方案实施与检查	
			15. 成果评价	

首先，在建筑业推广应用价值工程有利于节约国家投资，提高投资效益。例如 1972 年美国俄亥俄州设计拦水坝，应用价值工程后，节约投资 1930 万美元。如果我国能够在建筑业也积极推广并运用价值工程，将充分发挥国家每一分投资的作用，提高投资效益。

其次，在建筑业中推广应用价值工程有利于建筑业彻底改变工期长、浪费大、质量低、造价高等问题。价值工程从产品功能分析出发来研究产品的功能和成本的合理匹配，强调的是产品的功能提高和产品成本的降低的合理组合。

再次，在建筑业中推广应用价值工程能够树立用户至上的理念，适应建筑产品由卖方市场转向买方市场。建筑业为了能够在日益竞争的市场中站稳脚跟，免遭淘汰，必须树立用户至上的观点，千方百计地使自己的产品能够很好地满足用户的需求。

6.2　选择分析对象

价值工程的对象选择是应用价值工程的前期工作，在这个阶段运用一定的原则和方法选择改善对象，然后围绕改善对象的不足之处以及价值工程要达到的目标，全面收集有关的资料，为下阶段的功能分析奠定基础。

6.2.1　价值工程对象的分类

综合价值工程分析的对象，从其性质可以分为"硬件"对象和"软件"对象。

①"硬件"对象指的是以实物形态而存在的各种产品，这些产品中包括了企业使用的原材料、机械设备等。

②"软件"对象指的是以非实物形态而存在的各种服务。

不论这些价值工程的对象是以何种形态而存在，都是为了实现产品的某种特定功能。因此，价值工程就是以某特定的系统为分析对象，以提高该系统的价值。

企业中价值工程的应用对象及提高价值工程的方法，见表6-4。

表 6-4　价值工程的应用对象及提高价值工程的方法

分类	应用对象	分析、追求的功能(F)	对象的成本(C)
产品	原材料	原材料的功能	实现原材料功能所花费的寿命周期成本(以原材料费为中心)
	产品	产品的功能	实现产品功能所花费的寿命周期成本(以原材料费为中心)
	机械设备、装置	设备、装置的功能	实现设备、装置功能所花费的寿命周期成本(以使用费为中心)
	工夹具	工夹具的功能	实现工夹具的功能所花费的寿命周期成本(以使用费为中心)
	建筑物	建筑物或其中某部分的功能	实现建筑物或其中部分所花费的寿命周期成本
服务	组织	企业组织或特定部门组织的功能	实现组织功能所花费的寿命周期成本(以人事费、经费为中心)
	手续、事物	手续、事务的功能	实现手续、事务功能所花费的寿命周期成本(以人事费、经费为中心)
	工序、作业	把材料变为产品的功能	人、设备、能源等花费的费用(以直接成本为中心)
	预算	预算所应实现的功能	预算本身

6.2.2　对象选择的原则

价值工程的对象十分广泛，它可以是实物形态的各种产品，也可以是实现产品功能的某种工艺或管理方法。但是，并不是所有的产品或工序、管理方法都需要运用价值工程，因此选择价值工程分析的对象必须要集中于价值和成本严重不匹配的产品或实现该产品的工艺等上面。

价值工程对象的选择一般应遵循的原则如下。

（1）遵循与企业生产经营发展相匹配的原则

由于企业所从事的行业不同，他们所面临的企业环境也不一样，企业经营的侧重点也必然不一样。企业可以根据一定时期的主要经营目标，有针对性地选择价值工程的改进对象。一般来说，企业经营目标体现在以下几个方面。

① 社会利益目标　为了满足国家经济建设和人民日益增长的物质和文化需求，价值工程的选择对象应该首先考虑国家计划内的重点工程；重点工程建设项目中的短期产品；数量大、产值高、应用广的产品；公害、污染严重的产品。

② 企业发展目标　企业发展的目标就是不断的扩大企业的生产能力，增强企业的盈利能力，实现公司股东价值最大化。因此，选择的改善对象应优先考虑市场潜力较大的产品、有发展前途的产品以及生产产品的重点流程及管理薄弱的环节。

③ 市场竞争目标　企业的市场竞争目标就是提高企业在社会中的声誉以及影响力，更进一步提高产品的市场占有率，开拓新的产品市场。因此，企业应考虑用户意见较大的产品、竞争激烈的产品、市场占有率下降的产品。

④ 利润扩大目标　扩大利润，实现股东价值最大化是企业生存与发展的重要条件。因此，企业选择改善的对象应该优先考虑企业的主导产品、亏损和微利产品、原材料耗用高、利用率低的产品、耗能高、技术经济指标比较落后的产品、寿命周期较长的产品。

（2）提高价值效果与成功可能性的原则

提高价值效果与其取得成功的可能性，关键在于改进产品或项目本身对提高价值所具有的潜力，以及改进的难易程度，也取决于运用价值工程进行分析时所具有的人力、物力、财力等基本要素。对提高价值具有较大潜力的改进对象可以从以下几个方面考虑。

① 设计方面。应该选择结构复杂、重量大、尺寸大、材料贵、性能差、技术水平较低的产品。

② 成本方面。应该选择成本比重大的产品，进行价值工程活动可降低产品的成本。

③ 从施工生产发面看，对量大面广、工序繁琐、工艺复杂原材料和能源消耗高、质量难以保证的产品，进行价值工程活动可以最低的寿命周期成本可靠地实现必要功能。

④ 从销售方面看，选择用户意见多，退货索赔多和竞争力差的产品进行价值工程活动，以赢得消费者的认同，占领更大的市场份额。

6.2.3　价值工程对象选择的方法

价值工程对象选择的方法比较多，应遵循价值工程对象选择的原则，使用最适宜的方法进行对象选择。以下着重介绍几种常用的方法。

（1）经验分析法

经验分析法也称因素分析法，它是一种定性的分析方法，主要是靠价值活动人员的经验来选择和确定分析对象。这种方法要求价值工程人员对产品属性，具有丰富的经验。在运用经验分析法时，要对各种因素进行综合分析，区分主次轻重。最终形成的选择对象应由集体研究决定。

经验分析法的优点是简便易行，不需要特殊知识，考虑问题也比较全面。缺点是缺乏定量分析，准确性差。对象的选择正确与否，主要取决于工作人员的工作态度及其个人经验。因此，要想提高经验分析法选择对象的可靠性，必须要求价值工程人员熟悉业务，并且还要发挥集体智慧，共同研讨确定价值工程的对象。

（2）ABC 法

这是一种寻找主要因素的方法。在一个项目或产品中，成本的分配往往会出现分布不均的现象，即一个产品的成本大部分是分布在少数重点的零件上。因此，在价值工程中，可运用 ABC 排列图分析产品或零配件的成本，将产品和零部件分成 ABC 三类，找出对成本影响最大的少数 A 类产品和零部件作为重点对象。

这种分析方法的优点是能够迅速抓住影响产品功能的重点部分。缺点是对功能的分析不足。虽然是 C 类零部件，但是其功能可能会十分重要，也需要对其运用价值工程进行分析。因此，采用 ABC 分析方法可能由于某些产品或零部件成本低的缘故而未被选为重点对象。

6.3　功能分析

功能分析是价值工程的核心，它的重要性在于能够准确认识价值工程对象的内涵和本质。功能分析的内容包括功能定义、功能整理和功能评价。功能定义与功能整理过程，是明确价值工程研究对象所具有各种功能的过程，同时也是系统分析功能及功能之间联系的过程。通过功能定义和整理，能够为功能评价创造良好的条件，也能够为后续的方案创造奠定基础。

6.3.1　功能定义

功能是任何劳动产品得以存在的前提条件，换句话说，生产者生产的是产品的功能，而消费者使用的也是产品的功能。正是这种以产品功能为核心的理念，使我们改变了以实物为研究中心的做法，继而转向以产品功能为研究中心。

功能定义就是根据收集到的情报和资料，透过对象产品或部件的物理特征（或现象），找出其效用或功用的本质东西，并逐项加以区分和规定，以简洁的语言描述出来。这里要求描述的是产品的"功能"，而不是对象的结构、外形或材质。因此，功能定义的过程就是解剖分析的过程，如图 6-2 所示。

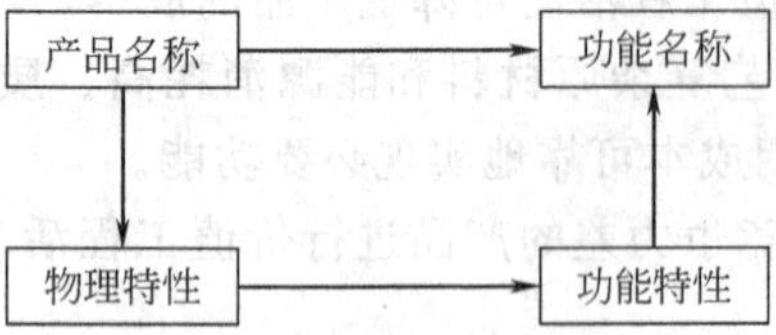

图 6-2　功能定义过程

功能定义的目的是：

① 明确对象产品和组成产品各部件的功能，借以弄清产品的特性；

② 便于进行功能评价，通过评价弄清哪些是价值低的功能和有问题的功能，实现价值功能的目的；

③ 便于构思方案，对功能下定义的过程实际上也是为对象产品改进设计的构思过程，为价值工程的方案创造工作阶段作了准备。

（1）功能定义的作用

① 明确用户的功能要求　用户的功能要求是产品设计和制造的出发点与归宿。只有明确用户的功能要求，准确地把握用户的功能要求，才能使设计充分反映用户的功能要求，制造出符合用户功能要求的产品。

② 开拓创新思路　功能定义，实质上是一个启发思路、进行创造的过程。我们可以肯定，某种功能是可以通过多种手段来实现的，而且随着科技的进步，每一种功能的创造是可以不断加以改进的。因此，为了更好地实现用户的功能需求，我们应该冲破现有产品结构的束缚，大胆开展创新工作，积极进行不同方案的比较，从中选择最优的实施方案。

③ 便于功能系统分析和功能评价　功能系统分析是功能整理的重要内容，它是在功能定义的基础上开展的。功能评价是价值工程的重要步骤和内容，其最终目的是要确定实现功能的最低费用。由于功能费用与功能水平的关联性，以及功能水平对功能定义的依赖性，因此，只有通过功能定义，才能对功能做出定量的表述。

（2）功能定义的方法

功能定义通常由词组构成。即用两个词语搭配来描述价值工程研究对象和功能，界定该研究对象的功能内容。见表 6-5 举例说明了功能定义的形式。

表 6-5　功能定义的形式

主语	谓语	宾语
基础	承受	荷载
间壁墙	分隔	空间
圈梁	加固	墙体
抹灰	保护	墙体
上水管	输送	自来水

（3）功能定义的要求

① 精确简练。即用简明扼要的词语把价值工程研究对象的功能正确无误的定义出来。如果功能定义不准确，很可能把价值工程引向歧途。在功能定义准确的基础上，必须用凝练的词语充分描述功能的含义，界定功能的范围和内容。

② 全面系统。功能定义能否全面而系统地反映产品与其零部件所具有的全部功能，同样也将对功能整理、功能替代等后续工作带来一定的影响。例如，定义建筑物基础的功能，其功能为"承受荷载"，由于荷载是可以度量的，所以在有具体要求时就可以写成"承受荷

载 $20t/m^2$"。

6.3.2 功能分类

一个产品的功能按不同的标准可以划分为不同的功能,具体的分类如下。

(1) 按功能的重要程度分类,产品的功能一般可分为基本功能和辅助功能

基本功能就是要达到这种产品的目的所必不可少的功能,是产品的主要功能,如果不具备这种功能,这种产品就失去其存在的价值。例如承重外墙的基本功能是承受荷载,室内间壁墙的基本功能是分隔空间。基本功能可以大致从三个方面来确定:它的作用是不是不可或缺?它的作用是不是主要的?如果它的作用发生了变化,那么产品的结果和构配件是否也会发生根本变化?

辅助功能是为了更有效地实现基本功能而添加的功能,是次要功能,是为了实现基本功能而附加的功能。如墙体的隔声、隔热就是墙体的辅助功能。辅助功能可以大致从两个方面来确定:它对基本功能是否起辅助作用?它与基本功能比较是不是次要的?

(2) 按功能的性质分类,功能可分为使用功能和美学功能

使用功能从功能的内涵上反映其使用属性,而美学功能是从产品的外观上反映功能的艺术属性。无论是使用功能还是美学功能,它们都是通过基本功能和辅助功能来实现的。产品的使用功能和美学功能要根据产品的特点而有所侧重。

建筑产品的使用功能一般包括可靠性、安全性和维修性等。建筑产品的美学功能一般包括造型、色彩、图案等。区分使用功能和美学功能的意义在于,可以发现一些建筑产品存在的不必要功能。通过剔除这些不必要功能,来降低建筑产品的成本。例如,有些产品只要求具有使用功能,那么就不必要在外观上多花成本。

(3) 按用户的需求分类,功能可分为必要功能和不必要功能

必要功能是指用户所要求的功能以及实现与用户所需求功能有关的功能,使用功能、美学功能、基本功能、辅助功能等均为必要功能;不必要功能是指不符合用户要求的功能。不必要的功能包括三类:一是多余功能,二是重复功能,三是过剩功能。不必要的功能必然产生不必要的费用,这不仅增加了用户的经济负担,而且还浪费资源。因此,价值工程的功能,一般是指必要功能,即充分满足用户必不可少的功能要求。

在现有的技术条件下,对任意一种结构的建筑产品来说,我们总是可以根据用户的功能要求,把建筑产品中存在的功能区分为必要功能和不必要功能。这样划分的意义在于,可以促使建筑产品的技术经济性能更加合理,以更好地满足用户的要求。

(4) 按功能的量化标注分类,产品的功能可分为过剩功能和不足功能

过剩功能是指某些功能虽属必要,但满足需要有余,在数量上超过了用户要求或标注功能水平。不足功能是相对于过剩功能而言的,表现为产品整体功能或零部件功能水平在数量上低于标准功能水平,不能完全满足用户需要。不足功能和过剩功能要作为价值工程的对象,通过设计进行改进和完善。

例如,建筑物的条形基础,若采用刚性材料砌筑,则需要符合刚性角的要求。若砌筑成矩形,那么基础的功能就有一部分是过剩功能;反之,基础的砌筑小于刚性角,则会形成不足功能。再如,在潮湿环境中使用石灰砂浆砌筑基础,基础的功能与评价功能水平比较就存在不足功能。

(5) 按总体与局部分类,功能可划分为总体功能和局部功能

总体功能和局部功能是目的与手段的关系,产品各局部功能是实现产品总体功能的基础,而产品的总体功能又是产品各局部功能要达到的目的。

6.3.3 功能整理

功能整理是用系统的观点将已经定义了的功能加以系统化，找出各局部功能相互之间的逻辑关系，并用图表形式表达，以明确产品的功能系统，从而为功能评价和方案构思提供依据。

一般而言，建筑产品的结构复杂，功能繁多，功能之间存在着复杂的联系。因此，仅仅把建筑产品的功能给定义出来是远远不够的，价值工程还要在大量的功能定义基础上进行功能整理，找出哪些是建筑产品的基本功能，哪些是建筑产品的辅助功能，哪些是必要功能，哪些是不必要功能，以便围绕必要功能这个重点创造和选择更加合理的方案。

(1) 功能系统图及其相关概念

功能系统图（见图6-3），就是一种以功能定义为组成单元，将其按照目的功能居左，手段功能居右，统计功能上下并列的逻辑顺序加以排列的由左向右扩展，以表示价值工程研究对象功能体系内在联系的图形。

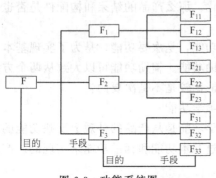

图6-3 功能系统图

关于功能系统图，有以下几个概念需要掌握。

① 整体功能 在功能系统图中，排在最左边的是产品的整体功能，也可称为总功能。它是用户的直接需求，是功能系统最终要达到的目标。在上图中，F就代表着整体功能。

② 区域功能 它指的是相对整个功能系统存在的子功能系统，即由整体功能以外的其他目的的功能，与实现这一目标功能的直接与间接的手段功能组成的功能范围。功能区域以该区域的最终目的功能为标准进行划分。例如，在上图中，功能区域 F_1 是以 F_1 为最终目的的功能，所以功能区域的划分就以 F_1 为标准，在功能区域 F_1 中，除了 F_1 外，还包括 F_{11}、F_{12}、F_{13}。

③ 功能级别 它指的是功能系统图中功能定义从左向右排列所形成的等级层次。例如，在上图中，F为第一级功能，F_1、F_2、F_3 是第二级功能，F_{11}、F_{12}、F_{13} 等为第三级功能。

④ 目的功能与手段功能 它们指的是两个功能具有直接的依存关系，其中一个功能是另一个功能的目的，而另一个功能是实现这一个功能的手段之一，前者被称为目的功能，后者称为手段功能。

⑤ 上位功能、下位功能和同位功能 在功能系统图中，具有直接依存关系的两个功能，居左边的功能称为上位功能；居右边的功能称为下位功能。实际上，上位功能与下位功能的关系等同于目的功能与手段功能的关系，区别只在于，上位功能与下位功能强调的是功能在功能系统图上的位置关系，而目的功能与手段功能强调的是功能间的作用关系。

同位功能则是指公有同一上位功能的各下位功能，同位功能反映了功能之间的并列关系，这种关系反映到功能系统图上，表现为同一功能等级上的上下排列。

(2) 功能整理的一般方法

运用功能分析系统技术，功能整理的一般步骤大致如下。

① 制作功能卡片。把每项功能制作成一张卡片，在每张卡片上标明功能的定义、功能水平指标、功能载体，可能时也可以标明功能成本。

② 任意抽出一张卡片，寻找它的目的功能和手段功能，以及目的功能的目的功能和手段功能的手段功能，直到找不到为止。然后把这些功能卡片依照目的功能在左，手段功能在

右的顺序排列。

③ 对未排列出来的功能，重复以上步骤，直到最后一张卡片。

④ 功能之间的连接，目的功能与手段功能除上述左右排列外，同位功能还有上下并列连接。

⑤ 检查上述连接是否有误，如果正确，则据以绘制功能系统图。

功能系统图可以使功能之间的关系一目了然，有助于功能分析，发现不必要功能，找出提高研究对象价值的途径。图 6-4 为建筑物的平屋顶功能系统图的主要部分。

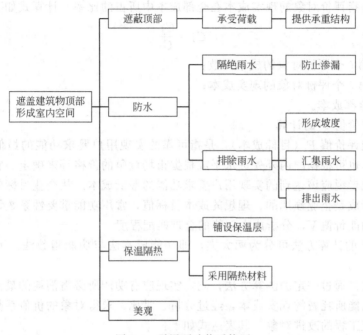

图 6-4　平屋顶功能系统图

6.3.4　功能评价

功能评价是在功能定义和功能整理完成之后，在已定性确定问题的基础上进一步作定量的确定，即评定功能的价值。

（1）功能评价的程序

价值工程的成本有两种，一种是现实成本，是指目前的实际成本；另一种是目标成本。功能评价就是找出实现功能的最低费用作为功能的目标成本，以功能目标成本为基准，通过与功能现实成本的比较，求出两者的比值（功能价值）和两者的差异值（改善期望值），然后选择功能价值低、改善期望值大的功能作为价值工程活动的重点对象。功能评价的程序如图 6-5 所示。

（2）功能现实成本的计算

功能现实成本的计算与一般传统的成本核算既有相同点，也有不同之处。两者相同点是指它们在成本费用的构成项目上是完全相同的；两者的不同之处在于功能现实成本的计算是以对象的功能为单位，而传统的成本

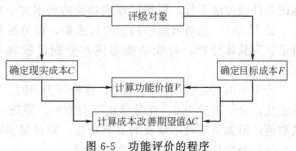

图 6-5　功能评价的程序

核算是以产品或零部件为单位。因此，在计算功能现实成本时，就需要根据传统的成本核算资料，将产品或零部件的现实成本换算成功能的现实成本。具体的讲，当一个零部件只有一个功能时，该零部件的功能成本就是它本身的功能成本；当一项功能要由多个零部件共同实现时，该功能的成本就等于这些零部件的功能成本之和。当一个零部件具有多项功能或同时与多项功能有关时，就需要将零部件功能成本分摊给各项有关功能，至于分摊的方法和分摊的比例，可根据具体情况而定。

（3）成本指数的计算

成本指数是指评价对象的现实成本在全部成本中所占的比率。计算式如下

$$C_I = \frac{C_i}{C}$$

式中　C_I——第 i 个评价对象的成本指数；

　　　C_i——第 i 个评价对象的现实成本；

　　　C——全部成本。

（4）功能评价值 F 的计算

对象的功能评价值 F（目标成本），是指可靠的实现用户要求功能的最低成本，可以根据图纸和定额，也可根据国内外先进水平或根据市场竞争的价格等来确定。它可以理解为是企业有把握，或者说应该达到的实现用户要求功能的最低成本。从企业目标的角度来看，功能评价值可以看成是企业预期的、理想的成本目标值，常用功能重要性系数评价法计算。

（5）计算功能价值 V，分析成本功能的合理匹配程度

功能价值 V 的计算方法可分为两大类，即功能成本法与功能指数法。下面仅介绍功能成本法。

功能成本法是通过一定的测算方法，测定实现应有功能所必需消耗的最低成本，同时计算为实现应有功能所耗费的现实成本，经过分析、对比，求得对象的价值系数和成本降低期望值，确定价值工程的改进对象。其表达式如下：

$$V_i = \frac{F_i}{C_i}$$

式中　V_i——第 i 个评价对象的价值系数；

　　　F_i——第 i 个评价对象的功能评价值（目标成本）；

　　　C_i——第 i 个评价对象的现实成本。

根据上述计算公式，功能的价值系数不外以下几种结果。

① $V_i = 1$，表示功能评价值等于功能现实成本。这表明评价对象的功能现实成本与现实功能所必需的最低成本大致相当，说明评价对象的价值为最佳，一般无需改进。

② $V_i < 1$，此时功能现实成本大于功能评价值。表明评价对象的现实成本偏高，而功能要求不高，这时一种原因可能是存在着过剩的功能，另一种可能是功能虽无过剩，但实现功能的条件或方法不佳，以致使现实功能的成本大于功能的实际需要。

③ $V_i > 1$，说明该部件功能比较重要，但分配的成本较少，即功能现实成本低于功能评价值。应具体分析，可能功能与成本分配已较理想，但有不必要的功能，或者应该提高成本。

④ $V = 0$，因为只有分子为 0，或分母为 ∞ 时，才能是 $V = 0$。根据上述对功能评价值 F 的定义，分子不应为 0，而分母也不会为 ∞，要进一步分析。如果是不必要的功能，该部件则取消；但如果是最不重要的必要功能，要根据实际情况处理。

（6）确定价值工程对象的改进范围

从以上分析可以看出，对产品部件进行价值分析，就是使每个部件的价值系数尽可能的趋近于 1。为此，确定的改进对象是：

① F/C 值低的功能；

② $\Delta C = (C - F)$ 值大的功能；

③ 复杂的功能；

④ 问题多的功能。

6.4　方案创造和评价

方案创造是从提高对象的功能价值出发，在正确的功能分析和评价的基础上，针对应改进的具体目标，通过创造性的思维活动，提出能够可靠的实现必要功能的新方案。

建筑业方面的方案创造，指的是对建筑业价值工程的研究对象，根据用户的功能要求，在已进行的功能分析评价基础上，发挥创造性思维的作用，积极大胆构思新的能够实现功能的方案。

6.4.1　价值工程方案创造

（1）方案创造的基本原则

① 积极思考，勇于创新　方案创造是一项智力开发活动，只有充分调动工作人员的思考积极性，才能突破旧框框的束缚，获得创造性成果。

② 多提方案，以便选择　方案的优劣，只有经过相互比较之后，才能知晓。方案越多，获得最佳方案的可能性就会越大，满足用户的要求就越彻底。

③ 从功能出发，创造新方案　创造新方案，要一切以功能出发，这也是迈尔斯创造价值工程的核心理念。合理运用功能系统图，积极思索从上位功能到下位功能的改进思路。

④ 集思广益，发挥特长　个人独立思考很难创造出好的方案，应该把各种专业特长的人组织起来，共同研究，积极认真听取各方面的专家意见，取长补短，创造出更好、更多的方案。

（2）方案创造的基本方法

方案创造要取得成功，除了遵循一些原则和要求之外，还需要有适当的方案创造方法。以下介绍一些常用的方法：

① 头脑风暴法　此法也称畅谈法、智力激励法，是由美国创造学家奥斯提出来的。这种方法是以会议形式对某个方案进行咨询或讨论，与会者无拘无束地表达自己的意见和想法，不受任何条条框框的约束。参加讨论的人数不宜过多，一般维持在 10 人左右即可。在明确讨论的主题之后，参与人员一般遵循下列原则：

a. 不允许反驳别人的意见；

b. 欢迎自由奔放地提出多种方案；

c. 欢迎在别人的方案基础上进行补充、改进，或与之结合；

d. 主持人要民主，善于诱导，会议要有记录。

② 哥顿法　这种方法是美国人哥顿在 1964 年提出来的。其方法是召开会议提方案，要解决什么问题，事先并不会让与会者知道，只有主持人知道。开会时，主持者只需要提出一个很抽象的概念，用抽象阶梯的方法把问题抽象化，并不把要解决的问题全部摊开。例如，讨论如何设计新屋顶的时候，主持人只需说出怎样把东西盖住之类的抽象议题，而不是直接说出具体问题。

③ 特性列举法 这种方法要求把价值工程研究对象的特性一一列举出来,通过大量观察,抓住某个具有现实意义的特性进行思考,从而创造出具有这种特性的各种方案。运用这种方法时,工作人员必须明确产品功能的本质。

④ 优缺点列举法 这种方法是把要改进的对象的优缺点一一列出,并着重研究产品的缺点。主持者在会议进行中,应适时的提出产品的各种缺点,激发参与者积极思考,构思克服缺点的手段,直至参与者提出消除缺点的理想方案为止。

⑤ 希望列举法 希望列举法实质上是采取同优缺点相仿的做法,从积极和希望的角度提出问题。这一方法的特点就是使人由幻想导出愿望,由愿望引出构思,由构思勾画出方案,最后使可行希望点成为具体事实。

6.4.2 方案的评价

方案评价是在方案创造的基础上对新构思方案的技术、经济、社会和环境效果等几方面进行评估,以便于选择最佳方案,其过程如图 6-6 所示。

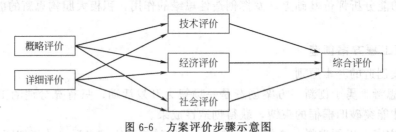

图 6-6 方案评价步骤示意图

技术评价:是指备选方案对产品功能(水平)的满足程度以及实现的可能性,常用各种技术性能指标作为评价的基准。

经济评价:就是根据产品的寿命周期成本,论证各方案的积极效果。在进行经济评价的时候必须把企业利益和用户利益结合起来综合考虑。

社会评价:就是指根据方案的社会效果,评价方案的企业利益和用户利益、社会利益的一致性。

综合评价:就是指在技术评价、经济评价、和社会评价的基础上所进行的总体性评价,从中选择技术、经济、社会效果三方面都比较均衡协调的方案。

综合评价的方法比较多,以下着重介绍比较常用的加权平均法。

所谓的加权平均法,就是用权数大小来表示评价指标的主次程度,用满足程度评分来表示方案的某项指标水平的高低,用方案对各评价项目满足程度评分的权数和来综合评价方案优劣的方法。具体步骤如下。

① 确定评价项目。评价项目是从技术、经济、社会评价项目中,选出对产品影响较大的几个项目进行对比评价。

② 确定评价项目的权数。由于各评价项目对产品改进起的作用不同,引出评价方案时,对各项目的作用就不能等同看待,需要确定项目的权数。项目权数大小是项目对产品影响大小的具体反映。评价项目越重要,重要度权数就应越大;反之,就应越小。项目权数的取值不能由个人主观判断,应根据市场调查确定。

③ 确定各个方案对每个评价项目的满足度。可以根据每个方案的特点分析,得到每个方案对每个评价项目的满足程度。

④ 计算方案的评价值。先计算每个方案对每个评价项目的加权评价值,再将每个方案对每个评价项目的加权评价值相加,得到方案的总评价值。

⑤ 对比方案评价值，选择最优方案。

例：某电动机厂用价值工程改进某种电机，现在确定三种方案，用加权平均法确定最优方案。

第一步：根据市场调查，得出影响电机销路的主要项目是性能、成本和外观。

第二步：通过市场调查，发现对电机性能提高呼声最高，其次是降低成本，最后是改进外观。由此，确定性能、成本、外观的权数分别是 0.5、0.3、0.2，见表 6-6。

表 6-6　方案满足度

评价项目	权数 W	方案满足度（百分制）			方案评价值		
		A	B	C	W·A	W·B	W·C
性能	0.5	90	60	40	45	30	20
成本	0.3	60	70	80	18	21	24
外观	0.2	30	60	90	6	12	18
合计	1.0	180	190	210	69	63	62

第三步：满足度以 100 计，对 A 方案进行评价，性能满足度 90，成本满足度 60，外观满足度 30。因此，A 方案的特点是性能好，外观不好。企业三个方案的满足度见表 6-6。

第四步：计算方案评价值。具体见表 6-6。

第五步：选择最优方案。从上表中可以看出 A 方案总评价值最高，为最优方案。

6.5　价值工程的应用

在项目施工中，针对企业管理中普遍存在的计算工作与经济工作脱节这一薄弱现象，应用价值工程方法把各专业人员组织起来，形成一个组织系统，进行施工管理，控制成本，可以达到提高功效，降低成本的目的。各项目经理部可以按照项目管理责任书的要求，采用价值工程寻找到降低成本，提高管理效率的途径。

（1）工程概况

某高校学生宿舍楼工程概况：本工程位于古城西安新南门内侧右边的城中校区院内，依古城而建，是一栋多层公寓楼。占地面积 3122m²，建筑面积 15389m²，结构形式以砖混结构为主，局部框架，建筑高度为 21.3m；计划工期 170 天。由于受场地的限制，故该工程平面形状为一 20m×160m 的长方形，建筑物东边为道路，有少量的空地，西边为运动场，南边为古城墙，古城墙与建筑物间是一条城内环道，建筑物北边为一教学楼，有少量狭长的空地。

（2）价值分析对象的选择

对该工程土建分部分项工程量清单计价表分析，可将该工程大致划分为土方和基础工程、主体结构工程、装饰装修工程、屋面及防水隔热工程四个部分，作为研究对象。

（3）收集并整理有关资料

① 基础资料　本工程项目的建设规范、工程特点等。

② 技术资料　本工程项目设计文件、施工组织设计、补充文件以及各种用料的规格和质量技术指标等。

③ 经济资料　施工图预算、施工预算、成本计划和工料机费用清单等，包括：

a. 土方和基础工程成本；

b. 主体结构工程成本；

c. 屋面防水及隔热等成本；

d. 装饰装修工程成本。

（4）功能分析及评价

① 功能定义　某高校学生宿舍楼的主要功能是：承受学生住宿时的荷载，保证学生住宿安全，住宿方便、舒适。

② 功能整理　根据系统分析和功能定义，形成功能系统图。如图 6-7 所示。

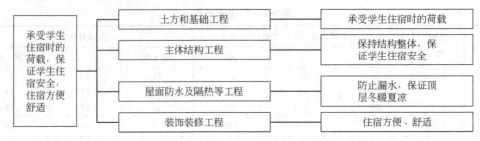

图 6-7　功能系统图

③ 功能分析与评价

a. 求功能重要性系数 F　根据功能系统图，从价值工程活动小组成员和有丰富施工经验的工程师中筛选出 5 人做评价者，采用百分制，对各功能重要性打分，求各功能重要性系数 $F = f_i / \sum f_i$，具体见表 6-7 所示。

表 6-7　各功能重要性系数打分表

| 序号 | 功能名称 | 评分者 | | | | | 得分合计 | 功能重要性系数 |
		1	2	3	4	5		
1	接受学生住宿时的荷载	18	20	17	19	15	89	0.18
2	保持结构整体,保证学生安全	38	40	38	38	39	193	0.38
3	防止漏水,保证顶层冬暖夏凉	6	4	5	7	8	30	0.06
4	住宿方便、舒适	38	36	40	36	38	188	0.38
	合　　计	100	100	100	100	100	500	1.00

b. 求成本系数 C　经分析计算，确定各功能的实际分摊成本，并求出成本系数 $C = C_i / \sum C_i$，具体见表 6-8 所示。

表 6-8　各功能分摊成本系数计算表

| 序号 | 分部工程名称 | 预算成本/万元 | 各功能分摊的预算成本/万元 | | | |
			接受学生住宿时的荷载	保持结构整体,保证学生安全	防止漏水,保证顶层冬暖夏凉	住宿方便、舒适
1	土方和基础工程	138.00	138.00			
2	主体结构工程	424.00		424.00		
3	屋面防水及隔热等	36.00			36.00	
4	装饰装修工程	441.00				441.00
5	功能成本合计	1039.00	138.00	424.00	36.00	441.00
6	成本系数	1.00	0.13	0.41	0.04	0.42

c. 求价值系数 V　根据功能分析和成本分析计算出的功能系数和成本系数，求出价值系数 $V=F/C$。具体见表 6-9 所示。

表 6-9　价值系数计算表

序号	功 能 名 称	功能系数	成本系数	价值系数
1	接受学生住宿时的荷载	0.18	0.13	1.38
2	保持结构整体,保证学生安全	0.38	0.41	0.93
3	防止漏水,保证顶层冬暖夏凉	0.06	0.04	1.50
4	住宿方便、舒适	0.38	0.42	0.90

从表 6-9 分析可以看出,"住宿方便、舒适"这一功能价值系数 $V=0.90<1$,"保持结构整体,保证学生安全"这一功能价值系数 $V=0.93<1$,说明此两项功能现行预算成本过高,需要加以改进,以达到降低成本的目标。

d. 求出降低成本的工程对象和目标　项目经理部与施工企业签订的项目管理目标责任书的责任目标是:降低成本 5%;现在工程项目土建总预算成本为 1039 万元,则降低额为:$1039×5\%=51.95$ 万元,即目标成本为 987.05 万元。按评价系数进行分配,见表 6-10 中的第 (6) 列;将第 (3) 列和第 (6) 列之差填入第 (7) 列。从第 (7) 列可见,降低成本目标是 48.92 万元。土方和基础、屋面防水及隔热工程的目标成本比预算成本要高,故可考虑不降低成本。

表 6-10　价值工程目标计算表

分部工程(1)	功能评价系数(2)	预算成本/万元(3)	成本评价系数(4)	价值系数(5)	目标成本/万元(6)	成本降低额/万元(7)
土方和基础工程	0.18	138	0.13	1.38	177.67	−39.67
主体结构工程	0.38	424	0.41	0.93	375.08	48.92
屋面防水及隔热等	0.06	36	0.04	1.5	59.22	−23.22
装饰装修工程	0.38	441	0.42	0.9	375.08	65.92
合计	1.00	1039	1.00		987.05	51.95

（5）制定改进方案及评价

① 制定改进方案　经价值工程小组成员深入调查分析发现,该工程装饰装修和主体结构工程成本系数大于功能系数,有必要对原方案加以改进。据此召开由价值工程小组成员、现场工程师和施工管理人员参加的讨论会,运用"头脑风暴法"（BC 法）,集思广益,在原方案基础上提出改进措施,制定改进方案,具体措施如下。

a. 组织措施

（a）在项目管理班子中落实从投资控制角度进行施工跟踪的人员,任务分工和职能分工。

（b）编制新方案成本控制工作计划和详细的工作流程图。

b. 经济措施

（a）重新编制资金使用计划,确定、分解成本控制目标,精细到每个分项工程。

（b）进行工程量计量,复核付款账单,在施工过程中进行成本跟踪控制,定期进行成本实际值与目标值的比较,发现偏差,分析原因,采取纠偏措施。

c. 技术措施

（a）根据施工场地比较狭长、小的特点，将两台塔吊中的一台改成龙门吊，主要材料的垂直运输由塔吊从西边运输，次要材料的运输由龙门吊从东边运输。

（b）合理组织施工。在现浇板、柱、梁等工序安排上要合理考虑凝固强度与拆模时间。衔接好各工序，形成流水施工，减少施工人员的等待时间。

（c）由于受场地的限制，本住宿楼的设计为统一的单元结构，所有从下至上，现浇板、柱、梁等应统一尺寸结构，因此，在模板的使用上应重复使用，现浇板部分只有在卫生间等少数部位，其尺寸统一，重复使用塔式支架，减少支架的用量。

d. 合同措施。由于本工程的建设是为了迎接新生的入住，所以工期要求非常的高，在奖励条款中，有 8 万元的赶工费和 2 万元的提前工期奖，以及节约额的利益分享。

② 方案评价　施工组织得力，人、财、物合理配置，工程进展顺利，保证了工期，节约了成本。

a. 技术可行性方面　在满足业主功能要求的情况下具有可靠性和可操作性。

b. 经济可行性方面　各工序时间安排合理，减少了施工待工时间，节约了人工费；在保证工程质量前提下，重复利用模板，减少支架，节约了材料费；按合同要求获得了工期提前资金及赶工费；外墙取消的建议为业主节约了投资，也为施工方获得了利益分享额。

c. 环境评价方面　建议方案无污染，与古城环境相适应，保证了古城环境的统一性。

（6）组织方案实施与验收

提出新方案后报送项目经理部审批，在得到项目经理、设计单位及业主的认可后开始实施，按合理的工期要求，运用网络计划技术将方案和实施步骤纳入施工计划中。在方案实施过程中，对方案实施情况进行检查，发现问题及时解决。方案实施完成，进行总结评价和验收，并进行经济效益分析，看方案是否达到预期效果。

经建设单位组织各参建单位对该工程进行的竣工验收，表明该工程质量合格。

（7）经济效益分析

对该工程进行成本核算，发现该工程取得如下经济效益。

① 由于采用重复利用模板、减少支架的措施，降低成本约 30 万元。

② 塔吊改成龙门吊为项目节约机械和人工费约 8 万元。

③ 由于在结构与装修部分组织流水施工得当，节约人工费 13 万元。

④ 合同管理得当，组织施工得当，提前完工获得提前工期奖 2 万元及赶工费 8 万元，共计 10 万元。

⑤ 合理化建议为业主节约投资，加快进度，获得利益分享 5 万元。

以上各项合计共获得 66 万元的效益。

土方的开挖由于不可预见因素的存在，比预算的开挖要大，这样导致了基础设计的变更及施工窝工和机械的闲置。由于现场工程师和项目经理等各专业人员凭借丰富的经验对基础和土方部分的不可预见因素作了合理的预测，不仅获得增加工程量的直接费，还获得管理费和利润补偿。另外还获得窝工费和机械损失费。这样又节约了资金 50 万元。

进行简单计算：（66+50）（总节约成本）−（39.67+23.22）（超支目标成本）＝53.11 万元，可知总节约成本与签订的责任目标的降低额（51.95 万元）相近。说明方案实施效果显著，项目经理部达到了预期管理目标。

（8）总结

在当前的项目施工中，针对企业管理中普遍存在的技术工作与经济工作脱节这一薄弱环节，应用价值工程方法把各专业人员组织起来，形成一个组织系统，运用集体的智慧和通过有组织的活动，进行工程管理，控制成本，从而达到提高工效，降低成本的目的。各项目经理部可以按照项目管理责任书的要求，采用价值工程寻找到降低成本、提高管理效率的途径。

习　题

1. 简述价值工程的概念及其作用。
2. 叙述价值工程与其他管理技术的区别。
3. 简述价值工程的特点。
4. 提高价值工程的方法包括哪些，分别通过哪些措施来提高价值？
5. 在确定价值工程分析对象时应遵循哪些原则？
6. 价值工程的核心是什么，怎么理解价值工程的核心？
7. 功能整理的方法有哪些，分别加以叙述。
8. 价值系数如何计算，如何理解价值系数结果？
9. 价值工程的改进范围包括哪些？
10. 简述价值工程方案创造的基本方法。
11. 叙述价值工程方案评价指数的定义。

第7章 建设工程招投标与合同管理

7.1 建设工程招标投标概述

建设工程招标投标是指建设单位或个人（即业主或项目法人）通过招标的方式，将工程建设项目的勘察、设计、施工、材料设备供应、监理等业务一次或分次发包，由具有相应资质的承包单位通过投标竞争的方式承接的活动。

7.1.1 建设工程招标投标的分类

建设工程招标投标按照不同的标准可有很多不同的分类方法。这里仅就常用的分类方法叙述如下。

（1）按工程建设程序分 建设工程招标投标可分为建设项目可行性研究招标投标、工程勘察设计招标投标、工程施工招标投标、工程设备采购招标投标。

（2）按行业和专业不同分 建设工程招标投标可分为工程勘察设计招标投标、土建工程施工招标投标、装饰工程施工招标投标、设备安装工程招标投标、工程监理招标投标、工程货物采购招标投标。

（3）按建设项目的组成不同分 建设工程招标投标可分为建设项目招标投标、单项工程招标投标、单位工程招标投标、分部分项工程招标投标。

（4）按工程发包承包的范围不同分 建设工程招标投标可分为工程总承包招标投标、工程分包招标投标、工程专项承包招标投标。

7.1.2 建设工程招投标的特点

建设工程招投标是市场经济条件下的一种采购方式，目的是使采购活动尽量节省成本，最大限度地满足采购目标。招标采购同其他采购方式相比较具有以下特点。

（1）采购程序规范化 目前各国的招标活动均按照一定法律程序有组织地进行，由规定的招标机构负责实施，并有相应的技术专家参与。招标投标程序、招标文件由招标方编制，且必须经过严格的审查，对招标和投标双方具有法律约束力。招标投标活动必须严格按照既定的程序和条件进行，一般不随意变更。必须依照明确的标准和程序评选中标者。

（2）广泛地征求投标人 招标的目的是在尽可能广泛的范围内选择合适的中标人，工程招标一般要求承包商具有丰富的工程经验、必要的技术条件以及足够的财务能力，能够在预定的建设期限内按照规定的质量标准、合理的工程造价完成建设任务。因此，招标人通常要在国内外指定的报纸、杂志或网络等媒体上刊登招标广告，邀请所有具备条件的潜在投标人前来投标。

（3）交易双方一次性成交 招标方式不同于一般商品的交易。一般商品买卖过程往往要经过多次讨价还价后才能成交，而招标采购要求投标人一次性报价，即在投标截止时间之前必须确定唯一报价。

投标人为了争取获得交易的机会参加投标，谋求在交易中获得利润是投标人参加投标行为的动机。

根据投标人的组织形式，可以分为单独投标和联合投标。联合投标是指为了在激烈的竞争中获胜，多家投标人联合起来组成一个临时性的联合组织参加投标活动。联合投标能较好地发挥各投标人的优势，分工协作，增强竞争力，同时降低风险，提高竞标的成功率。按投标人投标的范围，分为部分投标与整体投标。对于大型的系统工程，招标人把工程项目分为多个包（标段），每个包有不同的标的。投标人根据其企业实力选择部分标段的部分投标，或是对全部标段进行整体投标。

投标的一次性是投标最显著的特点。投标人只能在投标书中进行一次性密封报价。投标书只能一次性递交，在投标截止时间后一般不可以撤回或修改。正常情况下，投标人中标或失标的结果一般不会发生改变。

7.1.3　建设工程招标投标活动的原则

建设工程招标投标活动应当遵循公开、公平、公正和诚实信用的原则。

（1）公开原则

首先，要求招标信息公开。依法必须进行招标的项目，招标公告应当通过国家指定的报刊、信息网络或者其他媒介发布。无论是招标公告、资格预审公告还是投标邀请书，都应当载明招标人的名称和地址、招标项目的性质、数量、实施地点和时间及获取招标文件的方法等事项。其次，公开原则还要求招标投标过程的公开。开标时招标人应当邀请所有投标人参加，招标人在招标文件要求的提交截止时间前收到的所有投标文件，开标时都应当当众予以拆封、宣读。中标人确定后，招标人应当在向中标人发出中标通知书的同时，将中标结果通知所有未中标的投标人。

（2）公平原则

要求给予所有投标人平等的机会，使其享有同等的权利，履行同等的义务。招标人不得以任何理由排斥或歧视任何投标人。依法必须进行招标的项目，其招标投标活动不受地区或部门的限制，任何单位和个人不得违法限制或排斥本地区、本系统以外的法人或其他组织参加投标，不得以任何方式非法干涉招标投标活动。

（3）公正原则

要求招标人在招标投标活动中按照统一的标准衡量每一个投标人的优劣。进行资格审核时，招标人应当按照资格预审文件或招标文件中载明的资格审核的条件、标准和方法对潜在投标人或投标人进行资格审查，不得改变载明的条件或以没有载明的资格条件进行资格审查。评标委员会应当按照招标文件确定的评标标准和方法，对投标文件进行评审和比较。

（4）诚实信用原则

诚实信用原则，是我国民事活动所应当遵循的一项基本原则。招标投标活动作为订立合同的一种特殊方式，同样应当遵循诚实信用原则。

7.1.4　建设工程招标投标的发展历史

（1）招标投标方式在国际上的发展

在市场经济国家，招标投标起源于政府和公共部门或政府指定的有关机关的采购开支，主要来源于法人和公民的税赋和捐赠，因此必须以一种特别的采购方式来促使采购尽量节省开支，最大限度的透明和公开以及提高效率，保证目标的实现。1782 年，英国政府为规范政府的采购行为，设立文具公用局（Stationery Office），规定凡属于各个机关公文的印刷、用具的购买等，均归其管理。随着政府采购规模的扩大，英国文具公用局后来扩展为物资供应部，专门负责采购政府各个部门的所需物资。此为近代政府采购制度的起源。

继英国设立文具公用局之后，许多西方国家通过了专门规范政府和公共部门招标采购的法律，形成"公共采购市场"。1861 年，美国通过了一项联邦法案，规定超过一定金额的联邦政府采购都必须使用公开招标方式。1949 年，美国国会通过《联邦财产与行政服务法》。该法为联邦服务总署（GSA）提供了统一的政策和方法，并确立 GSA 为联邦政府的绝大多数民用部门提供集中采购的服务和权利。1946 年，美国在联合国经济及社会理事会（ECOSOC）的会议上提交了一份著名的《国际贸易组织宪章（草案）》，首次将政府采购提上国际贸易的议事日程，要求将国民待遇原则和最惠国待遇原则作为世界各国政府采购的原则。

招标投标由一种交易方式衍变为政府强制行为。随着招标采购在国际贸易中迅速上升，招标投标制度已经成为一项国际惯例，并形成了一整套系统完善的、为各国政府和企业所共同遵循的国际规则。各国政府不断加强和完善本国相应的法律制度和规范体系，对促进国家间贸易和经济合作的发展起到了重大作用。

西方发达国家以及世界银行等国际金融组织在货物采购、工程承包、咨询服务采购等交易活动中积极推行招标投标方式，使其日益成为各国和各国际经济组织所广泛认可的交易方式。

（2）建设工程招标投标在我国的发展

新中国成立至 20 世纪 70 年代末，我国建筑业一直都采取行政手段指定施工单位、层层分配任务的方法。这种计划分配任务的方法，在当时对促进国民经济全面发展曾起到重要作用，为我国的社会主义建设作出了重大贡献。但是随着社会的发展，此种方式已不能满足飞速发展的经济需要。我国的建设工程招标投标工作的发展经历了四个阶段。

第一阶段：观念确立和试点（1980—1983 年）。1980 年，根据国务院"对一些适宜承包的生产建设项目和经营项目，可以实施招标投标的方法"的精神，吉林市和深圳市率先试行招标投标，收效良好，在全国产生了示范性的影响。鲁布革水电站工程的成功招标投标正是这个阶段的产物，在我国工程建设发展和改革过程中，鲁布革水电站的建设占有一定的历史地位，发挥了其重要的历史作用。1983 年 6 月，原城乡建设环境保护部颁布了《建筑安装工程招标投标试行办法》，它是我国第一个关于工程招标投标的部门规章，对推动全国范围内实行此项工作起到了重要作用。

第二阶段：大力推行（1984—1991 年）。1984 年 9 月，国务院制定颁布了《关于改革建筑业和基本建设管理体制若干问题的暂行规定》，规定了招标投标的原则办法，要改革单纯用行政手段分配建设任务的老办法，实行招标投标。由发包单位择优选定勘察设计单位、建筑安装企业，同时要求大力推行工程招标承包制，同年 11 月，原国家纪委和原城乡建设环境保护部联合制定了《建设工程招标投标暂行规定》。

第三阶段：全面推广（1992—1999 年）。1999 年 8 月 30 日，全国人大九届十一次会议通过了《中华人民共和国招标投标法》，并于 2000 年 1 月 1 日起施行。这部法律的颁布实施，标志着我国建设工程招标投标步入了法制化的轨道。对于规范投、融资领域的招标投标活动，保护国家利益、社会利益和招标投标活动当事人的合法权益，保证项目质量，降低项目成本，提高项目经济效益，具有深远的历史意义和重大的现实意义。

第四阶段：进一步深化（2000 年至今）。随着国家有关方面法律的完善，招投标市场逐渐规范化、法制化，同时，随着不断的实践，使有关方面的法规政策不断完善，使整个招投标体系进一步深化，大力促进了建设事业的蓬勃发展。

建设工程招标投标制度在我国虽然起步较晚，但发展很快。立法建制已初见成效，而且已基本形成了一整套完善的体制。

7.2　建设工程招标

7.2.1　招标方式

招标投标方式决定着招标投标的竞争程度，也是防止不正当交易的重要手段。总体来看，目前世界各国和有关国际组织的有关招标法律、规则都规定了公开招标、邀请招标、议标三种招标投标方式。《中华人民共和国招标投标法》只确认两种招标方式，即公开招标和邀请招标，对于依法强制招标项目，议标招标方式已不再被法律认可。

（1）公开招标

公开招标又称无限竞争性招标，是指招标人以招标公告的方式邀请不特定的法人或者其他组织投标。即招标人按照法定的程序，在国内外公开出版的报刊或通过广播、电视和网络等公共媒体发布招标广告，凡有兴趣并符合招标要求的承包商，不受地域、行业和数量的限制，均可申请投标，经过资格审查合格后，按规定的时间参加投标竞争。

公开招标的优点是，招标人可以在较大的范围内选择承包单位，投标竞争激烈，择优率更高，有利于招标人将工程项目的建设任务交给可靠的承包商实施，并获得有竞争性的商业报价，在较大程度上避免了招标活动中的贿标行为，因此，在国际上，政府采购经常采用公开招标的方式。

公开招标的缺点是，招标准备工作繁多，对投标单位资格审查工作量大，招标时间长，费用高。同时，参加投标者越多，中标的机会越小，风险越大，损失的费用也就越多。而这种费用的损失最终要反映在标价上，由招标人承担，所以，招标人一定要根据招标工程的具体情况，慎重选择是否公开招标。

（2）邀请招标

邀请招标也称优先竞争性招标，是指招标人以投标邀请函的形式，邀请特定的投标人投标。招标人向预先确定的若干家投标人发出投标邀请函，就招标工程的投标内容、工作范围和实施条件等作出简要的说明，请他们来参加投标竞争。被邀请的投标人同意参加后，从招标人处获得招标文件，并在规定的时间内投标报价。

邀请招标的投标人的数量以 5 到 10 家为宜，但不应少于 3 家。

与公开招标相比，邀请招标的优点是，不发布招标公告，不进行资格审核，简化了招标的程序，节约了招标的费用，缩短了招标的时间。由于对投标人以往的业绩和履约能力比较了解，减少了合同执行中承包商违约的风险。虽然不履行资格预审程序，但是为了体现公平竞争和便于招标人对各投标人综合能力进行评估，仍要求投标人按照招标文件中规定的有关条件，在投标书中报送有关资质和信誉的证明资料，在评标时以资格后审的形式作为评审的内容之一。

与公开招标相比，邀请招标耗时短、花费少，对于标底较小的招标项目比较有利。另外，有些项目专业性强，有资格承接项目的潜在投标人比较少，或者需要在短时间内完成投标任务，也不宜采取公开招标的方式。

邀请招标的缺点是，由于投标竞争的程度不如公开招标，有可能提高中标的合同价，也有可能排除了某些在技术上或报价上有竞争力的潜在投标人参与竞争。

在下列情形之一的，经批准可以进行邀请招标：

① 项目技术复杂或有特殊要求，只有少量几家潜在投标人可供选择的；

② 受自然地域环境限制的；

③ 涉及国家安全、国家机密或者抢险救灾，适宜招标但不宜公开招标的；

④ 法律、法规规定不宜公开招标的。

国家重点建设项目的邀请招标，应当经国家国务院发展计划部门批准；地方重点建设项目的邀请招标，应当经各省、自治区、直辖市人民政府批准。

全部使用国有资金投资或者国有资金投资占控股或者主导地位的并需要审批的工程建设项目的邀请招标，应当经项目审批部门批准，但项目审批部门只审批立项的，由有关行政监督部门审批。

（3）议标

除了公开招标和邀请招标，还有一种招标投标方式——议标。

议标是一种谈判性采购，具体做法是：招标人指定几家承包单位，分别就承包范围内的有关事宜进行协商，直到与某一投标人达成协议，将工程任务委托其完成。

与公开招标和邀请招标相比，议标不具有公开性和竞争性，不属于《招标投标法》所规定的招标采购方式。

但是，从实践上看，公开招标和邀请招标的采购方式要求对报价和技术性条款不得谈判，议标则允许对报价等进行一对一的谈判。因此，对于一些小型项目来说，采用议标的方式目标明确、省时省力。但是，议标容易发生幕后交易，为了规范建筑市场，议标方式仅适用于一些不宜采用公开招标和邀请招标的特殊工程或特殊条件下的工作内容，而且必须报请建设行政主管部门批准后才能采用。

议标通常用于下述情况。

① 军事工程或保密工程。

② 专业性强，需专门技术、经验或特殊施工设备的工程以及涉及使用专利技术的工程。

③ 与已发包工程有联系的新增工程。如承包商的劳动力、机械设备都在施工现场，既可减少前期开工费，又可缩短准备时间，便于现场的协调管理工作。

④ 性质特殊，内容复杂，发包时工程量或若干技术细节尚难确定的紧急工程或灾后修复工程。

⑤ 工程实施阶段采用新技术或新工艺，实施阶段还需要其继续合作的工程。

7.2.2　招标程序

7.2.2.1　招标前期工作

建设工程招标前期工作由招标人完成，主要工作包括以下几个方面。

（1）拟定招标内容

建设工程招标，可以是整个建设过程各个阶段的全部工作，也可以是其中某个阶段的工作，或是某一个阶段中某一专项的工作。

① 工程建设总承包招标　工程建设总承包招标是建设项目立项后，对建设全过程的实施进行的招标，包括工程勘察设计、设备询价与选购、材料订货、组织工程施工，直至试车、交付使用的招标承包。即通常所说的"交钥匙"工程招标。这种承包方式主要适用于大型住宅区和大中型项目的建设。招标人提出功能要求和竣工期限，建设项目各阶段的全部工作都由一个总承包单位负责完成。

实行总承包招标的项目必须具备下列条件。

a. 有正式批准的项目建议书和可行性研究报告。

b. 建设资金来源已经落实。

c. 工程建设项目的地点、工艺路线、主要设备造型、技术经济指标等已经确定。

d. 招标申请报告已经批准。

② 设计招标　工程建设实行设计招标，旨在优化设计方案，择优选择设计单位，可以是一次性总招标，也可以分单项、分专业招标。

实行设计招标的建设项目必须具备以下条件。

a. 有正式批准的项目建议书和可行性研究报告。

b. 具有设计所必需的基础资料。

c. 招标申请报告已经批准。

③ 工程施工招标　工程施工招标有施工全部工程招标、单项工程招标、专业工程招标等形式。工程承包可采取全部包工包料、部分包工包料或包工不包料。

招标承包的工程，承包人不得将整个工程分包出去，部分工程分包出去也必须征得工程师（监理单位或业主代表）的书面同意。分包出去的工程其责任由总包负责。

建设项目施工招标必须具备下列条件。

a. 项目列入国家或地方基本建设计划。

b. 项目应具备相应设计深度的图纸及概算。

c. 项目总投资及年度投资资金有保证，项目设备供应及施工材料订货与到货落到实处。

d. 项目施工现场应做到路通、水通、电通、通讯通、风（气）通、场地平，并具备工作条件。

e. 有政府主管部门签发的建筑许可证。

④ 设备材料供应招标　大中型建设项目设备招标。视项目设备的不同情况，可以由业主直接向设备供应商招标，也可以委托设备成套管理机构或工程承包单位招标。招标的方式可以是单项设备招标，也可以按分项工程或整个项目所需设备一次性招标。

建设项目设备招标必须具备下列条件。

a. 已正式列入建设计划。

b. 具有批准的初步设计或设计单位确认的设备清单，大型专用设备预安排应具有批准的设计任务书。

c. 投资及建设进度安排已落实。

（2）工程报建

① 建设工程项目的立项批准文件或年度投资计划下达后，按照《工程建设项目报建管理法》规定具备条件的，须向建设行政主管部门报建备案。

② 建设工程项目报建范围：各类房屋建筑（包括新建、改建、扩建、翻建、大修等）、土木工程（包括道路、桥梁、房屋基础打桩）、设备安装、管道线路敷设、装饰装修等建设工程。

③ 建设工程报建内容主要包括工程名称、建设地点、投资规模、资金来源、当年投资额、工程规模、结构类型、发包方式、计划开竣工日期、工程筹建情况等。

④ 办理工程报建时应交验的文件资料。

a. 立项批准文件或年度投资计划。

b. 固定资产投资许可证。

c. 建设工程规划许可证。

d. 资金证明。

⑤ 工程报建程序　建设单位填写统一格式的"建设工程项目报建登记表"，有上级主管部门的需经其批准同意后，连同应交验的文件资料一并报建设行政主管部门。建设工程项目报建备案后，具备了招标文件的建设工程项目，可开始办理建设单位资质审查。建设项目的立项文件获得批准后，招标人需向建设行政主管部门履行建设项目报建手续。只有报建申请批准后，才可以开始项目的建设。

（3）招标备案

自行办理招标的，招标人发布招标公告或投标邀请书 5 日前，应向建设行政主管部门办理招标备案，建设行政主管部门自收到备案资料之日起 5 个工作日内没有异议的，招标人可发布招标公告或投标邀请书；不具备自行招标条件的，应委托招标代理机构代理招标事宜。

办理招标备案应提交以下资料。

① 建设项目的年度投资计划和工程项目报建备案登记表。

② 建设工程招标备案登记表。

③ 项目法人单位的法人资格证明书和授权委托书。

④ 招标公告或投标邀请书。

⑤ 招标机构或招标代理公司有关工程技术、造价、招标人员名称。

（4）选择招标方式

招标方式分为公开招标和邀请招标两种方式，一定情况下还可采用议标的形式。招标方式的选择应符合有关法规的规定，并经招标管理机构同意。

（5）编制资格预审文件

资格审查分为资格预审和资格后审。采用资格预审的工程项目，招标人可参照"资格预审文件范本"编写资格预审文件。资格预审文件应包括以下主要内容。

① 资格预审申请人须知。

② 资格预审申请书格式。

③ 资格预审评审标准或方法。

（6）编制招标文件

招标文件通常包括以下主要内容：

① 投标须知。

② 招标工程的技术要求和设计文件。

③ 采用工程量清单招标的，应提供工程量清单。

④ 投标函的格式及附录。

⑤ 拟签订合同的主要条款。

⑥ 要求投标人提交的其他材料。

招标人编写的招标文件在向投标人发放的同时应向建设行政主管部门备案。建设行政主管部门发现招标文件有违反法律、法规内容的，责令其改正。

（7）编制工程标底或招标控制价

标底是指招标人根据招标项目的具体情况编制的完成招标项目所需的全部费用，是依据国家规定的计价依据和计价办法计算出来的工程造价，是招标人对建设工程的期望价格。标底由成本、利润、税金等组成，一般应控制在批准的总概算及投资包干限额内。

《招标投标法》没有明确规定招标工程是否必须设置标底价格，招标人可根据工程的实际情况自己决定是否需要编制标底价格。一般情况下，即使采用无标底招标方式进行工程招标，招标人在招标时还是需要对招标工程的建造费用做出估计，使心中有一基本价格底数，同时也可对投标报价的合理性做出理性的判断。

由于实行工程量清单招标后，招标方式的改变，标底保密这一法律规定已不能起到有效遏制哄抬标价的作用，因此，为有利于客观、合理的评审投标报价和避免哄抬标价，造成国有资产流失，招标人应编制招标控制价。

招标控制价是招标人根据国家或省级、行业建设主管部门发布的有关计价依据和办法，按设计施工图纸计算的，对招标工程限定的最高工程造价。招标控制价超过批准的概算时，招标人应将其报原概算部门审核。

7.2.2.2 招标中期工作

（1）发布招标公告或投标邀请书

招标备案后根据招标方式，发布招标公告或投标邀请书。招标人根据工程规模、结构复杂程度或技术难度等具体情况可以采取资格预审或资格后审。实行资格预审的工程，招标人应当在招标公告或投标邀请书中明确资格预审的条件和获取资格预审文件的时间、地点等事项。

实行公开招标的工程项目，招标公告须在国家和省（直辖市、自治区）规定的报刊或信息网等媒介上公开发布。实行邀请招标的工程项目，招标人可以向 3 个以上符合资质条件的投标人发出投标邀请书。

招标公告或投标邀请函的具体格式可由招标人自定，内容一般包括：招标单位名称；建设项目资金来源；工程项目概况和本次招标工作范围的简要介绍；购买资格预审文件的地点、时间和价格等有关事项。

（2）资格预审文件的编制和递交

① 资格预审文件的编制　投标申请人应按照"资格预审文件"要求的格式，如实填写相关内容。编制完成后，须经投标人法定代表人签字并加盖投标人公章、法定代表人印鉴。

② 资格预审文件的递交　资格预审文件编制完成后，须按规定进行密封，在要求的时间内报送招标人。

（3）资格预审

① 资格审查　采用资格审查的招标项目，招标人编制资格预审文件，向投标申请人发放。

对潜在投标人进行资格审查，主要考察该企业及施工项目部的总体能力是否具备完成招标工程所要求的条件。公开招标时设置资格预审程序，一是保证投标人在资质和能力等方面能够满足完成招标工程的要求；二是通过评审优选出综合实力较强的投标人，再请他们参加投标竞争，以减少评标的工作量。

② 发放资格预审合格通知书　合格投标人确定后，招标人向资格预审合格的投标人发出资格预审合格通知书。投标人在收到资格预审合格通知书后，应以书面形式予以确认是否参加投标，并在规定的地点和时间领取或购买招标文件和有关技术资料。只有通过资格预审的申请投标人才有资格参与下一阶段的投标竞争。

（4）发售招标文件

① 招标文件的发售　招标人向合格的投标人发放招标文件。投标人收到招标文件、图纸和有关资料后，应认真核对，核对无误后应以书面形式予以确认。

招标人对于发出的招标文件可以酌收工本费，但不得以此牟利。对于其中的设计文件，招标人可以酌收押金；在确定中标人后，对于将设计文件予以退还的，招标人将其押金退还。

② 招标文件澄清或修改　投标人收到招标文件、图纸和有关资料后，若有疑问或不清的问题需要解答、解释，应在收到招标文件后在规定的时间内以书面形式向招标人提出，招标人应以书面的形式或在答疑会上予以解答。

招标人对招标文件所做的任何澄清或修改，须报建设行政主管部门备案，并在投标截止日期 15 日前发给获得招标文件的投标人。投标人收到招标文件的澄清或修改内容应以书面形式予以确认。

招标文件的澄清或修改内容作为招标文件的组成部分，对招标人和投标人起约束作用。

（5）踏勘现场和答疑会

① 踏勘现场　其目的在于让投标人了解工程现场场地情况和周围环境情况等，以便投标人编制施工组织设计或施工方案，以及获取计算各种措施费用所必要的信息。

招标人在投标须知规定的时间组织投标人自费进行现场考察。

投标人在踏勘现场中如有疑问，应在答疑会之前以书面形式向招标人提出。投标人踏勘现场的疑问，招标人可以书面形式答复，也可以在答疑会上答复。

② 答疑会　在招标文件中规定的时间和地点，由招标人主持召开的答疑会。

a. 答疑会的目的在于招标人解答投标人提出的招标文件和踏勘现场中的疑问问题。

b. 答疑会由招标人组织并主持召开。解答的疑问包括会议前由投标人书面提出的和在答疑会上口头提出的质疑。

c. 答疑会结束后，由招标人整理会议记录和解答内容（包括会上口头提出的询问和解答），以书面形式将所有问题及解答向获得招标文件的投标人发放。会议记录作为招标文件的组成部分，内容若与已发放的招标文件有不一致之处，以会议记录的解答为准。

d. 问题及解答纪要同时须向建设行政主管部门备案。

（6）投标文件的递交与接收

① 投标文件的递交　投标人在投标截止时间前按规定时间、地点将投标文件递交至招标人。在开标前，任何单位和个人均不得开启投标文件。

投标截止时间之前，投标人可以对所递交的投标文件进行修改或撤回。

招标人可以在招标文件中要求提交投标保证金或者投标保函，投标人应当按照招标文件要求的方式和金额，将投标保证金或者投标保函随投标文件提交招标人。

② 投标文件的接收　在投标截止时间前，招标人应做好投标文件的接收工作，并做好接收记录。

招标人应将所接收的投标文件在开标前妥善保存；在规定的投标截止时间以后递交的投标文件，将不予接收或原封退回。

7.2.2.3　招标后期工作

（1）开标

① 开标的时间和地点　在投标截止日期即开标日期，按规定地点，在投标人或授权人在场的情况下举行开标会议，按规定的议程进行开标。开标时投标人的法定代表人或授权代理人应参加开标会议。

② 开标会议　公开招标和邀请招标均应举行开标会议，体现招标的公平、公正和公开原则。开标会议由招标人组织并主持召开，可以邀请公证部门对开标过程进行公证。招标人应对开标会议做好签到记录，以证明投标人出席开标会议。

启封投标文件后，按报送投标文件时间先后顺序进行唱标，当众宣读有效投标的投标人名称、投标报价、工期、质量、主要材料用量以及招标人认为有必要的内容。但提交合格"撤回通知"和逾期送达的投标文件不予启封。招标人应对唱标内容做好记录，并请投标人法定代表人或授权代理人签字确认。

（2）评标

评标由评标委员会按照招标文件中明确的评标定标方法进行。

① 建立评标委员会

② 评标方法

a. 经评审的最低投标价法　经评审的最低投标价法是在投标文件能够满足招标文件实质性要求的投标人中，评审出投标价格最低的投标人，但投标价格低于其企业成本的除外。

这种评标方法是以"合理低报价、不低于成本价"为标准，一般适用于具有通用技术、性能标准或者招标人对其技术、性能没有特殊要求的招标项目。

实行经评审的最低投标价法的必要条件：（a）资格审查工作需严格，确保投标人都有能力完成工程；（b）招标前期工作质量要求高，图纸要达到一定深度和精度，招标文件编写要细致周到，招标保证措施齐全，特别是工程担保措施；（c）投标人应有完整的成本核算经验。

优点：（a）招标人可以最低的价格获得最优的服务，能够降低投资成本；（b）有利于建立竞争机制，促使企业加强管理，积极采用新技术，降低成本；（c）有利于招投标市场的健康发展，防止滋生腐败；（d）有利于与国际管理接轨。

当工程技术、性能没有特殊要求，且工程管理水平较高，工程设计图纸深度足够，招标文件及工程量清单详尽、准确，投标人具有企业定额，建设工程招投标市场化程度较高时，宜采用经评审的最低投标价法。

b. 综合评估法　综合评估法是指在投标人的投标文件能够最大限度地满足招标文件规定的各项综合评价标准的投标人中择优选择中标人的评标定标方法。

评审的因素一般包括工程质量、施工工期、投标价格、施工组织设计或者施工方案、投标人及项目经理业绩。一般以评分方式进行评估，得分最高者中标。不宜采用经评审的最低投标价法的，一般采用综合评估法。

优点：（a）综合考虑了报价、质量、工期、业绩信誉、安全生产、文明施工、施工组织设计等条件，同时兼顾了价格、技术等因素，能客观反映招标文件的要求，能全面评估投标单位的总体实力；（b）招标人可以根据工程实际情况，根据相关规定调节评分项目及分值权重，有利于工程项目的顺利实施。缺点：（a）评分标准中某些项目的量化不科学；（b）评标专家不能在较短时间内对投标文件中的资料进行全面仔细的了解、核实；（c）招标人和评委的主观随意性较大，易出现不公正的评标等。

当工程技术、性能有特殊要求，或建设工程管理水平不高，工程设计图纸深度不够，招标文件及工程量清单粗放，投标单位未建立企业定额，且建设工程招投标担保制度不完善时，宜采用综合评估法。

c. 法律法规允许的其他评标方法

当建设工程规模较小，技术、工艺简单或出现其他情况时，可采用法律、行政法规允许的其他评标方法，如抽签法、平均报价评标法等。

（3）资格后审

未进行资格预审的招标项目，在确定中标候选人前，评标委员会须对投标人的资格进行审查；投标人只有符合招标文件要求的资质条件时，方可被确定为中标候选人或中标人。

（4）评标报告

评标委员会按照招标文件中规定的评标定标方法完成评标后，编制评标报告，向招标人推选中标候选人或确定中标人；评标报告中应阐明评标委员会对各投标人投标文件的评审和比较意见。评标报告应包括以下内容。

① 评标定标方法。

② 对投标人的资格审查情况。

③ 投标文件的符合性鉴定情况。

④ 投标报价审核情况。

⑤ 商务标和技术标的评审、分析、论证及评估情况。

⑥ 投标文件问题的澄清（如有）。

⑦ 中标候选人推荐或结果情况。

（5）招标投标情况备案

依法必须进行招标的项目，招标人应根据评标委员会编写的评标报告将工程招标、开标、评标情况，编制成招标投标情况书面报告，并在自确定中标人之日起 15 日内，将招标投标情况书面报告和有关招标投标情况备案资料、中标人的投标文件等向建设行政主管部门备案。

（6）发出中标通知书

建设行政主管部门自接到招标情况书面报告和招标投标备案资料之日起 5 个工作日内未提出异议的，招标人向中标人发放中标通知书。

招标人向中标人发出的中标通知书应包括招标人名称、建设地点、工程名称、中标人名称、中标标底、中标工期、质量标准等主要内容。向中标人发出中标通知书的同时将中标结果通知所有未中标的投标人。

（7）签订合同

① 中标通知书对招标人和中标人均具有法律效力。中标通知书发出后，招标人改变中标结果的，或者中标人放弃中标项目的，应依法承担法律责任。

② 招标人和中标人应当自中标通知书发出之日起 30 日内，按照招标文件和中标人的投标文件订立书面合同。招标人和中标人不得再订立背离合同实质性内容的其他协议。招标文件要求中标人提交履约保证金的，中标人应当提交。

③ 招标单位与中标单位签订合同后 5 个工作日内，需向所有投标单位（中标和未中标的）退还投标保证金。

7.3 建设工程投标

7.3.1 投标报价

7.3.1.1 基本内容

（1）基本概念

投标报价，是指承包商采取投标方式承揽工程项目时，计算和确定承包该工程的投标总价格，是投标人对拟承包工程所需费用、潜在风险及预期利润的总的报价；是业主选择承包商、进行承包合同谈判、确定合同价格的主要依据。因此，报价是进行工程投标的核心，直接关系到承包商投标的成败，报价过高或者过低都可能失去承包的机会，若以低于成本价中标，有可能将会给承包商带来工程亏本的风险。如何做出合适的投标报价，是投标者能否中标的关键。

（2）投标报价的依据

投标报价的依据主要有：

①《建筑工程量清单计价规范》；

② 国家或省级、行业建设主管部门颁发的计价办法；

③ 企业定额，国家或省级、行业建设主管部门颁发的计价定额；

④ 招标文件、工程量清单及其补充通知、答疑纪要；

⑤ 建设工程设计文件及相关资料；

⑥ 施工现场情况、工程特点及拟定的投标施工组织设计或施工方案；

⑦ 与建设项目相关的标准、规范等技术资料；

⑧ 市场价格信息或工程造价管理机构发布的工程造价信息；

⑨ 其它的相关资料。

（3）工程投标的程序（图 7-1）

① 招标信息跟踪；

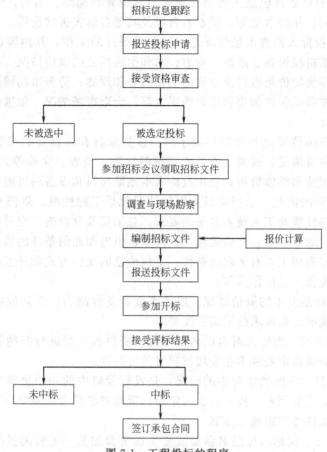

图 7-1　工程投标的程序

② 报送投标申请;

③ 接受资格审查;

④ 被选定投标,若未被选中则终止;

⑤ 参加招标会议领取招标文件;

⑥ 调查与现场勘察;

⑦ 编制投标文件;

⑧ 报送投标文件;

⑨ 参加开标;

⑩ 接受评标结果;

⑪ 中标,若未中标则终止;

⑫ 签订承包合同。

7.3.1.2　投标报价的计算程序。

(1) 投标报价前期的调查研究,收集信息资料

调查研究主要是对投标和中标后对履行合同有影响的各种客观因素、业主和监理工程师的资信以及工程项目的具体情况等进行深入细致的了解和分析。具体包括以下内容。

① 政治和法律方面　投标人首先应当了解在招标投标活动中以及在合同履行过程中有可能涉及的法律,也应当了解与项目有关的政治形势和国家政策等,即国家对该项目采取的是鼓励政策还是限制政策。

②自然条件　自然条件包括工程所在地的地理位置和地形、地貌，气象状况，包括气温、湿度、主导风向、年降水量等，洪水、台风及其他自然灾害状况等。

③市场状况　投标人调查市场情况是一项非常艰巨的工作，其内容也非常多，主要包括：建筑材料、施工机械设备、燃料、动力、水和生活用品的供应情况、价格水平还包括过去几年批发物价和零售物价指数以及今后的变化趋势和预测；劳务市场情况，如工人技术水平、工资水平、有关劳动保护和福利待遇的规定等；金融市场情况，如银行贷款的难易程度以及银行贷款利率等。

对材料设备的市场情况尤其需要详细了解。包括原材料和设备的来源方式，购买的成本，来源国或厂家供货情况；材料、设备购买时的运输、税收、保险等方面的规定、手续、费用；施工设备的租赁和维修费用；使用投标人本地原材料和设备的可能性以及成本比较。

④工程项目方面的情况　工程项目方面的情况包括工程性质、规模和发包范围；工程的技术规模和对材料性能及工人技术水平的要求；总工期及分批竣工交付使用的要求；施工场地的地形、地质、地下水位、交通运输、给排水、供电和通信条件的情况；工程项目资金来源；对购买器材和雇佣工人有无限制条件；工程价款的支付方式和外汇所占比例；监理工程师的资历、职业道德和工作作风等。

⑤业主情况　包括业主的资信情况、履约态度和支付能力，在其他项目上有无拖欠工程款的情况，对实施的工程需求的迫切程度等。

⑥投标人自身情况　投标人对自己内部情况、资料也应当进行归纳管理。这类资料主要用于招标人要求的资格审查和本企业履行项目的可能性。

⑦竞争对手资料　掌握竞争对手的情况，是投标策略中的一个重要环节，也是投标人参加投标能否获胜的重要因素。投标人在制定投标策略时必须考虑竞争对手的情况。

（2）研究招标文件并制定施工方案

①研究招标文件　投标单位报名参加或接受邀请参加某一工程的投标，通过了资格审查，取得招标文件之后，首要的工作就是认真仔细地研究招标文件，充分了解其内容和要求，以便有针对性地安排投标工作。

②制定施工方案　施工方案是投标报价的一个前提条件，也是招标单位评标时要考虑的因素之一。施工方案应由投标单位的技术负责人主持制定，主要应考虑施工方法，主要施工机具的配置，各工种劳动力的安排及现场施工人员的平衡，施工进度及分批竣工的安排，安全措施等。施工方案的制定应在技术和工期两方面对招标单位有吸引力，同时又有助于降低施工成本。

（3）投标报价的原则

投标报价的编制主要是投标单位对承建招标工程所要发生的各种费用的计算。在进行投标报价计算时，必须首先根据招标文件进一步复核工程量。作为投标报价计算的必要条件，应预先确定施工方案和施工进度，此外，投标报价计算还必须与采用的合同形式相协调。报价是投标的关键性工作，报价是否合理直接关系到投标的成败。

①以招标文件中设定的发承包双方责任划分，作为考虑投标报价费用项目和费用计算的基础；根据工程发承包模式考虑投标报价的费用内容和计算深度。

②以施工方案和技术措施等作为投标报价计算的基本条件。

③以反映企业技术和管理水平的企业定额作为计算人工、材料和机械台班消耗量的基本依据。

④充分利用现场考察、调研成果、市场价格信息和行情资料，编制基价，确定调价方法。

⑤ 报价计算方法要科学严谨、简明适用。

（4）投标报价的编制方法

① 以定额计价模式投标报价　一般是采用预算定额来编制，即按照定额规定的分部分项工程子目逐项计算工程量，套用定额基价或根据市场价格确定直接费用，然后再按规定的费用定额计取各项费用，最后汇总形成标价。这种方法在我国大多数省市现行的投标报价编制中比较常用。

② 以工程量清单计价模式投标报价　这是与市场经济相适应的投标报价方法，也是国际通用的竞争性招标方式所要求的。一般是由标底编制单位根据业主委托，将拟建招标工程全部项目和内容按相关的计算规则计算出工程量，列在清单上作为招标文件的组成部分，供投标人逐项填报单价，计算出总价，作为投标报价，然后通过评标竞争，最终确定合同价。工程量清单报价由招标人给出工程量清单，投标者填报单价，单价应完全依据企业技术、管理水平等企业实力而定，以满足市场竞争的需要。

采用工程量清单综合单价计算投标报价时，投标人填入工程量清单中的单价是综合单价，即完成一个规定计量单位的分部分项工程量清单项目或措施清单项目所需的人工费、材料费、施工机械使用费和企业管理费与利润以及一定范围内的风险费用。将工程量与该单价相乘得出合价，将全部合价汇总后即得出投标总报价。分部分项工程费、措施项目费和其他项目费用均采用综合单价计价。工程量清单计价的投标报价由分部分项工程费、措施项目费和其他项目费用构成。

分部分项工程费用是指完成"分部分项工程量清单"项目所需的费用。投标人负责填写分部分项工程量清单中的金额一项。金额按照综合单价填写。分部分项工程量清单中的合价等于工程数量和综合单价的乘积。分部分项工程费应依据《建筑工程量计价规范》（GB 50500—2008）中综合单价的组成内容，按招标文件中分部分项工程量清单项目的特征描述确定综合单价。综合单价中应考虑招标文件中要求投标人承担的风险费用。

措施项目费用是指分部分项工程费以外，为完成该工程项目施工必须采取的措施所需的费用。措施项目是指为完成工程项目施工，发生于该工程施工准备和施工过程中的技术、生活、安全、环境保护等方面的非工程实体项目。措施项目费用应根据招标文件中的措施项目清单及投标时拟定的施工组织设计或施工方案按《建筑工程量清单计价规范》中的有关规定自主确定。其中安全文明施工费应按照《建筑工程量清单计价规范》中有关规定确定。

其他项目费指的是分部分项工程费和措施项目费用以外，该工程项目施工中可能发生的其他费用。主要包括暂列金额、暂估价、计日工和总承包服务费。

暂列金额在 08 建设工程工程量清单计价规范中明确定义是"招标人在工程量清单中暂定并包括在合同价款中的一笔款项"。

暂估价是指招标阶段直至签订合同协议时，招标人在招标文件中提供的用于支付必然要发生但暂时不能确定价格的材料以及需另行发包的专业工程金额。其类似于 FIDIC 合同条款中的 Prime Cost Items，在招标阶段预见肯定要发生，只是因为标准不明确或者需要由专业承包人完成，暂时无法确定其价格或金额。

计日工是为了解决现场发生的零星工作的计价而设立的。国际上常见的标准合同条款中，大多数都设立了计日工（Daywork）计价机制。计日工以完成零星工作所消耗的人工工时、材料数量、机械台班进行计量，并按照计日工表中填报的适用项目的单价进行计价支付。计日工适用的所谓零星工作一般是指合同约定之外的或者因变更而产生的、工程量清单中没有相应项目的额外工作，尤其是那些时间不允许事先商定价格的额外工作。计日工为额外工作和变更的计价提供了一个方便快捷的途径。

总承包服务费是为了解决招标人在法律、法规允许的条件下进行专业工程发包以及自行采购供应材料、设备时，要求总承包人对发包的专业工程提供协调和配合服务（如分包人使用总包人的脚手架、水电接驳等）；对供应的材料、设备提供收、发和保管服务以及对施工现场进行统一管理；对竣工资料进行统一汇总整理等发生并向总承包人支付的费用。招标人应当预计该项费用并按投标人的投标报价向投标人支付该项费用。

③ 技术标的编制　技术标包括全部施工组织设计内容，并用以评价投标人的技术实力和经验。技术复杂的项目对技术文件的编写内容及格式均有详细要求，投标人应当认真按照规定填写标书文件中的技术部分，包括技术方案、产品技术资料、实施计划等。

技术标的编制步骤主要如下。

a. 研究招标文件。研究工程综合说明，借以获得对工程全貌的轮廓性了解；熟悉并详细研究设计图纸和规范技术说明，了解设计的细部做法和对材料品种规格的要求；对整个建筑物及其各部件的尺寸，各种图纸之间的关系等都要吃透，发现不清楚或相互矛盾之处，要提请招标单位解释或订正；研究合同主要条款，重点是招标范围，开竣工时间及主要节点，工期、质量及安全目标。明确招标内容，为标书应涵盖的主要施工方案划清边界，工期长短也直接影响到施工方案的选择及资源的配备。对工期、质量或安全有特殊要求时，还需要根据本企业条件，做出相应的承诺；熟悉招标文件及评标办法，明确了解在技术标编制过程中应该包含哪些内容，根据评标办法中分值的分布突出技术标描述的重点，目的在于"有的放矢"、提高效率，使编制的内容更具针对性。

b. 调查投标环境。投标环境包括工程项目施工的自然条件、施工现场条件、资源供给条件、专业分包能力和条件、居住条件等。这些条件都是工程施工的制约因素，在技术标编制时要充分考虑，制定出最合理的施工方案，使工程成本和工期在投标时更具优势。

c. 成立编制小组，确定方案难点，对重大方案难点从经济性、可操作性等方面进行分析比较，进而制定合理的方案。

④ 投标报价的编制程序　不论采用何种投标报价体系，一般计算过程如下。

a. 复核或计算工程量　工程招标文件中若提供有工程量清单，投标价格计算之前，要对工程量进行校核。若招标文件中没有提供工程量清单，则必须根据图纸计算全部工程量。如招标文件对工程量的计算方法有规定，应按照规定的方法进行计算。此外，投标人可根据工程实际情况结合施工组织设计，对招标人所列的措施项目进行增补。

b. 确定单价，计算合价　在投标报价中，复核或计算各个分部分项工程的实物工程量以后，就需要确定每一个分部分项工程的单价，并按照招标文件中工程量表的格式填写报价，一般是按照分部分项工程量内容和项目名称填写单价与合价。

计算单价时，应将构成分部分项工程的所有费用项目都归入其中。人工、材料和机械费用应该是根据分部分项工程的人工、材料、机械消耗量及其相应的市场价格计算而得。一般来说，承包企业应建立自己的标准价格数据库，并据此计算工程的投标报价。在应用单价数据库针对某一具体工程进行投标报价时，需要对选用的单价进行审核评价与调整，使之符合拟投标工程的实际情况，反映市场价格的变化。

c. 确定分包工程量　来自分包人的工程分包费用是投标价格的一个重要组成部分，有时总承包人投标价格中的相当一部分来自于分包工程费。因此，在编制投标价格时需要有一个合适的价格来衡量分包人的价格，需要熟悉分包工程的范围，对分包人的能力进行评估。

d. 确定利润　利润指的是承包人的预期利润，确定利润取值的目标是考虑既可以获得最大的可能利润，又要保证投标价格具有一定的竞争性。投标报价时承包人应根据市场竞争情况确定在该工程上的利润率。

e. 确定风险费　风险费对于承包商来说是一个未知数，如果预计的风险没有全部发生，则可能预计的风险费有剩余，这部分剩余和利润加在一起就是盈余；如果风险费估计不足，则由盈利来补贴。在投标时应该根据该工程规模和工程所在地的实际情况，由有经验的专业人员对可能的风险因素进行逐项分析后确定一个比较合理的费用比率。

f. 确定投标价格　如前所述，将所有的分部分项工程的合价汇总后就可以得到工程的总价，但是这样计算的工程总价还不能作为投标价格，因为计算出来的价格可能重复也可能会漏算，也有可能某些费用的预估有偏差等，因而必须对计算出来的工程总价作某些必要的调整。调整投标价格应当建立在对工程盈亏分析的基础上，盈亏预测应用多种方法从多角度进行，找出计算中的问题以及分析可以通过采取哪些措施降低成本、增加盈利，确定最后的投标报价。

7.3.2　投标报价的策略

投标策略是指承包商在投标竞争中的系统工作部署及其参与投标竞争的方式和手段。投标策略作为投标取胜的方式、手段和艺术，贯穿于投标竞争的始终，内容十分丰富。常用的投标策略主要有以下几种。

（1）根据招标项目的不同特点采用不同报价

投标报价时，既要考虑自身的优势和劣势，也要分析招标项目的特点，按照工程项目的不同特点、类别和施工条件等来选择报价策略。

① 遇到如下情况报价可高一些　施工条件差的工程；专业要求高的技术密集型工程，本公司在这方面有专长，声望也较高的工程；总价低的小工程以及自己不愿做，又不方便不投标的工程；特殊的工程，如港口码头和地下开挖工程等；工期要求急的工程；投标对手少的工程；支付条件不理想的工程。

② 遇到如下情况报价可低一些　施工条件好的工程，工作简单、工程量大而一般公司都可以做的工程；本公司目前急于打入某一市场、某一地区，或在该地区面临工程结束，机械设备等无工地转移时；本公司在附近有工程，而本项目又可利用该工程的设备和劳务，或有条件短期内突击完成的工程；投标对手多，竞争激烈的工程；非急需工程；支付条件好的工程。

（2）不平衡报价法

这一方法是指一个工程项目总报价基本确定后，通过调整内部各个项目的报价，以期既不提高总报价，不影响中标，又能在结算时得到更理想的经济效益。一般可以考虑在以下几个方面采用不平衡报价。

① 能够早日结账收款的项目（如开办费、基础工程、土方开挖、桩基等）可适当提高报价。

② 预计今后工程量会增加的项目，单价适当提高，这样在最终结算时可多赚钱；将工程量可能减少的项目单价降低，工程结算时损失不大。

上述两种情况要统筹考虑，即对于工程量有错误的早期工程，如果实际工程量可能小于工程量表中的数量，则不能盲目抬高单价，要具体分析后再定。

③ 设计图纸不明确，估计修改后工程量要增加的，可以提高单价；而工程内容解说不清楚的，则可适当降低一些单价，待澄清后可再要求提价。

④ 暂定项目，又叫任意项目或选择项目，对这类项目要具体分析。因为这类项目要在开工后再由业主研究决定是否实施，以及由哪家承包商实施。如果工程不分标，不会另由一家承包商施工，则其中肯定要做的项目单价可高些，不一定做的则应低些。如果工程分标，

该暂定项目也可能由其他承包商时，则不宜报高价，以免抬高总报价。

采用不平衡报价一定要建立在对工程量表中工程量仔细核对分析的基础上，特别是对报低单价的项目，如工程量执行时增多将造成承包商的重大损失；不平衡报价过多和过于明显，可能会引起业主反对，甚至导致废标。

（3）计日工单价的报价

如果是单纯报计日工单价，而且不计入总价中，可以报高些，以便在业主额外用工或使用施工机械时可多盈利。但如果计日工单价要计入总报价时，则需具体分析是否报高价，以免抬高总报价。总之，要分析业主在开工后可能使用的计日工数量，再来确定报价方针。

（4）可供选择的项目的报价

有些工程项目的分项工程，业主可能要求按某一方案报价，而后再提供几种可供选择方案的比较报价。例如，某住房工程的地面水磨石砖，工程量表中要求按 25cm×25cm×2cm 的规格报价；另外，还要求投标人用更小规格砖 20cm×20cm×2cm 和更大规格砖 30cm×30cm×3cm 作为可供选择项目报价。投标时，除对几种水磨石地面砖调查询价外，还应对当地习惯用砖情况进行调查。对于将来有可能被选择使用的地面砖应适当提高其报价，对于当地难以供货的某些规格地面砖，可将价格有意抬高得更多一些，以阻挠业主选用。但是，所谓"可供选择项目"非由承包商任意选择，而是业主才有权进行选择。因此，我们虽然适当提高了可供选择项目的报价，并不意味着肯定可以取得较好的利润，只是提供了一种可能性，一旦业主今后选用，承包商即可得到额外加价的利益。

（5）暂定工程量的报价

暂定工程量有三种：一种是业主规定了暂定工程量的分项内容和暂定总价款，并规定所有投标人都必须在总报价中加入这笔固定金额，但由于分项工程量不明确，允许将来按投标人所报单价和实际完成的工程量付款。另一种是业主列出了暂定工程量的项目的数量，但并没有限制这些工程量的估价总价款，要求投标人既列出单价，也应按暂定项目的数量计算总价，当将来结算付款时可按实际完成的工程量和所报单价支付。第三种是只有暂定工程的一笔固定总金额，将来这笔金额做什么用，由业主确定。第一种情况，由于暂定总价款是固定的，对各投标人的总报价水平竞争力没有任何影响，因此，投标时应当对暂定工程量的单价适当提高。这样做，既不会因今后工程量变更而吃亏，也不会削弱投标报价的竞争力。第二种情况，投标人必须慎重考虑。如果单价定的高了，同其他工程量计价一样，将会增大总报价，影响投标报价的竞争力；如果单价定得低了，将来这类工程量增大，将会影响效益。一般来说，这类工程量可以采用正常价格。如果承包商估计今后实际工程量肯定会增大，则可适当提高单价，使将来可增加额外收益。第三种情况对投标竞争没有实际意义，按招标文件要求将规定的暂定款项列入总报价即可。

（6）多方案报价法

对于一些招标文件，如果发现工程范围不很明确，条款不清楚，或很不公正，或技术规范要求过于苛刻时，则要在充分估计投标风险的基础上，按多方案报价法处理。即是按原招标文件报一个价，然后再提出，如某某条款作些变动，报价可降低多少，由此可报出一个较低的价。这样，可以降低总价，吸引业主。

（7）增加建议方案

有时招标文件中规定，可以提一个建议方案，即可以修改原设计方案，提出投标者的方案。投标者这时应抓住机会，组织一批有经验的设计和施工工程师，对原招标文件的设计和施工方案仔细研究，提出更为合理的方案以吸引业主，促成自己的方案中标。这种新建议方案可以降低总造价或是缩短工期，或使工程运用更为合理。但要注意对原招标方案一定也要报价。建议方案不要写得太具体，要保留方案的技术关键，防止业主将此方案交给其他承包商。同时要强调的是，建议方案一定要比较成熟，有很好的可操作性。

（8）分包商报价的采用

由于现代工程的综合性和复杂性，总承包商不可能将全部工程内容完全独家包揽，特别是有些专业性较强的工程内容，需分包给其他专业工程公司施工，还有些招标项目，业主规定某些工程内容必须由他制定的几家分包商承担。因此，总承包商通常应在投标前先取得分包商的报价，并增加总承包商摊入的一定的管理费，而后作为自己投标总价的一个组成部分一并列入报价单中。应当注意，分包商在投标前可能同意接受总承包商压低其报价的要求，但等到总承包商得标后，他们常以种种理由要求提高分包价格，这将使总承包商处于非常被动的地位。解决的办法是，总承包商在投标前找 2～3 家分包商分别报价，而后选择其中一家信誉较好、实力较强和报价合理的分包商签订协议，同意该分包商作为本分包工程的唯一合作者，并将分包商的姓名列到投标文件中，但要求该分包商相应地提交投标保函。如果该分包商认为这家总承包商确实有可能中标，他也许愿意接受这一条件。这种把分包商的利益同投标人捆在一起的做法，不但可以防止分包商事后反悔和涨价，还可能迫使分包时报出较合理的价格，以便共同争取中标。

（9）无利润算标

缺乏竞争优势的承包商，在不得已的情况下，只好在算标中根本不考虑利润去夺标。这种办法一般是处于以下条件时采用。

① 有可能在得标后，将大部分工程分包给索价较低的一些分包商。

② 对于分期建设的项目，先以低价获得首期工程，而后赢得机会创造第二期工程中的竞争优势，并在以后的实施中赚得利润。

③ 较长时期内，承包商没有在建的工程项目，如果再不夺标，就难以维持生存。因此，虽然本工程无利可图，只要能有一定的管理费维持公司的日常运转，就可设法渡过暂时的困难，以图将来东山再起。

7.4　开标、评标和定标

7.4.1　开标

（1）开标及其要求

开标是指在招标文件确定的投标截止时间的同一时间，招标人依招标文件规定的地点，开启投标人提交的投标文件，并公开宣布投标人的名称、投标报价、工期等主要内容的活动。它是招标投标的一项重要程序。因此，有以下要求。

① 提交投标文件截止之时，即为开标之时，其中无间隔时间，以防不端行为有可乘之机。

② 开标的主持人和参加人。主持人是招标人或招标代理机构，并负责开标全过程的工作。参加人除评标委员会成员外，还应当邀请所有投标人参加，一方面使投标人得以了解开标是否依法进行，起到监督的作用；另一方面了解其他投标人的情况，做到知己知彼，以衡量自己中标的可能性，或者衡量自己是否在中标的名单之中。

（2）开标程序

开标应遵循法定程序。开标时，由投标人或者其推选的代表检查投标文件的密封情况，也可以由招标人委托的公证机构检查并公证。经确认无误后，由工作人员当众拆封，宣读投标人名称、投标价格和投标文件的其他主要内容。

招标人在招标文件要求的提交投标文件截止时间前收到的所有投标文件，开标时，都应当众予以拆封、宣读。开标应遵循以下程序。

① 由投标人或者其推选的代表检查投标文件的密封情况，也可以由招标人委托的公证机构检查并公证。投标人数较少时，可由投标人自行检查；投标人数较多时，也可以由投标人推举代表进行检查。招标人也可以根据情况委托公证机构进行检查并公证。

公证是指国家专门设立的公证机构根据法律的规定和当事人的申请，按照法定的程序证明法律行为、有法律意义的事实和文书的真实性、合法性的非诉讼活动。公证机构是国家专门设立的，依法行使国家公证职权，代表国家办理公证事务，进行公证证明活动的司法证明机构。是否需要委托公证机构到场检查并公证，完全由招标人根据具体情况决定。招标人或者其推选的代表或者公证机构经检查发现密封被破坏的投标文件，应作为废标处理。

② 经确认无误的投标文件，由工作人员当众拆封。投标人或者投标人推选的代表或者公证机构对投标文件的密封情况进行检查以后，确认密封情况良好，没有问题，则可以由现场的工作人员在所有在场的人的监督之下进行当众拆封。

③ 宣读投标人名称、投标价格和投标文件的其他主要内容。标有"撤回"字样的信封，应首先开封并宣读；按规定提交合格的撤回通知的投标文件，不予开封，并退回给投标人；确定为无效的投标文件，不予送交评审。

投标文件拆封以后，现场的工作人员应当高声唱读投标人的名称、投标价格以及投标文件中的其他主要内容。其他主要内容是指投标报价有无折扣或者价格修改等。如果要求或者允许报替代方案的话，还应包括替代方案投标的总金额。建设工程项目的其他主要内容还应包括工期、质量、投标保证金等。

凡是没有宣读的标价、折扣、选择报价，其标书不能进入下一步的评标。

宣读的目的在于使全体投标人了解各个投标人的报价和自己在其中的顺序，了解其他投标人的基本情况，以充分体现公开开标的透明度。

④ 招标人在招标文件要求提交投标文件的截止时间前收到的所有投标文件，开标时都应当众予以拆封，不能遗漏，否则就构成对投标人的不公正对待。如果是在招标文件所要求的提交投标文件的截止时间之后收到的投标文件，则应不予开启，原封不动地退回。

如果对截止时间之后收到的投标文件也进行开标的话，则有可能造成舞弊行为，出现不公正，是一种违法行为。

⑤ 开标过程必须记录，并存档备查。这是保证开标过程透明和公正，维护投标人利益的必要措施。要求对开标过程进行记录，可以使权益受到侵害的投标人行使要求复查的权利，有利于确保招标人尽可能自我完善，加强管理，少出漏洞。此外，还有助于有关行政主管部门进行检查。

开标过程记录就是要求对开标过程中的重要事项进行记载，包括开标时间，开标地点，开标时具体参加单位、人员，唱标内容，开标过程，是否经过公证等。记录以后，应当作为档案保存起来，以方便查询。任何投标人要求查询，都应当允许。对开标过程进行记录、存档备查，既是我国《招标投标法》的规定，也是《联合国采购示范法》、《世界银行采购指南》以及其他国家有关法律的规定。

7.4.2 评标和定标

投标文件的评审工作应在招投标管理部门的监督下，由评标委员会负责进行。

评标按照下列程序进行：①评标准备；②组建评标委员会；③评审；④定标；⑤撰写评

标报告。

（1）评标准备

正式开标前，由招标人或其委托的招标代理机构介绍招标工程相关情况以及评标所需的各种信息与数据，评标委员会成员应当编制供评标使用的相应表格，认真研究招标文件和图纸，主要应了解和熟悉以下内容：招标目的；招标范围和性质；招标文件中规定的主要技术要求、合同条款；招标文件中规定评标标准、评标方法和在评标过程中考虑的其他因素等。

（2）组建评标委员会

按招标投标法相关规定，评标委员会由招标人代表和有关技术、经济等方面的专家组成，成员人数为 5 人以上单数，其中技术、经济等方面的专家不得少于成员人数的 2/3。

采用定额报价方式，投标人投标报价时只需以经确认的招标人标底为基数确定让利幅度即可，实际上是用社会平均成本衡量投标价的模式，应侧重技术标的评审。而目前采用的工程量清单计价，投标人根据本企业的具体经营、技术、装备水平、管理水平、市场价格信息，视工程的实际情况自主进行投标报价，报价评审成为整个评审的主要工作，因此，评标委员会的组成成员中必须要有一定比例的工程经济专家。

招标文件的评标方式不同时，技术、经济等方面评标专家人数也应在规定的范围内作相应调整。当采用"经评审的最低投标价法"时，评标委员会宜以经济专家为主组成，当采用"综合评估法"或工程技术比较复杂时，技术专家与经济专家人数需同时兼顾考虑。

（3）评审

评审是招投标工作中最重要的一步，评标委员会成员应认真阅读招标文件，严格依据国家和省、市招标投标的法律法规精神以及本工程招标文件中规定的评标标准和方法对各投标文件独立评审，不得带有任何倾向性。招标文件中没有规定的标准和方法不得作为评标的依据。

① 主要评审内容

a. 投标文件在符合性、响应性等方面存在的偏差。

b. 投标文件存在的含义不明确、对同类问题表述不一致或者有明显文字错误的地方。

c. 投标文件存在的算术计算错误。

d. 投标单价（含技术措施费）过低及过高的项目与招标文件规定的标准之间存在的偏差。

e. 投标文件改变属于投标人代收代缴性质的各种税费、行政规费或者遗漏相关内容的地方。

f. 报价组成是否合理。

g. 其他需要投标人进行澄清、说明或者补正的地方。

② 投标文件偏差　投标文件产生的偏差可分为重大偏差和细微偏差两种。

重大偏差是指投标文件出现了实质上没有全部或部分响应招标文件要求或指标的信息或数据。

细微偏差是指投标文件在实质上响应招标文件要求，但在个别地方存在漏项或者提供了不完整的技术信息或数据等情况，并且补正这些漏项或者不完整不会对其他投标人造成不公平的结果，不影响投标文件的有效性的偏差。

我国招标投标法规定，在评审时，当发现投标文件有下列情况之一的，可判定为重大偏差，投标文件作为废标，不再进入下一步评审。

a. 投标函未加盖投标人的公章及企业法定代表人印章的，或者企业法定代表人委托代理人没有合法、有效的委托书（原件）及委托代理人印章的。

b. 未按招标文件规定的格式填写，内容不全或关键字迹模糊、无法辨认的。

c. 投标人递交两份或多份内容不同的投标文件，或在一份投标文件中对同一招标项目报有两个或多个报价，且未声明哪一个有效，按招标文件规定提交备选投标方案的例外。

d. 投标人名称或组织机构与资格预审时不一致的。

e. 未按招标文件要求提交投标保证金的。

f. 组成联合体投标的，投标文件未附联合体各方共同投标协议的。

招标文件中所列的重大偏差不得与法律法规相抵触，招标文件对重大偏差另有规定的，应从其规定。

下列情况可视为未对招标文件作出实质性响应：投标文件载明的招标项目完成期限超过招标文件规定的期限；投标文件明显不符合技术规范、技术标准的要求；投标报价超过招标文件规定的最高限价的；不同投标人的投标文件出现了评标委员会认为不应当雷同的情况；投标文件提出了不能满足招标文件要求或招标人不能接受的工程验收、计量、价款结算支付方法；以他人的名义投标、串通投标、以行贿手段谋取中标或者以其他弄虚作假方式投标的；经评标委员会认定投标人的投标报价低于成本价的；投标人未按照招标文件的要求提供必须提交的相关资料的；投标文件中附有招标人不能接受的条件的；投标文件中提供虚假资料的等。

法律、法规、规章和招标文件未规定作为重大偏差的，一律作为细微偏差。

评标委员会根据规定否决不合格投标或者界定为废标后，因有效投标不足 3 个使得投标明显缺乏竞争的，评标委员会可以否决全部投标。所有投标被否决的，招标人应依法重新招标。

③ 澄清、说明或者补正

a. 澄清、说明或者补正的内容。根据需要，评标委员会可以书面形式要求投标人对投标文件中含义不明确、对同类问题表述不一致、明显算术计算错误、缺项（漏项）、措施报价的完整性及与方案的相符性、有明显文字错误的内容等细微偏差进行书面澄清、说明或者补正。

投标文件中具有不响应招标文件实质性要求和条件的内容，评标委员会应当不允许投标人通过修正或撤销其不符合的差异，使之成为具有响应性的投标。评标委员会也不得向投标人提出带有暗示性或诱导性的问题，或向其明确投标文件中的遗漏和错误。

b. 澄清、说明或者补正的原则。评标委员会应当在投标人澄清、说明和补正的基础上，实事求是地反映投标文件实质性内容，尽量减少无效投标文件，澄清、说明和补正应按招标文件的规定作出最不利于投标人的量化。

（a）投标报价以投标文件的投标函中报价为准，当投标函中数字表示的金额与文字表达的金额不一致的，以文字表达的金额为准；投标文件中的大写金额和小写金额不一致的，以大写金额为准；总价金额与单价金额不一致的，以单价金额为准，但单价金额小数点有明显错误的除外；单价与工程量的乘积与总价不一致的，以单价为准，若单价有明显的小数点错位，应以总价为准，并修改单价。

（b）投标人自行增加的项目及相关价格，视为投标人预计可能发生的项目内容的报价，应从投标人投标总价中相应扣除。对投标人增加的项目的相关价格，招标人可以选择接受或拒绝。招标人拒绝的，投标人应同意并承诺，否则视为投标文件附有招标人不可接受的附加条件，属于重大偏差，其投标无效。

（c）漏（缺）项。当评标委员会界定投标人漏（缺）项所产生的费用可与其投标利润相抵消，且投标人在澄清、说明和补正中已明确表示承担该漏（缺）项部分的费用，可将该部分费用按照其他投标评标价中的最高价加入其投标价中作为评标价进入评审。但如中标，该费用不予增加。如投标人在澄清、说明和补正中认为该漏缺项的费用已包含在其他项目报价中，则评标价中不予增加。

(d) 对明显偏低的项目报价的处理。评标委员会通过评审发现投标人的投标报价明显低于其他投标人且无技术、经济方面的补足措施，或投标报价中存在明显的瑕疵时，按照澄清与补正办法进行修正、补正，当修正或补正后，评标委员会认为所有偏低项目的单项费用差的总计金额小于投标文件所列明的利润总额，上述情况不会使该整个项目报价低于成本，评标委员会应当认定该投标人投标报价有效，该投标价可作为评标价。否则，视为投标报价低于成本，其投标无效。

对存在明显偏低的项目报价，应对下列因素进行重点分析：工程内容是否完整；施工方法是否正确；施工组织和技术措施是否合理、可行；费用金额的组成、工料机消耗及确定的费用、利润是否合理；是否满足招标文件对主要材料的规格、型号、等级等特殊要求；确定的材料价格是否合理；投标人对澄清要求所作的说明是否合理，提供的相关证明材料是否具有说服力。

c. 在澄清、说明和补正过程中，投标人不接受或不按要求进行澄清、说明、补正的，经评标委员会认可，可拒绝该投标人的投标。

在澄清与补正中发生投标价格变化的，经过投标授权人签字确认，调整后的报价对投标人起约束作用，同时应向全体投标人进行通报。

经过澄清与补正后的投标报价，即为评标价，按招标文件中规定的评标办法和方法进行评审。

(4) 定标

评标委员会按照招标文件中规定的定标方法，推荐不超过 3 名有排序的合格的中标候选人。依法必须进行招标的项目，在根据评标委员会推荐的排名第一的中标候选人公示两个工作日后，招标人将其确定为中标人。

排序原则：采用经评审的最低投标价法时，在合格的投标人中，按照评审出的投标价格排名，价格最低者排名第一；采用综合评分法时，在合格的投标人中，依总得分排名，总得分最高者排名第一。

排名第一的中标候选人放弃中标、因不可抗力提出不能履行合同，或者招标文件规定应当提交履约保证金而在规定的期限内未能提交的，招标人可以确定排名第二的中标候选人为中标人。排名第二的中标候选人因同样的原因不能签订合同的，招标人可以确定排名第三的中标候选人为中标人。

(5) 评标报告

评标委员会完成评标后，经济专家与技术专家评委应共同撰写评标报告并签名，阐明对各投标文件的评审和比较意见，说明所下结论的依据。

7.5　合同与合同管理

《中华人民共和国合同法》（以下简称《合同法》）由中华人民共和国第九届全国人民代表大会第二次会议于 1999 年 3 月 15 日通过，是订立合同和合同管理的法律依据。合同是双方或多方当事人之间就某特定事项所签订的一项具有约束力的协议。经济合同是从事经济活动的双方或多方之间确定、变更或终止经济权利义务关系的协议。即从事经济活动的权利义务主体（法人或自然人），从自身的经济利益出发，根据国家法律、法令或计划的要求，遵照平等、自愿、互利的原则，彼此间协商所达成的、有关经济内容的、共同遵守的协议。

参与经济活动的法人是指具有民事权利能力和民事行为能力，依法独立享有民事权利和承担民事义务的组织。法人应当具备以下条件。

① 依法成立。

② 有必要财产和经费。

③ 有自己的名称、组织机构和场所。

④ 具有相应的民事权利能力和民事行为能力。

7.5.1　合同的内容

在一般情况下，经济合同应具备以下几项基本内容。

① 合同当事人　指签订合同的双方当事人，可以是自然人或法人。在施工承包合同中。合同当事人一般是施工单位的法人代表和建设单位的法人代表，或者是他们各自的授权人。合同中应包括当事人的名称或者姓名和住所。

② 合同的标的　经济合同的标的是当事人的权利义务共同所指的对象。施工项目承包合同，其标的是完成工程项目。合同标的是合同必须具备的条件，没有标的或者标的不明确，合同不能成立，也无法履行。

③ 标的数量和质量　经济合同的数量和质量（包括规格），是确定合同标的具体特征的条件，如果在合同条款中对标的数量和质量不加以具体规定，当事人的权利和义务的大小和要求就很难确定。

标的数量，一般是以数字作为衡量标的的尺度。标的不同，其计量方法也是不同的。在工程项目承包合同中，工程量清单可以看成是标的数量。

对合同标的质量标准、技术要求或服务条件，应在合同中详细规定，有的还应附加说明书、设计书。为了加强全面质量管理，实行产品标准化，国家颁布了标准化条例，各部门也颁发了产品标准化的规范性文件。如建筑工程的《质量验收规范》、《施工规范》等。

④ 合同价款或者报酬　价款和报酬是取得标的物者或接受劳务者一方，向对方支付的酬金。价金应遵循等价、互利的原则。对标的物的价金应协商一致，在合同中规定具体价格的计算依据和计算标准。企业组织之间的合同，还要写明给付价金的方式、结算银行账号和结算程序。一般按《概算（预）算定额》计价，同时应规定索赔的条件和索赔的计价方式。

⑤ 合同的履行期限、地点和方式　从法律上看，合同的期限是享有请求权的一方，要求对方履行合同的依据，也是检验是否履行或延期履行的标准。合同期限包括签订期限、有效期限和履行期限。如果不规定期限，这种合同就没有什么实际效用。在工程项目中，合同期限主要包括开工日期、工期要求、保修期限等。

履行地点不仅与实现合同的经济目的有关，而且，有时还直接关系到履行费用。如工程项目的地点关系到施工队伍和机械设备等的搬迁费用，材料订购合同的提货与运货在价金上是不同的。另外，当双方发生争议，和解和调解不成时，还涉及到仲裁或诉讼地点，所以，履行地点必须在合同中明确规定。工程项目的履行地点就是设计文件所规定的地点，当事人无权用协商的办法来加以变更。

⑥ 价款清偿方式　需方收到产品或劳务后，必须按规定的金额和时间付给对方价金，合同才能完成。货款结算方式有现金、支票、汇兑和托收承付等方式，应按人民银行结算制度的规定执行。托收承付是人民银行对于货款结算的一种方式。即供方根据合同发货以后，持合同运单和发货票委托银行向需方收款（托收），需方收到银行转来的托收单后，认为来货符合合同规定，承认付款后，由双方所在地银行开办划款转账手续。

⑦ 包装和验收方法　工程施工合同中包括工程质量验收规定、所订购材料、设备的包装和验收规定。

⑧ 违约责任　违约责任是指由于当事人一方或双方的疏忽或过错，造成经济合同不能履行或不能完全履行时，违约方必须承担的责任。对于违约责任，应在合同条款中明确规定。

⑨ 解决争议的方法　合同执行期间，发生争议可以通过和解或调解解决，当事人不愿和解、调解或者调解不成的，可以根据仲裁协议向仲裁机构申请仲裁。

以上是一般经济合同必须具备的主要条款，除此之外，根据法律规定的或按经济合同的性质必须具备的条款以及当事人一方要求必须规定的条款，也是经济合同的主要条款。当事人可以参照各类的示范文本订立合同。

7.5.2　合同的签订程序

《合同法》规定：当事人订立合同，采取要约、承诺方式。

① 要约（提出建议）。当事人一方向另一方提出订立合同的愿望和合同的基本条件，供其考虑。提出订立合同建议的当事人叫要约人。要约通常有两种。

一是向特定人提出。要约人要与谁签订合同，就要向谁提出订立合同的愿望和基本条件，进行协商。

二是不向特定人提出，而是向社会上所有符合条件的人提出要签订合同的愿望和条件。如工程招标中的公开招标便属此种。

要约人提出的要约，是一种法律行为，要约人对要约负法律责任，在所提出的期限内，不得向第三者提出同样的要约订立合同。否则，应赔偿对方因此造成的损失。对于超过答复期限，或者已经撤销的要约，要约者不承担任何法律责任。

② 承诺（接受建议）。承诺是对合同建议发出完全同意的一种表示。接受建议的当事人叫承诺人。承诺也是一种法律行为，对要约一经承诺，就认为双方当事人已经协商一致，达成协议，合同也就产生了法律效力。

承诺必须具备两个条件：①必须无条件地全部同意要约所提各项条款；②承诺必须在要约规定的期限内作出。

如果承诺人对要约的内容做了保留、附加或改变，或超过了规定期限才作出承诺，都不视为承诺，而只能认为是承诺人提出的新要约。因此，只有当要约人接受了这个新要约，才能达成协议，合同才成立。

要约和承诺是任何一个合法的经济合同必须具备的两个要素，也是必须的两个阶段，缺一不可，否则，就不可能达成协议。实际上在酝酿合同过程中，当事人往往要对合同条款进行反复磋商，常常要经历要约——反要约——再要约——直至承诺的过程。

根据法律规定，有些合同，除了要约和承诺外，还要完成一定行为，合同才能成立。如货物运输合同，承运单位除了接受填写的托运单外，还要验收托运的货物，合同才成立；工程承包合同，还要交纳一定数量的保证金，合同才能成立。

7.5.3　合同的担保

合同的担保，就是合同双方当事人为了确保合同的切实履行，依据法律规定共同协商而采取的具有法律效力的保证措施。在我国，合同担保一般有以下几种方式。

① 违约金　是指当事人一方不履行合同、不完全履行合同或逾期履行合同，必须付给另一方当事人一定数额的货币资金。在工程项目中主要有无故延期的罚金、质量问题的罚金等。在规定违约金的同时，还可以规定一些奖励条件。

② 定金　是签订合同的一方，在合同规定应当支付给对方的金额内，预先付给对方一定数额的现金，并作为一种担保形式，保证合同的履行。经济合同履行后，定金应当收回，或抵作价款。给付定金的一方，如果不履行合同，接受方不予偿还，接受方也无权请求返还；接受定金的一方不履行合同的，应当双倍返还定金。

③ 保证　是从属于主合同的一种担保合同。其特点在于保证人以自己的名义担保被保证人履行合同。它具有以下法律特征：a. 保证人以自己的名义进行担保，他与主合同的债权人具有权利、义务关系。当被保证人不履行义务或无力履行义务时，保证人有义务代被保证人履行。b. 保证人代被保证人履行义务后，有权要求被保证人偿还。因为，担保合同是保证人同被保证人，保证人同债权人三方当事人共同参与的法律关系。c. 保证人只对他表示愿意承担的那个特定的经济合同负责。保证责任只以所担保的经济合同有效为前提，当事人若擅自变更或扩大经济合同的责任，保证人对扩大和变更部分不负责任。保证人对合同的担保责任，可以是全部，也可以是部分，在合同中应做出明确的规定，否则，应认为对合同全部负责。

④ 抵押　抵押就是当事人或者第三方为履行合同向对方提供的财产保证。当义务人或债务人不履行义务或债务时，抵押权人依据法律，可以从变卖抵押物所得的价款中优先得到清偿。如果变卖抵押物的价款不足以清偿债务时，抵押权人可以要债务人清偿不足部分的债务，如有剩余，应退还抵押人。

通常抵押财产由抵押权人保管，这样可以使抵押权人放心。由于抵押权人的过失，使所保管的抵押财产受到损失或毁坏时，抵押权人应负赔偿责任，如果是因不可抗力而遭受毁坏，则不负赔偿责任。

⑤ 留置权　当事人一方对合法占有的他方财产，可以由于他方不履行合同而采取扣留措施，即有留置他方财产的权利。如果留置期限超过 6 个月，他方仍不履行合同，则留置方可依据法律的规定，变卖被留置的财物，优先从变卖抵押物所得的价款中得到补偿。

7.5.4　合同的有效与无效

（1）有效合同

有效合同即依法成立并符合合同生效条件的合同。合同的生效条件就是指已经成立的合同产生法律效力应当具备的条件。合同的生效条件是判断合同是否具有法律约束力的标准。这些条件包括：第一，合同的主体合格。合同的主体合格，是指合同的主体应当具有相应的民事权利能力和民事行为能力。主体的种类不同，其相应的民事权利能力和民事行为能力也不尽相同。第二，内容与形式要合法。内容合法，包括合同的标的、数量、质量、价格以及履行的期限和方式都要合乎法律规定；形式合法，是合同有效的条件之一，凡是法律要求必须采用书面形式的，只有采用书面形式签订的合同，才有法律效力。除此，有的合同签订后，还需要经上级主管部门批准，合同才能生效，才是合法的。第三，要符合自愿、等价公平的原则。签订合同必须贯彻自愿原则，即使是企业的主管部门与企业订立的合同，也必须贯彻自愿原则。坚持自愿原则，就要求在订立合同的时候必须尊重对方的意见，任何一方不得把自己的意志强加给对方。违背自愿原则，强行签订的合同是不符合法律规定的。等价公平原则是指，无论签订什么经济合同，都必须遵循价值规律的要求。要取得一定的利益，就要付出相应的代价，决不允许无偿调拨或不等价交换。经济合同双方当事人彼此的权利和义务都应是相互的、对等的。

（2）无效合同

双方当事人所签订的经济合同，如果完全不符合法律要求，这种经济合同则被认为全部无效。如果订立的经济合同只是个别部分不符合法律规定，只能确定为部分无效。如果被确认无效的部分，不影响其余部分的效力，则其余部分仍然有效。根据《合同法》的规定，下列经济合同为无效经济合同。

① 当事人不具备签订合同的资格。如当事人不具备法人资格而冒充法人，或者当事人没有行为能力等。

② 违反国家法律和政策的合同。

③ 采取欺骗、威胁、强迫、命令等手段所订立的经济合同，以及代理人与对方恶意通谋订立的合同。

④ 代理人超越代理权限签订的合同或以被代理人的名义同自己或者自己所代理的其他人签订的合同。

⑤ 违反国家利益或社会公共利益的经济合同也为无效合同。

（3）无效合同的法律后果

无效合同一经确认，从开始订立的时候起，就没有法律效力。如果当事人双方已经履行了无效合同，根据法律应追究无效合同有过错的当事人的法律责任，就产生了无效合同的法律后果问题。对此，法律规定如下。

① 经济合同被确认无效后，当事人依据该合同所取得的财产，应返还给对方，有过错的一方应赔偿对方因此所受的损失；如果双方都有过错，则各自承担相应的责任。

② 违反国家利益或社会公共利益的合同，如果双方都是故意的，应追缴双方已经取得的或者约定取得的财产，收归国库所有。如果只有一方是故意的，则故意的一方应将从对方取得的财产返还给对方，非故意的一方已经从对方取得的财产，应收归国库所有。

除此之外，还应根据签订无效经济合同的违法行为的性质、情节和因此造成的影响及后果，追究有关人员的经济责任、行政责任、甚至刑事责任。

7.5.5　合同的转让、变更和解除

经济合同的转让是指合同的主体发生变更，由新的合同当事人代替旧的合同当事人，但合同的标的并没有发生变化。经济合同的变更，是指双方当事人对原合同作出适当的补充和修改所达成的协议。经济合同的解除，就是双方当事人对已订立的合同宣布无效所达成的协议。这种变更或解除合同的协议，本身就是一种合同，是双方当事人之间原来权利与义务关系的改变或终止。

（1）合同变更和解除的条件

① 《合同法》规定，当事人协商一致进行，可以变更合同。法律、行政法规规定变更合同应当办理批准、登记等手续的，依照其规定。同时规定，经当事人协商一致，可以解除合同。当事人可以约定一方解除合同的条件，解除合同的条件成熟时，解除权人可以解除合同。对合同进行变更或解除不应损害国家利益和影响国家计划的执行。

② 经济合同的变更或解除不应使所依据的国家计划被修改或取消。

③ 由于当事人一方倒闭、停产、转产而确实无法履行的经济合同，可以终止或取消。

④ 由于不可抗力或由于一方当事人虽无过失但无法防止的外因，致使经济合同无法履行。由于不可抗力如台风、地震、冰雹、暴风雪、火山爆发等致使合同不能履行时，当事人双方对此都可以减轻或免除承担责任，但是双方必须通力协作，共同努力，迅速采取有效措施，尽量避免或减少社会财富的损失。

⑤ 由于一方违约，使经济合同履行成为不必要时，可解除合同。

（2）变更和解除合同的程序

合同的变更和解除，是在原有合同基础上进行的，和订立合同的程序基本上相同。首先由一方提出变更或解除合同的建议，主要内容包括要求变更或解除合同的理由；变更后的合同条款；因变更或解除合同所造成的损失责任等。只有在对方接受建议后，变更或解除合同才算成立。

如果原合同是经过特别程序签订的，合同的变更或解除也应按原合同的程序进行。如果是经过审核或公证的合同，须报有关单位审核或公证机关备案。

在有的涉外合同中，除了双方协商一致外，受害者一方也可以单方面解除合同，一般只是在违约的一方使对方受到了严重损害时，受害方可以不必经过对方同意而解除合同。不过这种单方解除合同的做法是受到严格控制的。

关于变更或解除经济合同建议的答复期限，应在双方协议的期限内或有关业务主管部门规定的期限内给出。如果没有指明答复时间，一般在 15 天左右，不宜过长。如果接到建议的一方在通常使用的期限内不作答复，可视为接受了变更或者解除原经济合同的建议。

7.6 建设工程合同

7.6.1 建设工程合同的概念和特征

(1) 建设工程合同的概念

《合同法》第 269 条规定，建设工程合同是承包人进行工程建设、发包人支付价款的合同。建设工程的主体是发包人和承包人。发包人，一般为建设工程的建设单位，即投资建设该项工程的单位，通常也称作"业主"，包括业主所委托的管理机构。承包人，是实施建设工程的勘察、设计、施工等业务的单位。这里的工程是指土木工程、建筑工程、线路管道和设备安装工程以及装修工程。

建设工程合同，在《合同法》以前被称为建设工程承包合同。1982 年 7 月 1 日实施的《经济合同法》曾专门就建设工程承包合同的订立和履行作了规定。1983 年 8 月 8 日，国务院根据《经济合同法》的有关规定，结合实行建设工程合同制的经验，颁布了《建设工程勘察设计合同条例》和《建筑安装工程承包合同条例》。1993 年 1 月 29 日，建设部根据《经济合同法》、《建筑安装工程承包合同条例》和《建筑市场管理规定》，制定了《建设工程施工合同管理办法》。此外，还发布了《建设工程施工合同示范文本》（由《建设工程施工合同条件》和《建设工程施工合同协议条款》组成）。1998 年 3 月 1 日起实施的《建筑法》也对建设工程合同作出了有关规定。《合同法》总结实行建设工程合同的经验，对建设工程合同及建设工程的勘察、设计和施工过程中的当事人的权利义务和责任作了比较全面的规定。

(2) 建设工程合同的特征

① 合同主体的严格性　建设活动不同于一般的经济活动，《建筑法》对建设工程合同的主体有非常严格的要求。建设工程合同中的发包人必须取得准建证件，如土地使用证、规划许可证、施工许可证等。国有单位投资的经营性基本建设大中型项目，在建设阶段必须组建项目法人，由项目法人对项目的策划、资金筹措、建设实施、生产经营、债务偿还和资产保值增值承担责任。建设工程的承包人应该具有从事勘察、设计、施工、监理业务的合法资格。国家法律对建设工程承包人的资格有明确的规定。《建筑法》要求建设工程承包人应当具备下列条件：有符合国家规定的注册资本；有与其从事的建筑活动相适应的具有法定执业资格的专业技术人员；有从事相关建筑活动所应有的技术装备；法律法规规定的其他条件。承包人按照其拥有的注册资本、专业技术人员、技术装备和完成的建设工程业绩等资质条

件，划分为不同的资质等级，经资质审查合格，取得相应等级的资质证书后，方可在其资质等级许可的范围内从事建筑活动。

②　合同标的的特殊性　尽管勘察合同和设计合同的工作成果并不直接体现为建设工程项目，但它们是整个工程建设中不可缺少的环节。就建设工程合同的总体来看，其标的只能是建设工程而不能是一般的加工定作产品。建设工程是指土木工程、建筑工程、线路管道和设备安装工程以及装修工程等固定资产投资的新建、扩建、改建以及技术改造等建设项目。其中的大中型建设工程项目又称为基本建设工程项目。建设工程具有产品的固定性、单一性和工作的流动性。这也决定了建设工程合同标的的特殊性。

③　合同履行期限的长期性　建设工程由于结构复杂、体积大、建筑材料类型多、工程量大，与一般工业产品的生产相比，它的合同履行期限都较长；由于建设工程投资高，风险大，建设工程合同的订立和履行一般都需要较长的准备期；在合同的履行过程中，还可能因为不可抗力、工程变更、材料供应不及时等原因导致合同期限顺延。所有这些情况，决定了建设工程合同的履行期限具有长期性。

④　合同的订立和履行的行政性　建设工程合同的订立要符合国家基本建设程序。国家重大建设工程合同，应当按照国家规定的程序和国家批准的投资计划、可行性研究报告等文件订立。只有这样，才能使基本建设布局合理、符合国家产业方向、避免重复投资的浪费。《建筑法》还规定，建设工程合同的订立要采取招标投标的方式，并且开标、评标和定标都要接受有关行政主管部门的监督。建设工程必须发包给具有相应资质条件的承包人，承包人不得超越资质等级承包工程，否则将受到行政处罚。在合同履行过程中，严格禁止转包和违法分包；施工人员在施工中不得偷工减料，不得使用不合格的建筑材料、建筑配件和设备，也不得擅自改变工程设计图纸或者施工技术标准。有关行政主管部门有权对违反法律规定的行为给予行政处罚。

⑤　建设工程合同为要式合同　建设工程合同应当采取书面形式，这是国家对建设工程实施监督管理的需要，也是由建设工程合同履行的特点所决定的。建设工程合同一般具有合同标的数额大、合同内容复杂、履行期较长等特点，考虑到建设工程的重要性和复杂性，以及在建设过程中经常会发生影响合同履行的纠纷，因此，《合同法》第 270 条规定："建设工程合同应当采用书面形式。"

（3）建设工程合同与承揽合同的关系

建设工程合同属于完成工作的合同。这一点与承揽合同相同，最终都要产生新的劳动成果，但建设工程合同并非一般的承揽合同，而是关系国计民生的一种十分重要的合同。建设工程合同的订立和履行，与固定资产的扩大再生产、与人民群众物质文化生活水平的提高紧密相关。它对于保证国家基本建设计划的完成，调整国家经济结构和产业结构，为我国社会主义现代化建设提供坚实的物质基础，起着重要作用。

承揽合同是承揽人按照定做人的要求完成工作、交付工作成果、定做人给付报酬的合同。建设工程合同与承揽合同相比较，有以下不同：第一，对当事人的要求不同，承揽人可以是拥有一定设备、技术和劳力的法人、自然人或其他组织，法律对其没有多少资质要求；而对建设工程合同的承包人，法律有严格的资质条件和资格要求。第二，合同的标的不同。承揽合同的标的是承揽人的工作成果，随承揽内容的不同而有很大差异；建设工程合同的标的只能是建设工程，具有不可移动、长期存在的特点。

建设工程合同与承揽合同也具有相似之处，即两者都是有偿性、诺成性合同，而且建设工程合同是源自承揽合同的一种特殊合同。正因为如此，《合同法》第 287 条才规定："本章没有规定的，适用承揽合同的有关规定。"

7.6.2　建设工程合同的种类

根据不同的标准可以对建设工程合同进行不同的划分。

（1）以建设工程的环节和阶段为标准划分

以建设工程的环节和阶段为标准，可以将建设工程合同划分为建设工程勘察合同、建设工程设计合同与建设工程施工合同。《合同法》第 269 条规定，建设工程合同包括工程勘察、设计、施工合同。

① 建设工程勘察合同　建设工程勘察合同，是勘察人进行工程勘察、发包人支付价款的合同。发包人也称建设工程勘察合同的委托人，是工程建设项目的业主或建设单位或项目法人。勘察人是持有勘察证书的勘察单位。勘察人依据工程建设目标，通过对地形、地质及水文等要素进行测绘、勘察、测试及综合分析评定，查明建设场地和有关范围内的地质地理环境特征，提供工程项目建设所需要的勘察成果资料。所以，建设工程勘察合同的标的是进行勘察工作，为工程项目建设提供所需要的勘察成果。

勘察是工程建设的第一个环节，也是保证工程建设质量的基础环节，任何建设工程都必须重视工程勘察。

② 建设工程设计合同　建设工程设计合同，是设计人进行工程设计、发包人支付价款的合同。建设工程设计合同的发包人也称为委托人，是工程建设项目的业主或建设单位或项目法人。设计人是持有设计证书的设计单位。设计人依据工程建设目标，运用工程技术和经济方法，对建设工程的工艺、土木、建筑、公用、环境等系统按现行技术标准进行综合策划、论证，编制建设所需要的建设文件，提供作为建设工程依据的设计文件和图纸。设计人必须取得相应等级的资质证书，并在资质等级许可的范围内从事建筑设计活动；设计人必须经过有关主管部门的许可和资格审查。没有经过国家资格审查、不拥有设计证书的单位，不能作为建设工程设计合同的当事人。

建设工程设计合同的标的为建设工程的设计活动，最终为建设单位提供设计图纸和方案等设计成果。工程设计是工程建设的第二个环节，是保证建设工程质量的重要环节。

③ 建设工程施工合同　建设工程施工合同，是施工人进行工程建设施工、发包人支付价款的合同。建设工程施工合同的发包人是工程建设项目的业主或建设单位或项目法人。施工人是有一定生产能力、机械设备、流动资金，具有完成建筑工程施工任务的营业资格，能够按照发包人的要求提供建筑产品的企业。按照提供建筑产品的不同，可分为普通建筑企业和水电、冶金、市政工程等专业企业。施工人应该具有相应等级的资质证书，并在资质等级许可的范围内从事建筑活动。根据建设部发布的《建筑施工企业资质等级标准》，从事通用工业与民用建筑施工的企业分为建筑、设备安装、机械施工三类，其中建筑企业分为四级。根据建设部发布的《建筑市场管理规定》，建筑安装工程承包合同的发包人可以是法人，也可以是依法成立的其他组织或公民；而承包方须是持有营业执照、资质证书、开户银行资信证明等文件的法人。

建设工程施工合同的施工人进行工程建设施工活动，最终向发包人交付验收合格的建筑工程项目。一项建设工程，最终的质量如何，在很大程度上取决于施工人的建筑安装技术水平和管理水平，也与是否遵守《合同法》、《建筑法》等保证建筑工程质量的重要法律法规有重要关系。

（2）以建设工程合同的内容为标准划分

以建设工程合同的内容为标准，可以将建设工程合同划分为总承建合同与分承建合同。

① 总承建合同　总承建合同是指发包人与承包人签订的由承包人承建整个工程的合同。

总承建合同的内容包括工程勘察、设计和施工的全部内容。在总承建合同下，发包人和承包人分别只有一人，承包人对工程的勘察、设计、施工负全部责任。

② 分承建合同　分承建合同是承包人就建设工程的勘察、设计、施工任务分别与勘察人、设计人、施工人订立的合同。分承建合同也称为专业承包合同，其内容仅包括勘察、设计、施工中的一项或两项，不包括全部三项。在分承建合同下，承包人分别与勘察人、设计人、施工人发生关系，发包方是一方，但有两个或两个以上的承包方。勘察人、设计人、施工人之间相互独立，各自就自己所要完成的工作分别向发包人负责。

《合同法》第 272 条第 1 款规定："发包人可以与承包人订立建设工程合同，也可以分别与勘察人、设计人、施工人订立勘察、设计、施工承包合同。"可见，总承建合同与分承建合同都是法律所允许的。但是在签订分承建合同时，一定要根据勘察、设计和施工内容来划分承建合同的内容，不得任意划分、肢解建设工程。《合同法》第 272 条同时规定："发包人不得将应当由一个承包人完成的建设工程肢解成若干部分发包给几个承包人。"对此，《建筑法》第 24 条也作了规定："提倡对建筑工程实行总承包，禁止将建筑工程肢解发包。""建筑工程的发包单位可以将建筑工程的勘察、设计、施工、设备采购一并发包给一个工程总承包单位；但是，不得将应当由一个承包单位完成的建筑工程肢解成若干部分发包给几个承包单位。"

（3）以建设工程合同当事人间的联结关系为标准划分

以建设工程合同当事人间的联结关系为标准，可以将建设工程合同划分为总包合同与分包合同。

① 总包合同　总包合同是发包人与总承包人或某一勘察人、设计人、施工人就完成其所承包的建设工程的全部工作所订立的合同。总包合同的一种特殊形式是联合共同承包，就是由两个以上的承包单位联合共同承包一项建设工程，联合起来的各方在总包合同中共同属于承包人，对承包合同的履行承担连带责任，但建设工程合同的承包人仍然是一方。联合共同承包合同只适用于大型建设工程或结构复杂的建设工程。为了防止低资质企业通过联合方式承包需要较高资质的建设工程项目的投机行为，《建筑法》规定不同资质等级的单位实行联合共同承包的，应当按照资质等级低的单位的业务许可范围承揽工程。

② 分包合同　分包合同是总承包人或勘察人、设计人、施工人将其承包的建设工程任务的部分工作再分包给他人完成所订立的合同。《合同法》第 272 条第 2 款规定："总承包人或者勘察人、设计人、施工人经发包人同意，可以将自己承包的部分工作交由第三人完成。"可见法律允许将工程项目分包。但分包应该符合法律规定，主要表现在以下几个方面。

a. 分包必须经发包人同意，没有取得发包人同意，总承包人或勘察人、设计人、施工人不得将自己承包的部分工作交由第三方完成。

b. 分包不同于转包，法律绝对禁止转包，承包人不得将其承包的全部建设工程转包给第三方或者将其承包的全部建设工程肢解以后以分包的名义分别转包给第三方。

c. 承包人分包出去的部分工作不能是建设工程的主体结构的施工工作，建设工程的主体结构的施工必须由承包人自行完成。国家计委发布的《国家基本建设大中型项目实行招标暂行规定》中规定："主体工程不得分包。合同分包量，不得超过中标合同价的 30%。"

d. 分包人必须具备相应的资质条件，不得将工程分包给不具备相应资质条件的单位。也就是说，分包单位不仅要具备资质等级，而且要具有与所分包的工程相应的资质等级。

e. 分包只能发生一次，分包单位不得将其承包的工程再分包，形成层层分包。

f. 在合法的分包合同下，分包人就其完成的工作成果与总承包人或勘察人、设计人、施工人向发包人承担连带责任。分包人不能履行或不适当履行其分包合同时，发包人有权要求总承包人承担全部责任；总承包人承担责任后享有向分包人追究其应承担的责任的权利；发包人也可以要求分包人承担责任。

7.7　建设工程合同管理

7.7.1　建设工程合同管理的概念

建设工程合同管理，是指各级工商行政管理机构、建设行政主管部门和金融机构以及业主、承包商、监理单位依据法律和行政法规、规章制度，采取法律的、行政的手段，对建设工程合同关系进行组织、指导、协调及监督，保护建设工程合同当事人的合法权益，处理工程合同纠纷，防止和制裁违法行为，保证工程合同的贯彻实施等一系列活动。

建设工程合同管理，既包括各级工商行政管理机关、建设行政主管机关、金融机构对工程合同的管理，也包括发包单位、监理单位、承包单位对工程合同的管理。可将这些管理划分为两个层次：第一层次是国家机关及金融机构对工程合同的管理，即合同的外部管理；第二层次则是工程合同的当事人及监理单位对工程合同的管理，即合同的内部管理。其中，外部管理侧重于宏观的管理，而内部管理则是关于合同策划、订立、实施的具体管理。

7.7.2　建设工程合同管理的目标

在工程建设中实行合同管理，是为了工程建设的顺利进行。如何衡量顺利进行，主要用质量、工期、成本三个因素来评判，此外使得业主、承包商、工程师保持良好的合作关系，便于日后的继续合作和业务开展，也是合同管理的目标之一。

（1）质量控制

质量控制一向是工程项目管理中的重点，因为质量不合格意味着生产资源的浪费，甚至意味着生产活动的失败，对于建筑产品更是如此。由于建筑活动耗费资金巨大、持续时间长，一旦出现质量问题，将导致建成物部分或全部失效，造成财力、人力资源的极大浪费。建筑活动中的质量又往往与安全紧密联系在一起，不合格的建筑物可能会对人的生命健康造成危害。

建设工程合同管理必须将质量控制作为目标之一，并为之制定详细的保证计划。

（2）成本控制

在自由竞争的市场经济中，降低成本是增强企业竞争力的主要措施之一。在成本控制这个问题上，业主与承包商是既有冲突，又必须协调的。合理的工程价款为成本控制奠定基础，是合同中的核心条款。此外，为了成本控制制定具体的方案、措施，也是合同的重要内容。

（3）工期控制

工期是工程项目管理的重要方面，也是工程项目管理的难点。工程项目涉及的流程复杂、消耗人力物力多，再加上一些不可预见的因素，都为工期控制增加了难度。

施工组织计划对于工期控制十分重要。承包商应制定详细的施工组织计划，并报业主备案，一旦出现变更导致工期拖延，应及时与业主、监理协商，各方协调对各个环节、各个工序进行控制，最终圆满完成项目目标。

（4）各方保持良好关系

业主、承包商和监理三方的工作都是为了工程建设的顺利实施，因此三方有着共同的目标。但在具体实施过程中，各方又都有着自己的利益，不可避免要发生冲突。在这种情况下，各方都应尽量与其他各方协调关系，确保工程建设的顺利进行；即使发生争端，也要本着互谅互让、顾全大局的原则，力争形成对各方都有利的局面。

与业主和监理工程师保持良好关系，对于承包商显得尤为重要。只有努力做好每一个项目，树立良好的企业形象，获得适当的利润，才能够继续开拓市场业务，使企业不断发展壮大。

7.7.3　工程合同管理的原则

合同管理是法律手段与市场经济调解手段的结合体，是工程项目管理的有效方法。合同管理制自提出、试用至推广，如今已经十分成熟。合同管理具有很强的原则性、权威性和可执行性，这也是合同管理能真正发挥效力的关键。一般说来，合同管理应遵循以下几项基本原则。

（1）合同权威性原则

在市场经济体制下，人们已习惯于用合同的形式来约定各自的权利义务。在工程建设中，合同更是具有权威性的，是双方的最高行为准则。工程合同规定和协调双方的权利、义务，约束各方的经济行为，确保工程建设的顺利进行；双方出现争端，应首先按合同解决，只有当法律判定合同无效，或争端超过合同范围时才借助于法律途径。

在任何国家，法律只是规定经济活动中各主体行为准则的基本框架，而具体行为的细节则由合同来规定。例如 FIDIC 合同条件在国际范围内通用，可适用于各类国家，包括法律健全的或不健全的，都对它的解释比较统一。许多国际工程专家告诫，承包商应注意签订一份有利的和完备的合同，并圆满地执行合同，这无论是对于工程的实施，还是对于各方权益的保护都是很重要的。

（2）合同自由性原则

合同自由原则是在当合同只涉及当事人利益，不涉及社会公共利益时所运用的原则，它是市场经济运行的基本原则之一，也是一般国家的法律准则。合同自由体现如下。

① 合同签订前，双方在平等自由的条件下进行商讨。双方自由表达意见，自己决定签订与否，自己对自己的行为负责。任何人不得对对方进行胁迫，利用权力、暴力或其他手段签订违背对方意愿的合同。

② 合同自由构成。合同的形式、内容、范围由双方商定；合同的签订、修改、变更、补充、解除，以及合同争端的解决等由双方商定，只要双方一致同意即可。合同双方各自对自己的行为负责，国家一般不介入，也不允许他人干涉合法合同的签订和实施。

（3）合同合法性原则

① 合同不能违反法律，合同不能与法律相抵触，否则无效，这是对合同有效性的控制。合同自由原则受合同法律原则的限制，所以工程实施和合同管理必须在法律所限定的范围内进行。超越这个范围，触犯法律，会导致合同无效，经济活动失败，甚至会带来承担法律责任的后果。

② 合同不能违反社会公众利益。合同双方不能为了自身利益，而签订损害社会公众利益的合同，例如不能为了降低工程成本而不采取必要的安全防护措施，不设置必要的安全警示标志，不采取降低噪声、防止环境污染的措施等。

③ 法律对合法的合同提供充分的保护。合同一经依法签订，合同以及双方的权益即受到法律保护。如果合同一方不履行或不正确地履行合同，致使对方受到损害，则必须赔偿对方的经济损失。

（4）诚实信用原则

合同是在双方诚实信用基础上签订的，工程合同目标的实现必须依靠合同双方及相关各方的真诚合作。

① 双方互相了解并尽力让对方了解己方的要求、意图、情况。业主应尽可能地提供详细的工程资料、信息，并尽可能详细地解答承包商的问题；承包商应提供真实可靠的资格预审文件，各种报价文件、实施方案、技术组织措施文件。

② 提供真实信息，对所提供信息的正确性承担责任，任何一方有权相信对方提供的信息是真实、正确的。

③ 不欺诈、不误导。承包商按照自己的实际能力和情况正确报价，不盲目压价，明确业主的意图和自己的工程责任。

④ 双方真诚合作。承包商正确全面完成合同责任，积极施工，遭到干扰应尽力避免业主的损失，防止损失的发生和扩大。

（5）公平合理原则

经济合同调节合同双方经济关系，应不偏不倚，维持合同双方在工程中一种公平合理的关系，这反映在如下几个方面：

① 承包商提供的工程（或服务）与业主支付的价款之间应体现公平的原则，这种公平通常以当时的市场价格为依据。

② 合同中的权利和义务应平衡，任何一方在享有某一项权利的同时必须履行相应的义务；反之在承担某一项义务的同时也应享有相应的权利。应禁止在合同中出现规定单方面权利或单方面义务的条款。

③ 风险的分担应合理。由于工程建设中一些客观条件的不可预见性，以及临时出现的特殊情况，不可避免地会产生一些事故或意外事件，使得业主或承包商遭受损失。工程建设是业主和承包商合力完成的任务，风险也应由双方合力承担，而且这种风险的分担应尽量保证公平合理，应与双方的责权利相对应。

④ 工程合同应体现出工程惯例。工程惯例指工程中通常采用的做法，一般比较公平合理，如果合同中的规定或条款严重违反惯例，往往都违反了公平合理的原则。

7.7.4 工程合同管理的模式

工程合同管理是一个动态的过程，从合同策划、合同订立到合同实施，及施工过程中的索赔，可分为不同的阶段进行管理。

（1）合同策划阶段

合同策划阶段的管理是项目管理的重要组成部分，是在项目实施前对整个项目合同管理方案预先作出科学合理的安排和设计，从合同管理组织、方法、制度、内容等方面预先作出计划的方案，以保证项目所有合同的圆满履行，减少合同争议和纠纷，从而保证整个项目目标的实现。合同策划大致包括以下内容。

① 项目合同管理组织机构及人员配备；

② 项目合同管理责任及其分解体系；

③ 项目合同管理方案设计，具体包括以下内容：a. 项目发包模式选择；b. 合同类型选择；c. 项目分解结构及编码体系；d. 合同结构体系（合同分解、标段划分）；e. 招标方案设计；f. 招标文件设计；g. 合同文件设计；h. 主要合同管理流程设计，包括投资控制流程、工期控制流程、质量控制流程、设计变更流程、支付与结算管理流程、竣工验收流程、合同索赔流程、合同争议处理流程等。

（2）合同签订阶段

在一般的买卖合同或服务合同中，只要交易双方就权利义务达成一致，合同即成立。而建设工程却并非如此。建设工程的合同签订首先要经过招投标,选定合适的承包商;在确定中标单位之后,还必须通过合同谈判,将双方在招投标过程中达成的协议具体化或作某些增补或删减,对价格等所有合同条款进行法律认证,最终订立一份对双方均有法律约束力的合同文件,此时,合同签订才算完毕。根据我国《工程建设项目施工招标投标办法》,发包人和承包人必须在中标通知书发出之日起 30 日内签订合同。可见,建设工程的合同签订也要遵循严格的程序,不能一蹴而就。

合同签订阶段一般包括四个基本阶段:招投标、合同审查、合同谈判、合同订立。

(3)合同实施阶段

工程合同的履行,是指工程建设项目的发包方和承包方根据合同规定的时间、地点、方式、内容及标准等要求,各自完成合同义务的行为。

对于发包方来说,履行建设工程合同最主要的义务是按约定支付合同价款,而承包方最主要的义务是按约定交付工作成果。但是,当事人双方的义务都不是单一的最后交付行为,而是一系列义务的总和。例如,对工程设计合同来说,发包方不仅要按约定支付设计报酬,还要及时提供设计所需要的地质勘探等工程资料,并根据约定给设计人员提供必要的工作条件等;而设计方除了按约定提供设计资料外,还要参加图纸会审、地基验槽等工作。对施工合同来说,发包方不仅要按时支付工程备料款、进度款,还要按约定按时提供现场施工条件,及时参加工程验收等;而承包方义务的多样性则表现为工程质量必须达到合同约定标准,施工进度不能超过合同工期等。

总之,建设工程合同的实施,内容丰富,持续时间长,是其他合同不能比拟的,因此也可将建设工程合同的实施分为几个方面:合同分析、合同控制、合同变更管理、合同信息管理。

(4)索赔管理

在市场经济条件下,工程索赔在工程建设市场中是一种正常的现象。工程索赔在国际工程建设市场上是合同当事人保护自身正当权益、弥补工程损失、提高经济效益的重要的、有效的手段。许多国际工程项目,承包人通过成功的索赔能使工程收入增加额达到工程造价的10%~20%,有些工程的索赔额甚至超过了工程造价本身。为维护自身利益,获得应得的报酬,承包人对索赔管理应高度重视。但在我国,由于工程索赔处于起步阶段,对工程索赔的认识尚不够全面、正确,在土木工程施工中,还存在业主忌讳索赔、承包人索赔意识不强、监理工程师不懂如何处理索赔的现象。因此,应加强对索赔理论和方法的研究,认真对待和搞好土木工程索赔。关于工程索赔的具体内容将在下一节进行介绍。

7.8　建设工程施工合同文本

7.8.1　合同文本

目前,国内使用的建设工程施工合同示范文本是由建设部、国家工商行政管理局 1999年颁布实施的《建设工程施工合同(示范文本)》(GF-1999-0201)(以下简称"示范文本")。"示范文本"是针对我国土木工程施工特点制订的,适用于国内大、中、小型工程,它与我国法律、法规紧密结合,将有关法律、法规部分规则融于合同条款之中。

我国建设部关于《建设施工合同管理办法》明确规定:"签订合同,必须以《建设工程施工合同(示范文本)》的合同条件明确约定条款。"说明本合同条件同时具有合同约束力和法律约束力。

　　建设单位及承包企业应根据工程项目的具体情况及项目实施中的综合因素选择适合的建设工程施工合同文本。

　　（1）建设工程施工合同文本组成

　　《建设工程施工合同（示范文本）》由《协议书》、《通用条款》和《专用条款》三部分组成，并附有三个附件：《承包人承揽工程项目一览表》、《发包人供应材料设备一览表》和《工程质量保修书》。

　　《协议书》是《建设工程施工合同（示范文本）》中的总纲性文件。虽然其文字量并不大，但它规定了合同当事人双方最主要的权利义务，规定了组成合同的文件及合同当事人对履行合同义务的承诺，合同当事人在《协议书》上签字盖章，因此具有很高的法律效力。

　　《通用条款》共11部分，47条，是根据《合同法》、《建筑法》、《建设工程施工合同管理办法》等法律、法规对承发包双方的权利义务做出的规定，除双方协商一致对其中的某些条款作了修改、补充或取消外，双方都必须履行。《通用条款》是将建设工程施工合同中共性的一些内容抽象出来编写的一份完整的合同文件，具有很强的通用性，适用于各类建设工程。

　　《通用条款》不能完全适用于各个具体工程，因此，配之以《专用条款》对其作必要的修改和补充，使《通用条款》和《专用条款》成为双方统一意愿的体现。《专用条款》的条款号与《通用条款》相一致，但主要内容是空格，由当事人根据工程的具体情况予以明确或者对《通用条款》进行修改、补充。

　　《施工合同文本》的附件则是对施工合同当事人的权利义务的进一步明确，并且使得施工合同当事人的有关工作一目了然，便于执行和管理。

　　（2）施工合同文件构成及解释顺序

　　组成施工合同的文件应能相互解释，互为说明。除专用条款另有约定外，其组成和优先解释顺序如下。

　　① 本合同协议书；

　　② 中标通知书；

　　③ 投标书及其附件；

　　④ 本合同专用条款；

　　⑤ 本合同通用条款；

　　⑥ 标准、规范及有关技术文件；

　　⑦ 图样；

　　⑧ 工程量清单；

　　⑨ 工程报价单或预算书。

　　合同履行中，发包人和承包人有关工程的洽商、变更等书面协议或文件视为本合同的组成部分。

　　上述合同文件应能够相互解释、互为说明。当合同文件中出现矛盾或不一致时，上面的顺序就是合同的优先解释顺序。在不违反法律和行政法规的前提下，当事人可以通过协商变更施工合同的内容，这些变更的协议或文件，其效力高于其他合同文件，且签署在后的协议或文件效力高于签署在前的协议或文件。

　　当合同文件内容出现含糊不清或不相一致时，在不影响工程正常进行的情况下由双方协商解决。双方也可以提请负责监理的工程师作出解释。双方协商不成或不同意负责监理的工程师的解释时，可按争议的处理方式解决。

7.8.2　施工合同的计价方式

建设工程施工承包合同的计价方式主要有三种，即总价合同、单价合同和成本加酬金合同。

（1）单价合同的运用

当施工发包的工程内容和工程量一时尚不能明确、具体地予以规定时，则可采用单价合同（Unit Price Contract）形式，即根据计划工程内容和估算工程量，在合同中明确每项工程内容的单位价格（如每米、每平方米、每立方米的价格），实际支付时则根据每一个子项的实际完成工程量乘以该子项的合同单价计算该工作的应付工程款。

单价合同的特点是单价优先，例如 FIDIC 土木工程施工合同中，业主给出的工程量清单表中的数字是参考数字，而实际工程款则按实际完成的工程量和合同中确定的单价计算。虽然在投标报价、评标以及签订合同中，人们常常注重总价格，但在工程款结算中单价优先，对于投标书中明显数字计算错误，业主有权力先做修改再投标，当总价和单价的计算结果不一致时，以单价为准调整总价。

由于单价合同允许工程量变化而调整工程总价，因此对合同双方都比较公平。另外，在招标前，发包单位无需对工程范围做出完整的，详尽的规定，从而缩短了招标准备时间，投标人也只需对所列工程内容报出自己的单价，从而缩短了投标时间。

但用单价合同对业主不利之处是，业主需要安排专门技术人员来核实已经完成的工程量，需要在施工过程中花费不少精力，协调工作量大。另外，用于计算应付工程款的实际工程量可能超过预测的工程量，即实际投资容易超过计划投资，对投资控制不利。

单价合同又分为固定单价合同和变动单价合同。

固定单价合同条件下，无论发生哪些影响价格因素都不对单价进行调整，因而对承包商而言就存在一定的风险。当采用变动单价合同时，合同双方可以约定一个估计的工程量，当实际工程量发生较大变化时可以对单价进行调整，同时还应该约定如何对单价进行调整；当然也可以约定，当通货膨胀达到一定水平或者国家政策发生变化时，可以对某些工作内容的单价进行调整以及如何调整等。因此，承包商的风险就相对较小。

固定单价合同适用于工期较短、工程量变化幅度不会太大的项目。

在工程实践中，采用单价合同有时也会根据估算的工程量计算一个初步的合同总价，作为投标报价和签订合同之用。但是，当上述初步的合同总价与各项单价乘以实际完成的工程量发生矛盾时，则肯定以后者为准，即单价优先。实际工程款的支付也将以实际完成工程量乘以合同单价进行计算。

（2）总价合同的运用

① 总价合同的定义　所谓总价合同（Lump Sun Contract），是指根据合同规定的工程施工内容和有关条件，业主应付给承包商一个规定的金额，即明确的总价。总价合同也称作总价包干合同，即根据施工招标时的要求和条件，当施工内容和有关条件不发生变化时，业主付给承包商的价款总额就不发生变化。

② 固定总价合同　固定总价合同的价格计算是以图纸及规定、规范为基础，工程任务和内容明确，业主的要求和条件清楚，合同总价一次包死，固定不变，即不再因环境变化和工程量的增减而变化。在这类合同中，承包商承担了全部的工作量和价格的风险。因此，承包商在报价时应对一切费用的价格变动因素以及不可预见的因素都做充分的估计，并将其包含在合同价格之中。

在国际上，这种合同被广泛接受和采用，因为有比较成熟的法规和先例的经验；对业主而言，在合同签订时就可以基本确定项目的总投资额，对投资控制有利；在双方都无法预测的风险条件下和可能有工程变更的情况下，承包商承担了较大的风险，业主的风险较小。但是，工程变更和不可预见的困难也常常引起合同双方的纠纷或者诉讼，最终导致其他费用的增加。

当然，在固定总价合同中还可以约定，在发生重大工程变更、累计工程变更超过一定幅度或者其他特殊情况下可以对合同价格进行调整。因此，需要定义重大工程变更的含义。累计工程变更的幅度以及在什么样的特殊条件下才能调整合同价格，以及如何调整合同价格等。

采用固定总价合同，双方结算比较简单，但是由于承包商承担了较大的风险，因此报价中不可避免地要增加一笔较高的不可预见风险费。承包商的风险主要有两个方面：一是价格风险，二是工作量风险。价格风险有报价计算错误、漏报项目、物价和人工费上涨等；工作量风险有工程量计算错误、工程范围不确定、工程变更或者由于设计深度不够所造成误差等。

固定总价合同适用于以下情况。

a. 工程量小、工期短，估计在施工过程中环境因素变化小，工程条件稳定并合理；

b. 工程设计详细，图纸完整、清楚，工程任务和范围明确；

c. 工程结构和技术简单，风险小；

d. 投标期相对宽裕，承包商可以有充足的时间详细考察现场、复核工程量，分析招标文件，拟定施工计划。

③ 变动总价合同　变动总价合同又称为可调总价合同，合同价格是以图纸及规定、规范为基础，按照时价（Current Price）进行计算，得到包括全部工程任务和内容的暂定合同价格。它是一种相对固定的价格，在合同执行过程中，由于通货膨胀等原因而使所使用的工、料成本增加时，可以按照合同约定对合同总价进行相应的调整。当然，一般由于设计变更、工程量变化和其他工程条件所引起的费用变化也可以进行相应的调整。因此，通货膨胀等不可预见因素的风险由业主承担，对承包商而言，其风险相对较小，但对业主而言，不利于其进行投资控制，突破投资的风险就增大了。

根据《建设工程施工合同示范文本》（GF-99-0201），合同双方可约定，在以下条件下可以对合同价款进行调整。

a. 法律、行政法规和国家有关政策变化影响合同价款；

b. 工程造价管理部门公布的价格调整；

c. 一周内非承包商原因停水、停电、停气造成停工累计超过 8h；

d. 双方约定的其他因素。

在工程施工承包招标时，施工期限一年左右的项目一般实行固定总价合同，通常不考虑价格调整问题，以签订合同时的单价和总价为准，物价上涨的风险全部由承包商承担。但是对建设周期一年半以上的工程项目，则应考虑下列因素引起的价格变化问题。

a. 劳务工资以及材料费用上涨；

b. 其他影响工程造价的因素，如运输费、燃料费、电力等价格的变化；

c. 外汇汇率不稳定；

d. 国家或者省、市立法的改变引起工程费用的上涨。

④ 总价合同的特点和应用　显然，采用总价合同时，对承发包工程的内容及其各种条件应基本清楚、明确，否则承发包双方都有蒙受损失的风险。因此，一般是在施工图设计完成，施工任务和范围比较明确，业主的目标、要求和条件都清楚的情况下才采用总价合同。

对业主来说，由于设计花费时间长，因而开工时间较晚，开工后变更容易带来索赔，而且在设计过程中也难以吸收承包商的建议。

总价合共同的特点是：

a. 发包单位可以在报价竞争状态下确定项目的总造价，可以较早确定或者预测工程成本；

b. 业主的风险较小，承包人将承担较多的风险；

c. 在施工进度上能极大地调动承包人的积极性；

d. 评标时易于迅速确定最低报价的投标人；

e. 发包单位能更容易、更有把握地对项目进行控制；

f. 必须完整而明确的规定承包人的工作；

g. 必须将设计和施工方面的变化控制在最小限度内。

总价合同和单价合同有时在形式上很相似，例如，在有的总价合同的招标文件中也有工程量表，也要求承包商提出各分项工程的报价，与单价合同在形式上很相似，但两者在性质上完全不同的。总价合同是总价优先，承包商报总价，双方商讨并确定合同总价，最终也按总价结算。

（3）成本加酬金合同的运用

① 成本加酬金合同的含义　成本加酬金合同也称为成本补偿合同，这是与固定总价合同正好相反的合同，工程施工的最终合同价格将按照工程实际成本再加上一定的酬金进行计算。在合同签订时，工程实际成本往往不能确定，只能确定酬金的取值比例或者计算原则。

采用这种合同，承包商不承担任何价格变化或者工程量变化的风险，这些风险主要是由业主承担，对业主的投资控制很不利。而承包商常常不愿意控制成本，甚至还会期望提高成本以提高自己的经济效益，因此这种合同容易被那些不道德或不称职的承包商滥用，从而损害工程的整体效益。所以，应该尽量避免采用这种合同。

② 成本加酬金合同的特点和适用条件　成本加酬金合同通常用于如下情况。

a. 工程特别复杂，工程技术、结构方案不能预先确定，或者尽管可以确定工程技术的结构方案，但是不可能进行竞争性的招标活动并以总价合同或者单价合同的形式确定承包商，如研究开发性质的工程项目；

b. 时间特别紧迫，如抢险、救灾工程，来不及进行详细的计划和商谈。

对业主而言，这种合同形式也有以下的优点。

a. 可以通过分段施工缩短工期，而不必等待所有施工图完成后才开始招标和施工；

b. 可以减少承包商的对立情绪，承包商对工程变更和不可预见条件的反应会比较积极和快捷；

c. 可以利用承包商的施工技术专业，帮助改进或弥补设计中的不足；

d. 业主可以根据自身的力量和需要，较深入地介入和控制工程施工和管理；

e. 也可以通过确定最大保证价格约束工程成本不超过某一限值，从而转移一部分风险。

对承包商而言，这种合同比固定总价合同风险低，利润比较有保证，因而比较有积极性。其缺点是合同的不确定性，由于设计未完成，无法准确确定合同的工程内容、工程量以及合同的终止时间，有时难以对工程计划进行合理安排。

③ 成本加酬金合同的形式　成本加酬金合同有许多种形式，主要如下。

a. 成本加固定费用合同　根据双方讨论同意的工程规模、估计工期、技术要求、工作性质及复杂性、所涉及的风险等来考虑确定一笔固定数目的报酬金额作为管理费及利润，对人工、材料、机械台班等直接成本则实报实销。如果设计变更或增加新项目，当直接费超过原估算成本的一定比例（如 10%）时，固定的报酬也要增加。在工程总成本一开始估计不准，可能变化不大的情况下，可以采用此合同形式，有时可分为几个阶段谈判付给固定报酬。这种方式虽然不能鼓励承包商降低成本，但为了尽快得到酬金，承包商会尽力缩短工期。有时也可在固定费用之外根据工程质量、工期和节约成本等因素，给承包商另加奖金，以鼓励承包商积极工作。

b. 成本加固定比例费用合同　工程成本基础上直接增加一定比例的报酬费，报酬部分的比例在签订合同时由双方确定。这种方式的报酬费用随成本金额加大而增加，不利于缩短工期和降低成本。一般在工程初期很难描述工作范围和性质，或工期紧迫，无法按常规编制招标文件招标时采用。

c. 成本加奖金合同　奖金是根据报价书中成本估算指标制定的，在合同中对这个估算指标规定一个底点和顶点，分别为工程成本估算的 60%～75% 和 110%～135%。承包商在估算指标的顶点以下完成工程则可以得到奖金，超过顶点则要对超出部分进行罚款。如果成本在底点之下，则可加大酬金值或酬金百分比。采用这种方式通常规定，当实际成本超过顶点对承包商罚款时，最大罚款限额不超过原先商定的最高酬金值。

在招标时，当图纸、规范等准备不充分，不能据以确定合同价格，而仅能制定一个估算指标时可以采用这种形式。

d. 最大成本加费用合同　在工程成本总价合同的基础上加固定酬金费的方式，即当设计深度达到可以报总价的深度，投标人报一个工程成本总价和一个固定的酬金（包括各项管理费、风险费和利润）。如果设计成本超过合同中规定的工程成本总价，由承包商承担所有的额外费用，若实施过程中节约了成本，节约的部分归业主，或者由业主与承包商分享，在合同中要确定节约分成比例。

在非代理型（风险型）CM 模式的合同中就采用这种方式。

④ 成本加酬金合同的应用　当实行施工总承包管理模式或者 CM 模式时，业主与施工总承包管理单位或 CM 单位的合同一般采用成本加酬金合同。

在国际上，许多项目管理合同、咨询服务合同等也多采用成本加酬金合同方式。

a. 必须有一个明确的如何向承包商支付酬金的条款，包括支付时间和金额百分比。如果发生变更和其他变化，酬金支付如何调整。

b. 应该列出工程费用清单，要规定一套详细的工程现场有关的数据记录、信息存储甚至记账格式和方法，以便对工地实际发生的人工、机械和材料消耗等数据认真而及时的记录。应该保留有关工程实际成本的发票或付款的账单、表明款额已经支付的记录或证明等，以便业主进行审核和结算。

7.9　工程索赔

7.9.1　工程索赔概述

7.9.1.1　工程索赔的概念

工程索赔是在工程承包合同履行中，当事人一方由于另一方未履行合同所规定的义务或者出现了应当由对方承担的风险而遭受损失时，向另一方提出赔偿要求的行为。在实际工作中，"索赔"是双向的，我国《建设工程施工合同示范文本》中的索赔就是双向的，既包括承包人向发包人的索赔，也包括发包人向承包人的索赔。但在工程实践中，发包人索赔数量较小，而且处理方便，可以通过冲账、扣拨工程款、扣保证金等实现对承包人的索赔；而承包人对发包人的索赔则比较困难些。

通常情况下，索赔是指承包人（施工单位）在合同实施过程中，对非自身原因造成的工程延期、费用增加而要求发包人给予补偿损失的一种权利要求。

索赔有较广泛的含义，可以概括为如下三个方面。

① 一方违约使另一方蒙受损失，受损方向对方提出赔偿损失的要求。

② 发生应由业主承担责任的特殊风险或遇到不利自然条件等情况，使承包商蒙受较大损失而向业主提出补偿损失要求。

③ 承包商本人应当获得的正当利益，由于没能及时得到监理工程师的确认和业主应给予的支付，而造成损失应当以正式函件向业主索赔。

7.9.1.2　工程索赔产生的原因

工程施工中常见的索赔，其原因大致可以从以下几个方面进行分析。

（1）合同文件引起的索赔

① 合同文件组成引起的索赔　有些合同文件是在投标后通过讨论修改拟定的，如果在修改时已将投标前后承包商与雇主的往来函件澄清后写入合同补遗文件中并签字，则应说明正式合同签字以前的各种往来文件均已不再有效。有时雇主因疏忽，未宣布其来往的信件是否有效，此时，如果信件内容与合同内容发生矛盾时，就容易引起双方争执并导致索赔。例如，一雇主发出的中标函写明"接受承包商的投标书和标价"，而该承包商的投标书中附有说明"水泥投标价是采用当地生产供应的水泥价格"。在工程施工中，由于当地水泥质量不合格被工程师拒绝，承包商不得不采用外地水泥，从而增加了工程成本。由于雇主已明确表示了接受其投标书，承包商可就此提出索赔。

② 合同缺陷引起的索赔　合同缺陷是指合同文件的规定不严谨甚至前后有矛盾、合同中有遗漏或错误。它不仅包括条款中的缺陷，也包括技术规程和图纸中的缺陷。工程师有权对此作出解释，但如果承包商执行工程师的解释后引起成本增加或工期延误，则有权提出索赔。

（2）不可抗力和不可预见因素引起的索赔

① 不可抗力的自然灾害引起的索赔　不可抗力的自然灾害指飓风、超标准的洪水等自然灾害。一般条款规定，由于这类自然灾害引起的损失应由雇主承担。但是条款也指出，承包商在这种情况下应采取措施，尽力减小损失。对由于承包商未尽努力而使损失扩大的部分，雇主不承担赔偿的责任。

② 不可抗力的社会因素引起的索赔　不可抗力的社会因素指发生战争、核装置的污染和冲击波、暴乱、承包商和其分包商的雇员以外人员的动乱和骚扰等而使承包商受到的损害。这些风险一般划归由雇主承担，承包商不对由此造成的工程损失或人身伤亡负责，应得到损害前已完成的永久工程的付款和合理利润，以及一切修复费用和重建费用。这些费用还包括由于特殊风险而引起的费用增加。如果由于特殊风险而导致合同中止，承包商除可以获得应付的一切工程款和上述的损失费用外，还有权获得施工机具、设备的撤离费和人员的遣返费用等。

③ 不可预见的外界条件引起的索赔　不可预见的外界条件指即使是有经验的承包商在招标阶段根据招标文件中提供的资料和现场勘察，都无法合理预见到的外界条件，如地下水、地质断层、溶洞等，但其中不包括气候条件（异常恶劣天气条件除外）。遇到此类条件，承包商受到损失或增加额外支出，经过工程师确认，承包商可获得经济补偿和批准工期顺延的天数。如工程师认为承包商在提交投标书前根据介绍的现场情况、地质勘探资料应能预见到的情况，承包商在投标时理应予以考虑，可不同意索赔。

④ 施工中遇到地下文物或构筑物引起的索赔　在挖方工程中，如发现图纸中未注明的文物（不管是否有价值）或人工障碍（如公共设施、隧道、旧建筑物等），承包商应立即报告工程师，请其现场检查，共同讨论处理方案。如果新施工方案导致工程费用增加，如原计划的机械开挖改为人工开挖等，承包商有权提出经济索赔和工期索赔。

（3）雇主方原因引起的索赔

① 拖延提供施工场地及通道引起的索赔　因自然灾害影响或施工现场的搬迁工作进展不顺利等原因，雇主没能如期向承包商移交合格的、可以直接进行施工的现场，会导致承包商提出误工的经济索赔和工期索赔。

② 拖延支付工程款引起的索赔　合同中均有支付工程款的时间限制，如果雇主不能按时支付工程进度款，承包商可以按合同规定向业主索付利息。严重拖欠工程款而使得承包商资金周转困难时，承包商除向雇主提出索赔要求外，还有权放慢施工进度，甚至可以因雇主违约而解除合同。

③ 指定分包商违约引起的索赔　指定分包商违约常常表现为未能按分包合同规定完成应承担的工作而影响了总承包商的施工，雇主对指定分包商的不当行为也应承担一定责任。例如，某地下电厂的通风竖井由指定分包商负责施工，因其管理不善而拖延了工程进度，影响到总承包商的施工。总承包商除根据与指定分包商签订的合同索赔窝工损失外，还有权向雇主提出延长工期的索赔要求。

④ 雇主提前占用部分永久工程引起的索赔　工程实践中，往往会出现雇主从经济效益方面考虑使部分单项工程提前投入使用，或从其他方面考虑提前占用部分工程。如果合同未规定可提前占用部分工程，则提前使用永久工程的单项工程或部分工程所造成的后果，责任应由雇主承担；另一方面，提前占用工程影响了承包商的后续工程施工，影响了承包商的施工组织计划，增加了施工困难，则承包商有权提出索赔。

⑤ 雇主要求加速施工引起的索赔　一项工程遇到不属于承包商责任的各种情况，或雇主改变了部分工程的施工内容而必须延长工期，但是雇主又坚持要按原工期完工，这就迫使承包商赶工，并投入更多的机械、人力来完成工程，从而导致成本增加。承包商可以要求赔偿赶工措施费用，例如加班工资、新增设备租赁费和使用费、增加的管理费用、分包的额外成本等。

（4）工程师方原因引起的索赔

a. 延误提供图纸或拖延审批图纸引起的索赔　如工程师延误向承包商提供施工图纸，或者拖延审批承包商负责设计的施工图纸，因此而使施工进度受到影响，承包商可以索赔工期，还可对延误导致的损失要求经济索赔。

b. 其他承包商的干扰引起的索赔　大型水利水电工程往往有多个承包商同时在现场施工。各承包商之间没有合同关系，他们各自与雇主签订合同，因此工程师有责任协调好各承包商之间的工作，以免彼此干扰，影响施工而引起承包商的索赔。如一承包商不能按期完成他的那份工作，其他承包商的相应工作将会因此而推迟。在这种情况下，被迫延迟的承包商就有权提出索赔。在其他方面，如场地使用、现场交通等，各承包商之间都有可能发生相互间的干扰问题。

c. 重新检验和检查引起的索赔　工程师为了对工程的施工质量进行严格控制，除了要进行合同中规定的检查试验外，还有权要求重新检验和检查，例如对承包商的材料进行多次抽样试验，或对已施工的工程进行部分拆卸或挖开检查以及工程师要求的在现场进行工艺试验等。如果这些检查或检验表明其质量未达到技术规程所要求的标准，则试验费由承包商承担；如检查或检验证明符合合同要求，则承包商除了可向雇主提出偿付这些检查费用和修复费用外，还可以对由此引起的其他损失，如工期延误、工人窝工等要求赔偿。

d. 工程质量要求过高引起的索赔　合同中的技术规程对工程质量，包括材料质量、设备性能和工艺要求等，均作了明确规定。但在施工过程中，工程师有时可能不认可某种材料，而迫使承包商使用比合同文件规定的标准更高的材料，或者提出更高的工艺要求，则承包商可以就此要求发包方对其损失进行补偿或重新核定单价。

e. 对承包商的施工进行不合理干预引起的索赔　合同条款规定，承包商有权采取任何可以满足合同规定的进度和质量要求的施工顺序和方法。如果工程师不是采取建议的方式，而是对承包商的施工顺序及施工方法进行不合理的干预，甚至正式下达指令要求承包商执行，则承包商可以就这种干预所引起的费用增加和工期延长提出索赔。

f. 暂停施工引起的索赔　项目实施过程中，工程师有权根据承包商违约或破坏合同的情况，或者因现场气候条件不利于施工，以及为了工程的合理进行（如某分项工程或工程任何部位的安全）而有必要停工时，下暂停施工的指令。如果这种暂停施工的命令并非因承包商的责任或原因所引起的，则承包商有权要求工期赔偿，同时可以就其停工损失获得合理的额外费用补偿。

g. 提供的测量基准有差错引起的索赔　由于测量基准有误差引起的损失或费用增加，承包商可要求索赔。如果数据无误，而是承包商在解释和运用上所引起的损失，则应由承包商自己承担责任。

（5）价格调整引起的索赔　对于有调价条款的合同，在物资、劳务价格上涨时，雇主应对承包商所受到的损失给予补偿。它的计算不仅涉及价格变动的依据，还存在着对不同时期已购买材料的数量和涨价后所购材料数量的核算，以及未及早订购材料的责任等问题的处理。

（6）法规变化引起的索赔　如果在工程的递交投标书截止日之前的 28 天之后，本工程所在国的国家和地方的法令、法规或规章发生了变化，由此引起了承包商施工费用的额外增加，例如，车辆养路费的提高、水电费涨价、法定工作日的减少、国家税率增加或提高等。承包商有权提出索赔，工程师应与雇主协商后，对所增加费用予以补偿。

7.9.1.3　工程索赔的分类

工程索赔依据不同的标准可以进行不同的分类。

（1）按索赔的合同依据分类

按索赔的合同依据可以将工程索赔分为合同中明示的索赔和合同中默示的索赔。

① 合同中明示的索赔　合同中明示的索赔是指承包人所提出的索赔要求，在该工程项目的合同文件中有文字依据，承包人可以据此提出索赔要求，并取得经济补偿。这些在合同文件中有文字规定的合同条款，称为明示条款。

② 合同中默示的索赔　合同中默示的索赔，即承包人的该项索赔要求，虽然在工程项目的合同条款中没有专门的文字叙述，但可以根据该合同的某些条款的含义，推论出承包人有索赔权。这种索赔要求，同样有法律效力，有权得到相应的经济补偿。这种有经济补偿含义的条款，在合同管理工作中被称为"默示条款"或称为"隐含条款"。默示条款是一个广泛的合同概念，它包含合同明示条款中没有写入、但符合双方签订合同时设想的愿望和当时环境条件的一切条款。这些默示条款，或者从明示条款所表述的设想、愿望中引申出来，或者从合同双方在法律上的合同关系引申出来，经合同双方协商一致，或被法律和法规所指明，都成为合同文件的有效条款，要求合同双方遵照执行。

（2）按索赔目的分类

按索赔目的可以将工程索赔分为工期索赔和费用索赔。

①　工期索赔　由于非承包人责任的原因而导致施工进程延误，承包人要求批准顺延合同工期的索赔，称之为工期索赔。工期索赔形式上是对权力的要求，以避免在原定合同竣工日不能完工时，被发包人追究拖期违约责任。一旦获得批准合同工期顺延后，承包人不仅免除了承担拖期违约赔偿费的严重风险，而且可能因缩短工期得到奖励，最终仍反映在经济收益上。

②　费用索赔　费用索赔的目的是要求经济补偿。当施工的客观条件改变导致承包人增加开支，要求对超出计划成本的附加开支给予补偿，以挽回不应由承包人承担的经济损失。

(3) 按索赔事件的性质分类

按索赔事件的性质可以将工程索赔分为工程延误索赔、工程变更索赔、合同被迫终止索赔、工程加速索赔、意外风险和不可预见因素索赔和其他索赔。

①　工程延误索赔　因发包人未按合同要求提供施工条件，如未及时交付设计图纸、施工现场和道路等，或因发包人指令工程暂停或不可抗力事件等原因造成工期拖延的，承包人对此提出索赔。这是工程中常见的一类索赔。

②　工程变更索赔　由于发包人或监理工程师指令增加或减少工程量或增加附加工程、修改设计、变更工程顺序等，造成工期延长和费用增加，承包人对此提出索赔。

③　合同被迫终止的索赔　由于发包人或承包人违约以及不可抗力事件等原因造成合同非正常终止，无责任的受害方因其蒙受经济损失而向对方提出索赔。

④　工程加速索赔　由于发包人或工程师指令承包人加快施工速度，缩短工期，引起承包人人力、财力或物力的额外开支而提出的索赔。

⑤　意外风险和不可预见因素索赔　在工程实施过程中，因人力不可抗拒的自然灾害、特殊风险以及一个有经验的承包人通常不能合理预见的不利施工条件或外界障碍，如地下水、地质断层、溶洞或地下障碍物等引起的索赔。

⑥　其他索赔　如因货币贬值，汇率变化，物价、工资上涨，政策法令变化等原因引起的索赔。

7.9.2　索赔的程序

当合同当事人一方向另一方提出索赔时，要有正当的索赔理由，且有索赔事件发生时的有效证据。承包人提出索赔主要是因为发包人未能按合同约定履行自己的各项义务或发生错误以及第三方原因，给承包人造成延期支付合同价款、延误工期或其他经济损失，包括不可抗力延误的工期。

①　承包人提出索赔申请。索赔事件发生28天内，向工程师发出索赔意向通知。合同实施过程中，凡不属于承包人责任导致项目延期和成本增加事件发生后的28天内，必须以正式函件通知工程师，声明对此事件要求索赔，同时仍须遵照工程师的指令继续施工。逾期申报时，工程师有权拒绝承包人的索赔要求。

②　发出索赔意向通知后28天内，向工程师提出补偿经济损失和（或）延长工期的索赔报告及有关资料；正式提出索赔申请后，承包人应抓紧准备索赔的证据资料，包括事件的原因、对其权益影响的证据资料、索赔的依据，以及其他计算出的受该事件影响所要求的索赔额和申请展延工期天数，并在索赔申请发出的28天内报出。

③　工程师审核承包人的索赔申请。工程师在收到承包人送交的索赔报告和有关资料后，于28天内给予答复，或要求承包人进一步补充索赔理由和证据。接到承包人的索赔信件后，工程师应该立即研究承包人的索赔资料，在不确认责任归属的情况下，依据自己的同期纪录资料客观分析事故发生的原因，依据有关合同条款，研究承包人提出的索赔证据。必要时还

可以要求承包人进一步提交补充资料，包括索赔的更详细说明材料或索赔计算的依据。工程师在 28 天内未予答复或未对承包人作进一步要求，视为该索赔已经认可。

④ 当该索赔事件持续进行时，承包人应当阶段性向工程师发出索赔意向，在索赔事件终了后 28 天内，向工程师提供索赔的有关资料和最终索赔报告。

⑤ 工程师与承包人谈判。双方各自依据对这一事件的处理方案进行友好协商，若能通过谈判达成一致意见，则该事件较容易解决。如果双方对该事件的责任、索赔款额或工期展延天数分歧较大，通过谈判达不成共识的话，按照条款规定，工程师有权确定一个他认为合理的单价或价格作为最终的处理意见报送业主并相应通知承包人。

⑥ 发包人审批工程师的索赔处理证明。发包人首先根据事件发生的原因、责任范围、合同条款审核承包人的索赔申请和工程师的处理报告，再根据项目的目的、投资控制、竣工验收要求，以及针对承包人在实施合同过程中的缺陷或不符合合同要求的地方提出反索赔方面的考虑，决定是否批准工程师的索赔报告。

⑦ 承包人是否接受最终的索赔决定。承包人同意了最终的索赔决定，这一索赔事件即告结束。若承包人不接受工程师的单方面决定或业主删减的索赔或工期展延天数，就会导致合同纠纷。通过谈判和协调双方达成互让的解决方案是处理纠纷的理想方式。如果双方不能达成谅解就只能诉诸仲裁或者诉讼。

承包人未能按合同约定履行自己的各项义务或发生错误给发包人造成损失的，发包人也可按上述时限向承包人提出索赔。

7.9.3　索赔的处理

承包人索赔按下列程序处理：

① 承包人在合同约定的时间内向发包人递交费用索赔意向通知书；

② 发包人指定专人收集与索赔有关的资料；

③ 承包人在合同约定的时间内向发包人递交费用索赔申请表；

④ 发包人指定专人初步审查费用索赔申请表，符合相关规定的条件时予以受理。

⑤ 发包人指定专人进行费用索赔核对，经工程师复核索赔金额后，与承包人协商确定并由发包人批准。

⑥ 发包人指定的专人应在合同约定的时间内签署费用索赔审批表或发出要求承包人提交有关索赔的进一步详细资料的通知，待收到承包人提交的详细资料后，按相关条款规定的程序进行。

7.9.4　索赔计算

（1）实际费用法

实际费用法是工程索赔计算时最常用的一种方法。这种方法的计算原则是，以承包商为某项索赔工作所支付的实际开支为根据，向业主要求费用补偿。

用实际费用法计算时，在直接费的额外费用部分基础上，再加上应得的间接费和利润，即是承包商应得的索赔金额。由于实际费用法所依据的是实际发生的成本记录或单据，所以，在施工过程中，系统而准确地积累记录资料是非常重要的。

（2）总费用法

总费用法即总成本法，就是当发生多次索赔事件以后，重新计算该工程的实际总费用，实际总费用减去投标报价时的估算总费用，即为索赔金额，即

$$索赔金额＝实际总费用－投标报价估算总费用$$

不少人对采用该方法计算索赔费用持批评态度，因为实际发生的总费用中可能包括了承

包商的原因，如施工组织不善而增加的费用，同时投标报价估算的总费用却因为想中标而过低。所以这种方法只有在难以采用实际费用法时才应用。

（3）修正的总费用法

修正的总费用法是对总费用法的改进，即在总费用计算的原则上，去掉一些不合理的因素，使其更合理。

修正的内容如下。

① 将计算索赔款的时段局限于受到外界影响的时间，而不是整个施工期。

② 只计算受影响时段内的某项工作所受影响的损失，而不是计算该时段内所有施工工作所受影响的损失。

③ 与该项工作无关的费用不列入总费用中。

④ 对投标报价费用重新进行核算：按受影响时段内该项工作的实际单价进行核算，乘以实际完成的该项工作的工程量，得出调整后的报价费用。

按修正后的总费用计算索赔金额的公式如下：

索赔金额＝某项工作调整后的实际总费用－该项工作调整后的报价费用

修正的总费用法与总费用法相比，有了实质性的改进，它的准确程度已接近于实际费用法。

7.9.5　索赔报告的编写

索赔报告的具体内容应视索赔事件的性质和特点而定，但其必要内容和结构组成一定包括以下几个方面。

（1）综述部分

索赔报告的首页，应该是对该索赔事件的一个综述。综述部分应当简明扼要，对于复杂的索赔事件，一般应在 3～5 页篇幅。一般而言，综述最后应当附上索赔报告编写人、审核人名单，注明其职称、职务及施工索赔经验，以示该索赔报告书的权威性和可信性。

综述部分应当包含以下的信息：对索赔事件发生的时间、地点和过程进行描述；承包商为减轻索赔事件造成的影响和损失而采取的控制措施；索赔事件带来的损失和承包商为减少损失采取补救控制措施增加的额外费用，以及承包商提出的索赔要求。

一般索赔综述的具体内容应包含前言、事件描述、具体索赔要求（工期展延天数或索赔数额）、报告书编写及审核人员。

（2）合同论证部分

论证索赔权是索赔成立的关键，因此，合同论证也便是索赔报告的核心内容。

合同论证的主要内容是，承包商根据合同条款及相关的法律法规来论证自己的索赔权，申明自己应得到的经济补偿或工期延长。对于合同中的重要条款，如不利的自然因素或施工条件的变化、额外工程、风险因素等，应在报告书中作详细的论证叙述。尤其是合同条款的含糊、缺漏、前后矛盾、错误等，更要引起特别注意。

另外，在合同论证部分的最后，可以援引类似的索赔案例，可以作为有利的例证进一步论述索赔要求的合理性。

合同论证部分具体包括：索赔事件处理过程的简明叙述；索赔通知书发出时间；引证的合同条款；指明所附证据资料。

（3）索赔款计算部分

索赔计算的目的，是以具体的计算方法和计算过程，说明自己应得经济补偿的款额或工期延长时间。如果说论证部分的任务是解决索赔能否成立，则计算部分的任务就是决定应得到多少索赔款额和顺延工期。前者是定性的，后者是定量的。

在款额计算部分，施工单位必须阐明下列问题：索赔款的要求总额；各项索赔款的计算，如额外开支的人工费、材料费、管理费和所失利润；指明各项开支的计算依据及证据资料，施工单位应注意采用合适的计价方法。至于采用哪一种计价法，首先，应根据索赔事件的特点及自己所掌握的证据资料等因素来确定；其次，应注意每项开支款的合理性，并指出相应的证据资料的名称及编号。切忌采用笼统的计价方法和不实的开支款额。

（4）附件部分

索赔报告书的附件部分通常包括了该索赔事件所涉及的一切相关证据及关于这些证据资料的说明。

引用的证据一定要有一定的效力和可信度，并能够对重要的证据资料附以文字说明或确认函件。索赔证据资料一般来自于整个施工过程中持续不断的搜集整理，因此范围很广，可能包括工程项目施工过程中所涉及的有关政治、经济、技术、财物等多个方面的资料。这些证据资料主要包括：

① 政治经济资料　比如重大自然灾害、重要政治经济策略等；

② 施工现场记录　比如施工日志、电话记录、业主和工程师的指令和来往信件、现场会议记录、施工事故的详细记录、分部分项工程施工质量检查记录、施工实际进度记录、施工图移交记录等；

③ 工程项目财物报表　比如施工进度款月报表、索赔款月报表、付款收据、收款单据等。

习　　题

1. 工程项目招标投标的含义是什么？工程项目招标投标的分类以及应遵循的原则有哪些？

2. 建筑工程招标方式都有哪些？

3. 建筑工程投标报价的依据有哪些？

4. 投标报价的原则有哪些？

5. 简述投标报价的编制方法。

6. 简述工程项目开标的程序。

7. 经济合同应具备哪些基本内容？

8. 要约有哪两种形式？

9. 简述合同变更和解除的条件。

10. 简述建设工程合同的特征和种类。

11. 工程合同管理的目标有哪些？

12. 什么是工程索赔，它产生的原因主要有哪些？

13. 简述工程合同管理的原则。

14. 工程索赔主要分为哪几类？

15. 引起工程索赔的不可抗力主要包括哪些内容？

16. 引起工程索赔的业主方原因主要有哪些？

17. 简述工程索赔的程序？

18. 索赔报告由哪几方面组成？

第8章 建筑企业经营管理

8.1 建筑企业经营管理概述

8.1.1 经营管理的概念

企业管理是指对企业的生产经营活动所进行的预测、决策、计划、组织、指挥、控制、协调、教育、激励等工作的总称。它的目的是保证顺利地实现企业生产经营活动的总目标，取得最佳的经济效益。

企业管理是对企业生产经营活动的总体概括。它包括两部分：一是对企业内部生产活动的管理，如对基本生产过程、辅助生产过程、生产技术准备过程以及为生产服务等以生产活动为中心的管理，称之为生产管理；二是对企业经营活动的管理，如生产经营方式、材料设备供应、劳动力的补充与调整、产品销售、资金结算以及市场调查、经营预测与决策等方面，称之为经营管理。企业管理是生产管理与经营管理的统一，其基本职能主要如下：

① 计划 是企业进行生产经营活动的行动纲领，是决定企业目标和实现目标的途径、方法的管理，亦是企业管理的首要职能。

② 组织 是为了企业总目标和各级分目标的实现，通过一定的组织机构系统，将全体职工有效地结合起来进行合理的分工和协作，合理配备和使用企业资源，以推动整个生产经营活动顺利进行的管理活动。

③ 指挥 是为了保证企业生产经营活动的正常进行和预定目标的顺利实现，对企业各级各类人员进行领导或指导，布置任务，安排工作。

④ 控制 是为了使企业生产经营活动沿着预定的目标轨道同步进行，对企业的生产、质量、进度、成本等，通过信息反馈系统定期进行检查，发现问题并及时采取相应措施。

⑤ 协调 就是调节企业内部所属各单位各部门的工作，调节各项生产经营活动，使之建立起良好的协作配合关系，从而减少或不发生重复或矛盾，有效地实现企业的既定目标。

⑥ 激励 是指通过精神和物质的方法调动职工积极性、主动性和创造性的管理活动。全体职工的积极性、智慧和创造力是企业活力的主要源泉。

8.1.2 企业经营管理的性质

企业的自然属性和社会属性决定了企业经营管理的二重性：一方面，具有同社会化大生产和生产力相联系的自然属性；另一方面，又具有同生产关系、社会制度相联系的社会属性。企业经营管理的二重性是客观存在的，无论对市场经济企业，还是计划经济企业都普遍使用。

企业经营管理的自然属性没有阶级性，任何企业为了生存和发展，为了更好地完成其责任，必须进行科学的经营管理，如应用科学地方法和手段进行市场调查、预测，根据客观的环境和条件，作出科学的决策，制定正确的目标、方针和策略，最有效地利用企业的一切资源，不断提高生产技术水平和劳动生产率，保证产品质量。

企业经营管理的社会属性有阶级性，这是由生产资料所有制决定的。资本主义企业经营是在市场经济条件下的自由竞争，其基本目标是取得最大利润。企业管理也是为了维护其资本主义的生产关系。社会主义企业的经营是在有计划的市场经济条件下的竞争，国家通过法律和政策规定，鼓励和支持正当的竞争，制止和反对企业以不正当的手段进行竞争。社会主义企业经营管理的目的是在企业更好地完成其对国家、对社会、对职工的责任的前提下，增加利润；企业中人与人之间是平等和互助的关系，企业就是通过科学地管理，如合理的规章制度，职工的思想教育等，来维护社会主义生产关系。

正确认识企业经营管理的二重性，对于进一步改善和加强社会主义企业经营管理有重大的现实意义。

首先，企业经营管理的二重性，既受到生产力发展水平的制约，又受到社会制度、民族文化传统的制约和影响。如何建立具有中国特色的社会主义经营管理科学体系，必须认真总结我国企业经营管理的经验，在充分发挥社会主义制度优越性的基础上，吸取外国的先进经验。

其次，正确认识和掌握企业经营管理的二重性，可以使我们分清不同社会制度的企业经营和企业管理方面的共性和特性。在此基础上，学习、分析和借鉴国外企业经营管理的理论和方法，本着"以我为主、博采众长、融合提炼、自成一家"的方针，取其精华去其糟粕。

8.1.3 企业经营管理的任务

企业经营管理的任务就是企业通过有效地经营管理，最优或较优地履行企业的责任和实现企业的目标。企业经营管理的任务取决于企业经营管理的性质，贯穿于企业各项经营和管理活动之中，它主要包括以下几个方面。

① 树立正确的经营思想，坚持社会主义经营方向。

经营思想是指导企业如何从事生产经营活动的指导思想，它贯穿于企业经营活动的全过程。企业经营思想是在一定时期、一定环境和一定条件下形成的，不同的社会制度、不同时期、不同条件、不同企业、甚至不同的经营管理人员都会有不同的经营思想。我国社会主义企业经营管理的首要任务，就是要坚持社会主义方向。为此，企业经营管理中必须遵守国家的方针、政策、法令、法规、讲究社会主义经营道德，反对生产经营中违法乱纪、唯利是图、投机取巧、破坏国家经济、妨碍社会发展、损害群众利益的各种不正当行为和不正之风。

② 根据企业外部环境和内部条件，进行科学地预测和决策，正确制定企业的发展目标、经营方针和战略。

企业的发展目标是企业在一定时期内，在生产、技术和经济等方面应达到的规模、水平和目的（成果）。企业的各项生产经营活动都要围绕这一预期的目标。

企业的经营方针和战略是企业为实现其目标而制订的基本行动准则、策略和措施。

③ 合理组织生产力。

合理组织生产力是使企业拥有的劳动力、劳动手段、劳动对象达到最优的结合和充分利用，以取得最佳经济效果。劳动力、劳动手段和劳动对象是企业系统进行生产的基本要素。它们必须经过合理的组织才能充分发挥其作用。

8.1.4 建筑企业经营管理的特点

建筑企业的经营管理，由于建筑产品和施工生产的技术经济特点，决定有如下基本特点：

（1）生产经营业务不稳定

建设项目类型繁多，任务多变，建筑企业要按用户的要求和工程特点，组织施工，因此经营对象是多变的，建设工程任务与国家投资政策有关，经济发展时期，建设项目大幅度增加；经济调整时期，建设项目缩减。企业任务的获得还要通过投标竞争，因此企业的经营业务是不稳定的，所以建筑企业必须具备适应社会需求的应变能力。

（2）生产经营环境多变化

建筑产品的固定性和建筑生产的流动性，使企业的经营环境随着建设工程的地点而变化。施工地点不同，地形、地质、水文、气候等自然环境差异较大；劳动力供应、物资供应、交通运输、协作配套条件等社会环境也随之变化，因而增加了生产经营的艰巨性和复杂性，给生产经营的预见性和可控性也带来了难度。

（3）组织机构人员变动大

建设项目和经营业务不稳定，施工生产连续性差，变化因素多，因而难以实现有节奏地均衡施工。工程任务时大时小，机构人员、工种比例经常需要调整，所以应根据建筑业用工特点采用适用的用工办法。

充分认识上述经营特点，采取相应的组织措施和管理手段，对搞好建筑企业经营管理是非常必要的。

8.1.5　建筑企业经营方针

建筑企业的经营方针是企业实现经营目标、进行经营活动所遵循的基本原则，包括经营活动方向、途径和范围。总的说来，即是以完成建设工程任务为出发点，按照国家的政策、法令和计划的要求，周密地分析企业的外部环境和内部条件，以最少的消耗来取得最大的经济效益。它是针对某一时期经营管理所要解决的一些重大问题所采取的行动方针。建筑企业经营方针的内容，主要内容如下。

（1）经营方向的方针

企业的经营方向是指企业承包工程对象或生产服务方向，如向智力密集型的设计施工一体化的工程总承包公司发展，还是向劳务型建筑企业发展；向一般化建筑企业发展，还是向专业化建筑企业发展；向承包本地区工程发展，还是向承包其他地区工程或国外工程方向发展；向承包工业建筑工程方向发展，还是向承包民用建筑工程方向发展；向承包基本建设工程方向发展，还是向承包更新改造或维修工程方向发展等。企业在决定经营方向的方针时，一分面要分析客观形势和外部环境，从长计议；另一方面要考虑企业内部条件，尽可能扬长避短。

（2）技术发展的方针

企业的技术发展，涉及发展水平、发展速度、发展方式和资金筹措等方面。就发展水平讲，企业可以采用一般技术、先进技术或最新技术。就发展速度讲，对技术装备和工艺手段等技术要素，可10年更新一次或15年更新一次。就发展方式讲，可以采用自行研制、与其他单位合作研制、购买技术专利或从国外引进技术等方针。就资金筹措讲，可以采取自筹、银行贷款、发行债券股票、联合投资和引进外资等方针。这些，都要有相应方针的指导。

（3）市场竞争的方针

积极参与市场竞争，可以采取"以提高工程质量取胜"、"以降低工程造价取胜"、"以缩短工期取胜"和"以提高用户信誉取胜"等。

8.2　建筑企业战略管理

8.2.1　战略管理的概念、特点及作用

（1）建筑企业发展战略

建筑企业发展战略是指企业的高层领导在现代市场经济观念的指导下，为实现企业的经营目标，通过对外部环境和内部条件的全面估量和分析，从企业发展全局出发而做出的较长期的总体性的谋划和活动纲领。它涉及企业发展中带有全局性、长远性和根本性的问题，是企业经营思想和经营方针的集中表现。其目的是使企业的经营结构、资源和经营目标等因素，在可以接受的风险限度内，与市场环境所提供的各种机会取得动态平衡。

（2）建筑企业战略的特点

① 全局性　企业战略是企业整体的发展规划。企业战略是以企业全局发展为研究对象的。它是与企业未来时期的发展相关的带有全局性、根本性的谋划和对策，涉及企业发展过程中各个部分、各个方面相互联系的重大问题，而不是某一个局部的问题。战略一词最早用于军事。原意就是研究战争全局的规律性问题。

② 方向性　企业战略这一特征又称为指导性。企业战略规定了企业发展的方向，赋予了企业理想和活力。为实施战略，企业应制定指导性政策，包括如何对待顾客、供应商、竞争者以及政府和其他重要的群体，有时还要考虑进行组织内部的改革和运用适当的改革措施。企业战略的意义就在于规定了企业在一定时期以内基本的发展目标，以及实现这一目标的基本途径，指导和激励着企业全体职工为实现企业战略目标而努力。因此，经营战略不仅为企业的经营管理提供了原则，而且还可以通过战略目标的设置，激发调动企业员工为实现企业目标而工作的积极性。已经为企业家们所熟知的企业目标管理就是通过企业目标设置产生激励作用的。

③ 长期性　企业战略中所确定的目标是企业要在相当长的时期内所要完成的根本任务。涉及一个较长时期企业发展的面貌和所要达到的目的，以及实现这个目的而应采取的重大方针、政策和措施。一般地，它与规划、计划有相同之处，即战略、规划、计划都是对未来发展的预期和谋划；但也有不同之处，即战略在时间上可能更长；在内涵上战略所表示的是人的纲领性问题，而规划和计划则相应地要详细和具体一些。

④ 系统性　企业战略管理的系统性有 3 个方面的内容。

a. 企业内部经营战略和系统性。企业内部总体战略主要是决定企业从事哪些事业，重点发展哪些部门，决定企业的长期经营目标，建立何种竞争优势，以及如何发挥这些优势等。

b. 企业战略强调战略和战术的配合和手段的统一。企业战略目标是总体性的、长远性的。但企业战略目标又总是通过一个个局部的、短期的战术措施和行动才得以贯彻实施，战略目标是战术行动的目的，战术则是实现战略目标的手段。

c. 企业战略管理是一个持续的过程。一方面，由于企业战略具有长期性，必须经过一段时期的努力，才能最终实现企业的战略目标，不可能设想企业能够在一夜之间就实现战略目标。因此，企业战略管理是一个持续的、系统的过程。另一方面，企业战略管理又可分为战略规划、战略实施和战略再制定等不同阶段，其中每一个阶段又包含若干步骤，如企业环境研究、企业内部分析、战略目标制定、战略计划的制定、战略形成、战略实施与控制等。战略管理的各个阶段是不断循环和继续的，是一个连续不断的分析、计划与行动过程。

⑤ 竞争性　制定企业经营战略的目的就是要在激烈竞争中壮大自己的实力，使本企业在与竞争对手争夺市场和资源的斗争中占有相对优势。因此，企业经营战略就是针对来自环境及竞争对手等各方面的冲击、压力、威胁和困难，为迎接这些挑战而制定的长期行动方案。企业必须使自己的经营战略具有竞争性特征，以保证自己战胜竞争对手，保证企业的生存和发展。

⑥ 未来性　俗话说："人无远虑，必有近忧"。从企业发展的角度来看，企业今天的行

动是为了执行昨天的经营战略，今天制定的战略正是为了明天更好的行动，因此，企业战略的拟定要着眼于未来的生存和发展。当然，未来要以当前作为出发点，未来发展趋势的预测也要以企业的过去和现在作为依据。作为企业领导者要高瞻远瞩，面向未来，只有这样才能使企业经营战略具有未来性。

⑦ 相对稳定性　企业经营战略必须在一定时期内具有稳定性，才能在企业经营实践中具有指导意义。如果朝令夕改，就会使企业经营发生混乱，从而给企业带来损失。当然，企业经营实践又是一个动态过程，指导企业经营实践的战略应该是动态的，以适应外部环境的多变性。

（3）企业经营战略的作用

企业经营战略对企业经营活动和各项工作起着决定性的作用，具体表现在以下几个方面。

① 促使企业顺利发展　企业制定经营战略可以对当前和长远发展的经营环境、经营方向和经营能力有一个正确的认识，能够全面了解自己的优势和劣势、认清机遇和挑战，从而做到"知己知彼"，不失时机地把握机会，利用机会，扬长避短，求得生存和发展。

② 提高生产经营的目的性　企业有了自己的经营战略，就有了发展的总纲领，就有了奋斗的目标，在此基础上，就可以进行人力、物力、财力等资源的优化配置，就可以统一全体职工的思想，调动广大职工的积极性和创造性，实现企业的经营战略目标。

③ 增强企业活力　企业推行经营战略，既可以理顺内部职能部门的关系，又可以顺应外部的环境变化，以审时度势，正确处理"企业目标与外部环境"、"经营方向与市场需要"、"生产与资源"、"竞争与联合"等一系列关系，通过强化企业系统各部分、各构成要素的具体机能，增强企业整体实力，培养企业竞争、应变、盈利和创新等各项能力。

④ 培养和造就高层次的管理人才　企业经营战略的制定过程，是经营决策者战略思维的过程。战略思维需要有一种独特的思考方式，真正的战略家就在于将系统的分析方法和智力创造的灵活性相结合。用战略头脑去发挥创造性，需要凭借正确的有洞察力的分析；而正确的分析，又需要以战略头脑和探索精神提出恰当的问题，并最终形成解决问题的方案。要制定出成功的战略，需要在分析和决策之间找到一个良好的结合点，就必须培养和造就一大批高层次的管理人才。

8.2.2　企业经营战略类型

企业经营战略可以按其层次、态势、规模和行业市场竞争特性等几方面进行分类。

（1）按企业经营决策层次分类

企业经营战略是一个庞大复杂的大系统，可以分解为不同层次的子系统。一般来讲，企业经营战略包括3个层次：第一层次是公司级战略；第二层次是事业部级战略；第三层次是职能级战略。

最高级是由主要管理人员组成的公司级，负责企业整体的生产、财务、信誉和社会责任。这一层次对下述问题进行决策：本企业存在的理由是什么？企业的根本目的是什么？企业应从事什么业务？希望企业的员工有什么样的理想和价值观？企业应承担哪些责任、追求什么样的声誉？怎样组织资源以实现企业的目的？

第二级是事业部门，主要由业务经理组成，负责将战略决策分解为各业务部门的具体目标和战略，确定下列事项：本部门制造什么产品或向社会提供哪些服务？本部门应进入哪些有利可图的市场？本部门应树立什么样的特色？本部门如何才能在市场上竞争获胜？本部门怎样才能与整个企业的理想和价值观保持一致，并支持企业实现目标？

第三级是职能级，主要由生产、销售、人事、财务等职能部门管理人员组成，负责制订、研究与开发有关财务、销售、人事等方面的短期目标和短期战略，以执行和贯彻企业的战略决策为最大责任。

（2）按企业经营态势分类

按企业经营态势，可分为发展型战略、稳定型战略和紧缩型战略。

① 发展型战略　这种战略适用于企业有发展和壮大自己的机会，其特点是：投入大量资源，扩大产销规模，提高竞争地位，提高现有产品的市场占有率或用新产品开辟新市场，这是一种进攻型态势。企业发展型战略主要有：企业产品——市场战略，企业联合战略，企业竞争战略及国际化经营战略等。

② 稳定型战略　这种战略强调的是投入少量或中等程度的资源，保持现有的产销规模和市场占有率，稳定和巩固现有的竞争地位。这种战略适用于效益已相当不错，暂时又没有进一步发展的机会，其他企业进入屏障又较大的企业。

③ 紧缩型战略　这种战略适用于外部环境和内部条件都十分不利，企业只有采取撤退措施才能避免更大的损失的情况。企业紧缩型战略主要有缩小规模、转让、归并和清理等措施。

作为企业的领导，一般都希望发展和壮大自己的企业，采取发展型战略。但是，如果环境不允许，主客观条件不具备，还不如采取稳定型战略甚至紧缩型战略，以保存实力，等待机会。一个好的指挥员未必总是强调进攻。在激烈的市场竞争环境中，企业领导人应以所有者的利益为重，不能轻易冒险。

（3）按企业规模分类

① 中小型企业经营战略　随着市场的发育不断完善，市场交易费用的不断降低，中小型企业由于专业化强、管理方便，在国民经济发展中占据了重要地位。适合中小企业的经营战略如下。

a. 小而专、小而精战略。即通过细分市场，选择能发挥企业自身专业化优势而进行生产经营的战略。

b. 钻空隙战略。即通过调查，发现市场供应空缺之处，凭借中小企业快速灵活的优势，进入空隙市场。

c. 经营特色战略。由于中小企业容易接近顾客，能够通过使自己的产品或服务具有与众不同的特色来吸引消费者，从而取得成功。

d. 承包、联营战略。即中小企业紧密地依附于一个大企业或企业集团，成为它们的一个加工承包单位或联营企业。

② 大型企业经营战略　大型企业一般都有经济规模的要求，即生产或加工过程要达到一定规模才能显示其经济效益。

（4）按市场竞争特性分类

按经济学原理，我们一般可以把市场模式分为完全垄断、垄断竞争、寡头竞争和完全竞争等几种。显然，处于不同市场模式下的企业，其经营战略的侧重点也不同。

① 垄断型企业　企业垄断市场是反效率的。一般国家都有法律防止垄断的形成。但是有些行业具有自然垄断的属性，如铁路运输、城市公用设施（供水、供煤气、供电和公共交通）以及邮电通信等，因其生产供应的规模经济的要求，自然地形成垄断的特征。因此，这类企业一般都在政府直接控制下经营。垄断型企业一般都依赖于进入的屏障，不存在竞争的威胁，容易形成效率低下的局面。此外这类企业的产出需求都具有稳定增长的趋势，不存在产品更新换代或被替代的危险。因此，这类企业一般都采取稳定型战略。

② **完全竞争型企业** 完全竞争是与完全垄断相反方向的一种市场模式，其产品具有同质性，难以区分是哪家企业生产，并有众多企业供应。每家企业仅占市场的很小份额。商品的价格由市场供求决定，企业只是价格的接受者。企业进入或退出的屏障较小。这类企业面对的主要是价格的竞争。企业在竞争面前，只有不断地降低成本才能避免被挤出市场的危险。因此，这类企业一般都先采取成本领先战略，如果实施有困难，则有可能选择产品差异化战略或集中战略等。

③ **垄断竞争与寡头竞争型企业** 在现实社会中，严格意义上的垄断型企业或完全竞争型企业不多。即使某种商品由一家企业独家生产和供应，该企业可以利用技术或社会经济屏障阻止其他企业进入该领域，但是却往往难以阻止其他企业开发相似的或可以形成替代的商品（或服务）与其竞争，使原来垄断的企业也面临竞争的威胁。另一类市场竞争模式叫寡头竞争。由于生产和供应的规模经济要求，企业的规模有不断扩大的趋势，但由于国家法律等因素的限制，不允许形成独家垄断，最终由少数几家企业来供应市场，从而形成寡头竞争的局面。垄断竞争和寡头竞争企业的竞争对象明确，竞争的手段也多种多样，在考虑经营战略时也面临多种方案的选择。

8.2.3 建筑企业战略管理的要素

企业战略管理是由一系列要素组成的，一般地，根据各个要素在战略管理中相互之间的关系和先后次序，包含 8 个方面的内容：企业任务；环境分析；内部分析；战略制定；战略选择；阶段目标、行动计划、职能战略和政策；组织结构、组织领导和组织文化；战略实施的评价和控制。这 8 个要素作为战略管理的总纲，共同形成企业战略管理的要素构成模式。

（1）企业任务

企业的任务是企业生存的理由，是企业自身的特殊使命。建筑企业的任务是生产建筑产品。企业的任务是战略管理的起点。

（2）环境分析

外部环境是影响企业生存和发展而企业又无法控制的条件和力量，包括宏观环境和微观环境。企业的机会和威胁存在于环境之中。经济、社会、政治、科技属宏观环境；与企业密切相关、其影响几乎无时不在的如竞争对手、顾客、供应商、替代产品和替代服务，则组成企业的经营环境。企业要获得资金或销售产品（或提供服务），就要分析环境。

（3）内部分析

企业进行内部分析，是为了解自己的资源和能力，从而评价出自身的优势和劣势。内部分析是通过回溯企业发展的历史进程，评估在行业竞争中取得成功的关键因素，定性和定量分析企业的产品、技术、管理、资金、营销等，为企业制定战略准备条件。

（4）战略制订

战略制订，即制订可供选择的战略方案。这项工作是在分析环境和自身能力，对任务作出修正或者肯定后进行的。

（5）战略选择

即在既定的战略方案中选择最佳的方案。选择的方法有很多，但必须明确五个问题：第一，战略是否与企业的基本追求相一致；第二，战略是否与环境相一致；第三，战略是否与企业所拥有的资源相匹配；第四，战略遇到的风险是否适当；第五，战略是否能被有效地执行。

（6）阶段目标、行动计划、职能战略和政策

企业在一个特定的时期内谋求实现的结果称为阶段目标。企业为执行其战略所进行的一系列耗费资源的工作或项目的集合，称为行动计划。职能战略是用于构建职能部门的短期对

策，它与一般的战略相比，更具体、详细、可计量。决策是指导管理者思想、决定、行动的方针。政策提供标准的经营程序，使日常决策制度化，以提高管理工作的效率。以上四者将企业的战略具体化，变得可以操作，导致战略的启动。

（7）组织结构、组织领导和组织文化

组织结构指组织各部门之间的稳定的相互关系。不同的战略需要不同的组织结构与之相适应。执行新战略时，组织结构要予以调整。组织的领导是执行战略过程中的关键。配备相应的领导有助于战略的落实。组织文化是企业成员具有的价值观和行为准则。组织文化应与企业战略相协调。在推行企业战略时，必须注意调整组织结构、组织领导和组织文化，使之与企业战略相协调。这一类行动称为战略制度化。

（8）战略实施的评价与控制

在战略执行过程中，效果与计划会有差距，需要进行评价及控制，以纠正偏差。

战略管理模式表明，战略管理同一切管理一样，是一个循环过程。在执行时，它是非程序化的。模式中的各要素并不是相互独立的，某一要素变化，会影响其他要素。信息的流动和要素之间的影响是相互的。

① 战略实施控制与评价的过程及主要内容

a. 设定绩效标准。根据企业战略目标，结合企业内部人力、物力、财务及信息等具体条件，确定企业绩效标准，作为控制与评价的参照系。

b. 绩效监测与偏差评估。通过一定的测量方式、手段、方法监测企业的实际绩效，并将企业的实际绩效与绩效标准对比，进行偏差分析评估。

c. 设计并采取纠偏措施，以顺应变化着的条件，保证企业战略的圆满实施。

d. 监控外部环境的关键因素。外部环境的关键因素是企业战略赖以生存的基础，这些外部环境的关键因素的变化意味着战略前提条件的变动，必须予以充分地注意。

e. 激励战略实施控制与评价的执行主体，以调动其自我控制与自我评价的积极性，以保证企业战略实施切实有效。

② 企业发展战略实施控制的方式

a. 事前控制　在发展战略实施过程中，对战略实施的结果进行预测，并将预测值与既定的标准进行比较和评价，判断是否可能出现偏差，从而提前采取预防措施，使战略的实施在事前得到主动控制，防患于未然。这是一种有效的战略实施控制方法。

b. 事中控制　事中控制即过程控制。企业高层领导要控制企业战略实施中关键性的过程或全过程，定期或不定期地进行检查，及时采取控制措施，纠正实施中产生的偏差，引导企业沿着战略的方向进行经营。

c. 事后控制　在战略实施活动之后，将战略实施的结果与控制标准相比较。这种控制工作交由职能部门去做，即在战略计划部分实施后，将实施结果与原计划标准比较。由企业职能部门及各事业部门定期地将战略实施结果向高层领导报告，由领导决定是否需要采取修正措施。

8.3　建筑企业经营预测

8.3.1　经营预测概述

（1）经营预测的概念

正确的决策离不开准确的预测，如果缺乏准确的科学预测，往往会造成决策失误。相反，准确的科学预测为人们做出合理的决策提供依据。一个著名的例子是美国 1945 年用投入产出法对美国战后钢铁需求量所做的预测。当时由于第二次世界大战刚结束，军火需求量大量减少，许多人认为钢铁的需求量也会随之减少。但美国劳动统计局的一些人根据战后的经济发展规划，利用投入产出法进行计算后，认为美国战后对钢铁的需求量不但不会减少，反而会超过战时的高峰。后来事实证明了他们的预测是对的。这次预测为美国钢铁业的发展提供了依据。

"凡事预则立，不预则废"。任何一项现代经济活动，如果离开了科学的预测，将很有可能会归于失败。不单建筑业，其他行业乃至国民经济的发展也都需要预测。

所谓预测，是根据历史资料和现实情况，运用科学的方法和手段，来估计客观事物未来的发展，并对这种估计加以评价，以指导和调节人们的行动。预测研究的对象是未来。但它立足的是现在和过去，它是以变化、联系的辩证观点，研究事物的今天，预言它的明天。预测的目的在于做出决策，为未来的不确定因素提供信息和数据，为制定政策、拟定规划和确定经营目标等重大事项服务。

（2）经营预测的内容

① 建筑市场预测　在市场调研的基础上，对建筑市场的需求和供应进行预测；对建筑市场的竞争形势及竞争势态的变化趋势进行预测；对企业工程任务来源进行预测；对建设单位对建筑产品的质量要求、配套性要求进行预测。

② 资源预测　对企业所需材料、资源的需求数量、供应来源、配套情况、满足程度和供应条件等进行预测。

③ 生产能力预测　对企业人员、机械设备的需求、劳动需求、劳动力供应条件的估计。

④ 企业的技术发展预测　包括建筑施工技术、管理技术、企业技术改造和设备更新的预测，即新产品、新技术、新工艺、新机械、新材料的预测。

此外，还有利润、成本预测，多种经营方向预测等内容。

（3）经营预测的作用

① 预测是决策的前提　通过预测，可以了解和掌握建筑市场的动态和发展趋势，提供一定条件下生产经营各个方面未来可能实现的数据，为决策提供依据。没有准确、科学的预测，要做出符合客观实际的决策是不可能的。

② 预测是拟定企业经营计划的依据　通过预测，掌握建筑产品的投资方向、类型及构成比例，掌握企业的资源需求情况与供应条件，对企业未来的生产能力和技术发展有所估计，才能确立正确的经营目标，制定出切实可行的经营计划。

③ 预测有助于提高企业的竞争能力　在实行招标承包制的情况下，建筑企业的竞争能力主要表现为得标率的高低。企业依据科学的预测，充分了解竞争的形势和竞争对手的情况，才能采取合理的投标策略，在竞争中争取主动。

④ 预测能增强企业的应变能力　通过对外部环境、施工条件变化及各种不可控因素的充分估计，针对不同情况多准备几套应变方案，就可以提高企业对各种情况的应变能力。

（4）经营预测的基本程序

① 确定预测目标和要求　预测目标的确定直接影响着预测对象、范围、内容以及预测方法的选择等一系列工作的安排。不同的预测目标有不同的要求，因此，确定预测目标和要求是预测全部工作的关键，对以下各步骤起指导作用。预测目标和要求应尽量详细具体，操作时才能具体实施。

② 收集资料　预测资料的质量和数量直接关系到预测结果的精确度。因此，在收集资

料时，一方面要考虑资料的准确性，另一方面还要考虑资料的相关性。对收集到的资料还要加工整理，整理资料要尽量做到数字资料和文字资料相结合，宏观资料和微观资料相结合，动态资料和静态资料相结合，使资料发挥更大的作用。

③ 选择预测方法　选择预测方法是整个预测工作的核心。各种预测方法都有其不同的原理、特点和适用性，要根据预测目标和资料占有情况，综合分析。预测方法的选择标准有预测期的长短，信息资料的多少，历史数据的类型和预测费用，预测结果和精度要求以及预测方法的实用性等。

④ 进行预测　利用现有的资料和选定的预测方法进行预测。由于客观经济现象错综复杂，在预测时尽量同时采用几种预测方法，进行比较和验证，这样可以减少预测失误，提高预测的准确性。

⑤ 预测结果分析　对预测结果进行分析，检查是否达到预期目标，预测误差是否在允许的范围之内，预测结果是否合理等。如果得出否定的结论，则需重新确定预测目标或选择其他预测方法，再次进行预测。预测结果产生一定的误差是必然的，因此，就需要一方面分析预测模型中没有考虑到的因素，把它加到预测结果中进行修正，另一方面还要根据自己的经验、推理和知识去判断预测结果是否合理并进行修正。有时在原来的模型不能如实地反映客观事物发展时，还需要进行追踪预测。

⑥ 提出预测报告　预测结论得以确认后，便可以提出预测报告，供决策者参阅，预测报告中至少应包括预测结论及建议等。

⑦ 追踪及反馈　提出预测报告后，还要追踪预测报告的结论及建议是否被采用。实际结果如何等，对追踪的结果进行反馈，以便在下一次预测时，纠正偏差，改进预测方法。

8.3.2　经营预测的方法

8.3.2.1　定性预测方法及应用

随着科学技术的发展，社会现象日益复杂，市场情况瞬息万变，企业在进行经营预测时，有许多问题无法定量化，或难以获得充足的数据资料作为依据，也有许多问题定量化的代价是昂贵的，对于此类情况，只能依靠人的主观经验和综合分析能力，对未来事物的发展状况作出判断。这就要应用定性预测方法。下面介绍几种常用的定性预测方法。

（1）个人判断法

个人判断法是凭借个人的知识、经验和综合分析能力，对预测对象未来发展变化趋势作出的推断。这种方法简便易行，能迅速得到预测结果，但有一定的片面性，且易受当时环境气氛的影响。实践中常和其他预测方法结合使用。

（2）专家会议法

专家会议法又称专家意见法。它是根据预测的目的和要求，向有关专家提供一定的背景资料，通过会议的形式对某一经济现象及其发展趋势进行推断。这种方法简便易行，占有的信息资料和考虑的影响因素较多，可以充分发挥集体智慧的作用，弥补个人知识和经验的不足。但因受专家个性和心理因素或其他专家意见的影响或左右，同时受参加人数和讨论时间的限制，会影响预测的科学性和准确性，为此要注意专家的选择和操作技巧。

（3）德尔菲法

德尔菲法又称专家意见征询法。它是指采用匿名的方法，就预测的问题，征询有关专家的看法和意见，然后将所得的各种意见加以综合、归纳和整理，再反馈给各个专家，进一步征询意见，经过多次这样的反复和循环，直到预测的问题得到较为满意的结果。采用这种预测方法，专家互不见面，因而可以消除相互间心理上的影响，做到自由充分地发表意见；通过反馈，每个专家都知道持有的不同意见及原因，有机会修改自己的意见。这种方法不仅建立在集体判断基础上，也用了一定的统计方法。

（4）定性预测结论的形成

通过主观预测得到的结果大部分都是定性的，为了便于比较，有时要进行整理、加工，最后用定量的数据表示出预测的结果。

① 主观概率法　主观概率法是预测者对预测事件发生的概率作出主观估计，然后计算它的平均值，以此作为预测事件的结论的一种方法。

使用主观概率法，当持各种意见的专家人数不同或专家们的实际经验和知识不同时，可对于不同概率给予不同的权数，用加权平均法求其预测值。

② 主观记分法　事先予以不同的事件或方案不同的计分标准，由调查者根据自己对事件的估计，按标准评定得出分值，这种方法叫主观记分法。对分数的整理和比较有许多方法，常用的有：平均值法、加权平均法、比重系数法等。

8.3.2.2　定量预测方法及应用

8.3.2.2.1　时间序列分析法

时间序列分析法又称趋势预测法。这是目前普遍采用的经济预测的基本方法，该方法是将历史资料和数据，按时间顺序排成一序列，根据时间序列所反映的经济现象的发展过程、方向和趋势，将时间序列外推或延伸，以预测经济现象未来可能达到的水平。

这里简要介绍几种常用的方法。

（1）移动平均数法

这种方法假定待预测事物的未来状况只与近期的状况有关，而与较远期的状况无关。因此，只要选用近期的几个数据加以平均即可预测下期的数据。根据平均值的不同算法，移动平均法又分为简单移动平均法和加权移动平均法两种。

简单移动平均法是把过去数据对预测值的影响作用等同看待，采用简单算术平均法计算预测值。其预测模型通式为

$$F_{t+1} = \frac{\sum\limits_{i=t}^{t-N+1} V_i}{N} \tag{8-1}$$

式中　F_{t+1}——第 $t+1$ 期的预测值；

V_i——第 i 期的实际值；

N——与预测期临近的有关期数。

加权移动平均法是考虑远近不同的历史数据对预测值的影响不同。一般来说，距预测期越近的数据，对预测值的影响作用越大。其模型通式为

$$F_{t+1} = \frac{\sum\limits_{i=t}^{t-N+1} W_{t-i+1} V_i}{\sum\limits_{i=1}^{N} W_i} \tag{8-2}$$

式中，W_{t-i+1} 是与 V_i 对应的权数，可结合实际经验加以选择。

【例 8-1】　某构件加工厂某年 1～12 月份产品销售额如表 8-1 所示。试用简单移动平均法（$N=3$，$N=6$）和加权移动平均法（$N=3$，权值分别为 3，2，1）计算移动平均值。分别求出各种情况下的移动平均值，并将结果列于表 8-1。

表 8-1　移动平均预测计算表

月份	销售额 /万元	F_{t+1}		
		简单移动平均法		加权移动平均法
		$N=3$	$N=6$	$N=3$（权值 3，2，1）
1	170			
2	200			
3	150			
4	230	173.3		170
5	210	193.3		198.3
6	280	196.7		206.7
7	300	240.0	206.7	248.3
8	260	263.3	228.3	278.3
9	250	280.0	238.3	276.7
10	230	270.0	255.0	268.3
11	250	246.7	255.0	241.7
12	180	243.3	261.7	243.3

如，当 $N=3$ 时：

$$F_4 = \frac{\sum\limits_3^1 V_i}{N} = \frac{170+200+150}{3} = 173.3$$

$$F_5 = \frac{\sum\limits_4^2 V_i}{N} = \frac{230+200+150}{3} = 193.3$$

$$F_6 = \frac{\sum\limits_5^3 V_i}{N} = \frac{230+210+150}{3} = 196.7$$

$$F_7 = \frac{\sum\limits_6^4 V_i}{N} = \frac{230+210+280}{3} = 240.0$$

当 $N=6$ 时：

$$F_7 = \frac{\sum\limits_6^1 V_i}{N} = \frac{170+200+150+230+210+280}{6} = 206.7$$

$$F_8 = \frac{\sum\limits_7^2 V_i}{N} = \frac{200+150+230+210+280+300}{6} = 228.3$$

加权移动平均法：一般距预测期越近的数据，对预测值的影响越大故近期给予较大的权数；在我们的例子里 $N=3$；权值为 3，2，1

如：$F_4 = \dfrac{\sum\limits_3^1 W_{t-i+1} \cdot V_i}{\sum\limits_{i=1}^N W_i} = \dfrac{W_1 \cdot V_3 + W_2 \cdot V_2 + W_3 \cdot V_1}{3+2+1} = \dfrac{3 \times 150 + 2 \times 200 + 1 \times 170}{6} = 170$

$$F_5 = \frac{\sum\limits_{4}^{2} W_{t-i+1} \cdot V_i}{\sum\limits_{i=1}^{N} W_i} = \frac{W_1 \cdot V_4 + W_2 \cdot V_3 + W_3 \cdot V_2}{3+2+1} = \frac{3 \times 230 + 2 \times 150 + 1 \times 200}{6} = 198.3$$

（2）指数平滑法

指数平滑法是以指数形式的几何级数作为权数来考虑不同时期数据的影响，并将这些数据加权移动平均的一种预测方法。其预测模型如下

$$F_{t+1} = \alpha V_t + (1-\alpha) F_t \tag{8-3}$$

式中，α 称为平滑系数（$0 \leqslant \alpha \leqslant 1$）。

由式(8-3)推得

$$F_{t+1} = \alpha V_t + \alpha(1-\alpha) V_{t-1} + \alpha(1-\alpha)^2 V_{t-2} + \cdots$$

从上式可以看出，指数平滑法就是对不同时期的数据给予不同的权数，既强调了近期数据对预测值的作用，又未完全忽略远期数据的影响。

【例 8-2】 现以表 8-2 的实际数据为例，应用指数平滑法，分别按 $\alpha = 0.2$ 和 $\alpha = 0.8$ 计算预测值，计算结果如表 8-2 所示。

表 8-2　指数平滑预测计算表

月份	销售额/万元	F_{i+1}		月份	销售额/万元	F_{i+1}	
		$\alpha=0.2$	$\alpha=0.8$			$\alpha=0.2$	$\alpha=0.8$
1	170	170	170	7	300	206.5	266.2
2	200	170	170	8	260	225.2	293.2
3	150	176	194	9	250	232.2	266.6
4	230	170.8	158.8	10	230	235.1	253.3
5	210	182.6	215.8	11	250	234.6	234.7
6	280	188.1	211.2	12	180	237.7	246.9

如：$F_1 = 170$；

$F_2 = 0.2 \times 170 + 0.8 \times 170 = 170$；

$F_3 = 0.2 \times 200 + (1-0.2) \times 170 = 40 + 136 = 176$；

$F_4 = 0.2 \times 150 + (1-0.2) \times 176 = 30 + 140.8 = 170.8$；

$F_5 = 0.2 \times 230 + (1-0.2) \times 170.8 = 46 + 136.6 = 182.6$；

$F_6 = 0.2 \times 210 + (1-0.2) \times 182.6 = 42 + 146.1 = 188.1$；

可以看出，α 的大小对时间序列的修匀程度影响很大。α 值越大，近期数据对预测值影响越大，当 $\alpha = 1$ 时，平滑值就是本期实际值，α 值越小，远期数据对预测值影响越大，当 $\alpha = 0$ 时，平滑值就是最初一期的实际值。因此，利用数据平滑法，关键在于正确选择 α 的值。指数平滑法是移动平均法的一种改进型，能适应比较复杂的变化情况，要求的历史数据也较少，是进行短期预测经常采用的一种方法。

（3）趋势预测法

一个经济变量在一定时期内大致沿某一趋势呈线性或非线性变化，以这类问题为研究对象，预测事物未来发展趋势的方法，称为趋势预测法。

① 线性趋势预测　当经济变量在某一时间内近似呈线性趋势时，我们可把时间的周期数作为自变量 x，把所研究经济变量在各个时期的数值作为变量 y，则线性趋势预测模型为

$$Y=a+bx \tag{8-4}$$

式中，a、b 为待定的系数。利用最小二乘法，a、b 分别由下式确定

$$b=\frac{N\sum x_i y_{ai}-\sum x_i \sum y_{ai}}{N\sum x_i^2-(\sum x_i)^2};$$

$$a=\frac{\sum y_{ai}}{N}-b\frac{\sum x_i}{N} \tag{8-5}$$

式中，N 为数据点数：x_i，y_{ai}（$i=1\cdots N$）表示实际数据点。

根据时间序列的特点，我们可按下述方法将时间周期适当取值，使$\sum x_i=0$从而使计算简化。当周期数为奇数，我们可以以中间一期为原点，则 X 的数列为$\cdots-3$，-2，-1，0，1，2，3，$\cdots$。当周期数为偶数时，可以以中间二期之间的点为原点，则 X 的数列为$\cdots-5$，-3，-1，1，3，$5\cdots$。这样$\sum x_i=0$，由上述计算公式简化为

$$b=\frac{\sum x_i y_{ai}}{\sum x_i^2},a=\frac{\sum y_{ai}}{N} \tag{8-6}$$

② 非线性趋势　如果某经济变量在不同时期的增减变化量不是等量，则其发展趋势就表现为非线性。对这种情况，一般要先将历史数据在图上标识出来，观察数据点的分布趋势，或者通过数据分析确定出变化规律，然后再拟合成近似的曲线方程进行预测。

例如指数曲线趋势预测，若经济变量在各时间周期的增长率大体相同，则其增长变化趋势表现为指数曲线规律，则其方程式为

$$y=abx \tag{8-7}$$

利用对数运算，并令：$y'=\lg y$，$A=\lg a$，$B=\lg b$

则式(8-7) 变为：$y'=A+Bx$

这样就可利用直线趋势的方法进行预测了。

（4）季节性变动的预测

在建筑企业的生产经营管理活动中，经常会出现季节性变动的现象，为了适应生产的要求，搞好均衡生产，就有必要掌握这种季节性变动的规律。

【例 8-3】 某企业 2007～2010 年各月的盈利水平如表 8-3，预测 2011 年该企业各月盈利水平。

解： ① 绘制数据点分布图，确定变动性质。根据表 8-3 的数据，可绘出图 8-1，该企业的盈利水平是以年为周期的季节性变动，并呈递增的总趋势。

② 确定季节系数，季节系数可由下式确定

$$季节系数=\frac{月平均值}{总平均值} \tag{8-8}$$

月平均值的计算结果见表 8-3。

表 8-3　某企业各月的盈利水平统计表

年　份	月　份												合计
	1	2	3	4	5	6	7	8	9	10	11	12	
2007	10	12	14	18	20	22	17	18	16	18	14	12	191
2008	11	14	16	21	23	21	18	20	18	19	16	14	211
2009	13	15	18	24	27	26	23	18	19	22	18	15	238
2010	16	16	21	25	30	27	28	20	19	21	19	17	259

续表

| 年　份 | 月　份 | | | | | | | | | | | | 合计 |
	1	2	3	4	5	6	7	8	9	10	11	12	
合计	50	57	69	88	100	96	86	76	72	80	67	58	899
月平均	12.50	14.25	17.25	22	25	24	21.5	19	18	20	16.75	14.5	224.75
季节系数/%	66.74	76.08	92.10	117.46	133.48	128.14	114.79	101.44	96.1	106.78	89.43	77.42	
预测值	15.71	17.9	21.68	27.65	31.42	30.16	27.02	23.88	22.62	25.14	21.05	18.22	282.5

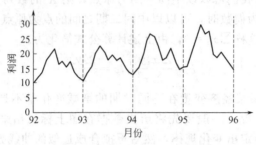

图 8-1　盈利水平季节性变动图

$$总平均值 = \frac{\sum_{i=1}^{12} 月平均值}{12} = \frac{224.75}{12} = 18.73$$

季节系数的计算结果见表 8-3。

③ 确定长期趋势变动。本例中长期趋势变动为线性趋势，其趋势预测模型为 $y = a + bx$。列表计算如表 8-4 所示；

根据式(8-6)求得

$$a = \frac{\sum y_{ai}}{N} = \frac{899}{4} = 224.75$$

$$b = \frac{\sum x_i y_{ai}}{\sum x_i^2} = \frac{231}{20} = 11.55$$

则　　$y = 224.75 + 11.55x$

2011 年相应的 $x = 5$，故 2011 年的盈利水平为 $y = 224.75 + 11.55 \times 5 = 282.5$

④ 计算各月预测值。各月预测值可由下式确定

$$月预测值 = \frac{年预测值}{12} \times 季节系数$$

计算结果列于表 8-4。

表 8-4　趋势预测计算表

年　份	x_i	y_{ai}	x_i^2	$x_i y_{ai}$
2007	-3	191	9	-573
2008	-1	211	1	-211
2009	1	238	1	238
2010	3	259	9	777
合　计	0	899	20	231

8.3.2.2.2　因果分析预测法

因果分析预测法就是根据事物内在的因果关系来预测事物发展趋向的方法。因果关系预测法一般又称为回归分析法，因果分析法一般适用于中长期预测。下面介绍几种简单常用方法。

（1）一元线性回归预测法

一元线性回归预测法是当两个经济变量之间存在线性相互关系时采用的一种回归方法。它是因果分析中最简单、最常用的一种方法，是以事物发展的因果关系为依据，通过证明两个经济变量之间存在的相关关系，抓住其主要矛盾及其相互关系建立数学模型，从而得出一个变量的变动对另一个变量的影响程度的预测方法。所谓相关关系是指两个经济现象之间存在的不确定和非严格的依存关系，通常用相关系数来表明它们之间相关关系的密切程度和影响方向。线性相关关系是指两个经济变量之间存在严格的线性相关性，通常其相关系数值要达到 0.8 以上。一元线性回归分析法的预测步骤大致为四步。

第一步，根据统计资料绘出相关图，计算相关系数 γ，其计算公式如下

$$\gamma = \frac{\sum XY - \dfrac{1}{n}\sum X \sum Y}{\sqrt{\sum X^2 - \dfrac{1}{n}(\sum X)^2}\sqrt{\sum Y^2 - \dfrac{1}{n}(\sum Y)^2}}$$

第二步，建立经营预测模型。建立一元线性回归经营预测模型为

$$Y = a + bX$$

式中　Y——因变量，如销售收入；

　　　X——自变量，如施工面积；

　　　a——回归常数，是一元线性回归方程的截距；

　　　b——回归系数，是一元线性回归方程的斜率。

第三步，待定系数

利用最小二乘法，待定系数 a，b 由下列方程组确定

$$\sum Y = na + b\sum X$$

$$\sum XY = a\sum X + b\sum X^2$$

$$b = \frac{n\sum XY - \sum X \sum Y}{n\sum X^2 - (\sum X)^2}$$

$$a = \frac{\sum Y - b\sum X}{n}$$

第四步，应用模型进行预测

将 X_i 值代入一元线性回归方程中可以得到各个回归值 Y_c。如果需要预测，代入 X_0 的数值，就可以得到对应的经营预测值 $\hat{Y}$（$X = X_0$）。

【例 8-4】　假设某房地产开发企业 2001～2010 年的统计资料见表 8-5。试建立一元线性回归方程，并预测 $X_0 = 5.1 km^2$ 时的销售收入是多少？

表 8-5　2001～2010 年某房地产开发企业商品房开发情况

年　份	2001	2002	2003	2004	2005	2006	2007	2008	2009	2010	总和
开发面积 X/km^2	0.65	0.76	1.03	1.01	0.88	1.27	1.90	3.65	3.75	4.86	19.76
销售收入 Y/百万元	101	110	148	164	202	244	450	856	1019	1320	4596

解：　① 根据表 8-5 可以绘出关于开发面积—销售收入的散点图，如图 8-2 所示。可以看出数据点的分布趋势。

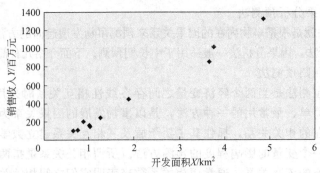

图 8-2　开发面积—销售收入散点图

② 计算相关系数 γ。如表 8-6 所示。

$$\gamma=\frac{15083.34-\dfrac{1}{10}\times19.76\times4596}{\sqrt{60.083-\dfrac{1}{10}\times(19.76)^2}\sqrt{3840242-\dfrac{1}{10}\times(4596)^2}}=0.9954$$

说明开发面积与销售收入为强相关，变化方向相同，即开发面积增大时，销售收入也增大；开发面积减小时，销售收入也减小。

表 8-6　相关系数计算表

年份	开发面积 X/km^2	销售收入 $Y/$百万元	X^2	Y^2	XY	Y_c
2001	0.65	101	0.4225	10201	65.65	81.31
2002	0.76	110	0.5776	12100	83.60	112.69
2003	1.03	148	1.0609	21904	152.44	187.72
2004	1.01	164	1.0201	26896	165.64	184.01
2005	0.88	202	0.7744	40804	177.76	146.92
2006	1.27	244	1.6129	59536	309.88	258.18
2007	1.90	450	3.6100	202500	855.00	437.92
2008	3.65	856	13.3225	732736	3124.40	937.17
2009	3.75	1019	14.0625	1038361	3821.25	965.70
2010	4.86	1302	23.6196	1695204	6327.72	1282.38
Σ	19.76	4596	60.0830	3840242	15083.34	4596

③ 根据表 8-6 资料，可计算出一元线性回归方程的待定参数 b 和 a。

$$b=\frac{15083.34\times10-19.76\times4596}{60.083\times10-(19.76)^2}=285.29$$

$$a=\frac{4596-285.29\times19.76}{10}=-104.13$$

则一元线性回归方程为

$$Y=-104.13+285.29X$$

将 X_i 值代入上述方程，可得出相对应的回归值（Y_c），详见表 8-6。

④ 运用模型预测。依题意，已知开发面积 $X_0=5.1\text{km}^2$，代入回归方程得到销售收入为

$$Y_c=(-104.13+285.29\times5.1)\text{百万元}=1350.85(\text{百万元})$$

（2）非线性回归分析

在实际问题中某些变量的关系并非线性变化的，而是呈曲线分布，这时应采用非线性回归分析进行预测。非线性回归分析比较复杂，常采用的一种方法是进行变量变换，把许多拟合曲线问题变换为直线问题来处理，也就是把非线性问题转化为线性问题来处理。

常见的一元曲线方程转化为一元直线方程见表 8-7。

表 8-7　常见的一元曲线方程转化表

序号	曲线名称	曲线方程	换元形式	直线方程
1	双曲线	$\dfrac{1}{Y}=a+\dfrac{b}{x}$	$Y'=1/Y$ $X'=1/X$	$Y'=a+bX'$
2	幂函数	$Y=aX^b$	$Y'=\lg Y$ $X'=\lg X$ $A'=\lg a$	$Y'=A+bX'$
3	指数函数	$Y=ab^x$	$Y'=\lg Y$ $A=\lg a$ $B=\lg b$	$Y'=A+BX'$
4	对数函数	$Y=a+b\lg X$	$X'=\lg X$	$Y'=a+bX'$

对于拟合曲线回归方程的问题，求解步骤如下。

① 应根据数据点的分布情况，确定变量 X 与 Y 之间的函数类型，选择适当曲线与数据点拟合。

② 应确定 X 与 Y 之间相关函数的未知参数。某些特殊类型的函数，可以将非线性问题转化为线性问题来处理。

应该指出，非线性回归问题的相关系数必须通过先求相关指数，相关指数的平方根才是相关系数

$$\gamma=\sqrt{1-\frac{\sum(Y-Y_c)^2}{\sum(Y-\overline{Y})^2}}$$

其中

$$\overline{Y}=\frac{1}{n}\sum_{i=1}^{n}Y_i$$

为了确定可信度，还需计算估计标准离差，可按下式计算

$$S(Y)=\sqrt{\frac{\sum(Y_i-Y_c)^2}{n-m}}$$

式中　Y_c ——回归值；

　　　m ——回归方程的待定系数个数。

8.4　建筑企业经营决策

8.4.1　经营决策的概念

企业的决策是指为实现一定目标、解决一定的问题，有意识地寻求多种实施方案，按决策者的智慧、经验、胆识和决策标准，进行比较分析，确定较理想的方案，予以实施及跟踪的过程。

这个概念包括以下 5 层含义。

① 决策是一个动态过程。决策活动包括确定目标、方案比较、方案实施跟踪及方案修正的全过程。没有一系列过程，决策就容易陷于主观、盲目，导致失误。

② 决策的目的是为了实现企业的一定目标，或解决企业发展中某一问题。企业经营管理中每个时期都有它的目标，为实现企业的目标，要解决许许多多的问题，要想正确解决这些问题，使企业的经营有更好的经济效益，就必须进行科学的决策。

③ 决策的核心问题是如何进行多方案的选择。凡是要做决策，都必须有意识地拟制不同的实施方案，然后根据决策的标准选出较理想的方案。只有通过比较和鉴定，才能做出正确的决策。

④ 决策要有科学的标准和依据。决策要提倡用科学地数据说话，排除主观成见，但又要体现决策者的智慧、经验和胆识。这样才能做到大胆的开拓精神和实事求是精神的相互结合。

⑤ 决策选择结果一般应是较理想的方案。影响一项事物发展的因素十分复杂，在有限时间内、有限条件下，不可能对所有因素都给予同样的考虑，因此，决策只能做到尽可能的圆满，而不可能做到完美无缺。

8.4.2 经营决策的基本原则

决策是一项十分复杂的工作，为了实现经营决策的科学化，在决策时应当遵循以下原则。

（1）信息原则

决策必须把握大量的信息，信息是决策的基础。企业必须注重信息的搜集、整理与处理工作，把握信息的全面性、及时性及准确性。

（2）预测原则

经营决策必须建立在预测的基础上，没有科学的预测就没有科学的决策。

（3）系统原则

经营决策必须强调系统性，要考虑决策所涉及的整个系统和相关系统，这样才能实现决策的总体优化。

（4）可行原则

经营决策涉及的人力、物力、财力资源及技术水平等，要建立在可能得到的基础上，即拟定的众多的行动方案必须是切实可行的。

（5）选优原则

又称多方案原则。它是指为解决某一决策问题，必须结合企业内外条件，设计多种行动方案，并通过判断、分析、比较，选择出满意的行动方案。

（6）反馈原则

反馈就是对决策所导致的后果进行调整。由于环境和需要的不断变化，最初的决策必须根据变化了的情况作出相应的改变和调整，使决策更合理、更科学。

（7）集体决策原则

决策问题十分复杂，影响因素众多。作为决策者个体，由于受知识结构、经验等方面的限制，无法完全避免判断上的主观性和片面性。因此，发挥集体的智慧，互相启发，互相补充，对于提高决策的准确性是十分必要的。

（8）效益原则

决策的目的在于提高经济效益。进行决策时，要把企业效益和社会效益、眼前效益和长远效益结合起来，要尽可能争取花费小、收效大的决策。

8.4.3　企业管理决策的分类

企业在生产经营管理活动中所进行的决策是十分广泛的，按不同的标志可将决策划分成多种类型。

（1）按决策重要程度及其分工划分

按决策重要程度及其分工可将决策划分为战略决策、管理决策和业务决策三类。战略决策是对企业全局性的重大问题所作的决策，如经营目标、产品结构、市场开拓等方面的决策。它是企业最高管理阶层所作的决策。管理决策又称战术决策，它以战略决策为指导，根据战略决策的要求，解决执行中的问题，结合企业内外条件，安排一定时期的任务，解决生产中存在的某些缺陷，进行企业内部的协调与控制，实现系统优化。这类决策主要由企业的中级管理层次负责制定。业务决策是为了提高企业正常工作效率的一种决策，主要是解决作业任务中的问题，其特点是技术性强，时间紧，一般由基层负责制定。

（2）按决策的形态性质划分

按决策的形态性质可将决策划分为程序化决策和非程序化决策两种。前者是指可按一套常规的处理方式进行的决策，主要适用于企业的例行性工作或经常反复出现的活动。后者是一种不重复出现的非例行性的决策，由于非例行性的事件往往变化大，影响因素多，突发性强，因此不可能建立起一个固定的决策模式，常常要依靠决策者的知识、经验、信息和对未来发展的判断能力来作出决策。

（3）按时间因素划分

按时间因素可将决策划分为长期决策和短期决策。长期决策往往与长期规划有关，并较多地注意企业的外部环境。短期决策是实现战略目标所采取的手段，它比前者更具体，考虑的时间较短一些，主要着眼于企业内部，通过生产要素的优化配置与动态管理，实现战略目标。

（4）按决策应用的方法划分

按决策应用的方法划分，可将决策划分为定性决策和定量决策。前者是不用或少用数据与模型，主要凭借决策者的经验和判断力在众多可行方案中寻找满意方案的过程。主要适用于缺乏数据或需迅速作出决定的场合。后者是借助于数据分析与量化模型进行决策的方法。

（5）按确定性程度划分

按确定性程度可将决策划分为确定型决策、风险型决策、不确定型决策三种。确定型决策是指影响决策的因素或自然状态是明确的，肯定的，某一行动方案的结果也是确知的，因而比较容易判断与选择。风险型决策又称随机型决策，是指某一行动方案的结果不止一个，即多种自然状态，究竟哪一种自然状态出现不能确定，但其出现的概率可知，在这类问题的决策中，企业无论采用何种方案都存在风险。不确定型决策是指某一行动方案可能出现几种结果，即多个自然状态，且各种自然状态的概率也不确知，企业是在完全不确定的情况下所进行的决策。

（6）按决策目标的数量划分

按决策目标的数量可将决策划分为单目标决策与多目标决策。前者是指决策所追求的目标只有一个，后者是指决策所追求的目标是多个。

（7）按决策阶段划分

按决策阶段可将决策划分为单阶段决策和多阶段决策。单阶段决策也称单项决策或静态决策，是某个时期的某一问题的决策，它所要求的行动方案只有一个。多阶段决策也称序贯决策或动态决策，是为实现决策目标而作出一系列相互关联的决策，前一阶段的决策结果直接影响后一阶段的决策，因此，多阶段决策追求的是整体最优。

8.4.4 经营决策的基本程序

决策工作是一项动态的完整的过程，一般包括确定决策目标、方案设计、方案选择、执行方案四个阶段。

（1）确定决策目标

确定目标是决策程序的第一阶段，主要包括提出问题和确定目标两个环节。这一阶段的工作成效直接关系到整个决策的成败。

① 提出问题　经营问题，一是指在企业经营管理中现存的问题。这种问题主要是企业在经营管理中实际达到的状况与应当或期望达到的状况之间的差异。二是指有关企业的发展问题。随着社会经济的发展，企业应发现企业经营现状与社会实际需要的差距，不断调整自己的经营方针与对策。

② 确定目标　决策目标是经营决策的出发点和归结点，是根据决策所要解决的问题来确定的。把需要解决的问题的症结所在及其产生的原因分析清楚了，决策目标便容易确定下来。决策目标要和企业目标相一致，力求明确具体，解决问题实质。决策目标可能是单一的，也可能是多个，应分清主次。

（2）方案设计

① 拟定备选方案　备选方案是指可供进一步选择用的可能方案，其数量和质量对于最后作出合理的选择有重大影响。企业应根据内外条件，拟定出众多的具备实施条件的可行方案。为保证备选方案的优良品质，防止遗漏，决策者必须拟定尽可能多的备选方案，注意方案的整体详尽性和相互排斥性。对于一些新问题，如有关企业发展的决策问题，一般属于非程序化决策，没有任何经验和案例可循，决策者必须充分发挥想象力和创造力，并发挥集体智慧，集思广益，才能取得最佳效果。

② 方案初选　方案初选主要是通过对一些比较重要的限定因素的分析，比较各备选方案实现的可能性和效果，淘汰掉那些对解决问题基本无用或用处很小的方案以及那些客观条件不允许的方案，减少可行方案的数目，以便进行更深入的分析和比较。

③ 方案评价　方案评价是对方案执行结果的估计。进行方案评价时，应忽略各方案的共同问题，而专注于不同因素的分析。对一些无形因素，可以用预测方法将其定量化，与有形因素一起考虑。

（3）方案选择

方案选择是决策的关键阶段。

① 方案选择标准　标准是衡量方案优劣的尺度，对方案的取舍关系极大。一个具有共性的标准是价值标准。在单目标决策情况下，价值标准是十分明确的，而对于多目标决策的情况，价值标准只有当各个目标的重要性明确后才能确定。

② 选择方案　选择方案是在方案评价的基础上，按选择标准，进行执行方案的选择。进行方案选择时主要依据满意准则，即选择在目前情况下比较满意的适宜可行的方案。方案选定后，必须注意决策带来的影响，采取一些预防性措施或制定应变计划，以保证决策方案能按计划组织实施。

（4）执行方案

执行已选择的决策方案，是将决策变为现实的关键。在执行中要不断将执行结果与决策目标进行对比分析，寻找差异原因，并对决策作出必要的修改或补充。此外，在执行中还会发现新问题，从而需要作出新的决策后再付诸实施，这就开始了一个新的决策过程。

8.4.5　经营决策的定性方法

决策科学的发展，特别是电子计算机在决策中的应用，为用定量方法解决复杂的决策问题创造了条件，决策的科学性与可靠性不断提高，但这并未阻碍定性决策方法的发展。定性决策方法仍是经常使用的决策方法之一。主要原因如下。

① 定性与定量相结合的分析方法，是人们正确认识事物发展内在规律的首要途径。进行定量决策时，任何模型都是对系统的抽象描述，不可能包容系统内的所有影响因素，而只能抓住问题的主要矛盾，因此定量方法不能离开定性分析而独立存在。

② 迅速决策是企业经常面临的现实问题。定性决策主要凭借决策者的经验和判断力，因此，在企业的迅速决策方面实用性强。

③ 定量决策一般需大量的统计资料，当企业资料不全或遇到新问题时，进行定量决策往往难度较大，而定性决策则具有优势。

因为社会现象比较复杂，变化快，定性决策在企业经营管理中仍然占有十分重要的比重。即使是定量决策，也还需要决策者根据更多的限制条件作出最好的决定。

定性决策是充分发挥人们智慧进行决策的一种方法。在定性决策时，决策者的理论水平、经验阅历、能力素质往往起决定作用。但现代经营管理日趋复杂，所需各种专门知识越来越多，一个人的知识、经验往往是有限的，因此，定性决策常依靠专家的智慧进行集体决策。集体决策由于集思广益，互相学习，取长补短，考虑问题既广泛又深入，因此使决策具有充分的根据，保证决策的有效性。定性决策多用于外部环境变化大，影响决策的随机因素多且错综复杂，多种因素难以用数量表示的综合性战略决策。定性决策方法常用的有专家会议法、德尔菲法、小组决策法等。

总之，尽管定性决策很重要，但不能片面强调定性决策的重要性而忽略定量决策，两者是相辅相成，不可偏废的。一般凡是可以用数量来表示决策的条件及决策结果的问题，应当力求用定量决策来辅助决策者的决策；但定量决策不能取代决策者的观念和逻辑思维能力，两者结合使用，使决策更加符合实际。

8.4.6　经营决策的定量方法

（1）确定型决策问题的分析方法

确定型决策问题具备如下四个条件：①存在决策者希望达到的一个明确目标；②只存在一个确定的自然状态；③存在决策者可以选择的两个或两个以上的行动方案；④不同的行动方案在确定状态下的益损值可以计算出来。

确定型决策的方法很多，如线性规划法、目标评分法、效益费用法等。人们对这类经营决策的研究比较充分，常使用运筹学的各种分支方法及其他数学方法。

（2）不确定型决策问题的分析方法

① 不确定型决策条件

a. 存在着决策者希望达到的目标（利益最大或损失最小）；

b. 存在着两个或两个以上的行动方案可供决策者选择；

c. 存在着两个或两个以上的不以决策者的主观意志为转移的自然状态；

d. 不同的行动方案在不同自然状态下的相应益损值（利益或损失）可以计算出来；

e. 各种自然状态出现的可能性（概率）决策者预先无法估计或计算。

② 不确定型决策特点　不确定型决策的特点是，通过决策者的主观判断进行决策。同一事物，站在不同的角度进行观察，将有不同的结果；同一决策问题，由于不同决策者的知识水平、观察能力、决策经验、感知力和判断力的不同，将有不同的决策结果。

③ 不确定型决策方法　　不确定型决策所采用的标准，主要取决于决策者的素质和特点，下面分别加以介绍。

a. 小中取大决策标准　　又称悲观标准。持这种标准的决策者，对客观环境总是抱悲观态度，所以为了保险起见，总是从最不利处估计事情的结果，从最坏的情况中选择最好的方案。采用这种决策标准，首先从每一方案中选择一个最小的收益值，然后选取与最小收益值中的最大值相应的方案为最优方案。

b. 大中取大决策标准　　又称乐观标准。持这种标准的决策者，对客观环境总是抱乐观态度，不放弃任何一个获得最好结果的机会。决策时，首先把每一方案在各种自然状态下的最大收益值求出来，再选取与最大收益值中的最大值相应的方案为最优方案。

c. 折衷标准　　这一标准是以上两种标准的折衷，决策时，先确定介于 0 和 1 之间的乐观系数 α，再找到每个方案在各种自然状态下的最大收益值 $\max(u_{ij})$ 和最小收益值 $\min(u_{ij})$，则各个方案的折衷收益值为 $CV_i = \alpha\max(u_{ij}) + (1-\alpha)\min(u_{ij})$，最后比较 CV_i，选取与 $\max(CV_i)$ 相应的方案为最优方案。α 的值应根据具体情况取定，取值不同，可能会得到不同的决策结果。

④ "后悔值"标准　　后悔值是指某种自然状态下可能获得的最大收益与采用某一方案所实际获得的收益的差值。即应当得到，但由于失去机会未能得到的那一部分收益。采用这种决策标准，需先找出每个方案的最大后悔值，再选取与最大后悔值中的最小值相应的方案为最优方案。

⑤ 机会均等标准　　这个标准又称为拉普拉斯标准，其基本出发点是不偏不倚地对待可能发生的每一状态，即假设各种自然状态发生的概率是相等的。当所面临的问题情报资料缺乏，无法说明某一状态比另一状态有更多的发生机会时，可应用这一标准。

（3）风险型决策的方法

① 最大可能法　　这种方法就是选择自然状态中概率最大的进行决策，而其他自然状态可以不管。其基本思想是将风险型决策化为确定型决策。根据概率论的知识可知，一个事件的概率越大，发生的可能性就越大，因此，此方法将风险型决策变成在概率最大的自然状态下的确定型决策。

② 期望值法　　期望值法是根据各种自然状态的概率，计算出不同方案的期望值，以期望收益值最大或期望损失值最小的方案为最优方案进行决策的方法。

期望值的计算公式如下

$$E(x)_i = \sum_{j=1}^{m} p_j u_{ij}$$

式中　$E(x)_i$——第 i 个方案的数学期望值；

　　　p_j——第 j 列自然状态发生的概率值（$j=1, 2, 3\cdots n$）；

　　　u_{ij}——第 i 个方案在第 j 种状态下的收益值（$i=1, 2, 3\cdots m$）。

③ 决策树法　　决策树法是根据逻辑关系将决策问题绘制成一个树形图，按照由树梢到树根的顺序，逐步计算各结点的期望值，然后根据期望值准则进行风险型决策的方法。它不仅可以解决单级决策问题，对于决策盈亏矩阵表不易表达的多级序贯决策问题，也不失为一种简单而有效的工具。

前面介绍的风险型决策方法一般称为收益矩阵表法，它只适合单阶段决策问题，而决策树法不仅可以解决单阶段决策问题，而且可以解决收益矩阵表法不易表达的多阶段序列决策问题。决策树法也是利用期望值进行决策，只不过决策树技术运用状态的图形帮助决策，带有直观性、形象性，更便于使用。它的最大优点是可使决策主体针对决策局面采用一个有秩序的合理决策过程，尤其适用于多级决策问题。因而，决策树法更适用于房地产经营决策。

决策树的结构如图 8-3 所示。决策树由 4 个元素构成。

a. 决策点　用符号"□"表示。从它引出的直线分枝叫作方案分枝，方案分枝数表示决策行动方案数。

b. 状态点　用符号"○"表示，其上方的数字表示决策方案的期望值，从它引出的分枝叫作状态分枝，每条分枝上面写明自然状态下所发生的概率，分枝数反映可能出现的自然状态。

c. 结果点　它边上的数字是每个决策行动方案在相应自然状态下的损益值。

d. 分枝　连接决策点、状态点、结果点之间的直线段表示分枝，根据其所处的位置，代表方案分枝或状态分枝。

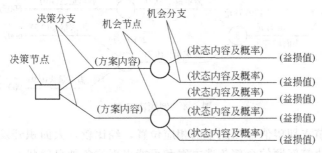

图 8-3　决策树的结构

一般情况下，方案名称写在方案枝的上方，当方案有追加投资时，标在方案枝的下方；自然状态及概率标在概率枝的上方；每个方案不同状态下的收益值标在概率枝末端的右侧；各方案的期望收益值标在各方案的自然状态点上方；对决策点和自然状态点编号的顺序是由左至右，由上而下按不同号码类型分别编定；当决策问题属多阶段决策时，应在相应概率枝上引入新的决策点。当各方案的期望值计算完后，应按规定标于图上，据此进行方案选择。定案的标准仍然是期望收益最大或期望损失最小，未被选定的方案应剪枝。

应用决策树进行决策的程序是从右向左逐步后退，根据益损期望值分层进行决策。在机会节点，应计算出各分支的累计期望值。而在决策节点，则要根据计算出来的各机会节点的期望值进行选优，并把选优值标注在节点上面，同时，在舍弃方案的分支上划上双截线。这样一直计算选优至第一个节点为止，就确定了最优行动方案。

例：某房地产企业拟定两个开发方案。方案一为大面积开发，方案二为小面积开发。两方案的建设经营期分为前 3 年和后 3 年。大面积开发需投资 5000 万元，若住宅需求量高则收益 2000 万元/年，若住宅需求量低则亏损 400 万元/年；小面积开发需投资 3000 万元，若住宅需求量高则收益 900 万元/年，若住宅需求量低则收益 600 万元/年。根据市场调查，预测该地区前 3 年住宅需求量较高的概率为 0.7，如果前 3 年市场销量较高，则后 3 年需求量较高的概率为 0.9；若前 3 年市场销量较低，则后 3 年需求量肯定低。试问在这种情况下哪个方案为推荐方案？

解：该决策问题较为复杂，但采用决策树法，便可化繁为简。

首先，绘制决策树如图 8-4 所示。

其次，计算节点期望值。

点④：$[2000\times0.9+(-400)\times0.1]\times3=5280$（万元）

点⑤：$[(-400)\times1.0\times3]=-1200$（万元）

点②：$[2000\times0.7+(-400)\times0.3]\times3+5280\times0.7+(-1200)\times0.3-5000=2176$（万元）

点⑥：$600\times1.0\times3=1800$（万元）

点⑦：（600×0.1＋900×0.9）×3＝2610（万元）

点③：（900×0.7＋600×0.3）×3＋2610×0.7＋1800×0.3－3000＝1797（万元）

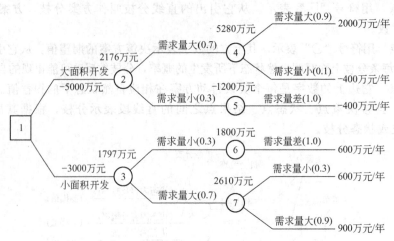

图 8-4　例题决策树

将计算出的各节点期望值标在图中的相应位置，经比较，大面积开发建设方案为推荐方案。决策树列出了决策问题的全部备选方案和可能出现的各种自然状态，以及在不同状态下的收益值（或损失值），能形象地显示出整个决策问题在时间上或决策顺序上的不同阶段的决策过程。特别对于复杂的、多阶段决策，层次清楚，阶段明显，便于决策机构集体研究和讨论，有利于做出正确的决策。因此决策树方法是经营管理人员进行决策的一种十分有效的决策工具。

习　　题

1. 什么是企业经营管理？

2. 现代企业经营管理的基础工作是什么？

3. 什么是经营预测？预测应遵循的基本程序有哪些？

4. 什么是经营决策？经营决策的步骤是什么？

5. 经营决策的方法有哪些？

6. 决策的类型有哪些？

7. 某企业 2009 年 1～11 月份商品销售量情况见表 8-8。试用移动平均法预测 2009 年 12 月和 2010 年 1 月的销售量（移动期为 3）。

表 8-8　某商品销售量资料　　　　　　　　单位：万件

月份	1	2	3	4	5	6	7	8	9	10	11
销售量	44	42	43	41	44	42	43	44	43	45	46

8. 某地区房屋建筑施工面积如表 8-9 所示。试用指数平滑预测法预测 2010 年的房屋建筑面积。

表 8-9　某地区房屋建筑施工面积

年份	2000	2001	2002	2003	2004	2005	2006	2007	2008	2009
面积	1400	1500	1180	1650	1810	2000	2300	3000	3750	4500

第9章 建筑企业资源管理

9.1 建筑企业人力资源管理

9.1.1 人力资源管理概述

（1）人力资源

资源，作为一个经济学术语，泛指社会财富的源泉，既能给人们带来新的使用价值和价值的客观存在物。迄今为止，世界上有四大资源：人力资源、自然资源、资本资源和信息资源。概括来说，一般把资源分为两大类：一是物质资源，二是人力资源。我们通常所说的管理中的"人、财、物"，"人"即人力资源，"财"和"物"均属物质资源。

人力资源，是指存在于人体的智力资源，是指人类进行生产或提供服务，推动整个经济和社会发展的劳动者的各种能力的总称。人的各种能力之所以能被看作是一种经济资源，因为人具有劳动能力，能在劳动过程中创造价值和使用价值。人的劳动能力包括体能和智能两个方面，体能是指对劳动负荷的承受能力和消除疲劳的能力，智能是指运用知识解决问题和将知识转化为行动的能力。由于人体是劳动能力存在的载体，因此，人力资源便表现为具有劳动能力的人口。对人力资源概念的界定，各国不尽一致，主要是因为经济活动人口中涉及的两个时限不尽一致。一个是起点工作年龄，如 16 岁或 18 岁；二是退休年龄，如 55 岁或 60 岁，甚至是 65 岁或 70 岁等。当然，从更广义的角度上说，只要有工作能力或将会有工作能力的人都可以视为人力资源。这样，可以充分表明人力资源具有潜在的效应和可开发性。人力资源是"活"的资源，具有能动性、周期性、耐磨性、无限性和战略性。

企业人力资源，是指人口资源中能够推动整个企业发展的劳动者能力的总称。它包括数量和质量两个方面。而企业人才资源则指企业人力资源中具有创造能力的资源。

（2）人力资源的特征

人力资源作为一种特殊资源，与其他资源一样具有使用价值、共享性、可测量性、可开发性和独立存在性，以及需要管理和有效配置等特性。但是它却处于自然和社会相结合的状态中，是一种物质与能量相结合的形态，在一定条件下可以再生。因此，我们应该充分认识人力资源的特殊性，科学地开发和有效地利用人力资源，通过对人力资源的科学管理和合理配置使其发挥最大的效益，并使其永不枯竭。

① 过程的时代性　一个国家的人力资源，在其形成过程中受到时代条件的制约，人一生下来就置身于既定的生产力和生产关系中，社会发展水平从整体上制约着这批人力资源的素质。他们只能在时代为他们提供的条件前提下，努力发挥其作用。

② 开发对象的能动性　自然资源在其被开发过程中，完全处于被动的地位，人力资源则不同。在被开发的过程中，人有意识、有目的地进行活动，能主动调节与外部的关系，具有能动性。对其能动性调动的如何，直接决定着开发的过程，达到的水平。有的学者将这个特点概括为"可激励性"。可激励的前提还是对象具有能动性，这就要求人们在从事人力资源开发工作时，不能只靠技术性指标的增减和数学公式的推导，还要靠政策去调动人们的积极性。

③ 使用过程的时效性　矿产资源一般可以长期储存，不采不用，品味不会降低，人力资源则不然，储而不用，才能就会被荒废和退化。无论哪类人，都有其才能发挥的最佳期、最佳年龄段。当然，人依其类别不同，其才能发挥的最佳期也不一样。一般而论，25～45岁是专业技术人才的黄金年龄，37岁左右为其峰值，这是其从事领域的业务性质决定的。人才开发和使用必须及时，开发使用时间不一样，所得效益也不相同。

④ 开发过程的持续性　作为物质资源一般只有一次开发，二次开发，形成产品使用之后，就不存在持续开发的问题了。人力资源不同，使用过程同时也是开发过程，而且这种开发过程具有持续性。传统的观念和做法认为，毕业了就进入工作阶段，开发与使用界限分明。这种"干电池"理论目前已被"蓄电池"理论所代替。后者认为，人工作之后，还需要不断学习，继续充实和提高自己。人类通过自己的知识智力，创造了日益智能化的工具如机器人和计算机等，使自己的器官得到延伸和扩大，从而增强了自身的工作能力。

⑤ 闲置过程的消耗性　人力资源如若不加以使用，处于闲置状态，他们与一般物力资源的又一个明显区别是具有消耗性，即为了维持自身的存在，必须消耗一定数量的其他自然资源，比如粮食、水和能源等。这是活资源用以维持生命所必不可少的消耗。在我们使用这种资源的过程中，必须重视这个特点。

⑥ 组织过程的社会性　人力资源开发的核心，在于提高个体的素质，因为每一个个体素质的提高，必将形成高水平的人力资源质量。但是，在现代社会中，在高度社会化大生产的条件下，个体要通过一定的群体来发挥作用，合理的群体组织结构有助于个体的成长及高效地发挥作用，不合理的群体组织结构则会对个体构成压抑。群体组织结构在很大程度上又取决于社会环境，即取决于社会的政治、经济、科技和教育等管理体制。社会环境构成了人力资源的大背景。它通过群体组织直接或间接地影响人力资源开发。

（3）人力资源管理的内容

现代市场竞争归根到底是人才的竞争，充分发挥好人力资源的优势，对企业在竞争中求得生存与发展将产生重要的影响，人力资源作为一种新型的企业竞争元素，在市场竞争中越来越发挥着重要的作用。具体来说人力资源主要包括以下内容。

① 人力资源规划　通过制定这一规划，一方面保证人力资源管理活动与企业的战略方向和目标相一致，另一方面保证人力资源管理活动的各个环节相互协调，避免相互冲突。同时在实施此规划时，还必须在法律和道德观念方面创造一种公平的就业机会。

② 岗位设计与岗位分析　这是人力资源管理中的一项重要的工作。通过对工作任务的分解，根据不同的工作内容，设计为不同的岗位，规定每个岗位应承担的职责和工作条件、工作要求等，这样可使企业吸引和保持合格的员工。

③ 招聘计划　企业就所需招聘的人员的数量和质量作出计划，如果企业现有员工数大于所需数，则企业可制定出裁员计划；如果企业现有人数不足，则可制定招聘计划。

④ 招聘　这是为企业补充所缺员工而采取寻找和发现合乎工作要求的申请者的办法。

⑤ 选择　企业挑选最合适的求职者，并录用安排在一定职位上。

⑥ 个人发展计划　这是根据员工个人性格、气质、能力、兴趣、价值观等特点，同时结合组织的需要，为员工制定一个事业发展的计划，并为之不断开发员工的潜能。

⑦ 绩效考评　对员工在一定时间内对企业的贡献和工作中取得的绩效进行考核与评价，及时做出反馈，以便提高和改善员工的工作绩效，并为员工培训、晋升和计酬等人事决策提供依据。

⑧ 培训与开发　通过培训提高员工个人、群体和整个企业的知识、能力、工作态度和工作绩效，进一步开发员工的智力潜能。

⑨ 工资福利　根据员工工作绩效的大小和优劣，企业给予不同的报酬和奖励。

⑩ 劳动关系　劳动关系是企业控制者与员工之间的相互关系。企业管理者与企业内有组织的员工群体之间应依照《劳动法》的规定就工资、福利及工作条件等问题进行谈判，协调劳动关系。

⑪ 安全与保障　为保障员工的健康，减少污染，减少工伤和死亡事故的发生必须采取的措施。

9.1.2　建筑企业人员招聘

（1）招聘的含义

人员招聘是"获取"人力资源的一个重要手段，也是人力资源管理的一项基本工作。现代企业人力资源管理中的人员招聘是指组织通过采用一切科学的方法去寻找、吸引那些有能力又有兴趣到本组织来任职的人员，并从中选出适宜人员予以聘用的过程。招聘是人力资源管理的一项基本职能。当人力资源计划表明有对人员的需求，并且在评价了各种替代方案仍不能满足这种需求时，招聘过程便开始了。招聘是寻找空缺职位的合格候选人的可能来源并采用适当的方式吸引他们到企业应聘的过程。从理论上来讲，招聘过程要解决两个问题。第一个问题是确定合格候选人的来源，即决定是从企业内部资源中招聘还是从外部资源中招聘；如果是从外部资源中招聘，从哪一类资源中招聘；在什么地方能够发现和找到合格的候选人。填补空缺职位的候选人可以来自企业内部，也可以来自企业外部，因此，招聘分为企业内部招聘和外部招聘。内部招聘能为企业员工提供岗位轮换和职务晋升的机会，招聘的成本也较低，但内部招聘的选择面窄，并且不能增加企业人员总数，填补后的空缺职位仍然需要从外部引进新人补充。因此，企业的人员招聘应以外部招聘为主要途径。招聘过程要解决的第二个问题是选择招聘的方法，即用什么方法将那些合格的候选人吸引到企业来应聘。由于招聘成本在不断提高，因此企业需要利用最有效率的招聘资源和方法。寻找适当的候选人来源和选择恰当的招聘方法是提高招聘效率和效果的关键。

（2）招聘的原则

在招聘中应该坚持以下原则。

① 公开原则　将招聘的单位、招聘的职位种类、数量、要求的资格条件及考试方法均向社会公开。这样做不仅可以大范围地广招贤才，而且有助于形成公平竞争的氛围，使招聘单位确实招到德才兼备的优秀人才。此外，在社会的监督下，还可以防止不正之风。招聘启事登在有相当大的社会影响的公共媒体上，将招考条件、选拔方法等公开而明确地登在报纸上，不仅使相关人员清楚地了解了有关招考的条件，而且让全社会都看到了企业在改革人事干部选拔和任用方面所迈出的坚实步伐，产生了良好的社会影响。

② 平等原则　对待所有的应聘者应该一视同仁，不得人为地制造不平等条件。在一些招聘启事中经常可以看到关于年龄、性别的明确限制，这是违反规定的，有歧视的嫌疑。招聘单位应努力为人才提供公平竞争的机会，不拘一格地吸纳各方面的优秀人才。

③ 竞争原则　人员招聘需要各种测试方法来考核和鉴别人才，根据测试结果的优劣来选拔人才。靠领导的目测或凭印象，往往带有很大的主观片面性和不确定性。因此，必须制定科学的考核程序、录用标准、才能真正选到良材。

④ 全面原则　录用前的考核应兼顾德智体等诸方面因素。因为一个人的素质不仅取决于他的智力水平、专业技能，还与他的人格、思想等因素密切相关。近年来人们对情商越来越重视，反映了基于这种观点的一种倾向。

⑤ 量才原则　招聘录用时，必须做到"人尽其才"、"用其所长"、"职得其人"。认真考

虑人才的专长，量才录用，量职录用。有的招聘单位一位盲目地要求高学历、高职称，并不根据拟招聘岗位的实际需求来考虑，结果花费了大量人力物力招聘来的优秀人才，用不了多久就都"孔雀东南飞"了。要知道，招聘到最优的人才并不是最终目的，而只是手段，最终目的是每一个岗位上用的都是最合适、成本又最低的人员，达到组织整体效益最优。

（3）招聘方法

从企业的立场来看，招聘方法可以分为自行招聘和委托招聘两大类。例如，广告招聘、校园招聘、员工介绍、从自荐求职者中招聘、招聘会、实习和网上招聘等属于自行招聘；职业介绍机构招聘、经理寻觅公司招聘和专业协会招聘等属于委托招聘。现将常用的招聘方法介绍如下。

① 广告招聘　指通过在媒体刊登招聘启事向公众发送公司的就业需求信息。这是最常用的一种招聘方法。广告的内容及措辞要小心撰写，否则无法吸引合适的求职者来应聘，或者吸引来许多并不合适的求职者。广告的内容应包括企业介绍、工作说明、工作报酬及待遇、应聘资格与条件和申请办法等。一则好的招聘广告不仅要能吸引公众注意，而且要能激发起求职者对公司或工作的兴趣。采用报纸作为广告媒体的企业最多。报纸广告的优点是传播范围广，相对便宜，可以保存，发送信息快，大多数的求职者可以接触到职位空缺的信息。报纸广告招聘的最大问题是往往引来大量不合格的人来应聘。其他可用的广告媒体还包括广播、电视、期刊或杂志、广告牌或互联网等。此外也可以用张贴广告招聘的方法。

② 职业介绍机构招聘　指以付费的方式委托外部的职业介绍机构物色企业所需人员。职业介绍机构是帮助企业招聘员工同时又帮助求职者找工作的一种中介组织。这些机构事实上在发挥着人力资源管理的招聘和选择的职能。职业介绍机构有私营的和政府举办的两种。私营职业介绍机构收费较高，是一种高成本的招聘途径。政府举办的职业介绍机构收费低廉，也有些国家的官方职业介绍机构提供的服务是免费的。我国政府举办的职业介绍机构通常称为人才交流中心或劳务市场，前者由人事部门主办，主要招聘管理人才和专业人才；后者由劳动部门主办，主要招聘工人，不过现在两者的区别已不那么明显了。

③ 经理寻觅公司招聘　经理寻觅公司也称为猎头公司，是专门为企业招聘中高层经理人才和高级专业技术人才的职业介绍机构。企业通过经理寻觅公司招聘时，无论每一次寻觅是否招聘到合适的人选，都必须向寻觅公司支付费用。

④ 专业协会招聘　指通过专业协会组织（如企业家协会、会计师协会、注册会计师协会和工程师协会等）招聘管理人才、专业人才或技术人才。

⑤ 校园招聘　指由企业派人到学校招聘毕业生中的求职者。企业大部分的初级人员是直接从学校招聘来的。因此，与学校建立并维持良好的关系对企业来说是非常重要的。最常见和最节省的校园招聘方法是派人到学校开设就业讲座，介绍企业的情况和政策，让学生对企业有更多的了解，吸引学生到企业来应聘。如果能够取得学校负责毕业生就业安置工作的管理部门的合作，招聘效果会更理想，因为管理部门可以提供多方面的协助，如安排与符合公司要求的学生见面、提供会见场所以及审核学生的履历表等。

⑥ 员工（或熟人）介绍　指由本企业的员工（或熟人）推荐或介绍合适的求职者。这种方法在某些企业，特别是缺乏某种技术的企业中被证明是十分有效的。有些企业为了鼓励员工推荐他们的朋友到企业来应聘，对推荐成功的员工会给予一定的奖励。

⑦ 从自荐求职者中招聘　指求职者以登门造访或寄发求职信的方式向企业谋求工作。对那些知名度高和收入待遇好的企业，即使不大张旗鼓地做招聘宣传，也能够吸引较多合格的自荐求职者。很多企业为顾全声誉，通常对登门造访的求职者都会很有礼貌地接见。每年学校的毕业生都会寄信到企业求职。这些求职者便成为企业员工的主要来源。企业可以在审

阅求职者的履历表后，将合格者归档备用，并及时回复这些求职者。

⑧ 招聘会　这是为聚集用人单位的招聘人员和求职者而设计的现场招聘活动，是一种用来吸引大量求职者来应聘的招聘方法。这种招聘方法的最大好处是可以在短时间内（通常一天或两天）见到大量的求职者。招聘会的举办单位有政府、学校、职业介绍机构和商会等。

⑨ 实习　这是一种特殊的招聘形式，它是指企业给学生安置一个临时性的工作，但不必承担永久聘用学生的义务，学生毕业后也不必接受企业的固定职位。

⑩ 网上招聘　随着互联网的普及，网上招聘已经成为重要的招聘方法之一。教育部于2001 年 3 月 18 日举办首次全国高校毕业生就业网上供需洽谈会，高校学生只要通过计算机登录上网，即可进行信息交流。近年，由教育部组织的全国高校毕业生就业网站联合招聘会，为用人单位和广大毕业生搭建了一个良好的信息交流平台，也越来越受到企业的重视和广大求职者的欢迎。

以上各种招聘方法各有利弊，不同类型的工作可以采用不同的招聘途径。例如：招收销售人员多利用报纸广告、员工介绍和委托职业介绍机构等；招收专业技术人才多利用校园招聘和报纸广告；招聘高层管理人才则多利用经理寻觅公司和管理顾问公司等途径。总之，工作性质不同，招聘方法也不同。

除了对招聘环境、招聘方法和招聘来源进行分析外，采用什么样的招聘策略也很重要。在招聘过程开始之前必须做出下列决定：为什么要招聘；招聘什么人；招聘多少人；在什么地方招聘；什么时间招聘；用什么方式招聘；谁来招聘。例如，某电子工业公司的招聘策略是：普通工人主要招收技校应届毕业生，这些人员有电子专业基础知识，培训半个月即可上岗，不要求工作经验。技术开发与设计人员主要招收大学本科毕业生，其中应届毕业生占30％，往届毕业生占 70％。普通工人主要来自内地省份中小城市和农村的学生，那里的人朴实，能吃苦，思想单纯。由于普通工人的流动性大，天天招聘。技术人员的招聘方法是参加招聘会、专家推荐和在报纸上登招聘广告。普通工人的招聘方法是贴街口，在工厂门口设立招聘栏。外地技校会寄一些应届毕业生的材料来，人事部看过后认为合适的可电话联系，先要一小批毕业生试用，质量好再增加人数。由于对委托职业介绍机构代招不放心，招聘工作由公司人事部亲自进行。

（4）招聘程序

虽然每个企业的选择过程不尽相同，但仍有一定的规律可循。通常先进行一些花费较少的程序，待淘汰了大部分不合格的申请者，再进行成本较高的选择程序，以节省成本。以下选择程序具有普遍性，适用于大多数企业。

① 填写申请表　如果申请人具备应聘职位的条件，可予以登记，并派发申请表。填写申请表的目的是用标准化的表格取得申请人的有关资料，如姓名、性别、年龄、住址、教育程度和工作经验等，用来判断申请人是否适合该项工作。利用申请表上的资料可以预测申请人的未来工作绩效。国外专家认为，申请表可以设计成量化表格，从而把申请表中的各种资料化为量化资料，增加申请表的信度和效度。这样，根据申请表的资料，就可以淘汰不合适的人选。美国有位研究人员从一家大型保险公司的人事档案里抽取了 160 名女性文书的申请表进行分析。当时该公司女性文书的流动率高达 48％。该研究人员将这些申请表分为两类，一类在职期间长，另一类在职期间短（以一年为标准，不足一年为短，超过一年为长）。他发现申请表上的某些项目的回答和在职期间长短有密切关系。于是他分别给这些回答一个适当的权数，着手研究如何利用申请表去预测新员工会在公司干多久，淘汰那些估计在公司干不久的申请者。该保险公司利用经重新设计的申请表进行选择，果然降低了流动率。该研究

人员还发现某些申请表上的资料可以用来预测员工在工作上是否会有所成就。因此，申请表上的资料如能小心地加以分析研究，可能会发现工作绩效与某些个人特征有关。这些分析结果可以作为日后录用的标准。申请表之所以可以测度行为，是因为申请表中的某些项目的回答对行为的测度能力高于其他项目。量化申请表的设计就是采用一些方法使对工作成就测度能力高的项目更具有分量，从而可以淘汰不合适的人选。

② 面试　面试是一种非常普遍和常用的选择方法，许多企业全凭面试的资料作为取舍申请者的依据。通常面试分几个阶段进行。初步面试由人事部门的职员在短时间内观察申请者的外表、言谈举止和态度等。一般印象不佳或者不符合要求者则予以淘汰。如果申请者的条件与企业的要求大致相同，则可以进入下一选择程序。第二次面试由人事部经理主持，重点是了解申请者的教育水平、工作经验、技能和兴趣等。通常人事部门只负责初步选择程序，把挑选出来的候选人名单送给缺员部门的经理考虑，可能需要第三次面试，由人事部门安排缺员部门的经理与申请人见面，由缺员部门的经理最后决定录用人选。在选择过程中，面试所花的时间和成本是比较高的。

③ 测试　许多企业都把各种形式的测试作为选择程序的一部分。与面试相比，测试可以客观地甄别申请者的能力、学问和经验。

④ 背景调查　对于申请者的背景和资格的审查，可以通过信函或电话、传真和电子邮件等方式向申请人的现任或以前的主管查询。这样做可以证实（或提供）有关申请人的工作能力、表现、性格、优点和缺点等信息是否真实。此外，还可以审核申请人的学历、工作经验的证明文件及推荐书。推荐书只能作为参考，因为推荐人是由申请人提供的，对申请人有较好的印象。

⑤ 体检　体检可以保证每一位被录用的员工身体健康，体能符合工作要求，例如视力正常、能举起重物及能站立工作等。这样可以避免员工投诉企业的工作环境危害健康而要求赔偿，并且可以防止疾病传染。在选择过程中，体检一般放在后期进行，因为这项程序费用较高，待其他不合格的申请者被淘汰之后再进行体检，可以降低成本。

⑥ 试用　许多企业在录用员工时都有试用期，这使得企业可以根据工作绩效评价申请者的能力。试用期长短不一，由一个月到一年不等，视工作性质而定。试用可以代替选择过程的某些程序，或者用来检验其他程序的正确性。这种做法的假设是：如果一个人在试用期内圆满地完成了任务，那么其他选择程序就没有必要使用了。对试用期的员工应进行监控，是确定录用决策是否正确。对在试用期内自动离职的员工应进行面谈，以确定选择过程中存在的不足。

以上各项程序可根据企业情况进行安排和调整，例如，可以先填写申请表后面试，也可以先面试后派发申请表；可以先面试后测试，也可以先测试后面试；可以先进行背景调查后体检，也可以先体检后进行背景调查。以下是某公司的选择程序安排：派发申请表——初步面试——测试——第二次面试——背景调查——第三次面试——体检——试用——录用。

9.1.3　建筑企业人员的录用

当应聘者经过了各种筛选后，最后一个步骤就是录用与就职。这项工作看上去似乎无关紧要，实际上它是能否唤起新职工工作热情的关键。有不少企业由于不重视录用与就职工作，新职工在录用后对企业和本职工作连起码的认识都没有就直接走上了工作岗位，这不仅会给职工今后的工作造成一定的困难，而且会使职工产生一种人生地不熟的感觉，难以唤起新职工的工作热情，这对企业是不利的。为此，企业应认真做好这项工作。

（1）建筑企业用工制度

　　用工制度是企业为了解决生产对劳动力的需要而采取的招收、录用和使用劳动者的制度，它是企业劳动管理制度的主要组成部分。随着国家和建筑业用工制度的改革，建筑企业可以建立以下多种形式的用工。

　　① 固定工　固定工即企业自有职工，主要由工人技师、特殊复杂技术工种组成。随着改革的深入，企业自有固定工人正逐渐减少，一些企业已实行了全员劳动合同制，对固定工也采用合同管理。

　　② 合同工　企业依据自主权，按照上级批复的计划，本着"公开招工、自愿报名、全面考核、择优录取"的原则，从城镇、农村招收合同制工人。也可吸收部分企业职工子女。合同工在工资福利等方面与固定工基本上没有差别。

　　③ 计划外用工　企业根据任务情况，使用成建制的地方建筑企业或乡镇建筑企业，以弥补劳务人员的不足。

　　④ 建立劳务基地　企业出资和地方政府一起在当地建立劳务培训基地，采用"定点定向、双向选择、专业配套、长期合作"的方式，为企业提供长期稳定的劳务人员。

　　⑤ 建立协作关系　一些大型建筑企业利用自身优势，有选择地联合一批施工能力强、有资质等级的施工队伍，同他们建立一种长期稳定的伙伴协作关系。

　　建筑企业采用这种弹性用工制度，具有很大的灵活性。在施工任务量增大时，可以多用农民合同工或乡镇建筑企业；任务量减少时，可以少用农民合同工或乡镇建筑企业，以避免"窝工"。由于建立了劳务基地，劳动力招工难和不稳定的问题基本得到了解决，也改变了队伍结构，加强了施工项目（第一线）用工，促进了劳动生产率的提高。我国建筑施工劳动生产率长期在低水平上徘徊的状况得到了改善。农民工和临时工到企业中来，既不增加企业的负担，又不增加城市和社会的负担，因而大大节省了福利费用，减轻了国家和企业的负担，适应了建筑施工和施工项目用工弹性和流动性的要求。

　　（2）建筑企业人员录用的影响因素

　　录用过程的设计和管理一方面取决于具体作出的录用决策，另一方面取决于外部环境（如劳动力市场的状况、政府的宏观管理）和企业内部环境（企业发展战略和目标）。

　　① 劳动力市场　在设计和管理录用过程中，必须考虑劳动力市场的条件。劳动力市场条件对录用过程的影响在确定招聘来源时显现的最清楚。充足的劳动力供给，意味着招聘来源会有比较好的基础；而稀缺的劳动力供给，意味着建立起来的招聘来源不可能很多。在录用过程中，人力资源专家经常使用基准率来衡量求职人员的质量，基准率是指应聘者（如果被录用的话）中能够比较满意地完成工作的人的比例。因此，基准率取决于劳动力市场的供给状况、劳动力市场上劳动力的质量，以及企业所涉及的吸引高素质劳动力的招聘过程。如果基准率为 100%，说明不需要进行太多的筛选工作，录用决策也很简单，因为每一个求职者都具有完成工作的能力。如果基准率比较低，则需要比较细致的筛选过程，录用决策也会比较困难。

　　② 发展战略和目标　一个企业的发展战略和目标对录用过程有比较大的影响。例如，生产新产品或者正在开发新市场的企业，需要录用有丰富市场开发或者技术开发能力的人，对这些人的录用，应该集中在新产品的设计和新市场的开发能力上。而那些面临已经比较成熟的产品和市场的企业，在录用过程中，应该集中录用那些有丰富制造和财政能力的人，以控制产品的质量和产品成本。发展战略不仅影响录用人员的资格，而且决定录用人员的来源。例如，新的企业或者开拓性的企业倾向于从外部来源录用人员，而成熟的企业或者防御性的企业倾向于从内部录用人员。

　　③ 录用决策者　在许多企业中，录用是由人力资源管理部门具体负责的，他们常常为

部门经理提供经过筛选的候选人名单，由部门经理进行录用决策工作。那些没有单独人力资源部门的小企业或者小公司，把录用工作委派给部门主管经理。

那么，在企业中究竟谁对录用负最终责任？随着企业中职位越来越复杂、企业不断地扩大规模，随着经理和主管受到的训练越来越多，在企业中，经理对录用决策所负的责任也越来越大。实际上，录用最终取决于经理和主管。但是，在企业中，录用工作是由人力资源管理部门从头到尾具体进行的，在整个过程中他们会提供很重要的参考意见。

许多雇主在录用决策中也让雇员有一定的发言权。例如，让雇员去和求职者进行面谈，雇员可以表达他们愿意选择谁。在工作团队越来越普及的今天，由工作团队来共同筛选并决定录用谁已经逐步开始流行。

9.1.4 建筑企业员工的培训

(1) 员工培训的原则

① 理论联系实际，学用一致的原则 培训不同于基础教育，应当有明确的针对性，从实际工作需要出发，与职位特点紧密结合，与培训对象所需求的知识与技能结合，才能收到培训的实效。为使培训与使用一致，应注意以下几点：

a. 要全面规划。培训工作是一项长期的、经常性的工作，所以培训工作切忌盲目性和随意性。应根据人员的实际情况，制定出短期、中期和长期的培训计划，使人员培训规划与各行业、各部门、各单位的工作规划妥善地"接轨"。

b. 要学用一致。培训内容切忌概念化、一般化，要从实际出发，根据各类人员的工作性质和素质现状，有针对性地决定培训内容。培训的方法也应学用结合，多采用"案例教学"、"演示教学"等。也可根据培训内容来选择对口的人员进行培训。

② 专业知识技能培训与组织文化培训兼顾的原则 人员培训的内容还应该与干部标准、职工标准相衔接。既然我们对人员的要求是德才兼备，而不仅仅是业务标准，那么培训内容也必须兼顾专业知识技能与政治思想品德两方面。我国对干部、职工队伍的总要求是"四有"，即有理想、有道德、有文化、有纪律。这应该在人员培训中体现出来。具体而言，除了安排文化知识、专业知识、专业技能的培训内容外，还应安排理想、信念、价值观、道德观等方面的培训内容。而后者又常常与企业目标、企业哲学、企业精神、企业道德、企业风气、企业制度、企业传统密切结合起来进行教育，更切合本单位实际。

③ 全员培训和重点提高的原则 全员培训就是有计划、有步骤地对在职的各级各类人员都进行培训，这是提高全员素质的必由之路。但全面并不等于平均使用力量，仍然要有重点，即重点培训技术、管理骨干，特别是培训中上层管理人员。德国企业家柯尼希根据许多德国企业的经验指出："由于企业中领导人员的进修与培训太重要了，所以应由企业上级谨慎计划并督导其实现。"对于年纪较轻、素质较好、有培养前途的第二、第三梯队干部，更应该有计划地进行培训。

④ 严格考核和择优奖励原则 培训工作与其他工作一样，严格考核和择优奖励是不可缺少的管理环节。严格考核是保证培训质量的必要措施，也是检验培训质量的重要手段。只有培训考核合格，才能择优录用或提拔。鉴于很多培训只是为了提高素质，并不涉及录用、提拔或安排工作问题，因此对受训人员择优奖励就成为调动其积极性的有力杠杆。要根据考核成绩，设不同的奖励等级，还可记入档案，与今后的奖励、晋级等挂钩起来。

(2) 员工培训的形式

① 按培训与工作的关系分 有在职培训和非在职培训。

在职培训即人员在实际的工作中得到培训，它很经济，不需要另外添置场所、设备，有时也不需要专职的教员，而是利用现有的人力、物力来实施培训。同时，培训对象不脱离岗位，可以不影响工作或生产。但这种培训方法往往缺乏良好的组织，不太规范。以技术培训为例，机器设备、工作场所只能有限制地供培训使用，有些昂贵的仪器不宜让学员操作，因而影响培训效果。

非在职培训即在专门的培训场所接受培训。其形式很多，诸如厂校挂钩方式，委托代培方式，有条件的单位亦可自办各种培训学校及短训班。由于学员为脱产学习，没有工作压力，时间集中，精力集中，其知识技能水平会提高很快。这种形式的缺点是需要资金、设备、专职教师、专门场所、成本较高；又由于往往是异地培训，脱产培训，具体针对性较差，所学东西若在实践中应用尚需进一步摸索。

为了克服两者缺点，集中两者的优点，出现了另一种培训形式——半脱产培训。是一种兼顾费用和质量的行之有效的好形式。

② 按培训的组织形式分　有正规学校、短训班、非正规大学、自学等形式。

正规学校包括高等院校、党校、管理干部学院等，承担企业人员正规化培训任务。这种形式花钱较多，需要领导有战略眼光去部属。

与正规学校相比，短训班形式专业性强、灵活，内容有鲜明的针对性，可以使一批人同时受到培养，又费时不长，花费不大，易于组织，已被广泛采用。这种形式的培训，特别适用于专门培训，在某一问题上集中深化，可迅速使受训者了解有关动态、最新发展、跟上技术进步、管理变革和政策环境、市场竞争态势的变化，回到工作岗位立即应用，见效较快。

非正规大学指函授大学、网络大学、电视大学和业余大学，是广泛采用电视、网络、广播、录像、录音等现代化教学手段，实行分散办学、集中指导、统一考核的一种社会化办学方式，是多、快、省地培训大批人才的一条有效途径。其缺点是时间较长，需受训者花费较长期的努力，且受办学条件限制，培训效果难以达到高水平。

自学是一种自我完善、提高的培训形式。当参加同一项目培训的人数少，不值得办培训班，或者员工无法离开岗位时，可选择这种培训方式。其特点是组织简单、费用最低，行之有效、应大力提倡。特别是成人自学考试制度实行以来，自学成才的人数呈增加趋势，各单位对有志于自学培训的人员应采取具体措施加以支持和鼓励。

③ 按培训目标分　有文化补习、学历培训、岗位职务培训等形式。

文化补习和学历培训的目的在于增加普通的文化科学知识，为以后的进一步提高奠定文化基础。

岗位职务培训是以工作的实际需要为出发点，围绕着职位的特点而进行的针对性培训。这种培训旨在传授个人对于行使职位职责、推动工作方面的特别技能，偏重于专门技术知识的灌输。同时，这种培训还用来使人员在担任更高级职务之前，能够充分了解和掌握未来职位的职责、权利、知识和技能等。这样在担任较高职务时，就有可能尽快胜任工作。

（3）员工培训的内容

① 管理人员培训

a. 岗位培训。是对一切从业人员，根据岗位或职务对其具备的全面素质的不同需要，按照不同的劳动规范，本着干什么学什么，缺什么补什么的原则进行的培训活动。它旨在提高职工的本职工作能力，使其成为合格的劳动者，并根据生产发展和技术进步的需要，不断提高其适应能力。包括对经理的培训，对项目经理的培训，对基层管理人员和土建、装饰、水暖、电器工程的培训及对其他岗位的业务、技术干部的培训。

b. 继续教育。包括建立以"三总师"（总工程师、总会计师、总经济师）为主的技术、业务人员继续教育体系，采取按系统、分层次、多形式的方法，对具有中专以上学历的处级以上职称的管理人员进行继续教育。

c. 学历教育。主要是有计划选派部分管理人员到高等院校深造，培养企业高层次专门管理人才和技术人才，毕业后取得学历证书。

② 工人培训

a. 班组长培训。即按照国家建设行政主管部门制定的班组长岗位规范，对班组长进行培训，经考核逐步达到100％持证上岗。

b. 技术工人等级培训。按照建设部颁发的《工人技术等级标准》和劳动部颁发的有关工人技师评聘条例，开展初、中、高级工人应知应会考评和工人技师的评聘。

c. 特种作业人员的培训。根据国家有关特种作业人员必须单独培训、持证上岗的规定，对企业从事电工、塔式起重机驾驶员等工种的特种作业人员进行培训，保证100％持证上岗。

d. 对施工队伍的培训。按照施工人员必须进行岗前培训的规定，企业应对所使用的务工人员进行培训。

9.1.5　建筑企业员工绩效的考核

员工的绩效考核就是通过科学的方法和客观的标准，对员工的思想、品德、工作能力、工作成绩、工作态度、业务水平及身体状况等进行评价。

(1) 绩效考核的作用

① 给用人提供科学依据　通过考核全面了解员工的情况，为员工的奖励、晋升、分配报酬等提供了科学依据，考核是企业劳动人事管理部门掌握员工情况的重要手段。

② 激励员工上进　在企业实行严格的考核制度，并以考核结果作为用人及分配报酬的依据，必然促使员工认真钻研业务技术，努力勤奋工作，全面提高自己的政治、业务、身体素质，以便在考核中获得好成绩。

③ 便于选拔人才、培养人才　通过考核，可以发现职工中的优秀人才，有的放矢地培养，适时地选拔到更重要的职位上，另一方面，通过考核掌握员工全面情况后，才能对员工进行各有侧重的培训，尽快地提高他们的素质。否则，优秀人才缺乏显露才华的机会，将会被埋没，员工培训没有一定的目标，也不可能收到好的效果。

(2) 考核的内容

① 工作成绩　重点考核工作的实际成果，不管其经过如何。工作成绩的考核，要以员工工作岗位的责任范围和工作要求为标准，相同职位的员工应以同一个标准考核。

② 工作态度　重点考核员工在工作中的表现，如职业道德，工作责任心，工作的主动性和积极性等。

③ 工作能力　考核员工具备的能力。员工的工作能力由于受到岗位、环境或个人主观因素的影响，在过去的工作中不一定显示出来，要求通过考核去发现他们。

工作成绩、工作态度和工作能力是职工从事一定工作所表现出来的3个相互联系的要素。一个员工在一定岗位上工作，必须具备一定能力才可能干好，没有能力即便工作态度再好也不可能获得好的成绩。但是，一个具备了能力的员工，不一定就肯定获得优良的成绩，因为这里有一个工作态度问题，能力虽然高但不愿意付出（即工作态度不好）也不可能取得成绩。所以，对于员工的考核必须从以上3个方面全面考核，缺一不可。

(3) 考核的方法

绩效考核的方法比较多，下面介绍其中几种：等级排列法、强制分布法、关键事件法和全方位评价法。

① 等级排列法　是将企业内全体员工按照总体工作表现从最好到最差依序排列下来。例如，将工作表现最好的员工排在最前面，最差的排在最后面。如何排列员工的顺序是等级排列法的关键。除了直接排序外，还有两种排序方法也很常用。一种是配对比较排序，将员工两人编成一组，根据评价要素轮流编组进行比较。评价者只需在每组中选出较优者，较优者得 2 分，较差者得 0 分，如果两人不分上下，则各得 1 分。最后，将每一位员工得到的分数相加，就能够排出顺序。另一种是交替排序，首先列出所有被评价员工的名单，然后根据评价因素从中挑选出最优者和最差者，将最优者列于榜首，最差者列于榜尾。再在剩下的员工中挑出最优者和最差者，分别置于首二和尾二，以此类推，直到将所有员工评价排列完毕为止。一般来说，反差越大的事物越容易区别。同理，从一群人中挑选出最好的和最差的要比绝对地对他们进行评价容易很多。

等级评价法简单易行，但不能准确计算评价因素与工作表现的相关程度，也难以确定排序所依据的客观事实，主观性较强。采用这种方法的局限是，如果被评价的人数很多，或者绩效水平相近，将难以进行排列。因此，这种方法只适用于人数不多的情况。

② 强制分布法　是指按预先规定的比例将被评价者分配到各个绩效类别上去。这种方法是根据统计学的正态分布理论提出来的，特点是两级者少，中间者多。例如，一个企业的评价分优秀、良好、中等、尚可和很差 5 个等级，则可以按以下比例分配：优秀的人数不得超过被评价人数的 15％，良好的人数不超过 20％，中等的人数不超过 30％，尚可的人数不少于 20％，很差的人数不少于 15％。

采用强制分布法可以防止滥评优秀人员或被评价者的得分十分接近以至于分不出优劣的弊端发生。这种方法的问题来自这一方法的假设，即所有部门中都有相同的绩效类别分布。例如，在一个只有 5 个人的部门里，要求将他们分配到 5 个绩效评价类别中去显然是不实际的。如果在评价过程中人们的相互不信任感很强，并且这种评价又涉及重大的人事决策，这时应使用强制分布法。严格来说，强制分布法并不是一种评价方法，而是一种限制评价分数的方法，通常是和其他方法结合使用，不单独使用。

③ 关键事件法　是通过列举一些事例来证明员工实际工作表现的一种评价方法。这种方法评价的是具体工作行为，而不是个人品质，采用这种方法时，要求评价者平时要将被评价者的一些与日常工作有关系的重要或特殊事件记录下来，这些事件是被评价者获得工作绩效的关键。进行绩效评价时，评价者运用这些记录和其他资料对被评价者的绩效进行评价。

这种方法的优点在于可以为评价提供一些确切的事实根据，从而使评价依据的是员工的一贯表现，而不是近期的一时表现。不过，记录关键事件需要花很多时间，这种方法常常与其他评价方法结合使用，它在认定员工特殊的最佳表现和最差表现方面十分有效，能起到补充作用。关键事件法很少单独使用，因为在对员工的比较或评价涉及加薪和晋职决策时，它的用处不大。

④ 全方位评价法　也称 360 度评价法，是一种将绩效评价和人才培养相结合的管理创新。其做法是：首先，评价者要听取被评价者的三至六名同事和三至六名下属的意见，并让被评价者进行自我评价。听取意见和进行自我评价的方法是填写调查表。评价者根据这些调查表对被评价者的工作表现做出合理的评价，评价的标准包括人际交往、概念思维、分析能力、主动性、决策能力、专业知识、合作精神、质量意识、领导才能、发展潜力、适应能力等。评价结果出来后，评价者要将所有同事和下属的评价调查表全部销毁。然后，评价者和被评价者会面，评价者将他的评价报告拿出来与被评价者一起讨论。在这之后，双方一起讨论定出被评价者下一年度的绩效目标、评价标准和事业发展计划。

全方位评价法的优点在于能够使上级更好地了解下级，激励员工参与管理，鼓励员工管理他们的职业生涯，同时也迫使上级帮助下属发展，改善团队合作，培养员工的责任心。其缺点是花费时间太多，并且只适用于管理者，不适用于普通员工。此外，这种方法的实施受文化的影响非常大。例如，在我国企业中实施这种方法就可能会遇到保密性、同事之间的竞争、人际关系的影响和缺少发展机会等困难。因此，如果评价的目的是做出诸如晋升和提薪等重要的决策，全方位评价法不宜使用。

除上述评价方法之外，还有许多其他方法，这里不再一一介绍。这些评价方法各有利弊，适合于不同的条件。

9.1.6 建筑企业人力资源优化配置

企业人力资源优化配置的含义有两个方面：一是结构的优化，即配置的各种资源必须根据施工生产有一个合理的结构，不能彼多此少，或彼少此多。如果结构不合理，生产的能力就只能按配置最少的资源来发挥，不可避免地发生资源浪费；二是总量投入的优化，即在结构合理的情况下，总量按需投入。因此，优化应从结构和总量两个方面进行。

（1）项目经理部人员的优化配置

项目经理部人员在项目施工现场的人力资源中处于核心地位，可以分为项目经理和其他管理人员。

项目经理是完成项目施工任务的最高责任者、组织者和管理者，是项目施工过程中责、权、利的主体，在整个工程项目施工活动中占有举足轻重的地位。因此，项目经理必须由公司总经理来聘任，以使其成为公司法人代表在工程项目上的全权委托代理人。

项目经理部其他管理人员配置的种类和总量规模，根据工程项目的规模、建筑特点、技术难度等因素来决定。从其所行使的职能来看，项目经理部应当配置能满足项目施工正常进行的预算、成本、合同、技术、施工、质量、安全、机械、物资、后勤等方面的管理人员。在整个工程项目的施工过程中，除特殊情况外，项目经理是相对固定不变的。由于实行项目经理负责制，项目经理必须自始至终负责项目施工的全过程活动，直至工程项目竣工，项目经理部解散。但是，企业应保持对项目经理的撤换权。

由于在项目施工过程中施工工序和部位是在不断变化的，对项目施工管理和技术人员的需求也是不同的，项目经理部的其他人员可以实行动态配置。当某一项目某一阶段的施工任务结束以后，相应的管理人员可以动态地流动到其他项目上去，这项工作一般可由公司的人事部和工程部综合考虑全公司的在建项目进行统筹安排，对项目管理人员实行集权化管理，从而在全公司范围内进行动态优化配置。

（2）劳务人员的优化配置

劳动力的配置应根据承包项目的施工进度计划和工种需要数量进行。项目经理部根据计划与劳务合同，接收到劳务承包队派遣的作业人员后，应根据工程的需要，或保持原有建制不变，或重新进行组合。组合的形式有3种，即专业班组、混合班组或大包队。

9.1.7 劳动定额管理

（1）劳动定额与定员

劳动定额是规定一个标准数额。在一定生产技术和组织的条件下，为生产一定产品或完成一定工作，所规定的必要劳动消耗量的标准。劳动定额主要有两种表现形式：即工时定额和产量定额。工时定额是指生产单位产品所规定消耗的时间；产量定额是指在单位时间内生产合格产品的数量。这两种表现形式在数值上互为倒数。在我国，劳动定额是用来组织生产和衡量工人对国家贡献大小的尺度，工人参加制定定额、管理定额和执行定额，使定额成为调动工人积极性的一种有利工具。

建筑企业的编制定员，是根据企业的产品方向、生产任务的规模，本着精简结构、节约用人、增加生产和提高工作效率的精神，在建立岗位责任制的基础上，确定企业各类人员的数量。企业定员是一种科学的用人标准，是企业在人员配备上的数量界限。它是企业管理中的又一项基础工作，编制定员标准必须是先进合理的，既应保证生产需要，又应避免人员窝工。企业定员应当相对稳定，同时要不断提高水平。既不能把定员看成固定不变，也不能认为企业的各种条件变化很快，搞定员徒劳无益。定员工作的正确观点应该是：变中有止，定而不止，又定又变，不断提高。

（2）劳动定额的性质与作用

① 劳动定额是编制计划、组织生产的重要依据之一。企业在编制生产计划前，往往要通过定额，核算生产能力，平衡生产任务、设备和劳动力，使编制计划，组织生产，做到心中有数。如果不以先进合理的劳动定额为依据，就不能准确地编制企业的生产技术财务计划。

② 劳动定额是合理组织劳动生产，控制劳动潜力，提高劳动生产率的重要措施，也是制定企业定员的依据。劳动定额，有利于提高工时利用率，巩固劳动纪律，制定和贯彻劳动定额的过程，也是改善劳动组织，改进工艺和操作方法的过程。

③ 劳动定额是开展经济核算和计算成本的重要依据。经济核算是管理企业重要的经济制度，它使企业以最少的生产消耗，取得最大的经济效果。劳动定额是作为考核劳动消耗的一个主要内容，执行劳动定额，降低劳动消耗，有利于降低成本，增加积累。

④ 劳动定额也是开展劳动竞赛的重要条件之一。劳动定额可以作为生产相同产品的企业车间、工种的评比条件，可以促进社会主义劳动竞赛更广泛而深入地发展。

⑤ 劳动定额是执行工资奖励，正确贯彻社会主义"各尽所能，按劳分配"原则的主要依据。劳动定额是衡量工人在其生产中所做的贡献。完成劳动定额是评定工人工资等级的重要依据；采用先进合理的劳动定额又是提高劳动生产率，增加社会财富必须具备的条件。

（3）劳动定额制定的方法

劳动定额制定的方法，一般来说，大致有以下几种。

① 经验估工法 这是由定额员、技术员及老工人共同根据他们加工的零件、工序的实践经验、参阅图纸、工艺规程和产品实物，并考虑到设备、工具和其他生产条件，直接估算制定定额的方法。这种方法的好处是：简便易行，制定过程比较短，凡单件不批量生产，宜采用这种方法。缺点是：易受估工人主观因素所影响，技术依据不足，准确性差。因此，为了提高制定这种定额的质量，应选择经验比较丰富，有一定技术水平的老工人担任估工员。

② 统计分析法 这是根据过去同类的产品或类似零件、工序的实际消耗工时的统计资料，经过整理，结合当前的组织技术状况和生产条件进行分析对比来制定定额的一种方法。这种方法的优点是：简单易行，工作量小，比经验估工法有较多的资料依据。适用于生产条件比较正常、产品固定、统计工作比较健全的施工企业。缺点是：易受过去平均数字的影响。

③ 类推比较法（典型定额法） 这是通过同类型产品或工序的典型定额标准，进行分析比较，制定定额的方法。运用这种方法，要求在同类型很多零件或工序中，选出若干具有代表性的定额作为典型。以后，凡同类型的其他零件或工序定额，就是根据这种定额类推出来的。这种方法的优点是：能保持一个比较统一的定额水平，适用于同类型产品。缺点是：它的准确性在很大程度上取决于典型定额标准的质量。

④ 技术测定法 这是在合理组织劳动力的基础上，根据先进合理的技术组织条件和工艺方法，对工时各部分时间组成，进行分析计划和测定来确定定额。这种方法比较科学，有

一定的准确性和根据，适用于大批量生产或生产条件变化比较少的企业。

上述几种制定劳动定额的方法，各有所长，亦各有所短，各企业应从实际出发，根据需要和可能，灵活运用。在实际工作中，往往是几种方法结合起来运用。针对各种不同情况，着重运用某种方法。如对大批量经常性产品，以技术测定法为主；对小批量、多品种、同类型产品，以比较类推法为主；对一次性产品、零星杂活和不经常出现的工作，则可用经验估工法或统计分析法为主。

（4）劳动定额管理

劳动定额的管理包括制订、贯彻执行、考核和修订四个环节。

劳动定额一经颁发，则具有权威性和法令性，不能任意改动，必须严格执行。

劳动定额的贯彻执行是定额管理中的重要环节。要以劳动定额为主要依据，对劳动力进行合理安排和调配，提高工时有效利用率。劳动定额的贯彻与企业生产经营管理、推广先进施工技术和技术组织措施等结合起来。

劳动定额考核是企业检查和分析其执行情况，发现其中存在的问题，找出差距，提出改进措施，以不断提高劳动定额管理水平。

劳动定额是在一定的生产技术组织条件下制订的，定额制订后，要保持相对稳定，但也不是一成不变的，随着生产技术的发展，施工工艺的改进，特别是施工机械化水平不断提高，劳动定额必须及时做出相应的修订和补充，以适应施工生产发展的需要。

9.1.8 建筑企业劳动力管理

（1）用工管理

建筑企业要按照劳动合同制要求和本着先进、合理原则，制订用工标准，要实行双向选择、择优录用、竞争上岗，建立劳动合同制，用劳动合同这一法律形式确立和调整企业和劳动者之间的劳动关系，它较好地体现了用工管理上的经济手段、法律手段和行政手段相结合，双方责权利相统一，使劳动队伍既有相对的稳定性，又有合理的流动性。

企业用工制度对于社会生产力的发展起着重要作用。合理、完善的用工制度，可以使劳动力与生产资料有效地结合，保证生产高效、顺利地进行。相反，就会阻碍社会生产的发展和劳动生产率的提高。用工制度还关系到社会就业、职工的收入和生活改善，也关系到社会的安定。

企业用工管理应做好以下几方面的工作。

① 实行合同化管理。在企业与职工之间签订劳动合同，用合同形式规定企业和劳动者双方的责、权、利，这是保证企业职工数量、质量及相对稳定与合理流动的用工形式。

② 实行择优上岗制。就是对企业原有的固定工进行定期的技术和劳动态度等方面的考试、考核，按照劳动定员实行上岗聘用，真正做到能者上、庸者下，对那些达不到上岗标准的，不准上岗。

③ 实行试用工制。对不合格的职工可规定试用期，一般可为三至六个月。试用期内的职工，待遇降低。如在规定的试用期内达到合格要求的，则可恢复其原岗位及待遇，否则按有关规定另外安置。

（2）劳动纪律

劳动纪律是有关劳动方面的规章制度，是人们在共同劳动中所必须遵守的行为规范。加强劳动纪律，严格奖惩制度，是有秩序地组织施工生产的有力保证。企业如果没有良好的劳动纪律，就无法组织生产。

劳动纪律的内容可分为三个方面：工作纪律。要求所有参加劳动的职工必须严格遵守企业规定的工作守则。比如：遵守作息制度；按时完成生产任务；服从生产指挥等。工艺纪律。要求生产者必须遵守技术操作规程和各项规章制度。比如：施工中的水灰比例；振捣机械的操作要求；混凝土的养护等。生产纪律。要求生产者必须遵守劳动保护和安全技术规程，按时、按质、按量完成生产任务。比如：施工中戴安全帽；混凝土的振捣次数；钢筋的数量等。

在建筑产品的施工生产中，必须加强劳动纪律。为此，要做好以下工作：树立和健全一整套符合实际需要的规章制度；坚持以教育为主，辅之以严肃的惩罚，赏罚分明，以提高职工遵守劳动纪律的自觉性。

（3）劳动争议的仲裁

劳动争议是指劳动关系当事人之间因劳动权利和义务引起的争议。及时妥善地处理劳动争议，对于保护企业和劳动者的合法权益，维护企业正常的工作秩序，调动劳动者的生产积极性，都具有极其重要的意义。

① 劳动争议的仲裁对象。劳动争议仲裁的对象是劳动关系的当事人，即劳动者和录用单位的行政机构负责人。

② 劳动争议的仲裁范围。劳动争议仲裁的范围只限于国有企业职工与本企业基层单位之间因履行劳动合同而发生的争议和因开除、除名、辞退违纪职工发生的争议。

③ 劳动争议的仲裁原则有：通用原则，即在仲裁活动全过程中必须遵循以事实为依据，以法律为准绳原则；法律上一律平等原则；调解原则；时效原则；辩论原则和回避原则等。特有原则，是指在仲裁程序中某个阶段或几个阶段所依据并起指导作用的原则。比如：一次仲裁原则；质、量、度原则；强制执行原则等。

④ 劳动争议的仲裁程序是：当事人双方协商，如协商成功，则达成协议，否则进入下一步；基层调整委员会调解，调解成功，签订调解书，否则进入下一步；地方行政劳动争议仲裁委员会调解或仲裁，双方当事人对此调解或仲裁还有异议，则进入下一步；人民法院最终审理。

9.2　建筑企业材料管理

9.2.1　材料管理概述

建筑企业要进行正常生产，就要对生产、维修、基地建设各方面不断供应原材料、燃料、动力和工具等生产资料。上述物资中，原材料作为劳动对象与建筑生产关系最为密切，且占用资金又多。将这些原材料投入生产提高效益，需要做好材料计划、订货、采购、运输、保管、领发、使用等一系列组织工作和管理工作。这些工作构成建筑业的材料管理基本工作。

建筑企业的材料管理工作，主要是指在做好材料计划的基础上，搞好材料的供应；保管和使用的组织与管理工作。具体讲，材料管理工作包括：材料定额的制定与管理，材料计划的编制，材料的库存管理，材料的订货、采购、组织运输，材料的仓库管理和现场管理以及材料的成本管理等。

（1）材料供应和管理的特点

由于建筑生产的技术经济特点，使得建筑业的材料供应和管理工作具有一定的特殊性和复杂性，这表现在：

① 建筑材料的品种规格繁多，既有大宗材料，又有零星材料，这就决定了建筑材料的

货源复杂，供应渠道多，也反映了建筑材料供应的多样性。

② 建筑生产耗用的材料随工程对象不同，其品种、规格及数量的构成比例也不相同，这就反映了建筑材料供应的多变性。

③ 建筑生产是按个别单位进行的，生产按工艺顺序展开，施工各阶段用料的品种和数量都不相同，这就决定了材料消耗和供应的不均匀性。

④ 一部分建筑材料的生产和供应，受季节性影响，这就需要考虑材料的季节储备和供应问题。如砂子利用枯水季节采取，而伐木多在冬季，这就反映了建筑材料的季节性。

⑤ 主要建筑材料一般耗用量多，重量大，企业的运输力量不能解决时，需要占用社会的运输力量，这就决定了材料供应还受到社会运输方式和运输环节的牵制和影响。

⑥ 由于建筑生产的流动性，随着工程地点的改变，选择建筑材料的供应来源和运输方式不易固定。

⑦ 建筑生产由于周期较长，决定了材料的储备量大，占用流动资金多，而且材料储备过多，会积压资金，占用仓库，增加保管费与利息开支，储备量过少，又会停工待料，发生窝工现象，因此，储备要适量。

（2）建筑材料管理的主要任务

建筑材料管理工作的任务，就是以最少的材料成本，保质、保量、如期、成套地供应施工生产所需要的原材料，并监督材料的合理使用和节约使用。材料的管理任务，表现在以下几个方面：

① 建筑材料的供应和管理工作具有强烈的计划性，建筑生产的特点带来了材料供应的多样性、多变性、不均衡性和季节性以及建筑生产的综合性，要搞好材料的管理工作，必须进行材料的综合平衡，并在此基础上，编制严密的材料计划，以此来指导和组织材料供应和管理工作。

② 以最少的材料成本来满足施工生产的需要。这不是一般地满足施工生产对材料的需要，而是以最少的材料成本来满足施工生产的需要。材料成本如何最少？这就要从材料采购、订货、运输、库存保管到集中加工、供应领发、回收等材料管理全过程，都要讲求经济效益，进行经济分析，从中选择最佳方案。

③ 材料供应管理工作，不能只讲保证供应，还要监督合理使用和节约使用。因此，要采取限额供料，包干使用、节约和超用的奖罚制度，加强回收利用，以加速材料周转。

9.2.2　材料消耗定额管理

（1）材料消耗定额的概念

建筑企业材料消耗定额，是指在一定的生产技术组织条件下，完成一定计量单位的工程或生产单位合格产品所必须消耗的一定规格的建筑材料或构配件的数量标准。它包括直接构成工程实体的材料消耗（净需要量），在材料加工准备过程和施工过程中的必要合理的工艺性损耗，以及生产中产生的和运输保管不善造成的非工艺性损耗。

材料消耗定额，包括直接使用在工程上的材料净用量和在施工现场内运输及操作过程中不可避免的损耗量。材料的损耗一般按损耗率计算，材料的损耗量与材料总消耗量之比称为材料的损耗率。其计算公式表示为

$$损耗率 = \frac{损耗量}{总消耗量} \times 100\% \qquad (9\text{-}1)$$

$$总消耗量 = 净用量 + 损耗量 = 净用量 \times (1 + 损耗率) \qquad (9\text{-}2)$$

（2）材料消耗定额管理的作用

材料消耗定额在建筑企业材料管理中具有重要的作用。它是确定材料需用量、库存量、编制材料计划和组织材料供应的依据；是限额领发料和考核分析材料消耗利用情况的依据；也是加强材料核算，进行材料成本控制的重要工具。从国家来看，材料消耗定额又是控制一个建设项目主要材料指标的依据。

材料消耗定额水平，在一定程度上反映我国或地区建筑业的经营管理水平和生产技术水平。为了有效发挥材料消耗定额的作用，促进生产力发展，定额水平的确定，既不应是先进水平，又不应是平均水平，而应该是先进合理的水平。

（3）材料消耗定额的种类

建筑工程中使用的定额有概算定额、预算定额和施工定额三类。材料消耗定额一般不单独编出，而是作为这三种定额的组成部分。也就是说，材料定额相应地分为材料消耗概算定额、材料消耗预算定额和材料消耗施工定额 3 种。

① 材料消耗概算定额

材料消耗概算定额是建筑工程概算定额的组成部分，用来估算建设项目主要材料和设备等的需用量。常用的概算定额有两种

a. 万元定额　是指每万元建筑安装工作量所消耗的材料数量。这种定额是根据一定时期实际完成的建筑安装工作量与所消耗主要材料总量的统计资料经综合分析计算而得。其计算式为

$$建筑安装工作量材料消耗/万元＝\frac{报告期某种材料的消耗总量}{报告期建筑安装工作量} \tag{9-3}$$

计算结果，一般反映不出材料的规格和型号，准确性较差。在确定基本建设投资指标的情况下，据此来编制申请主要材料指标计划。

b. 平方米定额　是指每平方米建筑面积所消耗的材料数量。这种定额是根据一定时期实际完成的建筑安装工程竣工面积与所消耗材料的统计资料，按不同结构类型和用途，以单位工程为对象，进行综合分析计算而得。其计算公式如下

$$平方米定额＝\frac{某类型单位工程某种材料消耗总量}{某类型单位工程竣工面积} \tag{9-4}$$

这种计算方法的结果，比万元定额准确一些，项目细一些，可以据此编制备料计划。

② 材料消耗预算定额　它是建筑工程预算定额的组成部分，是编制工程预算、施工计划、材料需用计划和供应计划的依据，是建筑工程材料管理中使用的主要定额。这种定额是以单位分项工程为基础进行计算的每一计量单位所消耗的材料数量标准。

建筑工程材料消耗由三个部分构成：第一是有效消耗部分，是指直接构成工程实体的材料消耗。第二是工艺性消耗部分，是指材料加工准备过程产生的损耗和生产过程中产生的损耗。第三是非工艺性损耗，是指合理的管理损耗。上述材料消耗中，第一、二部分构成材料的工艺消耗定额（材料消耗施工定额），再加上非工艺性损耗，构成材料的综合消耗定额（材料消耗预算定额）。

③ 材料消耗施工定额　它是建筑工程施工定额的组成部分。其项目较预算定额更为细致和具体。它主要用于编制施工作业计划和备料计划，进行限额领料和考核工料消耗。该定额只适用于施工企业内部使用。

（4）材料消耗定额的制定方法

建筑材料消耗定额，是通过对施工过程中材料使用情况的观察和测定，获得实测原始资料的情况下制定的。其制定方法主要有以下几种。

① 技术计算法　此法是根据施工图纸和施工规范等技术资料，通过计算确定经济合理

的材料消耗数量。用这种方法制定的定额，技术依据充分，所以比较准确，但工作量大。

② 统计法　此法是通过单位工程或分部分项工程材料消耗的历史统计资料计算和确定材料消耗数量。用这种方法需要有健全的统计资料，且制定的定额不够准确，一般能反映过去工程材料消耗的规律，因此常用于制定概算定额。

③ 实验法　此法是按照国家的规定，运用专门的仪器设备进行试验而确定材料消耗数量。这种方法适用于测定能在试验室条件下进行的材料，如确定混凝土、砂浆和油漆等。

④ 测定法　此法是在一定的技术组织条件下，由技术熟练的工人操作，通过现场实地观察和测定而确定材料的消耗数量。这种方法容易消除某些不合理的消耗因素，比统计法准确。但受一定的生产技术水平和测定人员水平的限制。

定额制定的实际工作中，通常把上述几种方法结合使用。不同种类的材料消耗定额，应选用不同的制定方法。如主要材料消耗定额，以技术计算法为主；辅助材料消耗定额，以统计分析法为主。预算定额和施工定额以技术计算法和实测法为主，概算定额以统计法为主等。

（5）材料消耗定额的管理

材料消耗预算定额和材料消耗施工定额同建筑企业生产经营管理的关系最为密切。所以，建筑企业应该有专门的部门和人员进行这两种定额的管理。

定额的执行是定额管理中的重要环节。企业的材料供应管理部门要坚持按材料预算定额确定材料的需要量和编制材料计划；要按材料施工定额组织内部材料供应和向基层施工队和班组发放材料，进行材料核算。定额的贯彻执行一定要严肃认真，并和改善企业生产经营管理、改进操作方法、推广先进的施工经验和技术组织措施结合起来。

企业应经常考核和分析材料消耗定额的执行情况，积累有关资料，不断提高定额管理水平。材料管理人员要做好材料消耗、收、发和库存的原始记录和统计工作，并经常深入施工现场，了解掌握定额执行情况，分析研究执行过程中存在的问题和原因，及时反映实际达到的定额水平和节约材料的经济效果。同时要及时总结推广节约用料的先进经验，实行材料节约奖励的办法。材料消耗定额的考核与分析，可着重于材料利用率、定额与实际用料的差异和非工艺损耗的构成分析等。

定额是在一定的生产技术组织条件下制订的，定额制订后要保持相对稳定，但也不应一成不变。随着生产技术的发展、设计及施工工艺的改进，企业管理水平的提高，材料消耗定额必须及时作出相应的修订和补充。建筑企业在定额修订和补充方面，应根据实际执行情况，积累和提供修订的数据。对不利实际的施工定额，企业应根据实际情况，组织技术测定，制定企业定额，以利于加强企业的内部管理。

9.2.3　材料计划

建筑企业的材料计划是材料管理的组成部分，也是企业计划管理的重要环节。它是合理利用人力、物力、财力保证施工生产顺利进行，全面完成企业生产经营计划的一项重要管理工作。

材料计划是指根据施工生产对材料供应的要求以及市场材料供应情况而编制的各类计划的总称。在市场经济条件下，掌握建材市场供求信息，搞好建材市场的预测和分析，预测建筑材料在一定时期的供求变化及其发展趋势，已成为编制材料计划的重要依据，它可以避免材料采购供应中的盲目性，有利于降低材料采购成本，改善企业经营，提高企业的竞争能力。

（1）材料计划编制的依据

① 生产资料市场的信息。

② 各种有关的数据资料。如施工生产任务的有关技术资料；各类材料消耗定额资料，库存材料储备情况资料，报告期材料执行计划资料等。

③ 施工现场实际情况等。

（2）材料计划编制的原则

① 综合平衡的原则　编制材料计划必须坚持综合平衡的原则。综合平衡时计划管理工作的一个重要内容，包括产需平衡，供求平衡，各供应渠道间平衡，各施工单位间的平衡等。坚持积极平衡，计划留有余地做好控制协调工作，促使材料合理使用。

② 实事求是的原则　编制材料计划必须坚持实事求是的原则，材料计划的科学性就在于实事求是，深入调查研究，掌握正确数据，使材料计划可靠合理。

③ 留有余地的原则　编制材料计划要瞻前顾后，留有余地，不能头戴三尺帽，扩大需用量，形成材料积压。材料计划不能留有缺口，避免供应脱节，影响生产。只有供需平衡，留有余地，才能确保供应。

④ 严肃性和灵活性统一的原则　材料计划对供需两方面，都有严格的约束作用，必须具有一定的严肃性，同时建筑施工受到多种主客观因素的制约，出现变化情况也是在所难免的，所以在执行材料计划中既要讲求严肃性，又要适当重视灵活性，只有严肃性和灵活性的统一，才能保证材料计划的实现。

（3）编制材料计划前的准备工作

为了使材料计划编制得能切合实际、真正发挥作用，在编制前应做好以下必要的准备工作。

① 明确计划期施工生产计划、机械设备大修理计划和技术组织措施计划等情况，并具体落实工程和生产任务、材料指标和材料资金。

② 掌握和分析上个计划期材料使用情况，如施工生产任务完成情况和材料实际耗用情况，并认真做好清仓盘点工作，正确掌握各种材料的实际库存量。

③ 调查了解材料的供应和运输方面的资料，如各种材料的订购，供应的品种、规格和价格，供应的间隔天数，运输条件和时间等，尤其要了解掌握和预测计划期主要材料品种和数量供应方面的缺少数量及市场价格等。

④ 收集和整理有关材料消耗定额和储备定额等资料。

（4）材料计划编制的程序

① 编制材料需用量计划　编制材料需用量计划的具体计算法有两种，即直接计算法和间接计算法。

a. 直接计算法　材料需用量＝计划施工工程量×材料消耗定额

b. 间接计算法　是在施工技术资料不具备的条件下，为做好施工前的备料准备工作，及时编报材料申请计划，而以材料统计方法计算材料需用量的一种计算方法。当技术资料具备后，应按直接计算法进行计算调整。

间接计算法计算公式如下：

比例（系数）法：

$$材料需用量＝报告期材料总消耗量×\frac{计划期工作量}{报告期工作量}×材料消耗增减系数 \qquad (9-5)$$

动态分析法：

$$材料需用量＝\frac{报告期实际消耗量}{报告期实际工程量}×本期计划工程量×材料消耗增减系数 \qquad (9-6)$$

② 编制材料供应计划　在确定各种材料需用量和期初、期末储备的基础上，就可以进行综合平衡，编制材料供应计划。材料供应计划要求综合各方面的因素，加以平衡。如工业废渣的综合利用，积压材料的加工改制利用，废旧物资的修复利用等，这些都是潜力很大的资源，在平衡中不可忽视。

计划期某种材料申请或采购量＝计划期需用量＋计划期末储备量－计划期初库存量－计划期内可利用资源

（5）材料计划的执行经济效果考评

材料计划的执行效果，应该有一个科学的考评方法，以推动材料计划的实现，在考评中的一个重要内容就是建立材料计划指标体系，可包括几项指标：采购量及到货率；供应量及配套率；自有运输设备的运输量；占用流动资金及资金周转次数；材料成本的降低率；三大材料的节约率和节约额。通过指标考评，以激励各部门实施材料计划。

（6）计划执行情况的检查

为了保证计划的实现，在计划执行过程中必须进行认真检查，检查的内容有：供货合同执行情况；短线产品的供需情况；重点工程或用量较大工程的单位材料消耗定额管理情况；主要材料的库存周转情况；施工生产计划中各单位工程形象进度完成情况等。通过检查，发现供求脱节的现象，应及时进行调整，以求得在新的基础上的平衡。

9.2.4　材料采购

9.2.4.1　材料采购的概念

建筑施工企业材料管理的四大业务环节，即采购、运输、储备和供应，其中采购是首要环节，材料采购就是通过各种渠道，把建筑施工所需要的各种材料购买进来，保证施工生产的顺利进行。

没有采购，就没有材料供应，就没有施工生产的顺利进行。因此采购是决定其他三项业务环节的基础因素。

随着经济体制改革的深入和发展，流通领域不断扩展，生产资料市场的发展和逐步成熟，使材料采购渠道日益增多。能否选择经济合理的采购对象、采购批量，并按质、按量、按时进入企业，对于促进施工生产，充分发挥材料使用效能，提高产品质量，降低工程成本，提高企业经济效益都具有重要的意义。

9.2.4.2　材料采购应遵循的原则

材料采购占用大量资金，其采购的材料价格高低、品质优劣，都对企业经济效益起着重大作用，因此材料采购必须遵循以下原则。

① 执行采购计划。采购计划是采购工作的行动纲领，按照采购计划安排采购时间、品种、规格和数量，可以减少资金占用，避免盲目采购而造成积压，发挥资金最大效益。

② 加强市场调查，收集经济信息，熟悉掌握市场价格，讲求经济效益。每次材料采购，尽量做到货比三家，对批量大、价值高的材料采购，可采用公开招标供应办法。坚持"三比一算"的原则，比质量、比价格、比运距、算成本是对采购环节加强核算和管理的基本要求。在满足工程质量要求条件下，选用价格低、距离近的采购对象，从而降低采购成本。

③ 遵守国家有关市场管理的政策法规，遵守企业采购工作制度，不做无原则交易，不违反财经法律。熟悉有关经济合同法、财经制度及工商行政管理部门的规定。

④ 提高工作效率，讲求信誉，及时清理经济手续，不拖欠贷款，做到物款两清，手续完备。

9.2.4.3　材料采购管理

材料采购管理是对采购全过程的管理，从收集采购信息开始，到组织材料资源；从签订经济合同到确定采购批量。加强材料采购管理，为完成采购目标创造条件。

（1）材料采购信息的管理

采购信息是施工企业材料经营决策的依据，是提供采购业务咨询的基础资料，是进行资源开发，扩大资源渠道的条件。

材料采购信息按照采购信息的内容分一般有以下几种。

① 资源信息。包括资源的分布，生产企业生产能力，产品结构，销售动态，产品质量，生产技术发展，甚至原材料基地，生产用燃料和动力的保证能力，生产工艺水平，生产设备等。

② 供应信息。包括基本建设信息，建筑施工管理体制变化，项目承包方式，材料储备运输情况，供求动态，紧缺及呆滞材料情况。

③ 价格信息。现行国家价格政策，市场交易价格及专业公司牌价，地区建筑主管部门颁布的预算价格，国家公布的外汇交易价格。

④ 市场信息。生产资料市场及物资贸易中心的建立，发展及其市场占有率，国家有关市场资料市场的政策。

⑤ 新技术、新产品信息。新技术、新产品工艺的性能指标、应用性能及可靠性。

⑥ 政策信息。国家和地区颁布的各种方针、政策、规定，国民经济计划安排，材料生产、销售、运输管理办法，银行贷款，资金政策及对材料采购生产影响的其他信息。

（2）材料采购信息的整理

为了有效高速地收集信息、利用信息，企业应建立信息员制度和信息网络，并应用电子计算机等管理工具，随时进行检索、查询和定量分析。采购信息的整理常用的方法如下。

① 运用统计报表的形式进行整理，按照需用的内容，从有关资料、报告中取得有关数据。分类汇总后，得到想要的信息。例如根据历年材料采购业务工作统计，可整理出企业历年来采购金额及其增长率，各主要采购对象合同兑现率等。

② 对某些较重要的、经常变化的信息建立台账，做好动态记录，以反映该信息的发展状况。如按各供应项目分别设立采购供应台账，随时可以查询采购供应完成程度。

③ 以调查报告的形式就某一类信息进行全面的调查、分析、预测，为企业经营决策提供依据。如针对是否扩大企业经营品种，是否改变材料采购供应方式等展开调查，根据调查结果整理出"是"或"否"的经营意向，并提出经营方式，方法的建议。

搜集、整理信息是为了使用信息，为企业采购业务服务。信息经过整理后，应迅速反馈给有关部门，以便进行比较分析和综合研究，制定合理的采购策略和方案。

9.2.4.4　材料采购订货

材料订货是指需用单位在采购选择确定所购买的材料后，与供货单位按双方商定的条件，以合同形式约定某种材料供需衔接的工作过程。

（1）材料采购方式

在市场经济条件下，建筑企业的材料采购工作要根据复杂多变的市场情况，采用灵活多样的采购方式，既要保证施工生产需要，又要最大限度降低采购成本，常用的材料采购方式主要如下。

① 现货供应　是指随时需要随时购买的一种材料采购方式。这种采购方式一般适用于市场供应比较充裕，价格升浮幅度较小，采购批量、价值都较小，采购较为频繁的大宗材料。

② 期货供应　是指建筑企业要求材料供应商以商定的价格和约定的供货时间，保质保量按其供应材料的一种材料采购方式。这种方式一般适用于一次采购批量大，且价格升浮幅

度较大，而供货时间可确定的主要材料等采购的一种采购方式。

③ 赊销供应　是指建筑企业向材料供应商购买材料，一定时期暂不付款的一种材料采购方式。这种方式一般运用于施工生产连续使用，供应商长期固定，市场供大于求，竞卖较为激烈的材料而采用的一种采购方式。建筑企业应充分地运用这种方式，减少采购资金占用，降低采购成本。

④ 招标供应　是指建筑企业公开向多家材料供应商征招，由多家材料供应商进行投标，择优选中材料供应商的一种采购方式。这种方式适用于一次性巨额材料采购。

（2）材料采购合同

材料采购除现货供应货款两清外，一般都应签订订货合同，以确定采购供应职责，签订合同应遵循平等、自愿、诚实、协商一致的原则。材料采购订货合同的基本内容如下。

① 材料供应条件　供应的材料名称、品种、规格型号、数量、计量单位、质量、包装等要求。

② 材料交接条件　交货期限、交货地点、交货方式、运输方式、验收方式等。

③ 货款结算条件　材料的结算价格、结算金额、结算方式、结算银行及账号、拒付条件和拒付手续等。

④ 履行合同的经济责任　违约赔偿办法等。

⑤ 合同附则条件　包括合同的有效期限、合同份数、未尽事宜及合同变更修改办法、合同签订单位及法人代表的签章等。

（3）经济采购批量

材料采购批量是指一次采购材料的数量。采购批量与采购次数、采购费用、保管费用和资金占用、仓库占用等密切相关。

经济采购批量，即采购材料的最优经济批量。是某种材料总需要量中，每次采购的数量，使采购费和保管费之和为最低，简称经济批量。

在材料成本中，包括货款、运杂费、采购费、保管费等。采购费与采购次数成正比。如果采购总量不变，采购次数随采购批量的加大而减少，故采购费用同采购批量成反比关系。即减少采购次数，增大采购批量可以节省采购费用。保管费由保管数量所决定，保管数量则随采购批量的加大而增加，故保管费同保管数量成正比关系。因此，保管上要求减少保管数量而增加采购次数。从上述可知，采购费与保管费对采购批量的要求是相反的。如何寻求一个恰当的采购批量，使这两种费用之和为最低，就是经济采购批量需要解决的问题。

经济采购批量可用直接计算法求得。采用直接法计算比较简单、准确。计算经济采购批量有下列三种不同方法。

① 用单位材料年保管费计算。其计算公式如下

$$Q = \sqrt{\frac{2RK}{H}} \tag{9-7}$$

式中　　Q——最优经济采购批量；

　　　　R——采购总量或总需用量；

　　　　K——每次采购费；

　　　　H——单位材料年保管费。

例：某企业全年需用某种材料120t，该材料每次采购费为80元，每吨每月的保管费是1元，求该材料的经济采购批量和采购次数。

解：

$$Q=\sqrt{\frac{2RK}{H}}=\sqrt{\frac{2\times120\times80}{1\times12}}=40(\text{t}/\text{次})$$

$$采购次数=\frac{R}{Q}=\frac{120}{40}=3（次）$$

该材料经济采购批量为 40t，全年宜分为 3 次采购最经济、最合理。

② 用保管费率计算。其计算公式如下

$$Q=\sqrt{\frac{2RK}{Ch}} \tag{9-8}$$

式中　Q——经济采购批量；

　　　R——采购总量或总需用量；

　　　C——材料单价；

　　　h——全年保管费率，%；

　　　K——每次采购费。

$$h=\frac{全年总保管费（元）}{全年平均保管材料总金额（元）} \tag{9-9}$$

$$全年平均保管材料总金额=\frac{\dfrac{1月初金额}{2}+1月末金额+2月末金额+\cdots+\dfrac{12月末金额}{2}}{12} \tag{9-10}$$

例：某企业全年需要某种材料 16000t，该材料每次采购费为 60 元，平均单价 15 元/t，该材料全年保管费率为 20%，求该材料的经济采购批量及采购次数。

解：

$$Q=\sqrt{\frac{2RK}{Ch}}=\sqrt{\frac{2\times16000\times60}{15\times0.2}}$$

$$=\sqrt{\frac{1920000}{3}}=\sqrt{640000}=800（\text{t}/\text{次}）$$

$$采购次数=\frac{R}{Q}=\frac{16000}{800}=20（次）$$

该材料经济采购批量为 800t，全年分 20 次采购。

③ 用每平方米仓库面积的保管费和单位材料占用仓库有效面积计算。其计算公式如下

$$Q=\sqrt{\frac{2RK}{MG}} \tag{9-11}$$

式中　Q——经济采购批量；

　　　R——全年总需用量或采购总量；

　　　K——每次采购费；

　　　M——每平方米仓库面积年保管费；

　　　G——单位材料占用仓库有效面积。

例：某企业全年需要某种材料 2400t，该材料每次采购费 40 元，每平方米仓库面积的保管费 150 元，该材料每吨占用仓库有效面积 0.2m²，求经济采购批量和采购次数。

解：

$$Q=\sqrt{\frac{2RK}{MG}}=\sqrt{\frac{2\times2400\times40}{150\times0.2}}=\sqrt{\frac{192000}{30}}=80(\text{t}/\text{次})$$

$$采购次数=\frac{R}{Q}=\frac{2400}{80}=30（次）$$

该材料经济采购批量为 80t，分 30 次采购。

9.3 建筑企业机具设备管理

机器设备的数量与性能，从一定意义上讲，决定着企业的生产面貌，也是衡量社会生产规模和工业化水平的一个重要标志。

建筑业拥有机具设备的类型很多，从设备的范围来说，除生产性的机具设备外，还包括非生产性的机具设备。生产性的机具设备是生产力的重要因素，是建筑业从事生产活动的物质技术基础，其中又以施工机具、运输机具、维修加工机具设备为重点。

所谓机具设备的管理，就是机具设备运动全过程的管理，即从选择机具设备，投入生产领域使用、磨损、补偿、直至报废、退出生产领域的全过程。机具设备的全过程包括两种运动形态：一是机具设备的物质运动形态，包括设备选择、进厂验收、安装调试、使用、维护修理、改造、革新等；二是机具设备的价值运动形态（即资金运动形态），包括最初投资、折旧、维修费用、更新改造资金的来源支出等。机具设备的管理，应包括这两种运动形态的管理。在实际工作中，前者是机具设备的使用业务管理，一般称为机具设备的技术管理，由机具管理部门承担；后者是设备的经济管理，成为固定资金管理，由企业财务部门承担。

机具设备管理是建筑企业管理的一项重要内容，设备管理好坏，对于产品的品种、产量、减轻劳动强度、提高劳动效率以及减少原材料消耗、降低成本，具有极其重要的作用。如果机具管理不善，将使产品质量下降，产量减少，消耗增加，成本上升，对于某些需连续性施工的项目，如混凝土浇筑、大坝施工等，由于设备故障停工，会造成严重的经济损失和社会影响。如果一个企业的设备发生故障停产，还会引起连锁反应，影响整个工程的进展，甚至失败。

（1）建筑机具设备的使用特点

① 由于建筑施工生产具有很大的流动性，机具设备也随之而移动，现场调动频繁，搬迁拆装，时间利用率低，易受颠簸，因而设备磨损加快。

② 建筑业多系露天高空作业，机具设备风吹、日晒、雨淋，深受自然界侵蚀，加速其磨损程度。

③ 建筑机具负荷的均衡性较差，它的能力负荷——作业时间负荷的均衡性差，易加快磨损。

④ 建筑生产在同一现场的不同时间，或同一时间的不同现场进行配合作业，机械作业的连续性差，因而效率较低。

⑤ 由于建筑产品的多样性和工程复杂性，使建筑机具不易配套，且其品种规格复杂，相应也增加了管理工作量和维修工作的复杂性。

（2）建筑企业机具设备管理的任务

机具设备管理的主要工作内容可归纳为：机具设备的配备、购置、验收、安装和调试；机具设备的合理使用；机具设备的维修保养、检查和修理；机具设备的技术改造和更新；建立与执行有关机具设备的管理制度。

建筑企业机具设备管理的主要任务，就是要采取一系列技术、经济和组织措施，对设备实行全过程的综合管理，在机具的经济寿命期限内，提高设备的使用效率，尽可能降低机具成本，提高产出水平，不断提高企业的经济效益。这个任务具体表现在以下几方面。

① 要正确地选购机具设备，保证为企业施工生产提供最适宜的技术装备，把企业的生产活动建立在最佳的物质技术基础之上。

② 贯彻"养修并重，预防为主"的方针，在节省维修费用的条件下，搞好机具设备的维护和修理，保证机具设备始终处于良好的状态，为施工生产提供性能好、效率高、作业成本低和操作安全的机具设备。

③ 合理有效使用，保证机具设备较高的使用效率。所谓合理使用，就是要处理好管、养、修和用之间的关系，不能违背机具使用的技术规律和经济规律。所谓有效利用，就是要充分发挥机具的技术性能和效率。

④ 在经济合理的前提下，采用先进技术，不断改造和更新原有的机具设备，提高机具设备的现代化水平，以增强企业的技术能力和适应技术开发的需要。

（3）建筑企业机具设备管理的技术经济指标

对机具设备的使用管理进行考核的目的是衡量建筑企业在装备和利用机具设备方面的状况，从而考察企业机具综合管理的水平和变化趋势，以利改进机具的装备和修理工作，发挥机械化的应有作用。考核的指标主要如下。

① 装备生产率　装备生产率是考核企业机械设备在生产中创造价值大小的指标。

$$装备生产率 = \frac{年度完成的总工作量（元）}{机具设备的净值（元）} \times 100\% \qquad (9\text{-}12)$$

② 设备完好率　设备完好率是反映报告期内机具设备技术状态和维修管理情况的指标，可分为日历完好率和制度完好率

$$日历完好率（\%） = \frac{报告期完好台日数}{报告期日历台日数} \times 100\%$$

$$制度完好率（\%） = \frac{报告期完好台日数}{报告期制度台日数} \times 100\% \qquad (9\text{-}13)$$

③ 设备利用率　设备利用率是反映企业在报告期内对机具台日利用情况的指标，分为日历利用率和制度利用率

$$日历利用率 = \frac{报告期实作台日数}{报告期日历台日数} \times 100\%$$

$$制度利用率 = \frac{报告期实作台日数}{报告期制度台日数} \times 100\% \qquad (9\text{-}14)$$

④ 机具效率　机具效率既反映时间利用率，又反映生产能力利用率，是反映机具利用率的综合指标

$$机具效率 = \frac{报告期内同类机械实际产量}{报告期内同类机械定额产量} \times 100\% \qquad (9\text{-}15)$$

⑤ 施工机械化程度　施工机械化程度是利用机具完成的工程量占总工程量的百分比，来反映企业在施工中使用机械化代替劳动力的程度，是考查企业施工机械化水平的一项重要指标。可用工种机械化程度和综合机械化程度指标来反映

$$工种机械化程度（\%） = \frac{某工种工程用机具完成实物量}{某工种工程完成的全部实物量} \times 100\% \qquad (9\text{-}16)$$

$$综合机械化程度（\%） = \frac{\sum（各工种工程用机具完成实物量 \times 该工种各工程人工定额工日）}{\sum（各工种工程完成的总实物工程量 \times 该工种各工程人工定额工日）} \times 100\%$$

$$(9\text{-}17)$$

以上是反映企业机具设备水平和管理水平的主要指标，这些指标之间密切相关，不能独立看待，设备生产率和机具效率是反映机具使用效率的关键指标。机具设备管理要围绕着提

高机具设备使用效率来进行。

9.4 资金管理

建筑企业在生产经营中，占用了许多财产物资，它们价值的货币表现就是资金。资金属于价值范畴，按照它不同的周转方式，建筑业的资金可以分为固定资金、流动资金以及其他资金等。

9.4.1 固定资金管理

建筑业占用的厂房、建筑物、机械设备、管理用具以及运输工具等的货币表现，称为固定资金。这项资金主要是由国家基本建设投资拨款或贷款以及用企业的专用基金购置固定资产而形成的。它是建筑业进行生产经营活动的物质技术基础，其使用价值可以在较长时间内发挥作用，在多次生产过程中使用。而其价值只有按照它们在生产过程中的耗损程度，逐渐地分次地转移到产品价值中去，并随着产品的出售，陆续形成固定资产更新改造资金，然后由货币形态还原为实物形态，重新开始另一周期的循环，如此周而复始。固定资产在使用过程中，价值和使用价值，价值补偿和实物更新的相互分离，乃是固定资金运动的主要特征。

(1) 固定资产的特征

固定资产是指为生产商品、提供劳务、出租或经营管理而持有的，使用寿命超过一个会计年度的有形资产。固定资产的确认需满足两个条件：①与该固定资产有关的经济利益很可能流入企业；②该固定资产的成本能够可靠地计量。

固定资产的特征是：①使用年限超过一年或长于一年的一个会计年度，而且在使用过程中保持原来的物质形态不变。因此购建固定资产支出属于资本性支出。②使用寿命是有限的。因此固定资产应按规定进行折旧。③用于生产经营活动而不是为了出售。

企业以融资租赁方式租人的固定资产，在租赁期内，应视同企业自有固定资产进行管理。过去已经估价单独入账的土地也可以作为固定资产管理。因征地而支付的补偿费，应计入与土地有关的房屋、建筑物的价值内，不单独作为土地价值入账。企业取得的土地使用权不能作为固定资产进行核算和管理。

(2) 固定资产的损耗与补偿

固定资产在多次生产过程中逐渐损耗，其价值也随着损耗逐渐转移到所生产的产品中去。固定资产损耗有以下 3 种情况。

① 有形损耗　这是由于被使用而发生的物理性能、几何形状的改变。这种损耗程度，主要取决于工作负荷的程度和固定资产本身的质量。也和平时对设备的护理、工人的熟练程度、装配和安装质量有关。

② 自然损耗　由于设计闲置而受到自然力的侵蚀，称为自然损耗。在实际工作中，由于固定资产调配不当，而使设备闲置所造成的自然损耗，应该加以重视。

③ 无形损耗　由于科学技术进步和社会劳动生产率的提高而使固定资产贬值，或出现效率高或性能更好的设备，这称为无形损耗。在考虑设备折旧时，应同时考虑上述两种损耗。

对固定资产损耗进行补偿的方式通常有以下两种：一是固定资产的更新。用技术上先进和经济上合理的设备来替代物质上不能继续使用或经济上不宜继续使用的设备称为固定资产更新。通过更新，可以提高劳动生产率。二是固定资产的大修理，只是部分地恢复固定资的使用价值和价值。

固定资产更新资金来源，是通过提取固定资产折旧基金来提供的。

（3）固定资产折旧

固定资产因损耗而逐渐转移到建筑产品上去的那部分价值称为折旧。随着工程结算，从工程价款中相应地收回这部分货币资金。称为固定资产的折旧基金。企业应当根据与固定资产有关的经济利益的预期实现方式，合理选择固定资产的折旧方法。可选用的折旧方法包括平均年限法、工作量法、双倍余额递减法和年数总和法等。

① 平均年限法　平均年限法又称直线法，是指将固定资产按预计使用年限平均计算折旧均衡地分摊到各期的一种方法。采用这种方法计算的每期（年、月）折旧额都是相等的。在不考虑减值准备的情况下，其计算公式如下

$$固定资产年折旧额 = \frac{固定资产原值 - 预计净残值}{固定资产预计使用年限} \tag{9-18}$$

$$固定资产月折旧额 = 年折旧额 \div 12 \tag{9-19}$$

通过平均年限法计提固定资产折旧，还可以通过固定资产折旧率来计算某一会计期内的固定资产折旧额。

$$固定资产年折旧率 = \frac{固定资产原值 - 预计净残值}{固定资产原值 \times 固定资产预计使用年限} \times 100\% \tag{9-20}$$

或者：

$$固定资产年折旧率 = \frac{1 - 预计净残值率}{固定资产预计使用年限} \times 100\% \tag{9-21}$$

$$固定资产月折旧率 = 固定资产年折旧率 \div 12 \tag{9-22}$$

$$固定资产月折旧额 = 固定资产原值 \times 固定资产月折旧率 \tag{9-23}$$

例：企业某台设备原价 100000 元，预计使用 5 年，预计净残值率 5%。求该设备的折旧率和折旧额。

$$预计净残值 = 100000 \times 5\% = 5000 \ 元$$

$$固定资产年折旧额 = \frac{100000 - 5000}{5} = 19000 \ 元$$

$$固定资产月折旧额 = 19000 \div 12 = 1583 \ 元$$

或者：
$$固定资产年折旧率 = \frac{1 - 5\%}{5} \times 100\% = 19\%$$

$$固定资产月折旧率 = 19\% \div 12 = 1.583\%$$

$$固定资产月折旧额 = 100000 \times 1.583 = 1583 \ 元$$

② 工作量法　工作量法是按照固定资产预计可完成的工作量计提折旧额的一种方法。这种方法实际上是平均年限法的一种演变，但这种方法弥补了平均年限法只重使用时间，不考虑使用强度的缺点。工作量法适用于使用情况很不均衡，使用的季节性较为明显的大型机器设备、大型施工机械以及运输单位或其他专业车队的客、货运汽车等固定资产的折旧计算。不考虑减值准备，工作量法折旧的基本计算公式如下

$$单位工作量折旧额 = \frac{固定资产原值 \times (1 - 预计净残值率)}{预计总工作量} \tag{9-24}$$

某项固定资产月折旧额 = 该项固定资产当月工作量 × 单位工作量折旧额

施工企业常用的工作量法有以下两种方法。

a. 行驶里程法　行驶里程法是按照行驶里程平均计算折旧的方法。它适用于车辆、船舶等运输设备计提折旧。其计算公式如下

$$单位里程折旧额=\frac{固定资产原值\times(1-预计净残值率)}{总行驶里程} \tag{9-25}$$

某项固定资产月折旧额＝该项固定资产当月行驶里程×单位里程折旧额

b. 工作台班法　工作台班法是按照工作台班数平均计算折旧的方法。它适用于机器、设备等计提折旧。其计算公式如下

$$每工作台班折旧额=\frac{固定资产原值\times(1-预计净残值率)}{总工作台班} \tag{9-26}$$

某项固定资产月折旧额＝该项固定资产当月工作台班×每工作台班折旧额

例：某施工企业的一台施工机械按工作量法计算折旧。该设备原始价值150000元，预计净残值5%，预计可工作20000个台班时数。该设备投入使用后，各年的实际工作台班时数假定为：第一年7200小时，第二年6800小时，第三年4500小时，第四年1500小时。

$$施工机械单位台班小时折旧额=\frac{150000\times(1-5\%)}{20000}=7.125 元$$

第一年施工机械年折旧额＝7200×7.125＝51300元

第二年施工机械年折旧额＝6800×7.125＝48450元

第三年施工机械年折旧额＝4500×7.125＝32062.50元

第四年施工机械年折旧额＝1500×7.125＝10687.50元

具体月折旧额就按当月实际台班小时数乘以单位台班小时折旧额即可。行驶里程法和工作台班法的区别就是工作量的标准的不同，一般机器设备按工作小时计算，运输工具按行驶里程计算，建筑施工机械按工作台班计算等。工作量法的优点和使用年限法一样，比较简单实用，它是以固定资产的工作量为分配标准，这样使各年计提的折旧额与固定资产的使用程度成正比关系，体系了收入与费用相配比的会计原则。当然此种折旧方法也有缺点，它将有形损耗看作是引起固定资产折旧的唯一因素，但事实上，由于无形损耗的客观存在，固定资产即使不使用也会发生折旧；再则，工作量法在计算上前后期折旧采用了一致的单位工作量额折旧额，而实际上是不一样的，因为固定资产在使用的过程中单位工作量所带来的经济效益是不一样的。

③ 双倍余额递减法　双倍余额递减法，是在不考虑固定资产预计净残值的情况下，根据每年年初固定资产净值和双倍的直线法折旧率计算固定资产折旧额的一种方法。采用这种方法，固定资产账面余额随着折旧的计提逐年减少，而折旧率不变，因此，各期计提的折旧额必然逐年减少。双倍余额递减法是加速折旧的方法，是在不缩短折旧年限和不改变净残值率的情况下，改变固定资产折旧额在各年之间的分布，在固定资产使用前期提取较多的折旧，而在使用后期则提取较少的折旧。其计算公式如下

$$固定资产年折旧率=2\div固定资产预计使用年限\times100\% \tag{9-27}$$

$$固定资产月折旧率=固定资产年折旧率\div12 \tag{9-28}$$

$$固定资产月折旧额=固定资产年初账面余额\times月折旧率 \tag{9-29}$$

采用双倍余额递减法计提折旧时，每年年初固定资产净值没有扣除预计净残值，所以在计算固定资产折旧额时，应在其折旧年限到期前两年内，将固定资产的净值扣除预计净残值后的余额平均摊销，即改用直线法计提折旧。

例：企业某项设备的原值为64000元，预计使用5年，预计净残值为2000元。采用双倍余额递减法计算折旧，各年的折旧额，如表9-1所示。

表 9-1　折旧计算表　　　　　　　　　　　　单位：元

年份	期初账面折余价值	折旧率	折旧额	累计折旧额	期末账面折余价值
1	64000	40%	25600	25600	38400
2	38400	40%	15360	40960	23040
3	23040	40%	9216	50176	13824
4	13824		5912	56088	7912
5	7912		5912	62000	2000

表中：折旧率 $=2\div5\times100\%=40\%$；

第四、五年的折旧额为：$(13824-2000)\div2=5912$ 元

④ 年数总和法　年数总和法是将固定资产的原值减去净残值后的净额乘以一个逐年递减的分数计算每年折旧额的一种方法。逐年递减分数的分子为该项固定资产年初时尚可使用的年数，分母为该项固定资产使用年数的逐年数字总和，假设使用年限为 N 年，分母即为 $1+2+3+\cdots+N=N(N+1)/2$。这个分数因逐年递减，为一个变数。而作为计提折旧依据的固定资产原值和净残值则各年相同，因此，采用年数总和法计提折旧各年提取的折旧额必然逐年递减。其计算公式如下：

$$固定资产年折旧率=\frac{预计使用年限-已使用年限}{预计使用年限\times(预计使用年限+1)\div2}\times100\% \tag{9-30}$$

或者

$$固定资产年折旧率=\frac{固定资产尚可使用年数}{固定资产预计使用年限的年数总和}\times100\% \tag{9-31}$$

$$固定资产月折旧率=固定资产年折旧率\div12 \tag{9-32}$$

$$固定资产月折旧额=(固定资产原值-预计净残值)\times月折旧率 \tag{9-33}$$

例：企业某项设备的原值为 64000 元，预计使用 5 年，预计净残值为 2000 元。采用年数总和法计算的各年折旧额，如表 9-2 所示。

表 9-2　折旧计算表　　　　　　　　　　　　单位：元

年份	尚可使用年限	原值—净残值	年折旧率	各年折旧额	累计折旧额
1	5	62000	5/15	20666.67	20666.67
2	4	62000	4/15	16533.33	37200.00
3	3	62000	3/15	12400.00	49600.00
4	2	62000	2/15	8266.67	57866.67
5	1	62000	1/15	4133.33	62000.00

表中：年数总和 $=5\times(5+1)\div2=15$

企业至少应当于每年年度终了，对固定资产的使用寿命、预计净残值和折旧方法进行复核。

企业对固定资产使用寿命进行复核后，如果固定资产使用寿命的预期数与原先的估计数有重大差异，则应当相应调整固定资产折旧年限。

企业对固定资产预计净残值进行复核后，如果预计净残值预计数与原先估计数有差异的，应当调整预计净残值。

企业对固定资产的折旧方法进行复核后，如果固定资产包含的经济利益的预期实现方式有重大改变，则应当相应改变固定资产折旧方法。

9.4.2　流动资金管理

流动资金是垫支在劳动对象上的资金。其使用价值只在一次生产过程中发挥作用就消

失了。

建筑业的流动资金也是由生产领域的流动资金和流通领域的流动资金组成的。流动资金不断地循环和周转，每一次循环都要经过"供应—施工—结算"3个不同阶段。从货币资金形态开始，在采购供应阶段，表现为储备资金；在施工阶段，各施工作业班组领用材料，储备资金转化为生产资金；随着工程竣工，进入建筑工程结算阶段，生产资金通过资金结算又恢复其货币资金的原始形态。随着施工活动不断地进行，流动资金经过供应、施工、结算3个阶段，表现为货币资金、储备资金、生产资金、结算资金几个不同形态，如此周而复始，不断转化。

企业在生产经营中，长期占用的流动资金由银行取得定额借款，称为定额流动资金。在生产中，临时需要的货币资金、结算资金等可以吸收结算中的资金来源，或按规定取得银行借款，称为非定额流动资金。

建筑企业流动资金定额计算的基本方法有以下几种。

(1) 定额日数法

流动资金占用量取决于它的每日平均周转额和定额周转天数，其计算式为

$$L = Md \tag{9-34}$$

式中　L——流动资金定额；

　　M——计划平均每天周转额；

　　d——定额周转天数。

式中，计划期内平均每天周转额，表示平均每天垫支的流动资金的金额；周转天数，表示流动资金完成一次循环所需天数。

此法适用于主要材料、未完施工及应收已完工程款等资金定额的计算。以主要材料定额为例，计算式如下：

$$A = Gt \tag{9-35}$$

式中　A——主要材料资金定额；

　　G——主要材料平均每天耗用量；

　　t——主要材料资金定额天数。$t = d_1 + kd_2 + d_3 + d_4$，其中 d_1 为在途天数；d_2 为平均供应间隔天数；d_3 为加工整理天数；d_4 为保险天数，k 为系数。

(2) 因素分析法

这是根据影响资金需要量的有关因素的变动情况，进行比例推算，确定资金定额的一种方法，又名比例调整法。一般是以上年流动资金实际占用额作为定额基础，扣除不合理的积压数，再根据计划年度生产任务和加速流动资金周转的要求，进行推算，其计算式为

$$L = (L_1 - L_2)(1 - R)\frac{Q_1}{Q_2} \tag{9-36}$$

式中　L——流动资金定额；

　　L_1——上年末流动资金实际占有额；

　　L_2——不合理占用额；

　　R——计划资金节约率；

　　Q_1——本年计划工作量；

　　Q_2——上年实际工作量。

此法，常用于框算其他材料、低值易耗品、机械配件等品种繁多、规格复杂和价格较低的材料物资资金定额的计算。

(3) 余额法

它是根据计划期某项资金项目的计划结余数来确定其资金定额的一种方法。适用备用金、待摊费用等资金项目，其计算式如下

$$L = G + \Delta G - G_1 \tag{9-37}$$

式中　L——流动资金定额；

　　　G——上年末流动资金余额；

　　　ΔG——计划年度预计增加发生额；

　　　G_1——计划年度预计减少发生额。

9.4.3　现金管理

9.4.3.1　现金的使用范围

按照国务院颁布的《现金管理暂行条例》的规定，企业可以在下列范围内使用现金。

① 职工工资、津贴；

② 个人劳务报酬；

③ 根据国家规定颁发给个人的科学技术、文化艺术、体育等各种奖金；

④ 各种劳保、福利费用以及国家规定的对个人的其他支出；

⑤ 向个人收购农副产品和其他物资的价款；

⑥ 出差人员必须随身携带的差旅费；

⑦ 结算起点以下的零星支出（结算起点为 1000 元）；

⑧ 中国人民银行确定需要支付现金的其他支出。

9.4.3.2　现金管理的目标和内容

现金是立即可以投入流通的交换媒介，是企业中变现能力及流动性最强的资产，具体包括：库存现金、各种形式的银行存款、银行本票、银行汇票等。有价证券是现金的一种转换形式。当企业现金暂时闲置时，常将现金兑换成有价证券；待现金流出量大于流入量，需要补充现金不足时，再出让有价证券换回现金。在这种情况下，有价证券就成了现金替代品，被视为"现金"的一部分。

企业置存一定数量现金主要是为了满足交易性需要、预防性需要和投机性需要。

交易性需要是指日常业务现金支付的需要。企业在经营过程中，经常发生现金流入和现金流出。企业只有保持适当的现金结余，才能保证其业务活动正常、顺利进行。

预防性需要是指预防发生意外的支付。企业有时会出现意想不到的开支，企业需要置存一定数量的现金，满足这些不确定现金支出的需要。

投机性需要是指置存现金用于不寻常购买机会的需要。市场上各种商品及证券的价格随时会发生变动，使人们产生了"为卖而买"的投机心理。当企业确信得到了有利的购买时机而需要动用现金时，必要的现金结存则是投机者不失时机操作的保证。

企业缺乏必要的现金，将不能满足交易性、预防性及投机性的需要，使企业经营蒙受损失。但是如果企业置存过量的现金，又会因此增大机会成本。企业现金管理的目标，就是在资产的流动性和盈利性之间做出抉择，提高资金收益率。

企业现金管理的内容主要包括：目标现金持有量的确定、现金收支日常管理和闲置现金投资管理等。

9.4.3.3　目标现金持有量的确定

现金管理除做好日常收支，加速现金流转外，还需控制好现金持有规模，即确定适当的现金持有量。确定现金持有量可采用下列几种方法。

（1）成本分析模式

成本分析模式是通过分析持有现金的成本，寻找持有成本最低的现金持有量。企业持有现金的成本主要包括三部分。

① 机会成本　机会成本是指企业持有现金而付出的代价。企业持有的现金，如果用于其他用途可能为企业带来的收益就是它的机会成本。现金持有量越大，机会成本就越高。

② 管理成本　现金的管理成本是指企业拥有现金而发生的管理费用。现金管理成本是一种固定成本，与现金持有量之间无明显的比例关系。

③ 短缺成本　现金的短缺成本是指因缺乏必要的现金，不能应付业务开支的需要，而使企业蒙受的损失或为此付出的代价。现金的短缺成本随现金持有量的增加而下降，随现金持有量的减少而上升。

上述三项成本之和最小的现金持有量，就是最佳现金持有量。最佳现金持有量的具体计算，可以先分别计算出各种方案的机会成本、管理成本、短缺成本之和，再从中选出总成本之和最低的现金持有量，即为最佳现金持有量。

（2）存货模式

企业通过出售有价证券换回现金可在满足现金需要的同时，减少平时现金的持有量，降低现金成本。企业可以适当通过现金与有价证券之间的转换，提高现金使用效率。存货模式可用来解决企业现金在一定时期内最佳变现次数的问题。

企业不论是持有现金还是变现证券都要付出代价。持有现金就丧失了投资于证券所得相应利息，我们称之为置存成本。置存成本是一种机会成本。而降低置存成本，就要降低现金持有量，加大证券变现次数，而证券每次变现又要支付各种佣金和手续费等，即交易成本。企业置存成本与交易成本变化相反。置存成本随着现金持有量的增大而增大，交易成本却随着现金持有量的增大而减少。企业现金持有成本等于置存成本与交易成本之和。

利用存货模式可以测算出一定时期的最佳现金持有量及最佳变现次数。但采用这一模型的假设前提比较苛刻。如证券可随时变现、现金支出稳定、现金总量可以预知等。如果这些条件在现实中不能实现，则这一模型的采用就会受到限制。

（3）随机模式

随机模式是在现金需求难以预知的情况下进行现金持有量控制的方法。由于企业现金需求量存在波动，一般很难准确预知，企业只能根据历史经验和现实需要，测算出一个现金持有量的控制范围，即现金持有量的上限和下限，并将现金量控制在这一范围之内。当现金持有量不在控制范围内时，企业可通过有价证券转换，调整现金持有量，实现对现金持有量的控制。

9.4.3.4　现金收支管理

企业现金收支管理的目的在于提高现金的使用效率。在现金管理中，为了实现效率的目的，企业除了执行国家现金管理条例的规定外，还可以从以下几个方面加强现金的收支管理。

（1）加速收款

加速收款主要指缩短应收账款的时间。应收账款的发行会增加企业资金的占用，在不影响销售的前提下，加速应收账款的回收，可以直接提高现金的使用率。企业加速收款的任务不仅在于尽量让客户早付款，而且还要尽快地使这些付款转化为现金。为此，企业应努力从客户付款的传递、兑换、存取等方面减少现金的在途时间。

（2）力争现金流量同步

企业的现金流入与流出发生的时间趋于一致，其所持有的交易性现金金额就可以保持在一个相对较低的水平上，持有现金的成本也就相应地降低，因此，企业力争使企业现金收入与支出同步，是提高现金收支管理效率的有效途径。

（3）合理使用现金浮游量

现金浮游量是企业账目现金金额与银行账户上存在余额之间的差额。产生现金浮游量的原因，在于企业开出支票与收款企业的支票兑现之间存在时间差异。利用现金的浮游量，企业可适当减少现金持有量，节约现金的使用量。但是，在使用现金浮游量时，应控制好使用时间，避免发生银行存款的透支。

（4）推迟应付款的支付

要想最大限度地提高现金的使用效率，合理地控制现金支出时间是十分重要的。企业在不影响自己信誉的前提下，充分运用供货方所提供的信用优惠，尽可能推迟应付款的支付期，减少现金支付频率，可以有效地降低现金的持有成本。在企业急需现金时，甚至可以考虑放弃部分折扣，在信用期的最后一天付款，当然这需要做恰当的利弊权衡。

9.4.3.5　闲置现金投资管理

企业在筹资和经营过程中，尽管现金不停地处于流动状态，但在流动过程中仍然会形成一部分闲置的现金余额，这部分暂时闲置的现金可用于短期投资，以获得一部分额外的收益。企业现金管理的目的首先要保证正常经营业务需要，其次才考虑闲置现金的投资收益。因此企业闲置现金只能投资于流动性强、风险低、交易期限短的金融工具中，以满足企业的持有动机。在货币市场上，企业可使用的金融工具主要有：国库券、可转让大额存单、回购协议等。企业在投资过程中应充分考虑投资证券的种类，根据各种证券的不同风险和收益率选择合理的有价证券投资组合，在保证收益的基础上，尽量降低投资风险。

9.4.4　应收账款的管理

应收账款是企业流动资产中的一个重要项目，是商业信用的直接产物。企业提供商业信用，往往采取赊销、分期付款等销售方式，来扩大销售，增加利润。但应收账款的增加，也会造成资本成本、坏账损失等费用的增加。近年来，随着市场经济的不断发展，商业竞争的日趋加剧，企业的应收账款数额明显增多。应收账款管理在企业的经济管理中的地位也越来越重要。应收账款管理的目的，就是正确衡量信用成本和信用风险，合理确定信用政策，及时回收账款，尽可能地降低应收账款成本，保证流动资产价值的真实性。

9.4.4.1　应收账款非正常增长对企业的影响

应收账款非正常的增长会给企业带来不良影响，主要表现在以下方面。

① 造成企业资产虚胖。应收账款是企业的流动资产，应收账款增加，企业的流动资产相应增加，企业的总资产也同时增加。不正常增长的应收账款很有可能形成坏账。这就造成资产总额虚浮肿大，所有者权益虚增，给人一种不易察觉的假象：每股净资产额较大，使人以为每股的含金量较高，投资价值增加，引诱股民入市，误导投资者投资。

② 造成企业资金周转不畅，运转不灵。虽然销货却没有资金回笼，或回笼的太少太慢，造成企业营运资金入不敷出，头寸紧张，严重制约企业的发展。

③ 加重了企业的负担，造成企业财务状况恶化。应收账款收不回来，将使企业不得不举债经营，财务费用增加，负担加重，风险加大，效益下滑。应收账款时间越长，存在坏账的可能性就越大；坏账越多，财务状况就越恶化。根据国际惯例，一年以上的应收账款，就存在坏账的风险。例如，某上市公司按证监会的要求，剔除三年以上的应收账款后，每股净资产由原来的 1.47 元，下降为 1.30 元，相差了 11.26%。可见应收账款对企业财务状况的影响不容忽视。

9.4.4.2　应收账款的成本

应收账款成本是指企业持有一定应收账款所付出的代价。应收账款的成本主要包括机会成本、管理成本和坏账成本三部分。

（1）机会成本

应收账款的机会成本是指因资金投放在应收账款上而丧失的其他利益。企业资金如果不投放于应收账款，便可利用于其他投资并获得利益，比如投资于有价证券便会有利息收入。应收账款的机会成本一般按有价证券利息率计算。

（2）管理成本

应收账款的管理成本是指企业对应收账款进行管理所耗费的各种费用。这部分成本主要包括：对客户的资信调查费用、应收账款账簿记录费用、收账费用、收集相关信息的费用、其他相关费用等。

（3）坏账成本

应收账款的坏账成本是指应收账款因故不能收回而给企业带来的损失。应收账款的坏账成本一般与应收账款的额度成正比。企业按规定提取的坏账准备，目的就是为了避免坏账成本影响企业生产经营活动的稳定性。

9.4.4.3　收账政策

收账政策是指企业向客户收取逾期未付款的收账策略与措施。在市场经济中，客户拖欠款项是一种客观存在。大量的欠款会恶化企业的财务状况，影响企业的正常经营。为了避免或减少坏账损失，提高企业的经济效益，企业应制定合理的收账政策。

通常企业会对客户的逾期未付款项规定一个允许拖欠的期限，超过规定的期限，企业就将进行各种形式的催收。如果企业制定的收账政策过宽，会导致逾期未付款项的顾客拖延时间更长，对企业不利，收账政策过严，催收过急，又可能伤害无意拖欠的顾客，影响企业未来的销售和利润。因此，企业在制定收账政策时必须十分谨慎，做到严宽适度。对过期较短的客户，不过多地打扰，以免将来失去这一市场；对过期稍长的客户，可以措辞婉约地写信催款；对过期较长的客户，可用频繁的信件催款并电话催询；对过期很长的客户，可在催款时措辞严厉，必要时提请有关部门仲裁或提起诉讼等。

催收账款要发生费用，某些催款方式的费用还会很高。企业要本着所花费的收账费用必须小于回收的应收账款的收益额的原则，权衡收账费用与因此而减少的坏账损失和减少应收账款平均收回日数之间的关系，制定和修改收账政策。良好的收账政策很大程度上靠有关人员的经验，通过比较各收账方案成本的大小对其加以选择。

从理论上讲，履约付款是客户必须承担的责任，是债权人合法权益的体现。但实际上，每个客户拖欠和拒付账款的原因不尽相同。许多信用品质良好的客户也可能因某些原因无法如期付款，企业应区别对待。通过法院强行收回账款一般是企业不得已而为之的最后办法。影响企业收账政策的因素很多，有可控因素，也有不可控因素，这就使得收账政策的制定更为复杂。一般而言，理想的收账政策应该是那种给企业带来最大利益的政策。

9.4.4.4　应收账款风险防范与控制

企业在使用商业信用时，应收账款的坏账损失难以避免。通常企业防范与控制应收账款的坏账风险，减少坏账损失可采取以下措施。

① 建立弥补坏账损失的准备金制度。在日常核算中，企业可遵循谨慎性原则，预先估计坏账损失的可能性，计提坏账准备。

② 做好日常应收账款的核算工作，定期与客户对账。

③ 加强账龄分析。一般来说，账款被拖欠的时间越长，发生坏账的可能性越大。账龄分析就是将所有赊销客户的应收账款的实际归还期编制成表，汇总反映其信用分类、账龄、比重、损失金额和百分比。通过账龄分析，监控坏账风险，针对不同客户采取相应的收账方

法、制定经济可行的收账政策，防止出现不良债权。

④ 加强对客户偿还能力与信用状况的调查和分析，确定客户的信用条件。

⑤ 制定合理的收账政策。

⑥ 确定合理的收账程序和讨债方法。催收账款的程序一般是：信函通知、电话催收、派员面谈、法律行动。常见的讨债对策有：讲理法、恻隐术法、疲劳战术法、激将法、软硬兼施法等。

9.4.5 存货的财务管理

企业存货占流动资产的比重较大，加强对其的管理与控制，使存货量保持在最佳水平是财务管理的一项重要内容。

9.4.5.1 存货管理的概念及作用

存货是一个财务上的概念，指企业在生产经营过程中为销售或耗用而储备的资产，包括库存中的、加工中的和在途的各种原材料、燃料、包装物、产成品以及发出商品等。工业企业如果能在生产投入时随时购入所需的原材料、半成品等，就不需要存货。但实际则不然，企业总是或多或少的有一些存货。企业为了保证生产经营过程的连续，必须有计划地购入、耗用和销售存货。存货管理的主要目的是，通过有效的库存管理，控制存货水平，防范断货风险和存货积压风险，降低存货成本，节约资金成本。

存货是一项重要的流动资产。一般情况下，存货占企业总资产的 30% 左右。存货的管理、利用情况如何，直接关系到企业的资金占用水平以及资产运作效率。企业存货管理水平不同，其平均资金占用水平也就不同。实施正确的存货管理方法，可以降低企业的平均资金占用水平，提高存货的流转速度和总资产周转率，最终提高企业的经济效益。

另外，从市场营销的角度来看，存货作为企业物流的重要成分，其成本降低的潜力比任何其他市场营销环节都要大。在美国，直接劳动成本不足工程成本的 10%，并且在不断下降，全部生产过程只有 5% 的时间用于加工制造，余下的 95% 时间都是储存和运输时间。由此看来，降低存货成本已经成为"第三利润源泉"。

9.4.5.2 存货的成本

企业储存存货，会相应地发生一定的成本支出，存货的成本主要包括以下三项。

（1）取得成本

取得成本是指为取得某种存货而支出的成本，通常用 TC_a 来表示。取得成本包括订货成本和购置成本两部分。

① 订货成本　订货成本指取得订单的成本，如办公费、差旅费、邮资、电报、电话费支出。订货成本中有一部分与订货次数无关，如常设采购机构的基本开支等，称为订货的固定成本；另一部分与订货次数有关，如差旅费、邮资等，称为订货的变动成本。订货成本的计算公式为

$$订货成本 = \frac{D}{Q} \times K + F_1 \tag{9-38}$$

式中　D——存货年需要量；

　　　Q——每次进货量；

　　　K——每次订货的变动成本；

　　　F_1——订货固定成本。

② 购置成本　购置成本指存货本身的价值，经常用数量与单价的乘积来确定。用 U 表示存货的单价，则购置成本为 DU。订货成本加上购置成本，就可以计算存货的取得成本。

其计算公式为

$$TC_a = F_1 + \frac{D}{Q} \times K + D \times U \tag{9-39}$$

（2）储存成本

储存成本是指为保持存货而发生的成本，包括存货占用资金所应计的利息或机会成本、仓库费用、保险费用、存货破损和变质损失等等，通常用 TC_c 表示。储存成本也分为固定成本和变动成本。固定成本与存货数量的多少无关，如仓库折旧、仓库职工的固定月工资等；变动成本与存货的数量有关，如存货资金的应计利息、存货的破损和变质损失、存货的保险费用等。储存成本的计算公式为

$$TC_c = F_2 + K_2 \times \frac{Q}{2} \tag{9-40}$$

式中　F_2——固定成本；

　　　K_2——单位成本。

（3）缺货成本

缺货成本指由于存货供应中断而造成的损失，包括材料供应中断造成的停工损失、产成品库存缺货造成的拖欠发货损失和丧失销售机会的损失（还应包括需要主观估计的商誉损失）；如果生产企业以紧急采购代用材料解决库存材料中断之急，那么缺货成本表现为紧急额外购入成本（紧急额外购入的开支会大于正常采购的开支）。缺货成本用 TC_s 表示。

（4）存货的总成本

存货的总成本是存货的取得成本、储存成本和缺货成本三者之和。如果以 TC 表示储备存货的总成本，则其计算公式为

$$TC = TC_a + TC_c + TC_s \tag{9-41}$$

$$= F_1 + \frac{D}{Q} \times K + D \times U + F_2 + K_2 \times \frac{Q}{2} + TC_s \tag{9-42}$$

企业存货的最优化，就是要使上述式中的 TC 最小。企业的存货成本构成如图 9-1 所示。

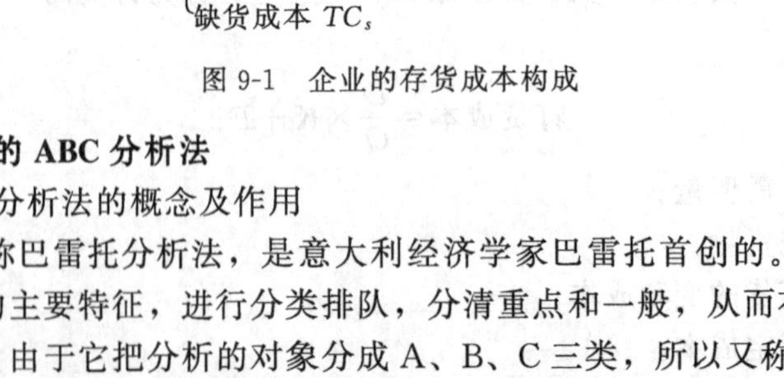

图 9-1　企业的存货成本构成

9.4.5.3　存货管理的 ABC 分析法

（1）存货 ABC 分析法的概念及作用

ABC 分类法又称巴雷托分析法，是意大利经济学家巴雷托首创的。它是根据分析对象在技术或经济方面的主要特征，进行分类排队，分清重点和一般，从而有区别地确定管理方式的一种分析方法。由于它把分析的对象分成 A、B、C 三类，所以又称为 ABC 分析法。该分析方法的核心思想是在决定一个事物的众多因素中分清主次，识别出少数的但对事物起决定作用的关键因素和多数的但对事物影响较少的次要因素。

存货 ABC 分类管理就是按照一定的标准，将企业的存货划分为 A、B、C 三类，分别实行分品种重点管理、分类别一般控制和按总额灵活掌握的存货管理方法。分类的标准主要有两个：一是金额标准；二是品种数量标准。

运用存货 ABC 分析法管理存货，会使企业分清主次，有针对性地采取措施，进行有效的存货管理和控制：从财务管理的角度来看，A 类存货种类虽然较少，但占用资金较多，应集中主要精力，对其经济批量进行认真规划，实施严格控制；C 类存货虽然种类繁多，但占用资金很少，不必耗费过多的精力去分别确定其经济批量，也难以实行分品种或分大类控制，可凭经验确定进货量；B 类存货介于 A 类和 C 类之间，也应给予相当的重视，但不必像 A 类那样进行非常严格的规划和控制，管理中根据实际情况采取灵活措施。

（2）存货 ABC 分析法的操作步骤

存货 ABC 分析法比较简单实用，可按以下四个步骤进行。

① 计算每一种存货在一定期间内（通常为 1 年）的资金占用。

② 计算每一种存货资金占用额占全部资金占用额的百分比，并按大小顺序排列，编成表格。

③ 将存货占用资金巨大，品种数量较少的确定为 A 类；将存货占用资金一般，品种数量相对较多的确定为 B 类；将存货品种数量繁多，但价值金额较小的确定为 C 类。

④ 对 A、B、C 类存货分别选择不同的管理策略。对 A 类存货进行重点规划和控制；对 B 类存货进行次重要管理；对 C 类存货实行一般管理。

对不同类别的存货的管理方法见表 9-3。

表 9-3　A、B、C 类存货的不同管理方法

项　目	A 类存货	B 类存货	C 类存货
占存货总数量的比例	5%～20%	20%～30%	60%～70%
占存货总价值的比例	60%～80%	15%～30%	5%～15%
控制程度	严格控制	一般控制	粗略控制
制定定额方法	详细计算	根据过去记录	低了就进货
储备情况记录	详细记录	有记录	不设明细账
库存监督方式	经常检查	定期检查	不检查
安全储备	低	较多	灵活

注：A 类，集中主要精力，认真规划经济批量，实施严格控制；

　　B 类，根据实际情况采取灵活措施；

　　C 类，凭经验确定进货量。

习　题

1. 什么是人力资源管理？它包括哪些内容？
2. 人力资源有什么特点？
3. 建筑企业应如何做好人员招聘、录用、培训及考核？
4. 什么是人力资源开发？
5. 简述材料消耗定额的制定方法。
6. 建筑材料管理的主要任务有哪些？
7. 机械设备管理的任务有哪些？
8. 机械设备的技术经济指标主要有哪些？

9. 劳动定额的性质与作用有哪些？

10. 材料采购方式有哪几种？

11. 企业某台设备原价 168000 元，预计使用 8 年，预计净残值率 6%。求该设备的折旧率和折旧额。

12. 某物资全年需要量 400 吨，每次采购管理费用 200 元，每吨物资每年平均仓储费用 16 元，单位价格 200 元/吨，求最优采购批量。

13. 企业某项设备的原值为 87000 元，预计使用 6 年，预计净残值为 2500 元。采用年数总和法计算的各年折旧额。

14. 在 14 题中，条件不变，请用双倍余额递减法计算设备各年折旧额。

15. 某施工企业的一台施工机械按工作量法计算折旧。该设备原始价值 250000 元，预计净残值 6%，预计可工作 25000 个台班时数。该设备投入使用后，各年的实际工作台班时数假定为：第一年 8200 小时，第二年 7400 小时，第三年 5000 小时，第四年 2500 小时。

该施工机械第一年到第四年的折旧额。

第 10 章　建筑企业生产管理

10.1　生产管理概述

10.1.1　建筑企业生产管理的概念

建筑企业生产管理是指企业为了完成建筑产品的施工任务，从接受任务开始到工程交工验收为止的全过程中，围绕施工对象和施工现场而进行的生产事务的组织管理工作。建筑企业的主要业务就是从事建安工程的施工生产活动，而在施工生产中，工程进度的快慢、工程质量的好坏、工程资金和资源的合理利用等都取决于生产管理的水平。所以，施工管理在很大程度上影响着建筑企业的生产经营实际效果，生产管理是建筑企业管理的重要组成部分。

10.1.2　生产管理的基本特性

（1）普遍性

生产作为一次性的任务和创新活动普遍存在于社会生产活动之中，现有的各种文化物质成果最初都是通过生产的方式实现的。现有的各种持续重复活动都是生产活动的延伸和延续。人们各种有价值的想法或建议迟早都会通过生产的方式得以实现。由于生产的这种普遍性，使得生产管理也具有了普遍性。

（2）目的性

一切项目管理活动都是为实现"满足或超越生产有关各方对生产的要求与期望"。生产管理的目的性不但表现在要通过生产管理活动去保证满足或超越生产有关各方已经明确提出的生产目标，而且要满足和超越那些尚未识别和明确的潜在需要。例如，建筑设计生产中对建筑美学很难定量和明确地提出一些要求，生产设计者要努力运用自己的专业知识和技能去找出这些期望的内容，并设法满足甚至超越这些期望。

（3）独特性

生产管理的独特性是指生产管理既不同于一般的运营管理，也不同于常规的行政管理，它有自己独特的管理对象和活动，有自己独特的管理方法和工具。虽然生产管理也会应用一般管理的原理和方法，但是生产管理活动有其特殊的规律性，这正是生产管理存在的前提。

（4）集成性

生产管理的集成性是指把生产系统的各要素如管理信息、技术、方法、目标等有机地集合起来，形成综合优势，使项目系统总体上达到相当完备的程度。相对于一般管理而言，生产管理的集成性更为突出。一般管理的管理对象是一个组织持续稳定的日常性管理工作，由于工作任务的重复性和确定性，一般管理的专业化分工较为明显。但是生产管理的对象是一次性工作，生产相关利益者对于生产的要求和期望又不同，如何将生产的各个方面集合起来，在多个相互冲突的目标和方案中做出权衡十分重要。保证生产整体最优化是生产管理集成性的本质所在。

（5）创新性

生产管理没有一成不变的模式和方法，必须通过管理创新去实现对于具体项目的有效管理。现实生活中，即使以前有过类似的项目，但由于新项目在内容、时间、环境等方面的改变，仍然需要各种各样的管理创新。尽管生产管理有许多特性，但生产管理终究是管理科学的一个分支，生产管理与一般管理在原则上是一致的，它与一般管理也有一些共性，只是在内容和方法上有所差异。

10.1.3 建筑企业生产管理的任务及主要内容

（1）建筑企业生产管理的任务

建筑企业所从事的建安工程由于具有单件性和多样性，因此要按工程类型、工程规模、工程地点和施工条件的不同，分别采用不同的施工方案、施工准备、劳动组织和技术措施。所以建安工程必须按各工程对象的施工过程进行管理。

建筑企业生产管理的主要任务是：根据不同的工程对象，不同的工程特点，不同的施工条件，结合企业的具体情况，进行详细周密的分析研究，在施工全过程中，合理地利用人力、物力，有效地使用时间和空间，采用先进的施工方法，保证协调施工。以便用最快的速度，最好的质量，最少的消耗，取得最大的经济效益。

（2）建筑企业生产管理的主要内容

建筑企业生产管理贯穿于建筑产品生产的全过程，不同阶段的工作内容各不相同。施工管理全过程按阶段可划分为施工准备、建安施工、交工验收三个阶段，其基本内容包括：落实施工任务，签订承包合同；进行开工前的各项业务准备和现场施工条件的准备，促成工程开工；进行施工中的经常性准备工作；按计划组织综合施工，进行施工过程的全面控制和全面协调；加强对施工现场的平面管理，合理利用空间，保证良好的施工条件；组织工程的交工验收。

从上述内容可以看出，建筑企业生产管理是一种综合性很强的管理工作，其中也包括与其他各专业管理的配合。没有专业管理，建筑企业生产管理就失去了支柱；没有施工管理，专业管理会各行其是，缺乏应有的活力，不能服务于整体。因此建筑企业生产管理之所以重要，关键在于它的协调和组织作用。

建筑企业生产管理内容丰富，而且贯穿于产品生产的全过程，本章主要从建筑企业生产组织管理、施工项目质量管理、施工项目进度管理、施工现场与安全管理四个方面对建筑企业生产管理进行进一步的阐述。

10.2 建筑企业生产组织管理

10.2.1 生产管理组织

10.2.1.1 工程项目管理组织的定义

现代社会"组织"一词用途广泛，在不同场合含义不完全相同，如医学领域组织是指由许多形态和功能相同的细胞按一定方式结合形成器官的单位。管理领域组织一词有两方面含义，其一是指为了某种目的按照一定功能和要求建立起来的集体或系统，如一个企事业单位或社会团体；其二是指安排分散的人或物使之具有一定的功能和系统性的行为过程，即强调组织关系建立的行为和方式。

组织一词的两方面含义派生出组织管理理论的两个分支，即组织结构学和组织行为学。组织结构学侧重于组织的静态研究，以建立高效的组织机构为目的；组织行为学侧重于组织的动态研究，以建立良好的组织关系和实现组织职能为目的。

工程项目组织是指为完成工程任务而建立起来的，从事项目工作的组织系统。它包括两个层面，一是项目业主、承包商等管理主体之间的相互关系，即通常意义上的项目管理模式；二是某一管理主体内部针对具体工程项目所建立的组织关系。

10.2.1.2　工程项目组织的特点

工程项目的特点决定了工程项目组织的特殊性。

① 项目组织具有临时组合性特点，是一次性的，暂时性的。项目组织的寿命与它所承担的工程任务时间长短有关，即使项目管理班子人员未变，但项目的改变也应该认为这个组织是一次性的，这是有别于企业组织的一大特点。

② 项目目标和任务是决定项目组织结构和运行的最重要因素。由于项目管理主体来自不同单位或部门，各自应有独立的经济利益和责任，必须在保证项目总目标的前提下，按项目合同和项目计划进行工作，完成各自的任务。

③ 项目的组织管理既要研究项目各参与单位之间的相互关系，又要研究某一单位内部的项目组织形式。这是项目组织有别于企业组织的又一大特点。

④ 项目各参与单位之间的组织关系主要是合同关系。某一企业内部的项目组织关系，即通常意义上的项目经理部对内是一种分工与协作的关系，对外代表企业行使权利，与企业组织一般采用内部承包责任制，依附于企业组织而存在。

⑤ 项目组织较企业组织更具有弹性和可变性。这不仅表现为项目组织成员随项目的进展而不断地调整其工作内容和职责，甚至变换角色，而且当采用不同的项目管理模式或承发包模式时，则表现为不同的项目组织形式。

⑥ 项目组织管理较一般企业组级管理困难和复杂。由于项目组织的一次性和可变性，以及参与单位的多样化，很难构成较为统一的行为方式、价值观和项目组织文化。

10.2.1.3　工程项目组织的建立步骤

由于工程项目组织的上述特点使得其组织机构的建立既有与一般组织机构相同之处，又有其不同点。这主要表现在首先必须考虑工程项目建设各参与单位之间相互组织关系，即项目管理模式；其次才是各参与单位内部针对具体项目所采用的项目组织形式，即通常意义上的组织机构形式。所以，从工程项目管理学科角度看，工程项目组织的建立步骤如下。

（1）确定工程项目管理模式

根据现阶段我国合同法、招标投标法等相关法律法规，以及建设项目法人责任制和建设监理制度等的规定，基本上已决定了项目建设各参与单位之间的相互关系。此外，还可借鉴国际上项目管理的一些新模式，如 BOT、EPC 等。

（2）项目建设各参与单位根据项目特点和合同关系建立本单位的项目组织

① 确定项目管理目标。项目管理目标是项目组织存在和设立的前提，也是确定项目组织形式和工作内容的基础。项目管理目标对承担工程建设项目不同任务的单位而言是有区别的，如设计承包商不用考虑施工承包商的项目目标。建立项目组织时应该明确本组织的项目管理目标。

② 确定项目管理工作内容。明确项目组织工作内容，一方面是项目目标的细化和落实，另一方面也是项目组织的根本任务和确定项目组织机构形式的基础。

③ 确定项目组织结构形式。不同组织结构形式有不同的优缺点，应根据项目管理目标和工作内容选择合适的项目组织形式。

④ 确定项目组织结构管理层次和跨度。管理层次和管理跨度构成了项目组织结构的基本框架，是影响项目组织效益的主要因素，应根据项目具体情况确定相互统一、协调一致的管理层次和跨度。

⑤ 确定工作岗位和职责，配置工作人员。以事设岗，以岗定人是项目组织机构设置的

一项重要原则。根据项目工作内容划分工作岗位,根据工作岗位安排不同层次、不同特长的人,并确定相应工作岗位职责,做到权责一致。

⑥ 确定工作流程和信息流程。组织形式确定后,项目组织大致的工作流程基本已明确了,但具体的工作流程和信息流程要在工作岗位和职责明确后才能确定下来。合理的工作流程和信息流程是保证项目管理工作科学有序进行的基础,是确定工作岗位考核标准的依据,是严肃工作纪律,使工作人员各尽其责的主要手段。

⑦ 制定考核标准,规范化开展工作。为保证项目目标的最终实现和项目工作内容的完成,必须对各工作岗位制定考核标准,包括考核内容、考核时间、考核形式等。

10. 2. 1. 4 施工项目管理组织机构类型

施工项目管理组织机构类型是指在施工项目管理组织中处理管理层次、管理跨度、部门设置和上下级关系的组织结构形式。主要的施工项目管理组织结构形式有工作队式、部门控制式、矩阵式、事业部式和直线职能式。

(1) 工作队式项目组织

工作队式项目管理组织结构如图 10-1 所示。

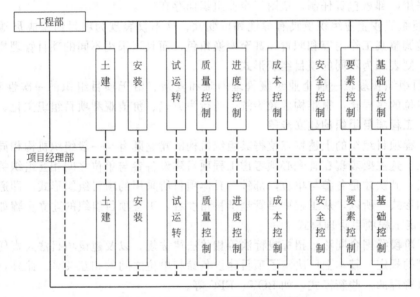

图 10-1 工作队式项目管理组织结构

其特征如下。

① 项目管理组织机构由企业各职能部门抽调人员组建,由项目经理指挥,独立性大。

② 在工程施工期间,项目组织成员与原单位中断领导与被领导关系,不受其干扰,但企业各职能部门可为之提供业务指导。

③ 项目管理组织与项目施工寿命相同。项目管理组织人员安排的流程如图 10-2 所示。

工作队式项目组织的优缺点如下。

① 来自于企业各职能部门和单位的项目组织成员,熟悉业务,各有专长,在项目管理中相互配合,协同工作,充分发挥其作用。

② 各专业人员集中现场办公,减少了扯皮和等待时间,工作效率高,解决问题快。

③ 项目经理权力集中,行政干预少,决策及时,指挥得力。

④ 由于项目与企业职能部门的结合部在这种组织形式下得到了弱化,使得项目经理便于协调关系而开展工作。

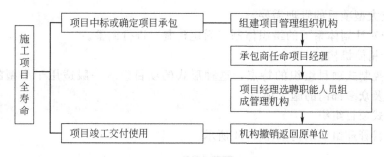

图 10-2　人员安排流程图

工作队式项目组织的优缺点如下。

① 项目管理组织组建之初，各类人员均来自不同部门，具有不同的专业背景，彼此之间也不够熟悉，可能会出现配合问题。

② 各类人员在同一时期内所担负的管理工作任务可能有很大差别，若人员配置不当，专业人员不能在更大范围内调剂余缺，往往造成忙闲不均，人员浪费。

③ 职工长期离开原单位，容易影响其积极性的发挥。同时，由于项目具有一次性的特点，环境多变，职工容易产生临时观念和不满情绪。

④ 专业人员分散在不同的项目上，相互交流困难，职能部门的优势难以发挥。

工作队式项目组织形式适用于大型、工期要求紧迫、需要多工种多部门密切配合的施工项目。因此，它要求项目经理素质要高，指挥能力要强，有快速组织队伍及善于指挥来自各方人员的能力。

（2）部门控制式项目组织

部门控制式项目管理组织结构如图 10-3 所示。

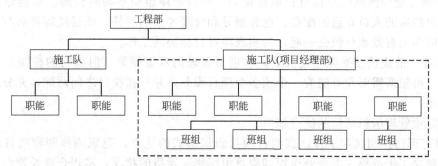

图 10-3　部门控制式项目管理组织结构

部门控制式项目组织的特征如下。

① 按职能原则建立项目管理组织。

② 不打乱企业现行建制。由企业将项目委托其下属某一专业部门或某一施工队。被委托的专业部门或是施工队领导在本单位组织人员，并负责实施项目管理。

③ 项目竣工交付使用后，恢复原部门或施工队建制。

部门控制式项目组织的优点如下。

① 利用企业下属的原有专业队伍承建项目，可迅速组建施工项目管理组织机构。

② 人员熟悉，职责明确，人才作用发挥较充分。

③ 项目经理无需专门训练便容易进入状态。

部门控制式项目组织的缺点如下。

① 不适应大型项目的管理需要。

② 不利于对计划体系下的组织体制（固定建制）进行调整。

③ 不利于精简机构。

鉴于部门控制式项目组织的特点，这种形式的项目组织一般适用于小型的、专业性较强、不需要涉及众多部门的施工项目。

（3）矩阵式项目组织

矩阵式项目管理组织结构如图 10-4 所示。

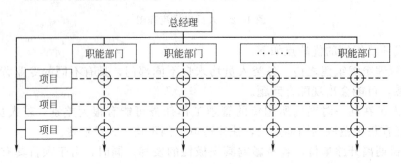

图 10-4　矩阵式项目管理组织结构

矩阵式项管理组织结构的特点如下。

① 按照职能原则和项目原则结合起来建立的项目管理组织，既发挥职能部门的纵向优势，又发挥项目组织的横向优势。

② 项目组织机构与职能部门的结合部同职能部门数目相同。多个项目与职能部门的结合部呈矩阵状，每个结合部接受两个指令源的指令。

③ 企业专业职能部门是相对长期稳定的，项目管理组织是临时性的。职能部门负责人对参与项目组织的人员有组织配备、业务指导和管理考察的责任。项目经理将参与项目的职能人员在横向上有效地组织在一起，为实现项目目标协同工作。

④ 矩阵中的成员接受原单位负责人和项目经理的双重领导，但部门的控制力大于项目的控制力。可根据需要和可能为一个或多个项目服务，并可在项目之间调配，充分发挥专业人员的作用。

矩阵式项管理组织结构的优点如下。

① 兼有部门控制式和工作队式两种项目组织形式的优点，把职能原则和项目原则融合为一体，解决了传统模式中企业组织和项目组织相互矛盾的状况，实现企业长期性管理和项目一次性管理的一致。

② 通过对人员的及时调配，使尽可能少的人力实现多个项目管理的高效率。

③ 通过职能部门的协调，一些项目上的闲置人才可以及时转移到需要这些人才的项目上去，防止人才短缺，项目组织因此具有弹性和应变力。

其缺点如下。

① 来自于不同职能部门的人员，仍受职能部门控制，使得凝聚在项目上的力量削弱，常常使项目组织作用的发挥受到影响。

② 矩阵式项目组织的结合部多，组织内部的人际关系、业务关系、沟通渠道等都较复杂，容易造成信息量膨胀，引起信息流不畅或失真。

③ 项目组织中的成员接受来自原单位负责人和项目经理的双重领导，如果领导双方意见和目标不一致，甚至有矛盾时，当事人便无所适从，影响工作。

④ 在项目施工高峰期，一些服务于多个项目的人员，可能应接不暇而顾此失彼。矩阵式项目管理组织适用于大型、复杂的施工项目。这类项目往往需要多部门、多技术、多工种配合施工，在不同施工阶段，对不同人员有不同的数量和搭配需求。企业同时承担多个施工项目时，也宜采用矩阵式项目组织。在该组织形式下，职能部门就可根据需要和可能将有关人员派到一个或多个项目上去工作，可充分利用有限的人才对多个项目进行管理，满足各项目对专业技术人才和管理人员的需求。

（4）事业部式项目组织

事业部式项目管理组织结构如图 10-5 所示。

事业部式项目管理组织的特点如下。

① 事业部设于企业之下，可按地区设置，也可按建设工程类型或经营内容设置，相对于企业，

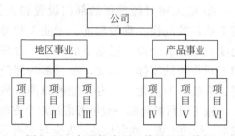

图 10-5　事业部式项目管理组织结构

事业部是一个职能部门，但对外享有相对独立经营权，可以是一个独立单位。

② 事业部中的工程部或开发部，或对外工程公司的海外部下设项目经理部。项目经理由事业部选派，一般对事业部负责，有的可以直接对发包人负责，具体可根据其授权程度决定。

其优点如下。

① 事业部式项目组织能充分调动发挥事业部的积极性和独立经营性，有利于延伸企业的经营职能，扩大企业的经营业务，便于开拓企业的业务领域。

② 事业部式项目组织，能迅速适应环境变化，提高公司的应变能力。

缺点如下。

① 企业对项目经理部的约束力减弱，协调指导机会减少，以致有时会造成企业组织结构松散。

② 事业部的独立性强，企业的综合协调难度大，必须加强制度约束和规范化管理。事业部式项目管理组织适合大型经营性企业承包施工项目以及远离企业本部的施工项目，海外工程项目，在一个地区有长期市场或有多种专业化施工力量的企业也可采用。

10.2.2　施工项目经理部

（1）施工项目经理部的作用

施工项目经理部是施工项目管理的工作班子，置于施工项目经理的领导之下。它由企业授权，并代表企业履行工程承包合同。施工项目经理部的作用如下：

① 施工项目从开工到竣工的全过程，都由施工项目经理部实施管理。它对作业层负有管理和服务的双重职能，其工作质量的好坏将对作业层的工作质量产生重大影响。

② 代表企业履行工程承包合同的主体，是对最终建筑产品和建设单位全面负责、全过程负责的管理实体。

③ 为施工项目经理的决策提供信息依据，执行施工项目经理的决策意图，向施工项目经理全面负责。

④ 施工项目经理部是一个管理组织体，作为项目团队，要具有团队精神，善于凝聚管理人员的力量，调动其积极性，促进合作；协调部门之间、管理人员之间的关系，发挥每个人的岗位作用，为共同目标进行工作；影响和改变管理人员的观念和行为，使个人的思想、行为变为组织文化的积极因素；实行岗位责任制，搞好管理；沟通部门之间、项目经理部与作业队之间、公司之间、环境之间的关系。

（2）施工项目经理部的设置

① 施工项目经理部的建立原则　施工项目经理部应按照动态和优化管理的原则建立，做到三个坚持：一是项目经理部是一次性的施工生产组织；二是项目经理是一次性的授权管理者；三是项目实行一次性的单独核算项目。项目结束后施工项目经理部必须解体，项目经理离任，其管理人员到新的项目上重新组合。

② 施工项目经理部的部门设置和人员配备　施工项目经理部的设置必须根据所承接的施工项目的规模、难易程度、专业工种等特点，一般可以分为大、中、小三级。指导思想是把项目部建成企业市场竞争的核心、管理的重心、成本核算的中心，代表企业履行合同主体和工程管理的实体。因此，项目部的部门设置和人员配备必须满足上述要求，同时要遵循精简、高效、专业化、一专多能的原则，最大限度地发挥从业人员的积极性和潜能。

施工项目经理部一般可考虑从六个方面设置职能部门，即计划与技术、质量与检测、合约与成本、劳动工资、物资设备、安全与文明等。施工项目经理部的人员配备必须面向施工现场，满足施工管理所必需的预算、成本、合同、技术、施工、质量、安全、场容、机械材料、后勤和文明施工等各种职能的需要，从严控制二、三线人员，力求一专多能、一人多岗，做到人员精干高效，简化机构，提高办事效率。一般中、小等级项目经理部可按"一长二师十大员"的模式来分工和配备相关人员，即一长（项目经理）、二师（技术负责人、安全主任）、十大员（造价员、施工员、资料员、安全员、质检员、材料员、试验员、合同员、机管员、测量员）。其他人员如工地电工、各专业施工员均属施工作业层，服从项目部的领导，不属项目部常设人员。设备管理员属企业设备部门。一般中小项目经理部常设人员不应超过 8～10 人。

③ 施工项目的劳动组织　施工项目经理都是一次性的施工生产组织，没有固定的施工作业队伍。项目管理的基本模式是实行两层优化组合的方式，它是首先确定项目管理班子，即项目经理部，然后再选择施工作业层，两层在一个项目上结合。

项目作业所使用的劳动力来源于社会的劳务市场，隶属劳务分包公司，劳务分包公司按住房与城乡建设部有关资质要求建立和注册，企业设劳动力管理部门（或劳务公司）统一管理，以整建制进入施工项目，从而一定程度上保证了劳务队伍的技术与管理质量。

对于施工企业自有施工队伍或施工劳务分包公司派遣的现场施工作业队以及共同组建的栋号（作业）施工队，除施工项目经理部配备专职的栋号负责人外，还要实行"三员"管理岗位责任制，由项目部派出专职质量员、安全员、材料员，实行一线职工操作全过程的监控、检查、考核和严格管理。施工项目的劳动力组织结构如图 10-6 所示。同时要求按照《建设工程施工劳务分包合同（示范文本）》（GF2003—0214）签订劳务分包合同。

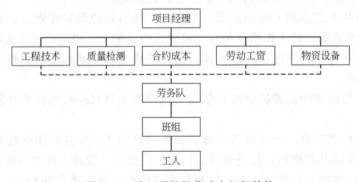

图 10-6　施工项目的劳动力组织结构

10.2.3　项目经理

（1）施工项目经理负责制

施工项目经理责任制应作为项目管理的基本制度，是评价项目经理绩效的依据。施工项目经理责任制的核心是项目经理承担实现项目管理目标责任书确定的责任，企业以能够履行职责来授予其相应权力，按照承包合同，以工作绩效给予奖励与处罚，使责、权、利对等和一致。施工项目管理目标责任书的主要内容有：

① 施工项目管理目标；

② 施工企业与项目经理部之间的责任、权限和利益分配；

③ 项目管理的内容和要求；

④ 施工项目需用资金的提供方式和核算办法；

⑤ 施工企业法定代表人向项目经理委托的特殊事项。

（2）施工项目经理的责、权、利

施工项目经理的责任主要体现在三个层次上。首先，施工项目经理应对企业负责，保证企业利润指标的实现，保证公司配置的资源能够充分有效地利用。一个施工企业通常不止一个工程项目，项目部应根据工程项目的实际情况，提出合理的资源调配计划，来实现公司总经营目标。其次，对工程项目本身承担责任，对工程项目实施计划、监督与控制，保质保量，按期完工。最后，施工项目经理对项目参与者承担责任，他有责任为项目组成员提供良好的工作环境与氛围。

施工项目经理应具有下列权限：

① 参与施工项目招标、投标和合同签订；

② 参与组建项目经理部；

③ 主持项目经理部工作；

④ 决定授权范围内的项目资金的投入和使用；

⑤ 制定内部薪酬办法；

⑥ 参与选择并使用具有相应资质的分包人；

⑦ 参与选择物资供应单位；

⑧ 在授权范围内协调与项目有关的内、外部关系；

⑨ 法定代表人授予的其他权力。

施工项目经理的利益与奖罚体现在三个方面：一是获得工资和奖励；二是项目完成后，按照项目管理目标责任书规定，经审计后给予奖励或处罚；三是获得评优表彰、记功等奖励。

（3）施工项目经理应具备的素质

施工项目经理是施工承包企业法定代表人在施工项目上的一次性授权代理人，是对施工项目管理实施阶段全面负责的管理者，一个称职的施工项目经理必须在政治水平、知识结构、业务技能、管理能力、身心健康等诸方面具备良好的素养。项目经理基本素质和管理能力要求，具体素质要求包括：

① 具有良好的职业道德品质和思想政治觉悟，遵纪守法，爱岗敬业，诚信尽责；

② 具有开拓创新精神和良好的服务意识，事业心强，勇于承担责任；

③ 具有团队精神，善于沟通和处理团队内部冲突，维护建设工程项目相关者的利益，保守项目商业机密；

④ 具有符合相应工程规模要求的管理经验与业绩；

⑤ 具有项目管理需要的专业技术、管理、经济、法律和法规知识，能够应对突发事件与风险；

⑥ 身体健康、精力充沛。

目前施工项目经理职业化建设已全面展开。2006 年 2 月 28 日，中国建筑业协会等 7 个协会联合发布《关于进一步加强项目经理职业化建设的指导意见》（建协［2006］J7 号）提出抓好项目经理职业化建设的四个环节：素质培养、考核评价、行业服务、完善提高。同时发布《建设工程项目经理职业资质管理导则》，对 A、B、C、D 四个级别项目经理的标准和职业范围做出了规定。

按照（原）建设部发布的《关于建筑业企业项目经理资质管理制度向建造师执业资格制度过渡有关问题的通知》（建市［2003］86 号）以及《关于建筑业企业项目经理资质管理制度向建造师执业资格制度过渡有关问题的补充通知》（建办市［2007］54 号）的规定要求，2008 年将由注册建造师担任大中型工程项目的项目经理，由建造师制度代替政府主管部门对项目经理的资质核准。

（4）施工项目经理的选择

施工项目经理的选择方式有竞争招聘制、企业经理委任制、基层推荐内部协调制三种。

项目经理的挑选，可吸取工程项目公开招投标的经验，建立项目经理的招聘市场，公开选聘项目经理。公开选拔具体程序如下。

首先，张榜公布招聘启事以及应聘条件，组织好报名工作。其次，组成由有关人员参加的项目经理竞聘评审小组，制定评审细则、方案等。再次，召开竞聘会，举行公开招聘。根据工程规模、工程概况、工期等，要求竞聘者围绕如何加强项目成本、工期、质量管理，项目班子的配备，关键部位如何控制等问题进行答辩。经过评比打分，选出项目经理。最后，企业根据以往工作业绩、管理能力、敬业精神（管理愿望），结合项目的特点，在候选人中进行比选，确定项目经理的最终人选。

项目经理选出后，在工程施工期间项目经理不再担任其他行政职务，以免被行政事务缠身，以致顾此失彼。根据工程一次性的特点，规定一个项目经理只负责一个工程才能确保专心致力于工程项目的管理工作。

10.3　施工项目质量管理

10.3.1　质量管理概述

（1）质量的概念

国家标准 GB/T 19000：2000《质量管理体系—基础和术语》对质量的定义是："一组固有特性满足要求的程度"。对上述定义可从以下几个方面去理解。

① 质量不仅是指产品质量，也可以是某项活动或过程的工作质量，还可以是质量管理体系运行的质量。质量可使用"差"、"好"或"优秀"来修饰。

②"固有的"（其反义是"赋予的"）就是指在某事或某物本来就有的，尤其是那种永久的特性。对产品来说，例如水泥的化学成分、强度、凝结时间就是固有特性，而价格和交货期则是赋予特性。对质量管理体系来说，固有特性就是实现质量方针和质量目标的能力。对过程来说，固有特性就是将过程输入转化为输出的能力。

③ 满足要求就是应满足明示的（如合同、规范、标准、技术、文件、图纸中明确规定的）、通常隐含的（如组织的惯例、一般习惯）或必须履行的（如法律、法规、行业规则）的需要和期望。与要求相比较，满足要求的程度才反映为质量的好坏。对质量的要求除考虑满足顾客的需要外，还应考虑其他相关方即组织自身利益、提供原材料和零部件等的供方的利益和社会的利益等多种需求。例如需考虑安全性、环境保护、节约能源等外部的强制要

求。只有全面满足这些要求，才能评定为好的质量或优秀的质量。

④ 质量要求是动态的、发展的和相对的。质量要求随着时间、地点、环境的变化而变化。如随着技术的发展、生活水平的提高，人们对产品、过程或体系会提出新的质量要求。因此应定期评定质量要求、修订规范标准，不断开发新产品、改进老产品，以满足已变化的质量要求。另外，不同国家不同地区因自然环境条件不同、技术发达程度不同、消费水平不同和民俗习惯等的不同会对产品提出不同的要求，产品应具有这种环境的适应性，对不同地区应提供不同性能的产品，以满足该地区用户的明示或隐含的要求。

（2）项目质量概念

项目的交付物是一种产品。当然，不同的项目其交付物是不同的，例如工程项目的交付物是工程产品，产品研发项目的交付物是设备、仪器，软件开发项目的交付物是软件。所以，从这个意义上来说，项目质量与一般质量的概念并无本质的区别。

项目作为一种特殊的产品，除具有一般产品所共有的质量特性，如性能、寿命、可靠性、安全性、经济性等满足社会需要的价值及其属性外，还应具有其特定的内涵。例如，建设工程项目质量的特性主要表现如下。

① 安全性　工程项目建成后在使用过程中保证结构安全、保证人身和环境免受危害的程度就是工程项目的安全性。建设工程项目的结构安全度、抗震、耐火及防火能力、抗辐射、抗冲击波等能力，是否达到特定的要求等都是安全性的重要标志。工程项目交付使用后，必须保证人身财产、工程整体都具有免遭工程结构破坏及外来危害的能力。

② 适用性　适用性即为项目功能，是指工程项目满足使用目的的各种性能。包括：理化性能，如规格尺寸、保温、隔热、隔音等物理性能，耐酸、耐碱、耐腐蚀、防火、防风化、防尘等化学性能；结构性能，如地基基础的牢固程度，结构的强度、刚度和稳定性；使用性能，如民用住宅工程应使居住者安居，工业厂房应能满足生产活动的需要，道路、桥梁、铁路、航道等应能通达便捷等；建设项目的组成部件、配件、水、暖、电、卫器具，设备应能满足其使用功能；外观性能，如建筑物的造型、布置、室内装饰效果、色彩等美观大方、协调等。

③ 耐久性　耐久性即寿命，是指工程项目在规定的条件下，满足规定功能要求使用的年限，即工程竣工后的合理使用寿命周期。

④ 可靠性　工程项目在规定的时间和规定的条件下完成规定功能的能力即为可靠性。工程项目不仅在交付使用时应达到规定的指标，而且在一定的使用时期内应保持应有的正常功能。如工程项目的防洪与抗震能力，工业生产用的管道防"跑、冒、滴、漏"等，均属于可靠性的质量范畴。

⑤ 经济性　工程项目从规划、勘察、设计、施工到整个项目使用的全寿命周期内的成本和消耗的费用反映了项目的经济性。工程项目的经济性具体表现为设计成本、施工成本、使用成本三者之和。所以，判断工程项目的经济性必须从项目的全寿命周期考虑，而不能仅考虑项目的某一阶段所需要的费用。

⑥ 与环境的协调性　工程项目应与其周围的生态环境相协调，与所在地区经济环境相协调，与周围已建工程相协调，以适应可持续发展的需要。

工程项目的这些质量特性是相辅相成的，就总体而言，任何工程项目都必须达到这些要求。但对于不同类型的工程，则有不同的侧重面。

（3）质量管理的概念

国家标准 GB/T 19000:2000 对质量管理的定义是："在质量方面指挥和控制组织的协调的活动"。从质量管理的定义可以说明，质量管理是项目围绕着使产品质量能满足不断更新的质量要求，而开展的策划、组织、计划、实施、检查和监督、审核等所有管理活动的总和。在质量方面的指挥和控制活动，通常包括制定质量方针、质量目标、质量策划、质量控制、质量保证和质量改进。

质量方针是指"由组织的最高管理者正式发布的该组织总的质量宗旨和方向"。它体现了该组织（项目）的质量意识和质量追求，是组织内部的行为准则，也体现了顾客的期望和对顾客作出的承诺。质量方针是总方针的一个组成部分，由最高管理者批准。

质量目标，是指"在质量方面所追求的目的"，它是落实质量方针的具体要求，它从属于质量方针，应与利润目标、成本目标、进度目标等相协调。质量目标必须明确、具体，尽量用定量化的语言进行描述，保证质量目标容易被沟通和理解。质量目标应分解落实到各部门及项目的全体成员，以便于实施、检查、考核。

它是项目各级职能部门领导的职责，而由组织最高领导（或项目经理）负全责，应调动与质量有关的所有人员的积极性，共同做好本职工作，才能完成质量管理的任务。

国家标准 GB/T 19000:2000 对质量控制的定义是："质量管理的一部分，致力于满足质量要求"。

质量控制的目标就是确保产品的质量能满足顾客、法律法规等方面所提出的质量要求（如适用性、可靠性、安全性）。质量控制的范围涉及产品质量形成全过程的各个环节，如设计过程、采购过程、生产过程、安装过程等。

质量控制的工作内容包括作业技术和活动，也就是包括专业技术和管理技术两个方面。围绕产品质量形成全过程的各个环节，对影响工作质量的人、机、料、法、环五大因素进行控制，并对质量活动的成果进行分阶段验证，以便及时发现问题，采取相应措施，防止不合格重复发生，尽可能地减少损失。因此，质量控制应贯彻预防为主与检验把关相结合的原则。必须对干什么，为何干，怎么干，谁来干，何时干，何地干，作出规定，并对实际质量活动进行监控。因为质量要求是随时间的进展而在不断变化，为了满足新的质量要求，就要注意质量控制的动态性，要随工艺、技术、材料、设备的不断改进，研究新的控制方法。

（4）质量管理的发展历史

质量管理作为一门新兴学科，最早由美国提出，日本在第二次世界大战后引进美国质量管理技术和方法，结合本国实际，又将其向前推进，使质量管理走上了科学的道路，取得了世界瞩目的成绩。质量管理作为企业管理的有机组成部分，它的发展也是随着企业管理的发展而发展的，其产生、形成、发展和日益完善的过程大体经历了以下三个阶段：

① 质量检验阶段（20 世纪 20～40 年代）　20 世纪初，在工厂中，执行相同任务的人划为一个班组，以工长为首进行指挥，演变到工长对工人进行质量负责的阶段。在第一次世界大战期间，制造工业复杂起来，对生产工长报告的工人数增加，于是，第一批专职的检验人员就从生产工人中分离出来，从而走上了质量管理正规道路的第一阶段，即质量检验阶段。

质量检验阶段，在 20 世纪初期 20～40 年代达到高峰。主要代表人物是美国的工程师、科学管理者泰勒。自 1911 年泰勒发表了《科学管理原理》一书以来，管理进入了科学管理的新阶段，管理职能从作业职能中分离出来，形成了专门的管理职能部门。泰勒提出了计划与执行、检验与生产的职能需要分开的主张，即企业中设置专职的质量检验部门和人员，从事质量检验。这就使产品质量有了基本保证，对提高产品质量、防止不合格品出厂有着积极的意义。这种制度把过去的"操作者质量管理"变成了"检验员的质量管理"，标志着进入了质量检验阶段。但是，这种检验只是一种事后的检查，只能起到剔除废品的作用，按现在的观点来看，这只是一种"末端控制"，并不能提高合格品率，所以其管理效能有限。这一阶段的特点是：质检部门从生产中分离出来，在事后进行 100% 的检验把关。

② 统计质量管理阶段（20 世纪 40～60 年代）　20 世纪 20 年代，一些著名的统计学家和管理学家注意到了质量检验的弱点，并设法用数理统计的原理去解决这些问题。1924 年工程师休哈特提出了控制和预防缺陷的观点，陆续发表了论文，出版了《工业产品质量的经济控制》一书，成为提出数理统计引入质量管理的先驱，但是，由于当时西方发达国家经济萧条，此观点没有受到重视。

第二次世界大战初期，由于战争的需要，美国许多民用生产企业转为生产军用品。由于事先无法控制产品质量，造成了大量废品，耽误了交货期，甚至因军火质量太差而发生事故。同时，军需品的质量检验大多属于破坏性检验，不可能进行事后检验，于是人们采用了休哈特的"预防缺陷"的理论。美国国防部请休哈特等人研究制定了一套美国战时质量管理方法和标准，运用行政干预的手段，强制生产企业执行，并在全国各地广泛宣传讲解，使得统计质量管理得到了大面积的推广。这套方法主要是采用统计控制图，了解质量变动的先兆，同时进行预防，使不合格产品率大大下降，对保证产品质量起到了较好的效果。这种用数理统计方法，来控制生产过程中影响质量因素的方法，把单纯的质量检验变成了过程管理。实践证明，这种方法是预防废品的有效工具，使质量管理从"事后"转到"事中"，发展到以预防为主，比单纯的质量检验前进了一大步，为各公司带来了巨大的经济利益。战后，各公司转为民用品生产，仍然沿用这种方法，给产品带来了很大的竞争力。于是全世界其他公司纷纷效仿和采用这种方法，使 20 世纪 50 年代成为统计质量管理大发展的年代。

统计方法的应用提高了质量管理的效果，但由于影响产品质量的因素是多方面的，因此单纯依靠统计方法并不可能解决所有质量管理问题。随着社会的发展，产品的生产越来越复杂，影响因素也越来越多，质量管理已并非简单问题，而发展成一个系统问题，这就不仅需要借助数理统计方法进行质量管理，而且需要考虑组织、管理等一系列问题，其结果导致质量管理进入了一个新的阶段。

③ 全面质量管理阶段（20 世纪 60 年代至今）　20 世纪 60 年代，科学技术突飞猛进，大规模系统开始涌现，人造卫星、第三代集成电路的电子计算机等相继问世，并出现了强调全局观念的系统科学。同时，随着国际经济全球化的不断发展，国际贸易往来日益增多，国际间的贸易竞争日益加剧，对产品质量的要求越来越高。所有这些都促使全面质量管理（TQM，Total Quality Management）的诞生和不断发展与完善。提出全面质量管理概念的代表人物是美国的费根堡姆与朱兰等。全面质量管理的核心是"三全"的管理。

a. 全面的质量管理。全面质量管理所指质量是广义质量，不仅包括产品质量，而且包括服务质量和工作质量等。

b. 全过程的质量管理。质量管理不仅包括产品的生产过程，而且包括市场调研、产品开发设计、生产技术准备、制造、检验、销售、售后服务等质量管理环节的全过程。

c. 全员参与的质量管理。质量管理不仅是某些人员、某些机构的重要工作，而且是所有人员都需要予以关注的工作，质量第一，人人有责。

（5）项目质量管理的特点

建设工程项目质量包括建设工程产品实体和服务这两类特殊产品的质量。建设工程实体作为一种综合加工的产品，它的质量是指建设工程产品适合于某种规定的用途，满足人们要求所具有的质量特性的程度。结合建设工程项目的特点（设计、采购、施工以及投资额较大，建设工期较长）服务质量同样是工程项目质量中的主要因素。建设工程项目质量管理是项目管理的重要组成部分，它直接影响到整个工程项目的成败。

项目的质量管理与一般产品的质量管理相比，具有共同点也存在不同点。其共同点是管理的原理及方法基本相同；其不同点是由项目的特点所决定的，主要体现在以下几个方面：

① 复杂性。由于项目的影响因素多，经历的环节多，涉及的主体多，质量风险多等，使得项目的质量管理具有复杂性。

② 动态性。项目要经历从概念阶段至收尾阶段的完整的生命周期。由于不同阶段影响项目质量的因素不同，质量管理的内容和目的不同，所以项目质量管理的侧重点和方法要随着阶段的不同而作出相应调整。即使在同一阶段，由于时间不同，影响项目质量的因素也可能有所不同，同样需要进行有针对性的质量管理。所以，项目的质量管理具有动态性。

③ 不可逆性。项目具有一次性特点，这就需要对项目的每一个环节、每一个要素都予以高度重视，否则就可能造成无法挽回的影响。对项目的质量管理可以说是"机不可失，时不再来"。

④ 系统性。项目的质量并不是孤立存在的，它受到其他因素和目标的制约，同时它也制约着其他的因素和目标。所以，项目的质量管理是系统管理。

(6) 项目质量管理的原则

① 坚持以顾客为关注焦点　顾客是组织的生存基础。没有顾客组织将无法生存。工程质量是建筑产品使用价值的集中体现，用户最关心的就是工程质量的优劣，或者说用户的最大利益在于工程质量。因此组织在项目施工中必须树立以顾客为关注焦点，切实保证质量。

② 坚持以人为控制核心　人是质量的创造者。一方面质量控制应该"以人为本"，把人作为质量控制的动力，在管理中充分发挥人的积极性、创造性。只有这样，项目质量控制才能达到既定的目标。另一方面工程质量是项目各方面、各部门、各环节工作质量的集中反映。提高工程项目质量依赖于上自项目经理下至一般员工的共同努力。所以，质量控制必须坚持"以人为控制核心"，做到人人关心质量控制，人人做好质量控制工作。

③ 坚持预防为主　预防为主的思想，是指事先分析影响产品质量的各种因素，找出主导因素，采取措施加以重点控制，使质量问题消灭在发生之前或萌芽状态，做到防患于未然。

过去通过对成品或竣工工程进行质量检查，才能对工程的合格与否作出鉴定，这属于事后把关，不能预防质量事故的产生。提倡严格把关和积极预防相结合，并以预防为主的方针，才能使工程质量在施工全过程处于控制之中。

④ 坚持和提升质量标准　质量标准是评价工程质量的尺度，数据是质量控制的基础。工程质量是否持续符合质量要求，必须通过严格检查加以控制。同时只有努力提升质量标准的水平，才能保证组织的质量竞争力和增强顾客的满意度。

⑤ 坚持持续的过程控制　围绕质量目标坚持持续的过程控制是项目质量管理的基础。过程指的就是工程质量产生、形成和实现的过程。建筑安装工程质量，是勘察设计质量、原材料与成品半成品质量、施工质量、使用维护质量的综合反映。为了保证和提高工程质量，质量控制不能仅限于施工过程，必须贯穿于从勘察设计直到使用维护的全过程，把所有影响工程质量的环节和因素控制起来，有机的协调好各个过程的接口问题，坚持持续不断的改进和管理，使过程的质量风险降至最低。

(7) 项目质量管理的主要内容

① 识别相关过程，确定管理及控制对象，例如工程设计、设备材料采购、施工安装（工序、分项工程）、试运行（工业项目的开车）等过程。

② 规定管理及控制标准，即详细说明控制对象应达到的质量要求。

③ 制定具体的管理及控制方法，例如控制程序、管理规定、作业指导书等。

④ 提供相应的资源。

⑤ 明确所采用的检查和检验方法。

⑥ 按照规定的检查和检验方法进行实际检查和检验。

⑦ 分析检查结果和实测数据，对照标准查找原因，采取措施实施改进。

(8) 建设项目质量管理体系

国家标准 GB/T 19000:2000 对质量管理体系的定义是："在质量方面指挥和控制组织的管理体系"。

"体系"的含义是：若干有关事物互相联系、互相制约而构成的有机整体。质量管理体系是实施质量方针和目标的管理系统，其内容要以满足质量目标的需要为准，它是一个有机整体，强调系统性和协调性，它的各个组成部分是相互关联的。质量管理体系把影响质量的技术、管理、人员和资源等因素加以组合，在质量方针的指引下，为达到质量目标而发挥效能。

一个组织要进行正常的运行活动，就必须建立一个综合的管理体系，其内容可包含质量管理体系、环境管理体系、职业健康安全管理体系和财务管理体系等。2000 版 GB/T 19000 标准在编制时已考虑了与 ISO 14000 环境管理体系标准及其他管理体系标准的协调，为组织综合管理体系的建立提供了方便。

10.3.2 施工项目质量计划

10.3.2.1 质量策划与质量计划的概念

质量策划是在质量方面进行规划的活动。质量计划是质量策划的一种结果。

国际标准 ISO9000:2000 中对质量策划的定义是：质量策划是"质量管理的一部分，致力于制定质量目标并规定必要的运行过程和相关资源以实现质量目标"。

可以从以下几方面理解项目质量策划的概念。

(1) 项目质量策划是项目质量管理的一部分

项目质量管理是指导和控制与质量有关的活动，通常包括质量方针和质量目标的建立、质量策划、质量控制、质量保证和质量改进。

质量策划是属于"指导"与质量有关的活动，即是"指导"质量控制、质量保证和质量改进的活动。质量控制、质量保证和质量改进只有经过质量策划，才可能有明确的对象和目标，才可能有切实的措施和方法。所以，质量策划是项目质量管理中不可或缺的重要环节，是连接质量方针和具体的质量管理活动之间的桥梁和纽带。

(2) 质量策划致力于设定质量目标

质量方针指明了项目相关方进行项目质量管理的方向，而质量目标是该方向上的某一个点。质量策划就是要根据质量方针，结合具体情况确立这"一点"。由于质量策划的内容不同、对象不同，因此这"一点"也可能有所不同，但质量策划的首要问题是设定质量目标。

(3) 质量策划应为实现质量目标规定必要的作业过程和相关资源

质量目标设定后，就需要考虑为实现质量目标应采取哪些措施、必要的作业过程以及提供的必要条件，包括人员和设备等资源，并将相应活动的职责落实到部门或岗位，以使项目的质量控制、质量保证和质量改进等质量管理活动得以顺利实施。

(4) 质量策划的结果是形成质量计划

通过质量策划，将质量策划所设定的质量目标及其规定的作业过程和相关资源用书面形式表示出来，就形成了质量计划。所以，编制质量计划的过程，实际上就是质量策划的一部分。

国家标准 GB/T19000:2000 对质量计划的定义是："对特定的项目、产品、过程或合同，规定由谁及何时应使用哪些程序和相关资源的文件"。对工程建设项目而言，质量计划主要是针对特定的项目所编制的规定程序和相应资源的文件。

质量计划是项目质量策划结果的一种体现，应明确指出所开展的质量活动，并直接或间接通过相应程序或其他文件，指出如何实施这些活动。

质量计划是一种工具，可以起以下作用。

① 在组织内部，通过建设项目的质量计划，使产品的特殊质量要求能通过有效的措施得以满足，是质量管理的依据。

② 在合同情况下，供方可向顾客证明其如何满足特定合同的特殊质量要求，并作为用户实施质量监督的依据。

10.3.2.2　质量计划的内容

质量计划应包括的内容有：质量目标和要求；质量管理组织和职责；所需要的过程、文件和资源的需求；产品（或过程）所要求的验证、确认、监视、检验和试验活动，以及接收准则；必要的记录；所采取的措施。具体阐述如下。

① 应达到的建设项目质量目标，如特性或规范、可靠性、综合指标等；

② 组织实际运作的各过程步骤（可以用流程图等形式展示过程的各项活动）；

③ 在项目的各个不同阶段，职责、权限和资源的具体分配。如果有的建设项目因特殊需要或组织管理的特殊要求，需要建立相对独立的组织机构，应规定有关部门和人员应承担的任务、责任、权限和完成工作任务的进度要求；

④ 实施中应采用的程序、方法和指导书；

⑤ 有关阶段（如设计、采购、施工、试运行等）适用的试验、检查、检验和评审大纲；

⑥ 达到质量目标的测量方法；

⑦ 随项目的进展而修改和完善质量计划的程序；

⑧ 为达到质量目标应采取的其他措施，如更新检验测试设备，研究新的工艺方法和设备，需要补充制定的特定程序、方法、标准和其他文件等。

10.3.2.3　质量计划的编制

建设项目的质量计划是针对具体项目的特殊要求，以及应重点控制的环节，所编制的对设计、采购、施工安装、试运行等质量控制方案。编制质量计划，可以是单独一个文件，也可以是由一系列文件所组成。质量计划最常见的内容之一是创优计划，包括各种高等级的质量目标，特殊的实施措施等。

开始编制质量计划时，可以从总体上考虑如何保证产品质量，因此，可以是一个带有规划性的较粗的质量计划。随着设计、施工安装的进展，再相应编制各阶段较详细的质量计划，如设计控制计划、施工控制计划、安装控制计划和检验计划等。质量计划应随设计、施工、安装的进度作必要的调整和完善。

质量计划可以单独编制，也可以作为建设项目其他文件（如项目实施计划、设计实施计划等）的组成部分。在现行的施工管理体制中，对每一个特定工程项目需要编写施工组织设计，作为施工准备和施工全过程的指导性文件。质量计划与施工组织设计的相同点是：其对象均是针对某一特定项目，而且均以文件形式出现。但两者在内容和要求上不完全相同，因此不能互相替代，但可以将两者有机地结合起来。同时，质量计划应充分考虑与施工方案、施工措施的协调与接口要求。

为编好质量计划，应注意以下问题。

① 组织管理层应当亲自及时组织和指导，项目经理必须亲自主持和组织质量计划的编制工作。

② 可以建立质量计划编制小组。小组成员应具备丰富的知识，有实践经验，善于听取

不同的意见，有较强的沟通能力和创新精神。当质量计划编制完成后，在公布实施时，小组即可解散。

③ 编制质量计划的指导思想是：始终以用户为关注焦点。建立完善的质量控制措施。

④ 准确无误地找出关键质量问题。

⑤ 反复征询对质量计划草案的意见。

10.3.2.4 质量计划的实施

质量计划一旦批准生效，必须严格按计划实施。在质量计划实施过程中应进行监控，及时了解计划执行的情况及偏离的程度，制定实施纠偏措施，以确保计划的有效性。如果用户明确提出编制质量计划要求，则在实施过程中如对质量计划有较大修改时需征得用户的同意。如果项目要开展创优活动，则应把质量计划与创优计划整合在一起为宜，这样可以提高质量管理和创优活动的效率。

（1）落实责任，明确质量目标

项目质量策划的目的就是要确保项目质量目标的实现，项目经理部是质量策划贯彻落实的基础。首先要组织精干、高效的项目领导班子，特别是选派训练有素的项目经理，是保证质量体系持续有效运行的关键。其次，对质量策划的工程总体质量目标，实施分解，确定工序质量目标，并落实到班组和个人。有了这两条，贯标工作就有了基本的保障。

这里还应强调，项目部贯标工作能够保持经常性和系统性，领导层的重视和各职能部门的协调也是必不可少的因素。

（2）做好采购工作，保证原材料的质量

施工材料的好坏直接影响到建筑工程质量。如果没有精良的原材料，就不可能建造出优质工程。公司应从材料计划的提出、采购及验收检验每个环节都进行严格规定和控制。项目部必须严格按采购程序的要求执行，特别是要从指定的物资合格供方名册中选择厂家进行采购，并做好检验记录。对"三无产品"坚决不采用，以保证施工进度的施工质量。

（3）加强过程控制，保证工程质量

过程控制是贯穿工作和施工管理工作的一项重要内容。只有保证施工过程的质量，才能确保最终建筑产品的质量。为此，必须搞好以下几个方面的控制。

① 认真实施技术质量交底制度。每个分项工程施工前，项目部专业人员都应按技术交底质量要求，向直接操作的班组做好有关施工规范、操作规程的交底工作，并按规定做好质量交底记录。

② 实施首件样板制。样板检查合格后，再全面展开施工，确保工程的质量。

③ 对关键过程和特殊过程应该制定相应的作业指导书，设置质量控制点，并从人、机、料、法、环等方面实施连续监控。必要时，开展 QC 小组活动进行质量攻关。

（4）加强检测控制

质量检测是及时发现和消除不合格工序的主要手段。质量检验的控制，主要是从制度上加以保证。如：技术复核制度、现场材料进货验收制度、三检制度、隐蔽验收制度、首件样板制度、质量联查制度和质量奖惩办法等。通过这些检测控制，有效地防止不合格工序转序，并能制定出有针对性的纠正和预防措施。

（5）监督质量策划的落实，验证实施效果

对项目质量策划的检查重点应放在对质量计划的监督检查上。公司检查部门要围绕质量计划不定期地对项目部进行监督和指导，项目经理要经常对质量计划的落实情况进行符合性和有效性的检查，发现问题，及时纠正。在质量计划考核时，应注意证据是否确凿，奖惩分明，使项目的质量体系运行正常有效。

10.3.3　工程项目质量控制

10.3.3.1　项目质量控制的概念

项目质量控制是指为达到项目质量要求采取的作业技术和活动。工程项目质量要求则主要表现为工程合同、设计文件、技术规范规定的质量标准。因此，工程项目质量控制就是为了保证达到工程合同设计文件和标准规范规定的质量标准而采取的一系列措施、手段和方法。

一方面要加快进度，实现工期目标；另一方面必须提高质量，并降低成本，实现质量、费用目标。在工期、质量、费用三大目标中，质量目标是项目的根本利益所在。在项目实施中，应牢固树立"质量第一"的思想，做到"好中求快，好中求省"。

保证和提高项目质量的一个重要途径就是有效进行项目的质量控制。控制，是指为实现规定的质量标准而采用的方法、措施。

建设工程项目质量控制按其实施者不同，包括三方面：一是业主方面的质量控制；二是政府方面的质量控制；三是承建商方面的质量控制。这里的质量控制主要指承建商方面的内部的、自身的控制。

10.3.3.2　项目质量控制的目标

项目质量控制是指采取有效措施，确保实现合同（设计承包合同、施工承包合同与订货合同等）商定的质量要求和质量标准，避免常见的质量问题，达到预期目标。一般来说，工程项目质量控制的目标要求如下。

① 工程设计必须符合设计承包合同规定的规范标准的质量要求，投资额、建设规模应控制在批准的设计任务书范围内。

② 设计文件、图纸要清晰完整，各相关图纸之间无矛盾。

③ 工程项目的设备选型、系统布置要经济合理、安全可靠、管线紧凑、节约能源。

④ 环境保护措施、"三废"处理、能源利用等要符合国家和地方政府规定的指标。

⑤ 施工过程与技术要求相一致，与计划规范相一致，与设计质量要求相一致，符合合同要求和验收标准。

工程项目的质量控制在项目管理中占有特别重要的地位。确保工程项目的质量，是工程技术人员和项目管理人员的重要使命。近年来，国家已明确规定把建筑工程优良品率作为考核建筑施工企业的一项重要指标，要求施工企业在施工过程中推行全面质量管理、价值工程等现代管理方法，使工程质量明显提高。但是，目前我国建筑业的质量管理仍不尽人意，还存在不少施工质量问题，这些问题的出现，大大影响了用户的使用效果，严重的甚至还造成人身伤亡事故，给建设造成了极大的损失。为了确保项目的质量，应下大力气抓好质量控制。

10.3.3.3　项目质量控制方法

（1）排列图法

排列图又叫巴列特图（Pareto），也称主次因素排列图。它是从影响产品的众多因素中找出主要因素的一种有效方法。

该图是意大利经济学家 Pareto 创立的。他发现社会财富的分布状况是绝大多数人处于贫困状态，少数人占有大量财富，并左右了整个社会经济的命脉，即所谓的"关键的少数与次要的多数"的原理。后由美国质量管理经济学家朱兰博士（Dr. J. M. Juran）把它应用于质量管理。

排列图的作法：

排列图（图 10-7）一般是由两个纵坐标，一个横坐标、几个直方图和一条曲线所组成，左侧纵坐标表示产品频数，即不合格产品件数；右侧纵坐标表示频率，即不合格产品累计百分数。图中横坐标表示影响产品质量的各个不良因素或项目，按影响质量程度的大小，即按产生不合格频数，由大到小的从左往右依次排列，每个影响因素用一个矩形表示，矩形之间紧密相连，矩形底一样宽，矩形高度表示各影响因素的大小。图中曲线称为巴列特曲线，表示各影响大小的累计百分数。通常把曲线的累计百分数分为三类：A 类因素对应于频率 0～80%，是影响产品质量的主要因素；B 类因素对应于频率 80%～90%，为次要因素；与频率 90%～100% 相对应的为 C 类因素，属一般影响因素。

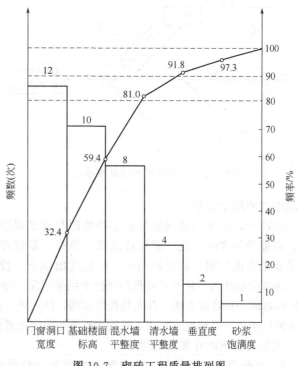

图 10-7　砌砖工程质量排列图

【例 10-1】　某工地砌砖工程质量检查结果是：在全部检查的 9 个项目中不合格点数有 37 个，为改进并保证质量，应对这些不合格点进行分析，以便找出砌砖质量的薄弱环节。

把各影响因素的不合格点数按由大到小的顺序排列，并计算出频率与累计频率，列入表 10-1 中。根据表中的数据绘图，如图 10-7 所示。

表 10-1　砌砖工程质量不合格项目频数频率统计表

序号	影响因素	频数/项	频率/%	累计频率/%
1	门窗洞口宽度	12	32.4	32.4
2	基础楼面标高	10	27.0	59.4
3	混水墙平整度	8	21.6	81.0
4	清水墙平整度	4	10.8	91.8
5	垂直度（每层）	2	5.5	97.3
6	砂浆饱满度	1	2.7	100.0
合计		37	100.0	

由图中，可以看出以下两点。

① 影响砌砖工程质量的因素非常清楚地表示出来，而且各个因素的影响大小亦能一目了然。

② 在 A 区域内的影响因素是门窗洞口宽度和基础楼面标高，占全部不合格点总数的 59.4%，它们是影响砌砖质量的主要因素；B 区域内的影响因素是混水墙平整度，为次要因素，而 C 区域内的影响因素为清水墙平整度、垂直度、砂浆饱满度，为一般因素。

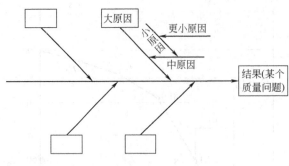

图 10-8　因果分析图的基本形式

（2）因果分析图法

因果分析图亦称特性因素图或特性要素图，因其形状像树枝或鱼刺，因而又称为树枝图或鱼刺图，如图 10-8 所示，由质量特性（即某个质量问题）、要因（产生质量问题的主要原因）、枝干（指一系列箭线表示不同层次的原因）、主干（指较粗的直接指向质量结果的水平箭线）等所组成。它是一种逐步深入研究和讨论影响质量问题原因的图示方法。

生产中，产生质量问题是由多种原因甚至多层原因造成的，如设备、材料、人、操作方法、环境等因素的变化。要保证质量，搞好质量管理，就必须找出这些原因，并且不能够满足于找出表面原因，要刨根问底，一直挖出根子，找出它的主要原因，然后对症采取措施。

因果分析图就是从产品质量问题这个结果出发，分析原因，顺藤摸瓜，步步深入，直到找出具体根源的一种有效方法。首先是找出原因，然后进一步找出原因背后的原因，即中原因，再从中原因找出小原因和更小原因，并逐步查明与确定主要原因。因果分析图的作用就在于此。

因果分析图的作图方法如下。

① 明确要分析的对象，即要解决的质量特性是什么。所谓特性，就是结果的意思，譬如，施工过程中出现的尺寸、强度，管理中的设备完好率等。

② 广泛征求意见，把原因进行分类，确定产生质量问题的大的方面原因。

③ 进一步找出大原因背后的原因，即中原因，进而找出中原因背后的原因，即小原因，及更小原因。

④ 从中找出主要原因，并用显著记号标记出来。

⑤ 制定对策，逐项落实到人，限期改正，做出对策计划表。

在分析时，要找出各种大小原因都是通过什么途径并在多大程度下影响结果，各种原因之间有没有关系，是什么关系；各种原因有没有测定的可能，准确程度如何。

绘制因果分析图时，需要注意的是：因为许多质量问题并不是凭直观就能发现的，对工程没有全面了解、较深入的认识和掌握是画不好的，要画好这个图，就要求参加分析的成员有一定的解决技术问题的能力，并对工程有全面的考虑和认识。对于有不同看法的问题，不要急于拍板，要经过实践验证后再做定论。但在整理各方面意见时一定要分清现象和原因，对原因要分清主次。

实践证明，大原因往往不是主要原因。定出主要原因后，一定要到现场进行必要的实验与情况调查，真正找出切中要害的原因，然后再制定改进措施，实施措施后，还应该用排列图等检查实际效果。

【例 10-2】　混凝土强度为什么不足？现在我们用因果分析图来查找这道工序产生废品的主要原因是什么。经过分析查找后，可以列出一张因果分析图，如图 10-9 所示。

（3）频数分布直方图法

频数分布直方图简称直方图，又称质量分布图、矩形图。同一批产品的质量特征数据，是上下波动的。直方图是把收集到的产品质量特征数据，按大小顺序加以整理，并将其划分为若干区间，统计各区间内的数据个数（频数），以数据个数为高度画成若干直方图形，用来分析和判断生产过程是否稳定。它是质量管理中常用的一种统计图表，所使用的数据应是

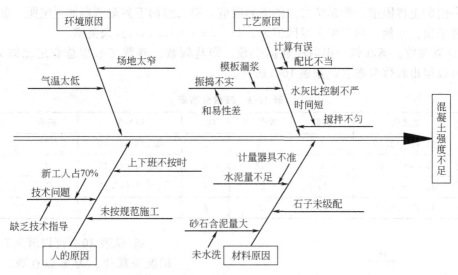

图 10-9　混凝土强度不足的因果分析图

计量值（连续取值），而非计数值（不连续取值）。利用直方图，可以制定质量标准，确定公差范围；可以判明质量分布情况是否符合标准的要求。但其缺点是不能反映动态变化，而且要求收集的数据较多（50～100 个以上），否则难以体现其规律。

频数分布直方图的画法如下。

① 收集数据。例如混凝土强度，按设计要求强度是 C30，其强度实测数据，如表 10-2 所列。

表 10-2　混凝土强度实测数据　　　　　　　单位：MPa

项　　目	1	2	3	4	5	6	7	8	9	10
抗压强度数据(X_i)	39.8	37.2	35.8	39.9	39.2	42.3	35.9	46.2	36.4	44.4
	37.7	38.0	35.2	34.3	35.4	37.5	42.4	37.6	38.3	42.0
	33.8	33.1	31.8	33.2	34.4	35.5	41.8	38.3	43.5	37.9
	31.5	39.0	37.1	40.4	38.1	39.3	36.3	39.7	38.2	38.4
	36.1	36.0	34.0	41.2	40.3	37.3	36.2	38.0	38.0	39.5

② 找出数据的最大值和最小值。由表 10-2 可知，最大值为 46.2，最小值为 31.5。

③ 决定组数和组距。经验证明，组数太少会掩盖数据的变动情况，组数太多又会使各组高度参差不齐，从而看不出规律来，因此，当样本容量在 100～250 时，通常分成 7～12 组，样本容量在 50～100 时，通常分成 6～10 组。组与组之间的间隔，即为组距。

$$h = R/K \tag{10-1}$$
$$R = X_{max} - X_{min} \tag{10-2}$$

式中，h 为组距；R 为极差；K 为组数。

本例中，若取 $K=8$，则 $h=(46.2-31.5)/8=1.84\text{MPa}\approx2\text{MPa}$

④ 决定分点，即确定各组边界值。为了避免数据正好落在边界值上，通常要使各组的边值比原值测定精度高半个最小测量单位。计算各组上下界限值，是按计算出的组距，从最小端开始。第一组下界限值是 $r_1 = X_{min} - 0.05$；第一组上界限值为 $r_1 + h$。本例的第一组下界限值为 $31.5 - 0.05 = 31.45$，第一组上界限值为 $31.45 + 2 = 33.45$。

第一组的上界限值，就是第二组的下界限值，第二组的下界限值再加上组距，就是第二组的上界限值。本例，第二组上界限值为：33.45＋2＝35.45，其余类推。

⑤ 计算频数。落在每个组内的数据个数，即是频数。频数与数据总数之比即为频率。这样就可以得出频数分布表，如表10-3所列。

表 10-3　频数分布表

组号	边界值	频数	频率/%	组号	边界值	频数	频率/%
1	31.45～33.45	4	8	5	39.45～41.45	7	14
2	33.45～35.45	6	12	6	41.45～43.45	4	8
3	35.45～37.45	11	22	7	43.45～45.45	2	4
4	37.45～39.45	15	30	8	45.45～47.45	1	2

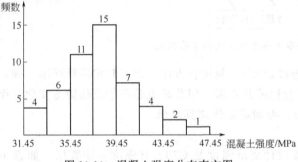

图 10-10　混凝土强度分布直方图

⑥ 从表10-3可以清楚看出数据的波动规律。为更加直观，把它画成频数直方图。在横坐标上标出各组的边界值，纵坐标上标出对应的频数，以组距为底边，画出高度为频数的矩形，便得到频数直方图，如图10-10所示。

频数直方图的观察与分析。

首先，观察整个图形，可判断质量分布状态。

在工艺条件正常情况下，直方图应该是"中间高，两侧低，接近对称"。对于直方图的参差不齐可不必过分注意，一般可以看到下列几种形状的直方图，如图10-11所示。

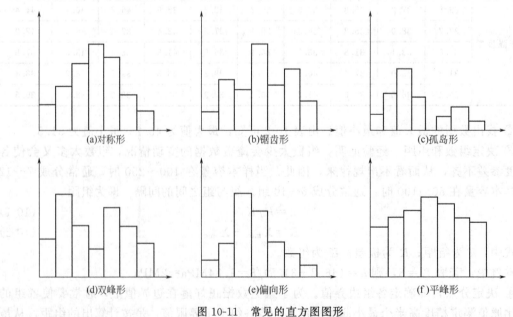

图 10-11　常见的直方图图形

① 对称形。直方图的中间为峰，大体上是向左右两方对称分散，属于正常形状，说明工艺正常。

② 锯齿形。这多数是由于作频数表时，分组不当引起的，也可能是由于测量方法或读数有问题而引起的。

③ 孤岛型。在直方图旁边有孤立的小直方图。这表示生产中出现了条件变动，如材料发生变化，或由不熟练工人临时代替顶班作业。

④ 双峰型。这往往是由于两种工艺或两种设备、或两组工人进行施工，然后把数据混在一起进行整理时发生的。

⑤ 偏向型。直方图的高峰偏向于一端分布，这是由于操作习惯或对某一方向控制太严而造成的，或是加工者有意想在某一方向留有余量而造成的。

⑥ 平峰型。直方图的峰不突出，形成一条宽平的峰带，这多半是由于某种缓慢倾向在起作用而引起的。如，设备均匀的磨损，或操作者的疲劳等。

根据直方图的形状，可判断生产过程是否有异常原因，并且考虑采取相应措施。

其次，可以将直方图与质量标准进行比较。

正常形状的直方图，也要分析它是否都在公差界限范围之内，并留有相当的余地。若以 B 代表实际的质量特性分布的宽度，即 $B = X_{max} - X_{min}$，T 表示标准规格的界限。一般可能有下列几种情况，见图 10-12 所示。

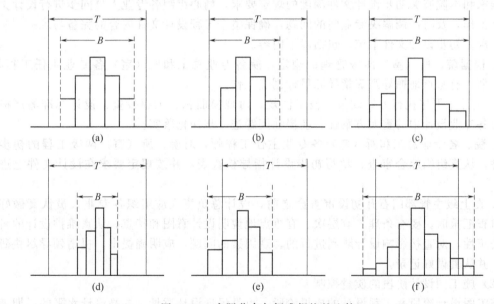

图 10-12　实际分布与标准规格的比较

① 直方图全都落在标准规格界限正当中，并且有相当的余地，这样的生产过程是不会出现问题的，见图 10-12(a)。

② 直方图落在标准规格界限之中，但中心线没有和 T 的中心线相重合，太偏向于一方，这样就有产生超差的可能，要采取措施使直方图移到中间来，见图 10-12(b)。

③ 直方图落在标准规格当中，但没有余地，生产过程稍不小心，就会超差，要采取措施，减少数据的分散，见图 10-12(c)。

④ 直方图落在标准规格之中，而且有过大的余量，说明加工过于精确，不经济，这种情况并不好，要考虑如何更经济与充分利用公差进行加工，见图 10-12(d)。

⑤ 直方图超出标准规格之外，这说明有废品，一定要进行调整，使分布都在标准规格之中，见图 10-12(e)。

⑥ 直方图分散太大，产生了废品，要采取措施，减少分散，否则要对产品进行全数检查，挑出不合格产品，见图 10-12(f)。

综上所述，频数直方图的用途可归纳为：作质量检查报告用；可供质量分析用；可调查工序与设备的能力；可提高全体人员的管理意识和质量意识。

10.3.3.4　项目设计质量控制

(1) 初步设计阶段的质量控制

① 初步设计前的准备工作　在初步设计前，要做好明确设计委托，核准原始依据，落实基础资料，扩大前期服务等准备工作。

首先，接受任务委托，收集基础资料；其次，进行设计准备，包括：按照分级管理的原则，由院、所（室）研究确定参加工程设计的主要人选；组织设计人员进行现场踏勘，深入了解地上、地下的环境条件；对确实需要外出调研的项目，应认真做好准备；做到目标具体，收效明显；适时召开会议，重点研究有关任务书、工艺和使用要求、设计进度安排等方面的前提条件以及实行限额设计，开展目标创优和组建 QC 小组方面的实施计划。

② 初步设计文件的编制与审定　首先，编制初步设计文件。根据上级主管部门对设计方案提出的审查意见，进行必要的修改与补充，并在此基础上研究拟定初步设计工作计划，根据国家和本院有关初步设计文件深度的规定要求，精心组织各专业人员同步进行设计文件的编制工作，及时协调解决专业间的问题，确保整个工程设计文件内容的完备与统一。

其次，初步设计文件审定，包括以下内容。

a. 根据院、所（室）两级管理的规定，院各专业总工和所（室）各专业主任工程师，应有计划、有重点地抓好跟踪指导和目标创优工作。

b. 设计中严格执行方针政策、技术法规，对规模面积、工程投资、设计标准等严格控制，对各专业设计中的重大方案性、前提性问题进一步深化落实。

c. 院、各专业总工和所（室）各专业主任工程师，对院、所（室）两级工程的初步设计文件，认真组织综合审查，填写初步设计指导检查表，并按规定要求在设计文件上进行签署。

d. 在上级主管部门召开初设审查会之前，设计总负责人应组织各专业人员认真做好准备，审查汇报时，要有条理、有层次、有重点地说明设计意图和特点，认真维护设计的科学性和公正性，对直接影响设计顺利进行的客观因素的问题，应明确提出，提请领导尽快研究解决，并认真做好记录。

(2) 施工图设计阶段的质量控制

施工图设计阶段是工程设计的成果阶段，也是保证设计质量、提高设计水平的后期考核验收阶段。在本阶段的工序控制中，必须切实抓好保证文件深度，坚持限额设计，提高出图质量，加强综合会审，落实创优目标，严格质量评定等项工作。

① 充实技术准备

a. 取得文件的正式审查批复文件，核实各级主管部门对初步设计调整工程设计中需要严格控制的指令性标准。

b. 深入落实满足施工图设计内容及深度要求所需要的有关规划、消防、人防、环保、市政、公用、电力以及施工安装等方面的必备资料和依据的文件。

c. 根据初步设计的审查批复文件和各有关方面的合理意见，进一步改进和完善设计。

d. 落实设计条件，商定设计进度，组织拟定统一技术条件和质量保证措施，认真填写开工申请表。

② 施工图设计的审查　在工程项目开工前，业主必须持施工图资料到建设主管部门申

报开工手续，办理领取"开工许可证"。

由于施工图是指导施工的直接依据，也是设计阶段质量控制的一个重点。因此，在施工图设计完成后，业主应组织对施工图设计文件进行审查。审查的重点是：使用功能是否满足质量目标的要求，施工图预算是否超过设计概算。施工图设计审查的基本内容如下。

a. 总体审核。首先要审核施工图纸的完整性和完备性及各级的签字盖章；其次审核工程施工设计总平面布置图和总目录。审核总平面布署和总目录的重点是：项目是否齐全，总平面布置是否合理，平面与空间布置是否产生矛盾，以及各工艺流程、各专业配合是否合理，选择标准、规范、规程是否可靠等。

b. 总说明审查。工程设计总说明和分项工程设计说明的审查重点是：所采用的设计依据、参数、标准是否满足质量要求；选用设备、仪器、材料是否先进合理；工程操作程序及措施是否合适等。

c. 图纸审查。图纸审查重点是：施工图是否符合现行规范、规程、规定的要求；图纸是否符合现场和施工实际条件，设计深度能否满足施工要求；图纸设计质量是否达到工程质量的标准；对选型、选材、造型、尺寸、关系、节点等图纸自身质量的审查。

d. 审查施工总预算与总投资概算。施工总预算是否在设计总概算的控制范围内。

e. 其他及政策性要求。如是否满足环保措施和"三废"排放标准；是否满足施工安全；是否满足与外部协作条件的要求等。

③ 技术交底，配合施工　在工程项目全过程的收尾阶段，必须进行设计技术交底，配合施工方面的质量控制工作。

a. 根据工程建设的实际需要，适时组织做好施工图设计的技术交底准备工作，各专业对设计中重要内容、关键部位、特殊要求和突出问题等，详细说明设计意图和具体做法，取得施工单位的密切配合。

b. 在交底时施工单位对设计质量和服务质量等方面提出的问题和意见，设计人员应虚心听取并由专人做好记录，回院后作为质量信息，应认真分析研究并及时解决和善后处理。

c. 建设过程中，而根据需要，酌情采取驻现场服务组，轮流派出代表定期深入工地以及有事随叫随到等形式，及时研究处理施工中出现时有关问题，并认真做好记录和进行必要的反馈处理工作。

d. 当需要进行设计变更（补充）时应按照管理标准和工作要求，及时认真地填发设计；变更（补充）通知单，其中变更原因必须明确、具体，专业变更必须同步、协调，岗位签署必须齐全，重大变更内容必须报请专业总工审查把关，最后交图档组编号存档。

e. 参加竣工验收，如实反映施工质量，关键问题要做好记录。

（3）项目设计质量控制的方法

① 初步设计阶段质量控制方法

a. 收集和熟悉项目原始资料，充分领会建设意图。首先要核查已批准的"项目建议书"、"可行性研究报告"、选址报告、城市规划部门的批文、土地使用要求、环境要求；工程地质和水文地质勘察报告、区域图、地形图；动力、资源、设备、气象、人防、消防、地震烈度、交通运输、生产工艺、基础设施等资料；有关设计规范、标准和技术经济指标等，并分析研究整理出满足设计要求的基本条件。其次要充分掌握和理解建设单位对项目建设的要求、设想和各种意图。

b. 项目总目标论证的方法。对建设单位提出的项目总投资、总进度、总质量目标必须进行分析，论证其可行性。在确定的总投资数限定下，分析论证项目的规模、设备标准、装饰标准能否达到建设单位预期水平，进度目标能否实现；在进度目标限定下，要满足建设单位提出的项目规模、设备标准、装饰标准，估算总投资需多少。论证时应依据历史类似工程各种指标和条件与本项目进行差异分析比较，并分析项目建设中可能遇到的风险。

c. 以初步确定的总建筑规模和质量要求为基础，将论证后所得总投资和总进度切块分解，确定投资和进度规划。

d. 建设单位应尽量与设计单位达成限额设计条款。

② 施工图设计阶段质量控制方法

a. 跟踪设计，审核制度化。为了有效地控制设计质量，就必须对设计进行质量跟踪。设计质量跟踪不是监督设计人员画图，也不是监督设计人员结构计算和结构配筋，而是要定期地对设计文件进行审核，必要时，对计算书进行核查，发现不符合质量标准和要求的，指令设计单位修改，直到符合标准为止。这里所述的标准是指根据设计质量目标所采用的技术标准、规范及材料品种规格等。因此，设计质量控制的主要方法就是在设计过程中和阶段设计完成时，以设计招标文件（含设计任务书、地质勘察报告等）、设计合同、监理合同、政府有关批文、各项技术规范和规定、气象、地区等自然条件及相关资料、文件为依据，对设计文件进行深入细致的审核。在各阶段设置审查点，审核设计文件质量，如规范符合性、结构安全性、施工可行性等，概预算总额，设计进度完成情况，与相应标准和计划值进行分析比较。

b. 采用多种方案比较法。对设计人员所定的诸如建筑标准、结构方案、水、电、工艺等各种设计方案进行了解和分析，有条件时应进行两种或多种方案比较，判断确定最优方案。

c. 协调各相关单位关系。工程设计过程牵涉很多部门，包括很多设计单位、政府部门等很多的专业交叉，故必须掌握组织协调方法，以减少设计的差错。

10.3.3.5 项目施工质量控制

（1）施工准备阶段的质量控制

施工准备阶段的质量控制是指项目正式施工活动开始前，对各项准备工作及影响质量的各因素和有关方面进行的质量控制。

施工准备是为保证施工生产正常进行而必须事先做好的工作。施工准备工作不仅是在工程开工前要做好，而且贯穿于整个施工过程。施工准备的基本任务就是为施工项目建立一切必要的施工条件，确保施工生产顺利进行，确保工程质量符合要求。

① 施工技术资料、文件准备的质量控制

a. 施工项目所在地的自然条件及技术经济条件调查资料。

对施工项目所在地的自然条件和技术经济条件的调查，是为选择施工技术与组织方案收集基础资料，并以此作为施工准备工作的依据。具体收集的资料包括：地形与环境条件、地质条件、地震级别、工程水文地质情况，气象条件以及当地水、电、能源供应条件、交通运输条件、材料供应条件等。

b. 施工组织设计。

施工组织设计是指导施工准备和组织施工的全面性技术经济文件。对施工组织设计、要进行两方面的控制：一是选定施工方案后，制定施工进度时，必须考虑施工顺序、施工流向，主要分部分项工程的施工方法，特殊项目的施工方法和技术措施能否保证工程质量；二是制定施工方案时，必须进行技术经济比较，使工程项目满足符合性、有效性和可靠性要求，取得工期短、成本低、安全生产、效益好的施工效果。

c. 国家及政府有关部门颁布的有关质量管理方面的法律法规性文件及质量验收标准。

质量管理方面的法律法规，规定了工程建设参与各方的质量责任和义务，质量管理体系建立的要求、标准，质量问题处理的要求、质量验收标准等，这些是进行质量控制的重要依据。

d. 工程测量控制资料。

施工现场的原始基准点、基准线、参考标高及施工控制网络等数据资料，是施工之前进行质量控制的一项基础工作，这些数据资料是进行工程测量控制的重要内容。

② 设计交底和图纸审核的质量控制　设计图纸是进行质量控制的重要依据。为使施工企业熟悉有关的设计图纸，充分了解拟建项目的特点、设计意图和工艺与质量要求，减少图纸的差错，消灭图纸中的质量隐患，应做好设计交底和图纸审核工作。

③ 施工分包服务　对各种分包服务选用的控制应根据其规模、对它控制的复杂程度区别对待分包合同，对分包服务进行动态控制。评价及选择分包方应考虑的原则：第一，有合法的资质，外地单位经本地主管部门核准；第二，与本组织或其他组织合作的业绩、信誉；第三，分包方质量管理体系对按要求如期提供稳定质量的产品的保证能力；第四，对采购物资的样品、说明书或检验、试验结果进行评定。

④ 质量教育与培训　通过教育培训和其他措施提高员工的能力，增强质量和顾客意识，使员工满足所从事的质量工作对能力的要求。

项目经理部应着重以下几方面的培训。

a. 质量意识教育；

b. 充分理解和掌握质量方针和目标；

c. 质量管理体系有关方面的内容；

d. 质量保持和持续改进意识；

e. 施工期间需要的相关操作技能。

可以通过面试、笔试、实际操作等方式检查培训的有效性。还应保留员工的教育、培训及技能认可的记录。

（2）施工阶段的质量控制

① 技术交底　按照工程重要程度，单位工程开工前，应由组织或项目技术负责人组织全面的技术交底。工程复杂、工期长的工程可按基础、结构、装修几个阶段分别组织技术交底。各分项工程施工前，应由项目技术负责人向参加该项目施工的所有班组和配合工种进行交底。如果有工程专业分包单位时，应由组织或项目技术负责人在进行技术交底的同时，监督分包单位对班组和工种的交底活动。

交底内容包括图纸交底、施工组织设计交底、分项工程技术交底和安全交底等。通过交底明确对轴线、尺寸、标高、预留孔洞、预埋件、材料规格及配合比等要求，明确工序搭接、工种配合、施工方法、进度等施工安排，明确质量、安全、节约措施。交底的形式除书面、口头外，必要时可采用样板、示范操作等。

② 测量控制

a. 对于给定的原始基准点、基准线和参考标高等的测量控制点应做好复核工作，审核批准后，才能据此进行准确的测量放线。

b. 施工测量控制网的复测。

准确地测定与保护好场地平面控制网和主轴线的桩位，是整个场地内建筑物、构筑物定位的依据，是保证整个施工测量精度和顺利进行施工的基础。因此，在复测施工测量控制网时，应抽检建筑方格网、控制高程的水准网点以及标桩埋设位置等。

c. 民用建筑的测量复核。

建筑定位测量复核：建筑定位就是把房屋外廓的轴线交点标定在地面上，然后根据这些交点测设房屋的细部。

基础施工测量复核：基础施工测量的复核包括基础开挖前，对所放灰线的复核，以及当基槽挖到一定深度后，在槽壁上所设的水平桩的复核。

皮数杆检测：当基础与墙体用砖砌筑时，为控制基础及墙体标高，要设置皮数杆。因此，对皮数杆的设置要检测。

楼层轴线检测：在多层建筑墙身砌筑过程中，为保证建筑物轴线位置正确，在每层楼板中心线均测设长线 1～2 条，短线 2～3 条。轴线经校核合格后，方可开始该层的施工。

楼层间高层传递检测：多层建筑施工中，要由下层楼板向上层传递标高，以便使楼板、门窗、室内装修等工程的标高符合设计要求。标高经校核合格后，方可施工。

d. 高层建筑测量复核。高层建筑的场地控制测量、基础以上的平面与高程控制与一般民用建筑测量相同，应特别重视建筑物垂直度及施工过程中沉降变形的检测。对高层建筑垂直度的偏差必须严格控制，不得超过规定的要求。高层建筑施工中，需要定期进行沉降变形观测，以便及时发现问题，采取措施，确保建筑物安全使用。

③ 材料控制

a. 对供货方质量保证能力进行评定，包括材料供应的表现状况，如材料质量、交货期等；供货方的顾客满意程度；价格、履约能力等。

b. 建立材料管理制度，减少材料损失、变质。

对材料的采购、加工、运输、贮存建立管理制度，可加快材料的周转，减少材料占用量，避免材料损失、变质，按质、按量、按期满足工程项目的需要。

c. 对原材料、半成品、构配件进行标识。

进入施工现场的原材料、半成品、构配件要按型号、品种，分区堆放，予以标识；对有防湿、防潮要求的材料，要有防雨防潮措施，并有标识。对容易损坏的材料、设备，要做好防护；对有保质期要求的材料，要定期检查，以防过期，并做好标识。标识应具有可追溯性，即应标明其规格、产地、日期、批号、加工过程、安装交付后的分布和场所。

d. 材料检查验收。

用于工程的主要材料，进场时应有出厂合格证和材质化验单；凡标志不清或认为质量有问题的材料，需要进行追踪检验，以确保质量；凡未经检验和已经验证为不合格的原材料、半成品、构配件和工程设备不能投入使用。材料验收应考虑相关的有效期及对环保的影响。

e. 发包人提供的原材料、半成品、构配件和设备。

发包人所提供的原材料、半成品、构配件和设备用于工程时，项目组织应对其做出专门的标识，接受时进行验证，贮存或使用时给予保护和维护，并得到正确的使用。上述材料经验证不合格，不得用于工程。发包人有责任提供合格的原材料、半成品、构配件和设备。

f. 材料质量抽样和检验方法。

材料质量抽样应按规定的部位、数量及采选的操作要求进行。材料质量的检验项目分为一般试验项目和其他试验项目，一般项目即通常进行的试验项目，其他试验项目是根据需要而进行的试验项目。材料质量检验方法有书面检验、外观检验、理化检验和无损检验等。

④ 机械设备控制

a. 机械设备使用形式决策　施工项目上所使用的机械设备应根据项目特点及工程量，按必要性、可能性和经济性的原则确定其使用形式。机械设备的使用形式包括：自行采购、租赁、承包和调配等。

b. 注意机械配套　机械配套有两层含义：其一，是一个工种的全部过程和环节配套，如混凝土工程，搅拌要做到上料、称量、搅拌与出料的所有过程配套，运输要做到水平运输、垂直运输与布料的各过程以及浇灌、振捣各环节都机械化且配套；其二，是主导机械与辅助机械在规格、数量和生产能力上配套，如挖土机的斗容量要与运土汽车的载重量和数量相配套。

上述例子说明，现场的施工机械如能合理配备、配套使用，就能充分发挥机械的效能，获得较好的经济效益。

c. 机械设备的合理使用　合理使用机械设备，正确地进行操作，是保证项目施工质量的重要环节。应贯彻人机固定原则，实行定机、定人、定岗位责任的"三定"制度。要合理划分施工段，组织好机械设备的流水施工。当一个项目有多个单位工程时，应使机械在单位工程之间流水，减少进出场时间和装卸费用。搞好机械设备的综合利用，尽量做到一机多用，充分发挥其效率。要使现场环境、施工平面布置适合机械作业要求，为机械设备的施工创造良好条件。

同时应特别关注是否有超期服役的施工设备，如有，其风险是否可以接收等，以避免机毁人亡的事故出现。

d. 机械设备的保养与维修　为了保持机械设备的良好技术状态，提高设备运转的可靠性和安全性，减少零件的磨损，延长使用寿命，降低消耗，提高机械施工的经济效益，应做好机械设备的保养。保养分为例行保养和强制保养。例行保养的主要内容有：保持机械的清洁，检查运转情况，防止机械腐蚀，按技术要求润滑等。强制保养是按照一定周期和内容分级进行保养。

对机械设备的维修可以保证机械的使用效率，延长使用寿命。机械设备修理是对机械设备的自然损耗进行修复，排除机械运行的故障，对损坏的零部件进行更换、修复。

⑤ 计量控制　施工中的计量工作，包括施工生产时的投料计量、施工生产过程中的监测计量和对项目、产品或过程的测试、检验、分析计量等。

计量工作的主要任务是统一计量单位制度，组织量值传递，保证量值的统一。这些工作有利于控制施工生产工艺过程，促进施工生产技术的发展，提高工程项目的质量。因此，计量是保证工程项目质量的重要手段和方法，亦是施工项目开展质量管理的一项重要基础工作。

⑥ 工序控制　工序是产品制造过程的基本环节，也是组织生产过程的基本单位。一道工序，是指一个（或一组）工人在一个工作地对一个（或几个）劳动对象（工程、产品、构配件）所完成的一切连续活动的总和。

工序质量控制是为把工序质量的波动限制在要求的界限内所进行的质量控制活动。工序质量控制的最终目的是要保证稳定地生产合格产品。具体地说工序质量控制是使工序质量的波动处于允许的范围之内，一旦超出允许范围，立即对影响工序质量被动的因素进行分析，针对问题，采取必要的组织、技术措施，对工序进行有效的控制、使之保证在允许范围内。工序质量控制的实质是对工序因素的控制，特别是对主导因素的控制。所以，工序质量控制的核心是管理因素，而不是管理结果。

⑦ 工程变更控制　工程项目任何形式上的、质量上的、数量上的变动，都称为工程变更，它既包括了工程具体项目的某种形式上的、质量上的、数量上的改动，也包括了合同文件内容的某种改动。

工程变更包括：设计变更，设计变更的主要原因是投资者对投资规模的压缩或扩大，而需重新设计，另一个原因是对已交付的设计图纸提出新的设计要求，需要对原设计进行修改；工程量的变动，对于工程量清单中的数量上的增加或减少；施工时间的变更，对已批准的承包商施工计划中安排的施工时间或完成时间的变动；施工合同文件变更，施工图的变更；承包方提出修改设计的合理化建议，其节约价值的分配；由于不可抗力或双方事先未能预料而无法防止的事件发生，允许进行合同变更。

工程变更可能导致项目工期、成本或质量的改变。因此，必须对工程变更进行严格的管理和控制。

⑧ 成品保护　在工程项目施工中，某些部位已完成，而其他部位还正在施工，如果对已完成部位或成品，不采取妥善的措施加以保护，就会造成损伤，影响工程质量。因此，会造成人、财、物的浪费和拖延工期；更为严重的是有些损伤难以恢复原状，而成为永久性的缺陷。

加强成品保护，要从两个方面着手，首先应加强教育，提高全体员工的成品保护意识。其次要合理安排施工顺序，采取有效的保护措施。

成品保护的措施如下。

a. 护　护就是提前保护，防止对成品的污染及损伤。如外檐水刷石大角或柱子要立板固定保护；为了防止清水墙面污染，在相应部位提前钉上塑料布或纸板。

b. 包　包就是进行包裹，防止对成品的污染及损伤。如在喷浆前对电气开关、插座、灯具等设备进行包裹；铝合金门窗应用塑料布包扎。

c. 盖　盖就是表面覆盖，防止堵塞、损伤。如高级水磨石地面或大理石地面完成后，应用苫布覆盖；落水口、排水管安好后加覆盖，以防堵塞。

d. 封　封就是局部封闭。如室内塑料墙纸、本地板油漆完成后，应立即锁门封闭；屋面防水完成后，应封闭上屋面的楼梯门或出入口。

（3）施工竣工验收阶段的质量控制

在国家标准《建筑工程施工质量验收统一标准》（GB 50300—2001 3.0.3）条中规定，建筑工程施工质量应按下列要求进行验收。

a. 建筑工程施工质量应符合本标准和相关专业验收规范的规定。

b. 建筑工程施工应符合工程勘察、设计文件的要求。

c. 参加工程施工质量验收的各方人员应具备规定的资格。

d. 工程质量的验收均应在施工单位自行检查评定的基础上进行。

e. 隐蔽工程在隐蔽前应由施工单位通知有关单位进行验收，并应形成验收文件。

f. 涉及结构安全的试块、试件以及有关材料，应按规定进行见证取样检测。

g. 检验批的质量应按主控项目和一般项目验收。

h. 对涉及结构安全和使用功能的重要分部工程应进行抽样检测。

i. 承担见证取样检测及有关结构安全检测的单位应具有相应资质。

j. 工程的观感质量应由验收人员通过现场检查，并应共同确认。

《建筑工程施工质量验收统一标准》对建筑工程质量验收的划分增加了检验批、子分部和子单位。检验批可根据施工及质量控制和专业验收需要按楼层、施工段、变形缝等进行划分；当分部工程较大或较复杂时，可按材料种类、施工特点、施工程序、专业系统及类别等划分为若干子分部工程；建筑规模较大的单位工程，可将其能形成独立使用功能的部分作为一个子单位工程。

① 施工最终质量检验和试验　单位工程质量验收也称质量竣工验收，是建筑工程投入使用前的最后一次验收也是最重要的一次验收。验收合格的条件有五个：构成单位工程的各分部工程应该合格，有关的资料文件应完整以外，还须进行以下三方面的检查。

涉及安全和使用功能的分部工程应进行检验资料的复查。不仅要全面检查其完整性（不得有漏检缺项），而且对分部工程验收时补充进行的见证抽样检验报告也要复核。这种强化验收的手段体现了对安全和主要使用功能的重视。

此外，对主要使用功能还须进行抽查。使用功能的检查是对建筑工程和设备安装工程最终质量的综合检验，也是用户最关心的内容。因此，在分项、分部工程验收合格的基础上，竣工验收时再作全面检查。抽查项目是在检查资料文件的基础上由参加验收的各方人员商定，并用计量、计数的抽样方法确定检查部位。检查要求按有关专业工程施工质量验收标准的要求进行。

最后，还须由参加验收的各方人员共同进行观感质量检查。观感质量验收，往往难以定量，只能以观察、触摸或简单量测的方式进行，并由个人的主观印象判断，检查结果并不给出"合格"或"不合格"的结论，而是综合给出质量评价，最终确定是否通过验收。

单位工程技术负责人应按编制竣工资料的要求收集和整理原材料、构件、零配件和设备的质量合格证明材料、验收材料，各种材料的试验检验资料，隐蔽工程、分项工程和竣工工程验收记录，其他的施工记录等。

② 施工技术资料的整理　技术资料，特别是永久性技术资料，是施工项目进行竣工验收的主要依据，也是项目施工情况的重要记录。因此，技术资料的整理要符合有关规定及规范的要求，必须做到准确、齐全，能够满足建设工程进行维修、改造、扩建时的需要，其主要内容有：工程项目开工报告；工程项目竣工报告；图纸会审和设计交底记录；设计变更通知单；技术变更核定单；工程质量事故发生后调查和处理资料；水准点位置、定位测量记录、沉降及位移观测记录；材料、设备、构件的质量合格证明资料；试验、检验报告；隐蔽工程验收记录及施工日志；竣工图；质量验收评定资料；工程竣工验收资料。监理工程师应对上述技术资料进行审查，并请建设单位及有关人员，对技术资料进行检查验证。

③ 施工竣工文件的编制和移交准备

a. 项目可行性研究报告，项目立项批准书，土地、规划批准文件；设计任务书，初步（或扩大初步）设计，工程概算等。

b. 竣工资料整理，绘制竣工图，编制竣工决算。

c. 竣工验收报告：建设项目总说明，技术档案建立情况，建设情况，效益情况，存在和遗留问题等。

d. 竣工验收报告书的主要附件：竣工项目概况一览表；已完单位工程一览表；已完设备一览表；应完未完设备一览表；竣工项目财务决算综合表；概算调整与执行情况一览表；交付使用（生产）单位财产总表及交付使用（生产）财产一览表；单位工程质量汇总项目（工程）总体质量评价表。

工程项目交接是在工程质量验收之后，由承包单位向业主进行移交项目所有权的过程。工程项目移交前，施工组织要编制竣工结算书，还应将成套工程技术资料进行分类整理，编目建档。

④ 产品保护　竣工验收期要定人定岗，采取有效防护措施，保护已完工程，发生丢失、损坏时应及时补救。设备、设施未经允许不得擅自启用，防止设备失灵或设施不符合使用要求。

⑤ 撤场计划　施工工程交工后，项目经理部应确定撤场计划，内容应包括：施工机具、暂设工程、建筑残土、剩余构件等，在规定时间内全部拆除运走，达到场清地平；有绿化要求的，达到树活草青。

10.3.4　项目质量改进

（1）持续改进

持续改进是旨在持续增强质量管理的改进能力。

① 持续改进的作用 第一，持续改进的目的是不断提高质量管理体系的有效性，以不断增强顾客满意度。第二，持续改进是增强满足要求的能力的循环活动，改进的重点是改善产品的特殊性和提高质量管理体系过程的有效性。持续改进要求不断寻找进一步改进的机会，并采取适当的改进方式。改进的途径可以是日常渐进的改进活动；也可以是突破性的改进项目。

② 持续改进的方法

a. 通过建立和实施质量目标，营造一个激励改进氛围和环境；

b. 确立质量目标以明确改进方向；

c. 通过数据分析、内部审核不断寻求改进的机会，并作出适当的改进活动安排；

d. 通过纠正和预防措施及其他适用的措施实现改进；

e. 在管理评审中评价改进效果，确定新的改进目标和改进措施的决定。

③ 持续改进的范围及内容 持续改进的范围包括体系、过程和产品三个方面，改进的内容涉及产品质量、日常的工作和组织长远的目标，不仅不合格现象必须纠正、改进，目前合格但不符合发展需要的也要不断改进。

④ 持续改进的步骤

a. 分析和评价现状、需求，以识别改进的区域；

b. 确定改进目标；

c. 寻找可能的解决办法以实现这些目标；

d. 评价这些解决办法并做出选择；

e. 实施选定的解决办法；

f. 测量、验证、分析和评价实施的结果以确定这些目标已经实现；

g. 正式采纳更正（即形成正式的规定）；

h. 对结果进行评审，以确定进一步改进的机会。

（2）不合格品的控制

在国家标准 GB/T 19000 中：不合格的定义是指"未满足要求"，不合格品就是未满足要求的产品。"缺陷"的定义是："未满足与预期或规定用途有关的要求"，要注意区别"不合格"和"缺陷"两个术语的含义。该"要求"是指"明示的、习惯上隐含的或必须履行的需求或期望"，是一个包含多方面内容的"要求"，当然，也应包括"与期望或规定的用途有关的要求"。而"缺陷"是指未满足其中特定的（与预期或规定用途有关的）要求，例如，安全性有关的要求。它是一种特定范围内的"不合格"，因涉及产品责任称之为"缺陷"。

不合格品发生后应及时进行评审，根据不合格的性质确定适宜的措施。

对于不合格品可采用的处理措施或方案如下。

① 修补处理 当工程的某些部分的质量虽未达到规定的规范、标准或设计要求，存在一定的缺陷，但经过修补后还可达到要求的标准，又不影响使用功能或外观要求的，可以做出进行修补处理的决定。例如：某些混凝土结构表面出现蜂窝麻面，经调查分析，该部位经修补处理后，不影响其使用及外观要求。

② 返工处理 当工程质量未达到规定的标准或要求，有明显的严重质量问题，对结构的使用和安全有重大影响，而又无法通过修补办法给予纠正时，可以做出返工处理的决定；例如，某工程预应力按混凝土规定张力系数为 1.3，但实际仅为 0.9，属于严重的质量缺陷，也无法修补，只能做出返工处理的决定。

③ 限制使用 当不合格品按修补方式处理无法保证达到规定的使用要求和安全，而又无法返工处理的情况下，不得已时可以做出结构卸荷、减荷以及限制使用的决定。

④ 不作处理　某些不合格品虽不符合规定的要求或标准，但其情况不严重，经过分析、论证和慎重考虑后，可以做出不作处理的决定。但此种情况应得到授权人的批准。并应符合有关法律法规的要求，可以不作处理的情况有：不影响结构安全和使用的质量缺陷；经过后续工序可以弥补的不严重的质量缺陷；经复核验算，仍能满足设计要求的质量缺陷。

（3）项目实施过程的监视和测量

项目实施过程的有效性主要取决于过程能力的质量。项目经理部应通过日常检查、专项检查、考核评价、内部审核等方法对施工过程进行严格的监视和测量。监视和测量的重点是重要环节的过程能力。

组织可以通过以下方式对项目实施进程监视和测量。

① 项目经理部各专门管理责任人员对现场各施工质量活动的日常检查。

② 项目质量经理对项目质量管理进行的专项检查。

③ 项目各类责任人员以月报等方式向企业相关部门、项目主管报告工作，包括相应的数据。

④ 组织项目管理部门、采购、施工、质检、试运行等部门对项目实施过程进行的监督检查。

⑤ 组织对项目实施过程进行项目质量管理体系进行内部审核。

⑥ 组织或项目经理部聘请外部专家对项目实施过程进行的审核或评价。

上述方法可以单独运作，也可以结合运作。

所有过程监视和测量中发现的一般问题均应由项目责任人员分析原因，采取相应的纠正措施。当发现过程能力存在问题时，应由质量经理或授权人负责分析原因，报请项目经理采取纠正措施，以确保过程能力符合策划的要求。

（4）纠正措施

纠正措施是针对不合格品产生的原因，或内审、外审的不合格项或其他监测活动所发现的不合格的产生原因，采取消除该原因防止不合格再发生的措施。纠正措施实施前应对其需求进行评价，以确保其适宜和有效。

通常采取纠正措施的对象或现象如下。

① 内审、外审中发现的不合格项；

② 部门或公司领导层检查项目质量管理后要求采取纠正措施；

③ 在项目检查中和日常质量管理中认为有必要采取纠正措施；

④ 发生重大质量事故；

⑤ 管理评审后认为应采取的纠正措施。

纠正措施的实施步骤如下。

① 识别不合格并评价其原因；

② 评价不合格不再发生的措施的需求；

③ 确定和实施相应的措施并保存相关的记录；

④ 评价措施实施的有效性。

【例 10-3】　结构或构件拆模时发现混凝土表面有钢筋露出。分析原因并说明应采取的措施。

原因分析：保护层砂浆垫块垫得太稀或脱落，由于钢筋成型尺寸不准确，或钢筋骨架绑扎不牢，造成骨架外形尺寸偏大，局部抵触模板；振捣混凝土时，振动器撞击钢筋，使钢筋移位或引起绑扣松散。

预防措施：砂浆垫块要垫得适量可靠，竖立钢筋可采用预埋铁丝的垫块，绑在钢筋骨架外侧时，为使保护层厚度准确，应用铁丝将钢筋骨架拉向模板，将垫块挤牢；严格检查钢筋的成型尺寸；模外绑扎钢筋骨架，要控制好它的外形尺寸，不得超过允许值。

纠正措施：范围不大的轻微露筋可用灰浆堵抹，露筋部位附近混凝土出现麻点的，应沿周围敲开或凿掉，直至看不到孔眼为止，然后用砂浆抹平，为保证修复灰浆或砂浆与原混凝土结合可靠，原混凝土面要用水冲洗、用铁刷子刷净，使表面没有粉层、砂浆或残渣，并在表面保持润湿的情况下补修，重要受力部位的露筋应经过技术鉴定后，采取措施补救。

10.4 施工项目进度管理

10.4.1 施工项目进度管理概述

（1）施工项目进度管理概念及影响因素

① 进度和进度管理　进度通常是指工程项目实施结果的进展情况，在工程项目实施过程中要消耗时间（工期）、劳动力、材料、资金等资源才能完成项目的任务。在现代施工项目管理中，由于工程项目对象系统的复杂性，进度的含义已越来越趋于综合化，它将工程项目任务、工期、成本有机地结合起来，形成一个综合的指标，能全面反映项目的实施状况。进度管理已不只是传统的对工期的管理，而且还将工期与工程实物、成本、劳动消耗、资源等统一起来。

施工项目进度管理就是指为实现预定的进度目标而进行的计划、组织、指挥、协调和控制等活动。

② 进度与工期的联系与区别　工期和进度是两个既相互联系，又有区别的概念。

工期控制的目的是使工程实施活动与上述工期计划在时间上吻合，即保证各工程活动按计划及时开工、按时完成，保证总工期不推迟；进度控制的总目标与工期控制是一致的，但控制过程中它不仅追求时间上的吻合，而且还追求在一定的时间内工作量的完成程度或消耗的一致性。

工期常常作为进度的一个指标，它在表示进度计划及其完成情况时有重要作用，所以进度控制首先表现为工期控制，有效的工期控制才能达到有效的进度控制，但仅用工期表达进度会产生误导。进度的拖延最终一定会表现为工期的拖延。对进度的调整常常表现为对工期的调整，为加快进度，改变施工次序、增加资源投入，则意味着通过采取措施使总工期提前。

③ 影响施工项目进度的因素

a. 项目经理部内部因素

（a）施工组织不合理，人力、机械设备调配不当，解决问题不及时。

（b）施工技术措施不当或发生事故。

（c）质量不合格引起返工。

（d）与相关单位关系协调不当。

（e）项目经理部管理水平低。

b. 相关单位因素

（a）设计图纸供应不及时或有误。

（b）业主要求设计变更。

（c）实际工程量增减变化。

（d）材料供应、运输不及时或质量、数量、规格不符合要求。

（e）水、电、通讯出现问题。

（f）分包单位没有认真履行合同或违约。

（g）资金没有按时拨付。

c. 不可预见因素

（a）施工现场水文地质状况出现预计外的情况。

（b）严重自然灾害。

（c）战争、政变等政治因素。

（2）施工项目进度管理的目标

项目进度管理应以实现合同约定的竣工日期为最终目标。这个目标，首先是由企业管理层承担的。企业管理层根据经营方针在"项目管理目标责任书"中确定项目经理部的进度管理目标。项目经理部根据这个目标在"施工项目管理实施规划"中编制施工进度计划，确定计划进度管理目标，并进行进度目标分解。总进度目标分解可按单位工程分解为交工分目标，可按承包的专业分解为完工分目标，亦可按年、季、月、旬（周）计划分解为时间目标、里程碑事件目标，里程碑事件目标指关键工作的开始和完成时刻。

（3）施工项目进度管理控制程序

① 确定进度管理目标　项目经理部要根据施工合同的要求确定施工进度目标，明确计划开工日期、计划总工期和计划竣工日期，确定项目分期分批的开竣工日期。

② 编制施工进度计划　包括施工总进度计划与单位工程施工进度计划，具体安排实现计划目标的工艺关系、组织关系、搭接关系、起止时间、劳动力计划、材料计划、机械计划及其他保证性计划。分包人负责根据项目施工进度计划编制分包工程施工进度计划。

③ 建立保障制度　建立进度控制的组织系统、目标系统、工作制度、责任制度，并落实相应的保证措施，包括管理信息措施、组织措施、技术措施、合同措施、经济措施等。

④ 申请开工　向监理工程师提出开工申请报告，按监理工程师开工令确定的日期开工。

⑤ 施工进度计划的实施与检查　项目经理应通过施工部署、组织协调、生产调度和指挥、改善施工程序和方法的决策等，应用技术、经济和管理手段实现有效地进度控制。项目经理部首先要建立进度实施、控制的科学组织系统和严密的工作制度，然后依据施工项目进度控制目标体系，对施工的全过程进行系统控制。正常情况下，进度实施系统应发挥监测、分析职能并循环运行，即随着施工活动的进行，信息管理系统会不断地将施工实际进度信息，按信息流程反馈给进度控制者，经过统计整理、比较分析后，确认进度无偏差，则系统继续运行一旦发现实际进度与计划进度有偏差，系统将发挥调控职能，分析偏差产生的原因，纠正偏差或调整计划。

⑥ 施工进度计划的调整　在发现实际进度与计划进度产生偏差后，应及时对施工进度计划进行调整，确定调整的关键点和时间限制条件。在对原计划进度调整的过程中，应提出纠正偏差的方案和实施的技术、经济、合同保证措施，以及取得相关单位支持与配合的协调措施，确认切实可行后，将调整后的新进度计划输入到进度实施系统，施工活动继续在新的计划控制下运行。当新的偏差出现后，再重复上述过程，直到施工项目全部完成。

⑦ 进度管理的分析与总结　全部任务完成后，进行进度管理的分析与总结，编写进度控制报告。

（4）施工项目进度管理的措施

① 信息管理措施　建立对施工进度能有效地监测、分析、反馈的信息系统和信息管理工作制度，随时监控施工项目的信息流，实现连续、动态的全过程进度目标管理。

② 组织措施　建立施工项目进度实施和控制的组织系统；订立进度管理工作制度；落

实各层次管理人员、具体任务和工作职责；确定施工项目进度目标，建立施工项目进度管理目标体系。

③ 技术措施 尽可能采用先进施工技术、方法和新材料、新工艺、新技术，保证进度目标实现；落实施工方案，一旦发生问题时，能适时调整工作之间的逻辑关系，加快施工进度。

④ 合同措施 以合同形式保证工期进度的实现。

⑤ 经济措施 落实实现进度目标的保证资金；签订并实施关于工期和进度的经济承包责任制；建立并实施关于工期和进度的奖惩制度。

10.4.2 建设项目进度计划

10.4.2.1 建设项目进度计划的种类

（1）项目进度计划按项目组织分类

项目进度计划按项目组织分类包括建设单位进度计划，设计单位进度计划，施工单位进度计划，供应单位进度计划，监理单位进度计划，工程总承包单位进度计划等。

（2）项目进度计划按功能分类

项目进度计划按功能进行分类，包括控制性进度计划和实施性进度计划。

① 控制性进度计划 包括整个项目的总进度计划，分阶段进度计划，子项目进度计划或单体工程进度计划，年（季）度计划。上述各项计划依次细化且被上层计划所控制。其作用是对进度目标进行论证、分解，确定里程碑事件进度目标，作为编制实施性进度计划和其他各种计划以及动态控制的依据。

② 实施性进度计划 包括分部分项工程进度计划、月度作业计划和旬度作业计划。实施性进度计划是项目作业的依据，确定具体的作业安排和相应对象或时段的资源需求。项目管理规范规定，项目经理部应编制项目作业计划。这是因为，项目经理部必须按计划实施作业，完成每一道工序和每一项分项工程。

（3）项目进度计划按对象分类

项目进度计划按对象分类，包括建设项目进度计划，单项工程进度计划，单位工程进度计划，分部分项工程进度计划等。

10.4.2.2 施工项目进度计划的内容

各类进度计划应包括下列内容：编制说明，进度计划表，资源需要量及供应平衡表。其中，进度计划表是最主要的内容，包括分解的计划子项名称（如作业计划的分项工程或工序），进度目标或进度图等。资源需要量及供应平衡表是实现进度表的进度安排所需要的资源保证计划。编制说明主要包括进度计划关键目标的说明，实施中的关键点和难点，保证条件的重点，要采取的主要措施等。通常施工项目进度计划包括两部分：即文字说明与进度计划图表。其中，常用的进度计划图表如下。

（1）横道图

横道图又称甘特图（Gantt Chart），是应用广泛的进度表达方式，横道图通常在左侧垂直向下依次排列工程任务的各项工作名称，而在右边与之紧邻的时间进度表中则对应各项工作逐项绘制横道线，从而使每项工作的起止时间均可由横道线的两个端点来得以表示，横道图示，例如图 10-13 所示。

用横道图编制工程项目进度计划，其特点如下。

① 直观易懂，易被接受。

② 可形成进度计划与资源（资金）使用计划的各种组合，使用方便。

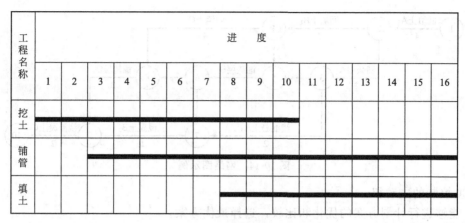

图 10-13　横道图示例

③ 不能明确表达工程任务各项工作之间的各种逻辑关系。

④ 不能表示影响计划工期的关键工作。

⑤ 不便于进行计划的各种时间参数计算。

⑥ 不便于进行计划的优化、调整。

（2）斜线图

斜线图，是将横道图中的水平工作进度线改绘为斜线，在图左侧纵向依次排列各项目工作活动所处的不同空间位置，在图右侧时间进度表中斜向画出代表各种不同活动的工作进度直线的一种与横道图类似的进度图表。

斜线图一般仅用于表达不同施工过程中各项工作连续作业，即流水施工组织方式的进度计划安排。其主要特点如下。

① 可明确表达不同施工过程之间分段流水、搭接施工情况。

② 可直观反映相邻两施工过程之间的流水步距。

③ 工作进度直线斜率可形象表示活动的进展速率。

④ 不足之处与横道图相同。

（3）线型图

线型图，利用二维直角坐标系中的直线、折线或曲线来表示完成一项工作量所需时间，或在一定时间内所完成工程量的一种进度计划表达方式。一般分为时间-距离图和时间-速度图等不同形式。

用线型图表示工程项目进度计划，其特点如下。

① 概括性强，效果直观。

② 绘图操作较困难。

③ 易产生阅读不便问题。

（4）网络图

网络图，是利用箭头和节点所组成的有向、有序的网状图形来表示总体工程任务中各项工作流程或系统安排的一种进度计划表达方式。如图 10-14 所示。

用网络图编制工程项目进度计划，其特点如下。

① 能正确表达各工作之间相互作用、相互依存的关系。

② 通过网络分析计算能够确定哪些工作是影响工期的关键工作因而不容延误必须按时完成，哪些工作则被允许有机动时间以及有多少机动时间，从而使计划管理者能够充分掌握

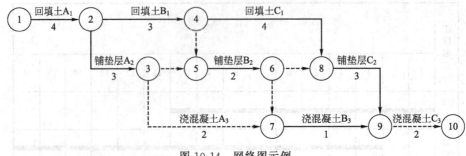

图 10-14　网络图示例

工程进度控制的主动权。

③ 能够进行计划方案的优化和比较，选择最优方案。

④ 能够运用计算机手段实施辅助计划管理。

10.4.2.3　施工项目进度计划的编制

项目进度计划是表示各项工作（单位工程、分部工程或分项工程）的施工顺序、开始和结束时间以及相互衔接关系的计划。它既是承包单位进行现场施工管理的核心指导文件，也是监理工程师实施进度控制的依据。项目进度计划通常是按工程对象编制的。

（1）项目进度计划编制的要求

① 组织应依据合同文件、项目管理规划文件、资源条件与内外部约束条件编制项目进度计划。

② 组织应提出项目控制性进度计划。控制性进度计划可包括以下内容。

a. 整个项目的总进度计划；

b. 分阶段进度计划；

c. 子项目进度计划和单体进度计划；

d. 年（季）度计划。

③ 项目经理部应编制项目作业性进度计划。作业性进度计划可包括：

a. 分部分项工程进度计划；

b. 月（旬）作业计划。

（2）各类进度计划的主要内容

① 编制说明。

② 进度计划表。

③ 资源需要量及供应平衡表。

（3）项目进度计划编制的程序

① 确定进度计划的目标、性质和任务。

② 进行工作分解。

③ 收集编制依据。

④ 确定工作的起止时间及里程碑。

⑤ 处理各工作之间的逻辑关系。

⑥ 编制进度表。

⑦ 编制进度说明书。

⑧ 编制资源需要量及供应平衡表。

⑨ 报有关部门批准。

（4）施工进度计划的审核

　　在施工进度计划编制完成后，应及时进行计划的审核，为施工进度计划的实施做好前期准备工作。主要审核内容如下。

　　① 项目总目标和分解的子目标的内在联系是否合理，进度安排能否满足施工合同工期的要求，是否符合其开竣工日期的规定，分期施工是否满足分批交工的需要和配套交工的要求。

　　② 施工进度中的内容是否全面，有无遗漏项目，是否能保证施工质量和安全的需要。

　　③ 施工程序和作业顺序安排是否正确合理。

　　④ 各类资源供应计划是否能保证施工进度计划的实现，供应是否均衡。

　　⑤ 总分包之间和各专业之间，在施工时间和位置的安排上是否合理，有无干扰。

　　⑥ 总分包之间的进度计划是否相协调，专业分工与计划的衔接是否明确、合理。

　　⑦ 对实施进度计划的风险是否分析清楚，是否有相应的防范对策和应变预案。

　　⑧ 各项保证进度计划实现的措施设计是否周到、可行、有效。

10.4.3　施工进度计划的实施

　　施工进度计划的实施过程就是进度目标的过程管理，是 PDCA 循环的 D 阶段。在这一阶段中主要应做好以下工作。

　　（1）编制并执行时间周期计划

　　时间周期计划包括年、季、月、旬、周施工进度计划。每月（旬或周）末，项目经理提出下期目标和作业项目，通过工地例会协调后编制，编制过程中要注意当前施工进度、现场施工环境、劳动力、机械等资源条件。时间周期计划属作业计划，是施工进度计划的具体化，应具有实施性，使施工任务更加明确、具体、可行，便于测量、控制、检查。

　　对总工期跨越一个年度以上的施工项目，应根据不同年度的施工内容编制年度和季度的控制性施工进度计划，确定并控制项目施工总进度的重要节点目标。项目经理部应将资源供应进度计划和分包工程施工进度计划纳入项目进度控制范畴。

　　时间周期计划的落实应注意长短结合。对于一个工期较长的项目，一般计划是按阶段细化，即一般对近期计划安排得较细，对后期计划安排得较粗，如表 10-4 所示。这是由于人们一般对近期目标的边界条件和项目状况了解较清楚，这样近期计划才会比较准确可靠。而对于远期的安排若过于详细反而没有使用价值。所以计划按阶段细化，注意长短结合，可以保证它的稳定性，可以避免大量的变动和不必要的计划费用。以短期计划的落实来调整并实施长期计划，做到短期保长期、周期保进度、进度保目标。

表 10-4　不同阶段计划的详细程度

阶段	前期	设计和计划	实施	验收投产
前期	详细	较细	适中	较粗
设计和计划	反馈	详细	较细	适中
实施	反馈	反馈	详细	较粗
验收投产	反馈	反馈	反馈	详细

　　（2）签发施工任务书

　　施工任务书是下达施工任务，实行责任承包，全面管理和存档记录的综合性文件，它的内容包括：施工任务单、考勤表和限额领料单。施工任务书是几十年来我国坚持使用的有效班组管理工具，是管理层向作业人员下达任务的主要形式，可用来进行作业控制和核算，特别有利于进度管理。

施工任务书由工长根据作业计划按班组进行编制，签发后向班组下达以落实施工任务。

在实施过程中，应做好记录，任务完成后，回收施工任务书，作为原始记录和业务核算资料保存。

（3）施工进度的记录

各级施工进度计划的执行者均应做好施工记录，如实记载每项工作的开始和完成时间，每日完成数量，记录现场发生的各种情况，干扰因素的排除情况。同时，要密切跟踪做好形象进度、工程量、总产值、耗用的人工、材料、机械台班、能源等数量的记录。以上记录结果应及时进行统计分析并填表上报，为施工项目进度检查和控制分析提供反馈信息。

（4）施工调度工作

通过施工调度，掌握计划实施情况，组织施工中各阶段、环节、专业和工种的互相配合，协调各方面关系，采取措施，排除各种干扰、矛盾，加强薄弱环节，发挥生产指挥作用，实现连续、均衡、顺利施工，以保证完成各项作业计划，实现进度目标。具体如下。

① 执行施工合同中对进度、开工及延期开工、暂停施工、工期延误、工程竣工的承诺。

② 落实进度控制措施应具体到执行人、目标、任务、检查方法和考核办法。

③ 监督检查施工准备工作、作业计划的实施，协调各方面的进度关系。

④ 督促资源供应单位按计划供应劳动力、施工机具、材料构配件、运输车辆等，并对临时出现的问题采取措施。

⑤ 由于工程变更引起资源需求的数量变更和品种变化时，应及时调整供应计划。

⑥ 按施工平面图管理施工现场，遇到问题作必要地调整，保证文明施工。

⑦ 及时了解气候和水、电供应情况，采取相应的防范和调整保证措施。

⑧ 及时发现和处理施工中各种事故和意外事件。

⑨ 协助分包人解决项目进度控制中的相关问题。

⑩ 定期、及时召开现场调度会议，贯彻项目主管人的决策，发布调度令。

⑪ 当发包人提供的资源供应进度发生变化不能满足施工进度要求时，应敦促发包人执行原计划，并对造成的工期延误及经济损失进行索赔。

10.4.4　施工项目进度计划的检查

在项目施工进度计划的实施过程中，由于各种因素的影响，原始计划的安排常常会被打乱而出现进度偏差。因此，在进度计划执行一段时间后，必须对执行情况进行动态检查，并分析进度偏差产生的原因，以便为施工进度计划的调整提供必要的信息。

10.4.4.1　项目进度计划检查的内容

项目进度计划的检查应包括下列内容：

① 工作量的完成情况。

② 工作时间的执行情况。

③ 资源使用及与进度的互配情况。

④ 上次检查提出问题的处理情况。

10.4.4.2　项目进度检查的方式

在项目施工过程中，可以通过以下方式获得项目施工实际进展情况。

（1）定期地、经常地收集由承包单位提交的有关进度报表资料

项目施工进度报表资料不仅是对工程项目实施进度控制的依据，同时也是核对工程进度的依据。在一般情况下，进度报表格式由监理单位提供给施工承包单位，施工承包单位按时填写完后提交给监理工程师核查。报表的内容根据施工对象及承包方式的不同而有所区别，

但一般应包括工作的开始时间、完成时间、持续时间、逻辑关系、实物工程量和工作量，以及工作时差的利用情况等。承包单位若能准确地填报进度报表，监理工程师就能从中了解到建设工程的实际进展情况。

（2）由驻地监理人员现场跟踪检查建设工程的实际进展情况

为了避免施工承包单位超报已完工程量，驻地监理人员有必要进行现场实地检查和监督。至于每隔多长时间检查一次，应视建设工程的类型、规模、监理范围及施工现场的条件等多方面的因素而定。可以每月或每半月检查一次，也可每旬或每周检查一次。如果在某一施工阶段出现不利情况时，甚至需要每天检查。

除上述两种方式外，由监理工程师定期组织现场施工负责人召开现场会议，也是获得工程项目实际进展情况的一种方式。通过这种面对面的交谈，监理工程师可以从中了解到施工过程中的潜在问题，以便及时采取相应的措施加以预防。

10.4.4.3　项目进度检查的方法

项目施工进度检查的主要方法是比较法。常用的检查比较方法有横道图、网络计划图、香蕉型曲线等。

（1）利用横道计划图进行检查

横道图比较法是指将项目实施过程中检查实际进度收集到的数据，经加工整理后直接用横道线平行绘于原计划的横道线处，进行实际进度与计划进度的比较方法。采用横道图比较法，可以形象、直观地反映实际进度与计划进度的比较情况。

例如某工程的计划进度与截止到第 9d 的实际进度如图 10-15 所示。其中双线条表示计划进度，粗线条表示实际进度。从图中可以看出：在第 9d 检查时，A 工程按期完成计划；B 工程进度落后 1d；C 工程因早开工 1d，实际进度提前了 1d。

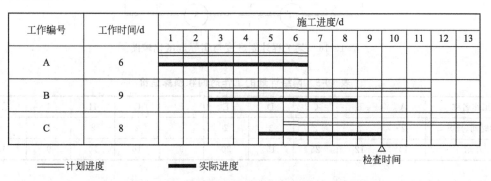

图 10-15　某工程计划进度与实际进度比较图

（2）利用网络计划图检查

利用网络计划图进行进度检查有多种方法：可在网络计划图上用不同颜色标注已完成部分；可在图上标注完成时间；可在图上标注实际持续时间；可以通过绘制实际进度前锋线进行进度检查等。这里仅对前锋线比较法作介绍。

前锋线比较法主要适用于时标网络计划。其主要方法是从检查时刻的时标点出发，首先连接与其相邻的工作箭线的实际进度点，由此再去连接该箭线相邻工作箭线的实际进度点，依此类推，将检查时刻正在进行工作的点都依次连接起来，组成一条一般为折线的前锋线。按前锋线与箭线交点的位置判定工程实际进度与计划进度的偏差。简而言之，前锋线法就是通过工程项目实际进度前锋线，比较工程实际进度与计划进度偏差的方法。

采用前锋线比较法进行实际进度与计划进度的比较，其步骤如下。

① 绘制时标网络计划图。工程项目实际进度前锋线是在时标网络计划图上标示，为清

楚起见，可在时标网络计划图的上方和下方各设一时间坐标。

　　② 绘制实际进度前锋线。一般从时标网络计划图上方时间坐标的检查日期开始绘制，依次连接相邻工作的实际进展位置点，最后与时标网络计划图下方坐标的检查日期相连接。

　　③ 比较实际进度与计划进度。前锋线明显地反映出检查日有关工作实际进度与计划进度的关系有以下三种情况：

　　第一种，工作实际进度点位置与检查日时间坐标相同，则该工作实际进度与计划进度一致；

　　第二种，工作实际进度点位置在检查日时间坐标右侧，则该工作实际进度超前，超前天数为两者之差；

　　第三种，工作实际进度点位置在检查日时间坐标左侧，则该工作实际进展拖后，拖后天数为两者之差。

　　下面举例说明。

　　【例 10-4】　图 10-16 的网络计划中，箭线之下是持续时间（周），箭线之上是预算费用，并列入表 10-5 中。计划工期 12 周，工程进行到第 8 周时，D 工作完成了 2 周，E 工作完成了 1 周，F 工作已完成，H 工作尚未开始。要求用实际进度前锋线对进度进行检查分析。

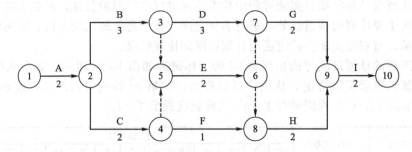

图 10-16　某工程计划进度与实际进度比较图

表 10-5　网络计划的工作时间和预算造价

工作名称	A	B	C	D	E	F	G	H	I	合计
持续时间（周）	2	3	2	3	2	1	2	2	2	
造价/万元	14	12	25	15	20	9	16	10	9	130

　　首先绘制实际进度前锋线，其要点如下。

　　第一，将网络计划搬到时标表上，形成时标网络计划；

　　第二，在时标表上确定检查的时间点；

　　第三，将检查出的时间结果标在时标网络计划相应工作的适当位置并打点；

　　第四，把检查点和所打点用直线连接起来，形成从表的顶端到底端的一条完整的折线，该折线就是实际进度前锋线。

　　根据第 8 周的进度检查情况，绘制的实际进度前锋线见图 10-17。

　　现对绘制情况进行说明如下。

　　根据第 8 周检查结果和表 10-5 中所列数字，计算已完工程预算造价是：

A＋B＋C＋2/3D＋1/2E＋F＝14＋12＋25＋2/3×15＋1/2×20＋9＝80（万元）

　　到第 8 周应完成 A、B、C、D、E、F、H/2，则应完成的预算造价为：

A＋B＋C＋D＋E＋F＋H/2＝14＋12＋25＋15＋20＋9＋10/2＝100（万元）

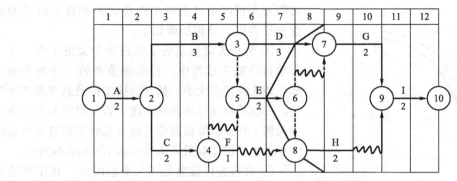

图 10-17　第 8 周检查的实际进度前锋线

进度完成比例＝80/100＝80％，即完成计划的 80％。

从图 10-17 中可以看出，D、E、H 工作均未完成计划。D 工作延误 1 周，这 1 周是在关键线路上，故将使项目工期延长 1 周。E 工作不在关键线路上，它延误了 2 周，但该工作只有 1 周时差，故也会导致工期拖延 1 周，H 工作虽延误一周，但自由时差有 1 周，不会影响工期。D、E 工作是平行工作，工期总的拖延时间是 1 周。

重绘的第 8 周末之后的时标网络计划见图 10-18。与原计划相比，工期延误了 1 周。

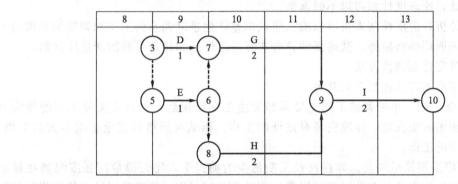

图 10-18　第 8 周以后的时标网络计划

（3）利用香蕉曲线进行检查

图 10-19 的香蕉曲线是根据网络计划绘制的累计工程数量曲线。横坐标是时间，纵坐标是工作量，可以是绝对数，也可以是百分比。A 线是根据最早完成时间绘制的，B 线是根据最迟完成时间绘制的。两线将图围成了香蕉状。P 线是实际完成的工程量累计曲线。用这三条曲线对比可以在任何时点上观察到（或计算）工程的进度状况，包括时间的提前或延误，工作量完成的多或少。本图在 t 点检查时可以发现，进度提前量为 $\triangle t$。

10.4.5　施工项目进度计划的调整

施工项目进度计划的调整应依据进度计划检查结果，在进度计划执行发生偏离的时候，通过对工程量、起止时间、工作关系，资源和目标进行调整，充分利用施工的时间和空间进行合理交叉衔接，并编制调整后的施工进度计划，以保证施工总目标的实现。

（1）进度偏差的影响

在工程项目实施过程中，当通过实际进度与计划进度的比较，发现有进度偏差时，需要分析该偏差对后续工作及总工期的影响，从而采取相应的调整措施对原进度计划进行调整，以确保工期目标的顺利实现。

进度偏差的大小及其所处的位置不同，对后续工作和总工期的影响程度是不同的，分析

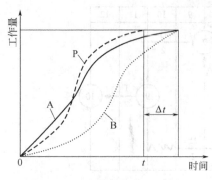

图 10-19　用香蕉曲线检查进度

时需要利用网络计划中工作总时差和自由时差的概念进行判断。分析步骤如下。

① 分析进度偏差的工作是否为关键工作　在工程项目的施工过程中，若出现偏差的工作为关键工作，则无论偏差大小，都对后续工作及总工期产生影响，必须采取相应的调整措施，若出现偏差的工作不为关键工作，需要根据偏差值与总时差和自由时差的大小关系，确定对后续工作和总工期的影响程度。

② 分析进度偏差是否大于总时差　在工程项目施工过程中，若工作的进度偏差大于该工作的总时差，说明此偏差必将影响后续工作和总工期，必须采取相应的调整措施；若工作的进度偏差小于或等于该工作的总时差，说明此偏差对总工期无影响，但它对后续工作的影响程度，需要根据比较偏差与自由时差的情况来确定。

③ 分析进度偏差是否大于自由时差　在工程项目施工过程中，若工作的进度偏差大于该工作的自由时差，说明此偏差对后续工作产生影响，应该如何调整，应根据后续工作允许影响的程度而定；若工作的进度偏差小于或等于该工作的自由时差，则说明此偏差对后续工作无影响，因此，原进度计划可以不做调整。

经过如此分析，进度控制人员可以确认应该调整产生进度偏差的工作和调整偏差值的大小，以便确定采取调整新措施，获得新的符合实际进度情况和计划目标的新进度计划。

（2）项目进度计划调整方法

进度计划调整的方法包括下列几种。

① 单纯调整工期。单纯调整工期主要是当发生工期延误后，对后续关键工作的持续时间进行压缩。压缩时应注意，压缩资源有保证的工作；压缩对质量和安全影响不大的工作；压缩追加费用少的工作。

② 资源有限工期最短调整。即在延长工期最少的前提下，将资源最高强度限制在规定的范围之内。使用的方法是在总时差的限度内移动非关键工作，使资源用量逐步下降至规定的数量之下。

③ 工期固定资源均衡。即工期不变，通过调整使资源峰值下降。使用的方法是通过在总时差范围内移动非关键工作削减资源高峰，直至非关键工作不能移动为止。

④ 工期-成本调整。工期-成本调整的目的是将工期压缩在某个时间之内，而使增加的费用最少。调整的方法是依次压缩有压缩潜力的、增加费用最少的关键工作。

【例 10-5】　根据表 10-6 的数据对图 10-20 进行工期-成本调整。如果压缩工期 4 周，需增加费用为多少？

表 10-6　对图 10-20 进度计划调整所需数据表

工作	正常时间/周	赶工时间/周	赶工一周增加的费用/(元/周)
A	5	4	400
B	2	1	300
C	4	3	500
D	6	5	300
E	6	4	600
F	5	3	500
G	3	3	—

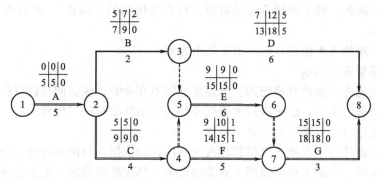

图 10-20　待调整的进度计划

第一步，根据工期-成本调整原理，要缩短工期必须对关键工作进行压缩。由于关键工作 A 的增加费用最少，故首先压缩 A 工作 1 周，增加费用 400 元，累计增加费用 400 元，工期由 18 周缩短为 17 周。

第二步，压缩 C 工作 1 周，增加费用 500 元，累计增加费用 900 元，工期缩短为 16 周。

第三步，压缩 E 工作 1 周，增加费用 600 元，累计增加费用 1500 元，工期缩短为 15 周。

第四步，此时 F 也成为关键工作，从图中 E 和 F 的关系看，只压缩其中一个，不会缩短总工期，故必须同时压缩 E 和 F 各 1 周，增加费用 600＋500＝1100 元，累计增加费用 2600 元，工期缩短为 14 周。

至此，完成压缩工期 4 周的任务，压缩后的网络计划见图 10-21。

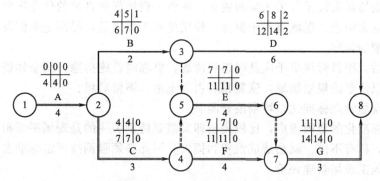

图 10-21　压缩后的进度计划

10.5　施工现场与安全管理

10.5.1　项目施工现场管理的概述

施工现场是指从事工程施工活动经批准占用的施工场地。该场地既包括红线以内占用的建筑用地和施工用地，又包括红线以外现场附近经批准占用的临时施工用地。它的管理是指对这些场地如何科学安排、合理使用，并与各种环境保持协调关系。搞好施工现场管理是工程建设法律、法规对施工单位提出的合理要求。项目经理部应认真搞好施工现场管理，做到文明施工、安全有序、整洁卫生、不扰民、不损害公众利益。

施工现场管理的好坏首先影响施工活动能否正常进行，施工现场是施工的"枢纽站"，涉及人流、物流和财流是否畅通；施工现场是一个"绳结"，把各专业管理联系在一起，密切协作，相互影响，相互制约；施工现场管理是一面"镜子"能摆出施工单位的精神面貌、管理面貌、施工面貌；施工现场管理是贯彻执行有关法规的"焦点"，必须有法制观念，执法、守法、护法。

施工现场管理的基本内容，包括以下几个方面。

（1）合理规划施工用地

首先要保证场内占地的合理使用。当场内空间不充分时，应会同建设单位按规定向规划部门和公安交通部门申请，经批准后才能获得并使用场外临时随工用地。

（2）科学地进行施工总平面设计与布置

施工总平面设计是工程施工现场管理的重要内容和依据，目的是对施工场地进行科学规划，合理利用空间。在施工总平面图上的临时设施，都应各得其所，关系合理合法，从而呈现出现场文明，有利于安全和环境保护，有利于节约，方便于工程施工。

（3）加强对施工现场使用的检查

现场管理人员应经常检查现场布景是否按平面布置图进行，是否符合各项规定，是否满足施工需要，还有哪些薄弱环节，从而为调整施工现场布置提供有用的信息，也应使施工现场保持相对稳定，不被复杂的施工过程打乱或破坏。

（4）合理调整施工现场的平面布置

不同的施工阶段，施工的需要不同，现场的平面布置亦应进行调整。施工内容变化是现场平面布置调整的主要原因，不应当把施工现场当成一个固定不变的空间组合。而应当对它进行动态的管理和控制，但调整也不能太频繁，以免造成混乱和浪费。

（5）建立文明的班工现场

文明施工现场即指按照有关法规的要求，使施工现场保持良好的作业环境、卫生环境和工作秩序。建立文明施工现场有利于提高工程质量和工作质量，提高企业信誉。

（6）及时清场转移

施工结束后，项目管理班子应及时组织清场，将临时设施拆除，剩余物资退场，组织向新工程转移，以便整治规划场地，恢复临时占用土地，不留后患。

（7）坚持现场管理标准化，堵塞浪费漏洞

现场管理标准化的范围很广，比较突出即又需要特别关注的是现场平面布置管理和现场安全生产管理，稍有不慎，就会造成浪费和损失。因此必须强调按规定标准去管理。

（8）做好施工现场管理评价

在工程完工后，应对施工现场管理进行总结和综合评价。评价内容应包括经营行为管理评价、工程质量管理评价、施工安全管理评价、文明施工管理评价及施工队伍管理评价五个方面。综合评价结果可用作对企业资质实行动态管理的依据之一，作为企业申请资质等级升级的条件，作为对企业进行奖罚的依据。

10.5.2 施工现场防火管理

施工现场必须严格按照《中华人民共和国消防法》的规定，建立和执行防火管理制度。现场必须有满足消防车出入和行驶的道路，并设置符合要求前防火报警系统和固定式灭火系统，消防设施应保持完好的备用状态。在火灾易发地区施工或储存、使用易燃、易爆器材时，承包人应当采取特殊的消防安全措施。施工现场的通道、消防出入口、紧急疏散楼道等，均应有明显标志或指示牌。

（1）施工现场防火的特点

施工现场存在的火灾隐患多，产生火灾的危险性大，稍有疏忽，就有可能发生火灾事故。施工现场防火的特点为：

①　施工工地易燃建筑物多且场地狭小，缺乏应有的安全距离。因此，一旦起火，容易蔓延成灾。

②　施工现场易燃材料多，容易失火。

③　施工现场临时用电线路多，容易漏电起火。

④　在施工进展期间，施工方法不同，会出现不同的火灾隐患。

⑤　施工现场人员流动性大，交叉作业多，管理不便，火灾隐患不易发现。

⑥　通工现场消防水源和消防道路均系临时设置，消防条件差，一旦起火，灭火困难。

（2）火灾预防管理工作

①　对上级有关消防工作的政策、法规、条例要认真贯彻执行。将防火纳入领导工作的议事日程，做到在计划、布置、检查、总结、评比时均考虑防火工作，制定各级领导防火责任制。

②　企业建立防火制度。防火制度包括各级安全防火责任制；工人安全防火岗位责任制；现场防火工具管理制度；重点部位安全防火制度；安全防火检查制度；火灾事故报告制度；易燃易爆物品管理制度；用火、用电管理制度；防火宣传、教育制度。

③　建立安全防火委员会。在进入现场后立即建立由现场施工负责人主持，有关技术、安全保卫、行政等部门参加的安全防火委员会。其职责是：贯彻国家消防工作方针、法律、文件及会议精神，结合本单位具体情况部署防火工作；定期召开防火委员会会议；开展安全消防教育和宣传；组织安全防火检查，并监督落实；制定安全消防制度及保证防火的安全措施；对防火灭火有功人员奖励，对违反防火制度及造成事故的人员批评、处罚以至追究责任。

④　设专职、兼职防火员，成立义务消防组织。其职责是：监督、检查、落实防火责任制的情况；审查防火工作措施并督促实施；参加制定、修改防火工作制度；经常进行现场防火检查，发现火灾隐患有权指令停止生产或查封，并立即报告有关领导研究解决；推广消防工作先进经验；对工人进行防火知识教育；参加火灾事故调查、处理、上报。

10.5.3　施工现场文明施工管理

文明施工有广义和狭义两种理解。广义的文明施工，就是科学地组织施工。这里所讲狭义的文明施工是指在施工现场管理中，要按现代化施工的客观要求，使施工现场保持良好的施工环境和施工秩序，它是施工现场管理的一项综合性基础管理工作。

（1）文明施工的意义

①　文明施工能使进企业综合管理水平的提高。

②　文明施工是现代化施工本身的客观要求。

③　文明施工是企业管理的对外窗口。

④　文明施工有利于培养一支懂科学、善管理、讲文明的施工队伍。

（2）文明施工的措施

文明施工的措施是落实文明路工标准，实现科学管理的重要途径。

①　组织管理措施　主要措施如下。

a. 健全管理组。施工现场应成立以项目经理为组长，主管生产副经理、主任工程师、栋号负责人（或承包队长）、生产、技术、质量、安全、清防、保卫、材料、环保、行政卫生等管理人员为成员的施工现场文明施工管理组织。

b. 健全管理制度。主要包括：个人岗位责任制；经济责任制；文明施工检查制度；文明施工管理奖惩制度；施工现场持证上岗制度；文明施工会议制度；文明施工各项专业管理制度；如质量、安全、场容、卫生、民工管理等专业制度。

c. 健全管理资料。在文明施工管理过程中，应健全有关文明施工的标准、规定、法律法规、施工日志、教育、培训、考核记录以及文明施工会议、检查等活动记录的相应资料。

d. 开展竞赛。公司之间、项目经理部之间、现场各个专业管理之间应开展文明施工竞赛活动，并与检查、考评、奖惩相结合。

e. 加强宣传教育培训工作。通过文明施工宣传教育培训工作，专业管理人员要熟悉掌握文明施工标准，特别要加强对民工的文明施工岗前教育工作。

f. 积极推广应用新技术、新工艺、新设备和现代化管理方法，提高机械化作业程度。文明施工是现代工业生产本身的客观要求，广泛应用新技术、新设备、新材料是实现现代化施工的必由之路，它为文明施工创造了条件，打下了基础。

② 现场管理措施　主要措施如下。

a. 开展"5S"活动。"5S"活动是指对施工现场各生产要素所处状态不断地进行整理、整顿、清扫、清洁和素养。"5S"活动在日本和西方国家企业中广泛实行。整理就是把施工现场不需要和不合理的人、事、物及时处理。整顿就是把施工现场所需要的人、机、物、料等按照路工现场平面布置图规定的位置，科学合理地安排布置。清扫就是要勤加维护打扫，保持现场环境卫生、干净整齐，并使设备运转正常。清洁就是前三项活动的继续和深入，从而预防疾病、消除发生安全事故的根源，使施工现场保持良好的施工与生活环境如施工秩序。素养就是努力提高施工现场全体职工的素质，养成遵章守纪和文明施工习惯，它是开展"5S"活动的核心和精髓。

开展"5S"活动，要特别注意调动全体职工的积极性，由职工自己动手，创造一个整齐、清洁、方便、安全如标准化的施工环境，使全体职工养成遵守规章制度和操作规程的良好风尚；要加强组织、严格管理、领导高度重视，要将"5S"活动纳入岗位责任制，并按照文明施工标准检查、评比与考核。

b. 合理定置。合理定置是指把整个工地施工期间所需要的物料在空间上合理布置，实现人与物、人与场所、物与场所、物与物之间的最佳结合，使施工现场秩序化、标准化、规范化，体现文明路工水平，是实现文明施工的一项重要措施。合理定置设计其实质就是现场空间布置的细化、具体化，要根据原施工现场平面布置图的实际情况及时作出修改、补充、调整，确保科学合理。对合理定置实施方案要按行 PDCA 循环和考核工件，定置管理要贯穿施工的全过程。

c. 目视管理。目视管理是一种符合现代化施工要求和生理及心理需要的科学管理方式，是搞好文明施工、安全生产的一项重要措施。目视管理就是用眼睛看的管理，亦可称之为"看得见的管理"。它是利用形象直观、色影适宜的各种视觉感知信息来组织现场施工生产活动，达到提高劳动生产率、保证工程质量、降低工程成本的目的。目视管理是一种简便适用、便于职工自主管理和自我控制、科学组织生产的一种有效的管理方式。

（3）文明施工管理要点

根据国家住建部对施工现场文明施工管理的规定，施工单位应当贯彻文明施工的要求，推行现代管理方法，科学组织施工，做好施工现场的各项管理工作。其管理要点为：

① 施工单位应当按照施工总平面布置图设置各项临时设施　大宗材料、成品、半成品和机具设备的堆放，不得侵占场内道路及安全防护等设施。设置的职工生活设施，应符合卫生、通风、照明等要求。职工的膳食、饮水供应等应当符合卫生要求。工程项目实行总包和分包的，分包单位确需进行改变施工总平面布置图活动的，应当先向总包单位提出申请，经总包单位同意后方可实施。

② 标牌和标志　施工现场必须设置明显的标牌，标明工程项目名称、建设单位、设计单位、监理单位、施工单位、项目经理和施工现场总代表人的姓名，开、竣工日期，施工许可证批准文号等。施工单位负责施工现场标牌的保护工作。施工现场的主要管理人员在施工现场应当佩戴证明其身份的证卡。施工现场应保证道路畅通、排水系统处于良好的使用状态，保持场容场貌的整洁，随时清理建筑垃圾。在车辆、行人通行的地方施工，应当设置沟井坎穴覆盖物和施工标志。

③ 施工现场的用电和施工机械　施工现场的用电线路、用电设施的安装和使用必须符合安装规范相安全操作规程，并按照施工组织设计进行架设，严禁任意拉线接电，必须设有保证施工安全要求的夜间照明，危险潮湿场所的照明以及手持照明灯具，必须采用符合安全要求的电压。施工机械应当按照施工总平面布置图规定的位置和线路设置，不得任意侵占场内道路。施工机械进场必须经过安全检查，经检查合格的方能使用，施工机械操作人员必须建立机组责任制，并依照有关规定持证上岗，禁止无证人员操作。

④ 安全生产和事故处理　施工单位必须执行国家有关安全生产和劳动保护的法规，建立安全生产责任制，加强规范化管理，进行安全交底、安全教育和安全宣传，严格执行安全技术方案。施工现场的各种安全设施和劳动保护器具，必须定期进行检查和维护，及时消除隐患，保证其安全有效。施工现场发生的工程建设重大事故的处理，按照《工程建设重大事故报告和调查程序规定》执行。

⑤ 安全保卫　建设单位或施工单位应当做好施工现场安全保卫工作，采取必要的防护措施，在现场周边设立围护设施。施工现场在市区的，周围应当设置遮挡阻拦，临街的脚手架也应当设置相应的围护设施。非施工人员不得擅自进入施工现场。非建设行政主管部门对工程项目施工现场实施监督检查时，应通过或者会同当地人民政府建设行政主管部门进行。

10.5.4　施工现场环境保护管理

环境保护是我国的一项基本国策。这里介绍的环境保护是指保护和改善施工现场的环境。具体地说，就是按照国家、地方法规和行业、企业要求，采取措施控制施工现场的各种粉尘、废水、废气、固体废弃物以及噪声、振动等对环境的污染和危害。

（1）环境保护的意义

① 保护和改善施工环境是保证人们身体健康和社会文明的需要　搞好施工现场环境卫生，改善作业环境，就能保证职工身体健康。搞好环境保护是坚持"以人为本"重要思想的体现。

② 保护和改善施工现场环境是消除外部干扰保证施工顺利进行的需要　在城市施工，施工扰民问题反映突出，如果及时采取前治措施，就能防止污染环境，消除外部干扰，使施工顺利进行。

③ 保护和改善施工环境是现代化大生产的客观要求　现代化施工广泛应用新设备、新技术、新的生产工艺，对环境质量要求很高。

④ 环境保护是国家和政府的要求，是企业行为准则　我国宪法、环境保护法等对环境保护都作了明确的规定。加强环境保护是符合人民根本利益和造福子孙后代的一件大事，是保证社会和企业可持续发展的需要。

（2）环境保护的措施

① 实行环保目标责任制　把环保指标以责任书的形式分解到有关单位和个人，列入承包合同和岗位责任制，建立一支懂行善管的环保自我监控体系。

② 加强检查和监控工作　要加强检查，加强对施工现场粉尘、噪声、废的监测和监控

工作，要与文明施工现场管理一起检查、考核、奖罚。及时采取措施消除粉尘、废气和污水的污染。

③ 保护和改善施工现场的环境，要进行综合治理　施工单位要采取有效措施控制人为噪声、粉尘的污染和采取技术措施控制烟尘、污水、噪声污染；建设单位应该负责协调外部关系，同当地居委会、办事处、派出所、居民、环保部门加强联系。要做好宣传教育工作，认真对待来信来访。

④ 要有技术措施，严格执行国家的法律、法规　在编制施工组织设计时，必须有环境保护的技术措施。在施工现场平面布置和组织施工过程中都要执行国家、地区、行业对企业有关环境保护的法律、法规和规章制度。

⑤ 采取措施防止大气污染　施工现场垃圾渣土要及时清理出现场，道路应指定专人定期洒水清扫，形成制度。袋装水泥、白灰、粉煤灰等易飞扬的细颗散体材料，应库内存放。禁止在施工现场焚烧会产生有毒、在害烟尘和气体的物质。尽量采用消烟除尘型和消烟节能型的工地茶炉、大灶如锅炉。地搅拌站除尘是治理的重点，有条件要修建集中搅拌站。拆除旧有建筑物时，应适当洒水，防止扬尘。

⑥ 防止水源污染措施　禁止将有毒有害废齐物作上方回填，施工现场搅拌站废水、现制水磨石的污水须经沉淀法沉淀后再排入城市污水管道或河流。现场存放油料，必须对库房地面进行防护处理，使用时要采取措施，防止油料跑、冒、滴、漏。工地临时食堂的污水排放可设置简易有效的隔油池。临时厕所、化粪池应采取防渗漏措施，并有防蝇、灭蛆措施。化学药品、外如剂等要妥善保管，库内存放。

⑦ 防止噪声污染措施　严格控制人为噪声。在人口稠密区进行强噪声作业时，须严格控制作业时间。确系特殊情况须昼夜施工时，尽量采取降低噪声措施，并会同建设单位找当地政委会或居民协商，出安民告示，求得群众谅解。尽量选用低噪声设备和工艺代替高噪声设备与加工工艺，或在声源处安装消声器。在传播途径上采取吸声、隔声、隔振和阻尼等方法来降低噪声。

工程项目施工由于受技术、经济条件限制，对环境的污染不能控制在规定范围内的，建设单位应当合同施工单位事先报请当地人民政府建设行政主管部门和环境行政主管部门批准。

10.5.5　施工现场安全管理

施工现场安全管理就是工程项目在施工过程中，组织安全生产的全部管理活动。施工现场是施工企业安全管理的基础，必须要强化施工现场安全的动态管理。

10.5.5.1　施工现场安全管理的特点

（1）安全管理的难点多

由于施工受自然环境的影响大、高处作业多、地下作业多、大型机械多、用电作业多、易燃物多，因此安全事故引发点多，安全管理的难点必然大量存在。

（2）安全管理的劳保责任重

这是因为工程施工是劳动密集型，手工作业多，人员数量大，交叉作业多，作业的危险性大。因此，要通过加强劳动保护创造安全施工条件。

（3）施工现场安全管理处在企业安全管理的大环境之中　包括安全组织系统、安全法规系统和安全技术系统。

（4）施工现场是安全管理的重点　这是因为施工现场人员集中、物资集中，作业场所事故一般都发生在现场。

（5）安全管理的严谨性　安全状态具有发散性，其控制措施必须严谨，一旦失控，就会造成损失和伤害。

10.5.5.2　施工现场安全管理的内容

施工现场的安全管理，主要是组织实施企业安全管理规划、指导、检查和决策。施工现场安全管理的内容，大体可归纳为安全组织管理、场地与设施管理（文明施工）、行为控制和安全技术管理四个方面，分别对生产中的人、物、环境的行为与状态，进行具体的管理与控制。

（1）施工现场安全组织管理

施工现场的项目经理为安全生产的第一责任者。施工现场应成立以项目经理为首的，有施工员、安全员、班组长等参加的安全生产管理小组。要建立由工地领导参加的包括施工员、安全员在内的轮流值班制度，检查监督施工现场及班组安全制度的贯彻执行，并做好安全值日记录。工地还要建立健全各类人员的安全生产责任制、安全技术交底、安全宣传教育、安全检查、安全设施验收和事故报告等管理制度。

对总、分包工程，总包单位应统一领导和管理安全工作，并成立以总包单位为主，分包单位参加的联合安全生产领导小组，统筹协调、管理施工现场的安全生产工作。各分包单位都应成立分包工程安全管理组织或确定安全负责人，负责分包工程安全管理，并服从总包单位的安全监督检查。在同一施工现场，由建设单位直接分包分部分项工程的施工单位除负责本单位施工安全外，还应服从现场总包施工单位的监督检查和管理。

（2）施工现场的安全措施要求

① 基本要求

a. 平面布置。施工平面布置图中运输道路、临时用电线路、各种管道、生活设施等临时工程的安排，均要符合安全要求。工地四周应有与外界隔离的围护设置，入口处一般应都标示安全纪律或施工现场安全管理规定。工地排水设施应全面规划，其设置不得妨碍交通和工地周围环境。

b. 道路运输。工地的人行道、车行道应坚实平坦，保持畅通。工地通道不得任意挖掘或截断。如必须开挖时，有关部门应事先协调，统一规划，同时将通过道路和沟渠，搭设安全牢固的桥板。

c. 材料堆放。一切建筑施工器材都应该按施工平面布置图规定的地点分类堆放整齐稳固。作业中使用剩余器材及现场拆下来的模板、脚手架杆件和余料、废料等都应随时清理回收，并且将钉子拔掉或者打弯再分类集中堆放。油漆及其稀释剂和其他对职工健康有害物质，应该存放在通风良好、严禁烟火的专用仓库。

d. 施工现场的安全设施。安全设施如安全网、洞口盖板、护栏、防护罩、各种摄制保险装置都必须齐全有效，并且不得擅自拆除或移动。

e. 安全标牌。施工现场除应设置安全宣传标语牌外，危险部位还必须悬挂符合规定的安全警示标牌。夜间有人经过的坑洞等处还应设红灯示警。

② 特殊工程施工现场安全措施要求　特殊工程系指工程本身有特殊性或工程所在区域有特殊性或采用的施工工艺、方法有特殊要求的工程。特殊工程施工现场安全管理，除具有一般工程的基本要求外，还应按特殊工程的性质、施工特点、要求等制定有针对性的安全管理和安全技术措施。其基本要求是：编制特殊工程施工现场安全管理制度并向参加施工的全体职工进行安全教育和交底；特殊工程施工现场周围要设置围护，要有出入制度并设值班人员；强化安全监督检查制度；对从事危险作业如爆破、吊装拆除工程等的人员要进行安全检测和设置监护；施工现场应设医务室或法医务人员；要备有灭火、防爆炸的器材。

③ 防火与防爆安全管理　工程路工现场防爆安全管理工作的主要内容是：对于爆破及引爆物品的储存、保管、领用和各种气瓶的运输、存放、使用都必须严格按规定执行；各种可燃性液体、油漆涂料等在运输、保存、使用中，除按规定外，要根据其性能特点采取相应的防爆措施；向操作者及其有关人员，作好安全交底。

（3）安全技术管理

安全技术管理的工作程序是：根据工程特点进行安全分析、评价、设计、制定对策、组织实施。实施中收集信息反馈，进行必要的技术调整或巩固安全技术效果。安全技术管理分为内业管理和外业管理两部分。

① 内业管理　内业即技术分析、决策和信息反馈的研究处理。安全技术资料是内业管理的重要工作，它不仅是施工安全技术的指令性文件与实施的依据和记录，而且是提供安全动态分析的信息流，并且对上级制定法规、标准也有重要的研究价值。

② 外业管理　外业管理主要是组织实施，监督检查。作业部门及人员都必须认真遵照经审定批准的措施方案和有关安全技术规定进行施工作业。各项安全设施如脚手架、龙门架、模板、塔吊、安全网、施工用电、洞口等的搭设及其防护设置完成后必须组织验收，合格后才准使用。在使用过程中，要进行经常性的检查维修，确保安全有效。各施工作业完成后，安全设施、防护装置确认不再需要时，经批准后方可拆除。对拆除复杂和危险性的设施必须按拆除方案和有关拆除工程规定进行，并派安全监护，同时要划定危险区域，设立警告标志。

10.5.5.3　施工现场安全管理要点

建筑施工企业和施工项目经理部在进行施工现场安全管理工作时，应坚持管生产同时管安全、坚持全员、全过程、全方位、全天候的动态安全管理的基本原则，必须贯彻预防为主的方针，努力做好施工现场安全管理工作。施工现场安全管理的工作要点可归纳如下。

① 进行安全立法、执法和守法　项目经理部在学习国家、行业、地区安全法规的基础上，制定自己的安全管理制度，并以此为依据，对工程项目的安全施工进行经常性的制度化和规范化的管理，也就是执法。守法是按照安全法规的规定进行工作，使安全法规变为行规，产生效果。

② 落实安全责任，建立安全组织系统及相应的责任系统　施工现场应建立和完善以项目经理为首的安全生产领导组织，从而开展安全管理活动，承担组织、领导安全生产的责任；应建立各级人员安全生产责任制度，明确各级人员的安全责任，抓制度、责任落实，定期检查安全责任落实情况。

③ 安全教育与训练　施工现场进行安全教育与训练，能有效地防止人的不安全行为减少人的失误。安全教育、训练是进行人的行为控制的重要方法和手段。因此，进行安全教育、训练要适时、宜人，内容合理，方式多样，形成制度。组织安全教育、训练要做到严肃、严格、严密、严谨、讲求实效。安全教育、训练包括安全知识、技能、意识三个方面的教育、训练。

④ 加强安全检查与考核　安全检查是发现不安全行为和不安全状态的重要途径，是消除事故隐患，落实整改措施，改善劳动条件的重要方法。安全检查的形式有普遍检查、专业检查和季节性检查。安全检查的内容主要是查思想、查管理、查制度、查现场、查隐患、查事故处理。安全检查方法常用的有一般检查方法和安全检查表（SCL）法。其中一般方法常采用看、听、嗅、问、测、验、析等方法。安全考核也是安全管理和安全控制的一种重要手段。只有经过严格考核，建立安全奖惩制度，才能鼓励先进、鞭策落后，才能进行安全改进，推广经验，提高安全施工水平。

⑤ 施工现场安全标准化　实行施工现场安全标准化是实现安全生产的根本措施，是强化安全管理和安全技术的有效途径。各项管理标准和工作标准通过技术标准的实施，将安全生产的基本要求落实到基层。标准化的实施可以增强职工安全意识，提高职工现场安全防护水平，促进现代化安全管理，做到强化管理、落实责任、严肃法规、消灭违章、减少伤亡事故。标准化从人的角度来说，是以标准规范每个管理人员和操作人员的行为，约束人的不安全行为；从物的角度看，标准化是一种技术准则，消除物的不安全状态，建立良好的生产秩序和创造安全的生产环境。

⑥ 生产技术与安全技术的统一　生产技术工作是通过完善生产工艺过程、规范工艺操作、发挥技术的作用，保证生产顺利进行的。包含了安全技术在保证生产顺利进行的全部职能和作用。两者的实施目标虽各有侧重，但工作目的完全统一在保证生产顺利进行、实现效益这一共同的基点上。生产技术、安全技术统一，体现了安全生产责任制的落实。

⑦ 开展安全防护和安全施工的研究　通过开展安全防护和安全施工的研究，可以找出并发现施工过程中有损职工身体健康和人身安全的各种因素，开发劳动保护和事故预防的新途径，使安全施工科学化，提高安全施工的保障水平。

⑧ 正确对待事故的调查与处理　事故是违背人们意愿，且又不希望发生的事件。一旦发生事故，不能以违背人们意愿为理由，予以否定。关键在于对事故的发生要有正确认识，并用严肃、认真、科学、积极的态度，处理好已发生的事故，尽量减少损失，采取有效措施，严禁同类事故重复发生。

10.5.5.4　安全管理工作的职责

施工现场安全管理工作必须要明确各单位、各部门和各级管理人员及操作工人的安全职责，要定出履行安全职责的具体措施、手段和各种保证条件，并全面抓好安全职责落实工作。

总体来讲，施工现场安全管理工作的主要职责是：宣传贯彻安全管理法律、法规；对施工安全工作实行分级管理；审查工程项目开工前的安全技术措施；审查施工企业施工资质等级；监督建设单位、施工单位按照国家及各省、市、自治区有关规定，定额支付、使用安全技术措施经费；根据国家有关规定，负责职责范围内的安全技术教育和培训；对竣工工程的施工安全管理进行考证验收；调查、处理工程项目施工中的事故，对死亡及重大事故按照规定会同劳动、公安、检察、工会等部门组织调查、处理。

习　题

1. 什么是项目和工程项目？其特点有哪些？

2. 什么是工程项目管理？工程项目管理有哪些类型？

3. 工程项目组织有何特殊性？工程项目组织建立有哪些步骤？

4. 施工项目经理应具备哪些素质，如何选拔？

5. 试述工程项目质量的概念和特点。工程项目质量的影响因素是什么？

6. 质量控制的方法有哪些，各有什么特点？

7. 试述"工期"与"进度"的联系与区别？

8. 实际进度前锋线如何确定？怎样用实际进度前锋线检查进度情况？

9. 进度计划调整有哪些措施？

10. 某工程项目时标网络计划如图 10-22 所示，该计划执行到第 35 天检查实际进度时，发现 A、B 和 C 已经全部完成，工作 D、E 分别完成计划任务量的 60%、20%，工作 C 需 15 天完成，试用前锋线进行实际进度与计划的比较。

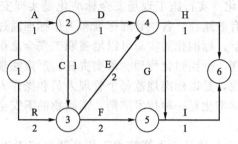

图 10-22　习题 10 图

11. 施工现场管理的基本内容包括哪些方面？需要着重注意哪些关键点？

12. 某网络计划的有关资料如下表所示，试绘制双代号网络图，并计算各项工作的时间参数和标明关键线路。将所绘双代号网络图转化成时标网络计划，并说明波形线的意义。

工作	A	B	C	D	E	G	H	I	J	K
持续时间	2	3	5	2	3	3	2	3	6	2
紧前工作	—	A	A	B	B	D	G	E、G	C、E、G	H、I

第 11 章　建筑企业成本管理及经济核算

11.1　建筑企业成本管理概述

（1）建筑产品成本和成本管理的概念

建筑产品的成本，是指该产品在施工过程中所发生的一切费用的总和，是施工中所消耗的生产资料价值与劳动者价值两部分之和，是建筑产品价格的主要组成部分，建筑产品的成本包括施工中耗费的各种材料的费用，机械设备等固定资产的折旧费，支付给生产工人、工程技术人员和管理人员的工资。企业为进行生产活动进行生产活动所开支的各项管理费用等。成本应准确地反映生产过程中物化劳动和活劳动消耗，应根据社会平均成本来确定。

成本按其性质或本质来说，具有资本性、价值性、耗费性和盈利性。

资本性是指成本在资本组成部分和存在形式，是一种垫付资本，资本性履行着资本的部分职能。这一性性质主要要求像对待资本那样理解成本、管理成本。

价值性是指成本与资本一样，也是一种价值形式，价值性要以货币作为计量尺度，同时，与一定数量的价值相联系。因此，成本同样是价值与使用价值的统一，要求这种统一，实现这种统一，也是成本的内在要求。

耗费性是指成本在本质上的一种价值消耗，是资本的耗费，这种耗费反映为成本所体现的使用价值在形成过程中对经济资源的耗费，这种耗费兼有垫付和花费的性质，成本所反映的价值消耗越低，使用功能就越高，企业所面临的风险就越小，获利的机会就越大。

盈利性是指成本具有要求盈利的本性。企业支付成本，不仅要考虑能不能收回本钱，还要考虑获利能力。

成本管理就是对成本形成过程所进行的管理。它包括预测、决策、计划、控制、核算、分析、考核等工作环节。成本管理在建筑企业经营管理中占有重要的地位，直接影响企业所创利润多少。在一定的意义上说，企业的一切管理都要导致一定的经济效益，这个效益必然反映着成本管理的好坏。施工企业成本管理需要收集和整理有关资料，正确地按工程预算项目编好工程成本计划；及时而准确地掌握施工阶段的工程完成量、费用、支出等工程成本情况；与计划成本相比较，做出细致的成本分析。随着开工和工程的进展，由于各种原因，工程的实际成本与预算成本发生差异，因此在成本管理中必须对工程成本的构成加以分析。在成本构成中，有的成本费用项目与工程量有关（如直接费），有的与工程持续的时间有关（如间接费），成本管理工作应在工程成本可能变动的范围内，也就是可控制范围内去进行。

（2）成本管理的任务

成本管理的基本任务，是保证降低成本，实现利润，为国家提供更多的积累，为企业获得更大的经济效益，使职工得到适当的利益。具体有以下几个方面。

① 做好成本管理的基础工作，包括以下内容。

a. 划清工程成本与其他费用的界限。出于建筑产品的成本构成比较复杂，因此，必须划清成本的各项费用范围。在成本构成中，有的成本费用项目与工程量有关（如直接费），有的成本费用项目与工程持续时间有关（如间接费），成本管理工作应在工程成本可能变动的范围，也主就可控制的范围内去进行。

　　b. 认真做好施工定额及施工预算的管理。

　　c. 认真做好各项成本信息工作。如对各项原始资料、凭证的全面、及时、准稳地掌握。

　　d. 建立与健全各项制度。

　　e. 认真做好各级成本管理人员的培训。

　　② 认真做好成本计划工作，严格进行成本控制。包括加强预算管理，做好两算（施工图预算和施工预算）分析对比，认真编制成本计划，提降成本的计划指标、措施落实到各个部门，严格进行成本控制，保证一切支出控制在计划成本之内。

　　③ 加强成本的核算和分析，及时总结成本管理工作的经脸，解决存在的问题，促进整个企业经营管理水平的普遍提高。

　　(3) 成本管理的程序

　　成本管理的程序可如图 11-1 所示。

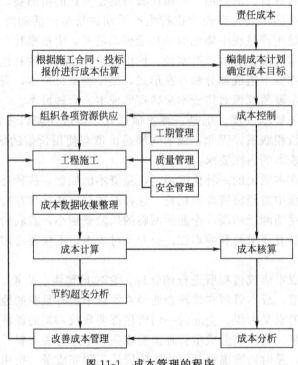

图 11-1　成本管理的程序

11.2　成本计划

　　成本计划是以货币形式综合反映企业在计划内的成本水平和成本降低程度的计划，是企业施工技术财务计划的一个组成部分。编制成本计划就是确定计划期的计划成本，这项工作是成本管理中的一个重要环节。

11.2.1　成本计划的内容

　　建筑企业成本计划包括工程成本计划、产品成本计划、作业成本计划及企业管理费用计划等内容。

　　① 工程成本计划，综合反映企业及其所属施工项目部在计划期内按成本项目及主要单位工程划分的预算成本、计划成本、计划降低额、计划降低率和降低成本措施计划。

② 产品成本计划，综合反映企业所属工业企业在计期内按成本项目划分的产品预算成本、计划成本、计划降低额和计划降低率，以及主要产品单位成本及总成本的降低情况。

③ 作业成本计划，结合反映企业及附属机操作业及运输单位在计划期，按成本项目及作业项目划分的预算成本、计划成本、计划降低额及计划降低率。

④ 企业管理费用计划，反映企业管理费用的投入和支出计划，并附企业管理费用归口管理及开支标准表。

11.2.2　成本计划的编制准则

① 制定合理的降低成本目标，即按企业工程任务的实际情况制定出企业的、工程的降低成本目标；

② 挖掘企业内部潜力，积极可靠地降低成本；

③ 针对工程任务，采用先进可行的技术组织措施以达到降低成本的目的；

④ 从改善生产经营管理着手，降低各项管理费用；

⑤ 参照上期实际完成的情况编制本期成本计划，使计划具有连续性。

11.2.3　成本预测

成本预测，就是根据相关的成本资料，采用科学的方法和手段，对一定时期内成本变动的趋势做出判断，从而确定成本目标。成本预测有两个目的，一是为挖掘降低成本的潜力指明方向，作为计划期降低成本的参考；二是为施工单位内部各责任单位降低成本指明途径，作为编制增产节约计划和制定降低成本措施的依据。

成本预测的程序如下。

① 环境调查。环境调查主要从三个方面进行，即市场需求容量调查、成本水平调查和技术发展调查。市场需求容量调查主要是了解国民经济发展情况，国家、地区的投资规模、方向和布局，以及主要工程的性质和结构，市场竞争形势等；成本水平调查主要是了解本行业各种类型工程的成本水平，本企业在各地区、各类型投标中标工程项目的成本水平和目标利润，建筑材料、劳务供应情况和市场价格及其变化趋势；技术发展调查主要是了解国内外新技术、新设计、新工艺、新材料采用的可能性及其对成本的影响。

② 收集预测资料。预测资料一般有纵向和横向两方面的数据。纵向资料是企业成本费用的历史数据，据此分析其发展趋势；横向资料是指同类企业、项目的成本费用资料，据此分析所预测项目与同类项目的差异，并做出估计。

③ 选择预测方法，建立预测模型。预测方法可以分为定性预测法和定量预测法。选择预测方法，建立预测模型时要考虑预测的时间期限要求、数据要求和精度要求。

④ 成本的初步预测。根据定性预测法及一些横向成本资料的定量预测，对成本进行初步估计。这一步的结果往往比较粗糙，需要结合当前的成本费用水平进行修正，才能保证预测结果的质量。

⑤ 预测结果分析。采用预模型进行预测，其结果只是反映历史的一般发展情况，并不能反映可能出现的突发性事件对成本变化的影响。因此，必须对预测结果进行分析。

⑥ 确定预测结果，提出预测报告，根据预测分析的结论，最终确定预测的结果，并在此基础上提出预测报告，确定目标成本，作为编制成本计划和进行成本控制的依据。

11.2.4　成本计划的编制程序

建筑企业成本计划的编制，是建立在成本预测和一定资料的基础之上的。编制成本计划的具体方法随项目的不同而完全相同，但通常可以分为以下几个阶段。

（1）收集、整理、分析资料，作为编制成本计划的依据资料主要包括：

① 上年度成本计划完成情况及历史最好水平资料（产量、成本、利润）；

② 企业的经营计划和计划期的生产计划、劳动工资计划、材料供应计划及技术组织措施计划等；

③ 上级主管部门下达的降低成本指挥和要求；

④ 施工定额及其他有关的各项技术经济定额；

⑤ 施工图纸、施工图预算和施工图设计。

（2）确定目标成本及目标成本降低率（额）

目标成本是指在相关资料进行分析、预测以及对项目可用资源（劳动力、材料、机械设备等）进行优化的基础上，经过努力可以实现的成本。确定目标成本是成本计划的核心，是成本管理所要达到的目的。成本目标通常以项目成本降低率（额）来定量地表示。具体步骤如下：

① 根据相关资料和预测结果，初步计算出项目降低成本的目标，这个目标值应大于或等于企业下达的降低成本目标；

② 将项目合同价减去税金、目标利润和降低成本的目标值，即可以得出项目的总目标成本；

③ 计算出现项目的目标成本降低额和目标成本降率，具体计算公式为

$$目标成本降低额 = 项目预算成本 - 项目目标成本 \tag{11-1}$$

$$目标成本降低率 = \frac{目标成本降低额}{项目的预算成本} \tag{11-2}$$

（3）进行成本指标的试算平衡

为了使初步制定的目标成本和目标成本降低率（额）能落到实处，必须进行反复的试算平衡，测算它们的经济效果，看其能否达到目标成本的要求。

具体降低成本的措施及其效果计算如下。

① 提高劳动生产率而降低成本。提高劳动生产率不仅能够减少单位产品负担的工资和工资附加费，而且能够降低产品成本中的其他费用负担。

$$成本降低率 = \begin{pmatrix} 工资成本占工 \\ 程成本的比重 \end{pmatrix} \times \left(1 - \frac{1 + 平均工资增长\%}{1 + 劳动生产率增长\%} \right) \tag{11-3}$$

② 节约资源、能源消耗而降低成本。在不影响产品质量，满足产品功能要求的前提下，节约各种物资消耗对降低产品成本作用很大。

$$成本降低率 = \begin{pmatrix} 所耗资源、能源费 \\ 占工程成本的比重 \end{pmatrix} \times \begin{pmatrix} 资源、能源 \\ 损耗降低率 \end{pmatrix} \tag{11-4}$$

③ 由于采取技术组织措施而降低成本。采取技术组织措施在整个降低成本中应占很大的比重，是降低成本的主要方面，应按预算的单位工程量编制。

$$成本降低率 = \begin{pmatrix} 该项目原成本占 \\ 工程成本的比重 \end{pmatrix} \times \frac{措施涉及的工程量 \times 单位量的节约额}{工程成本} \tag{11-5}$$

④ 由于多完成工程任务，使固定费用指对节约而降低成本。在建筑企业成本中，固定费用包括人工费中的标准工资、机械使用费中的折旧、绝大部分施工管理费等。

$$成本降低率 = \begin{pmatrix} 固定费用占工 \\ 程成本的比重 \end{pmatrix} \times \left(1 - \frac{1}{1 + 完成任务增长\%} \right) \tag{11-6}$$

⑤ 提高产品质量，减少废品与返工而降低损失。在生产中出现废品与返工，分摊到新产品上的原材料消耗量就增大，就会使成本增加。

$$成本降低率=\begin{pmatrix}废品、返工损失\\占工程成本比重\end{pmatrix}\times\begin{pmatrix}废品、返工\\损失降低率\end{pmatrix} \tag{11-7}$$

⑥ 由于节约管理费能降低成本。精简机构，提高管理工作效果，采取现代化管理方法，都可以节约管理费，从而降低工程成本。

$$成本降低率=\begin{pmatrix}管理费占工\\程成本比重\end{pmatrix}\times费用节约\% \tag{11-8}$$

将以上各项成本降低率累加，即构成整个工程的成本降低率。若达不到降低率的目标，则还应再作分析、选择和采用另外的降低成本的措施或扩大涉及的范围，有时要进行反复的试算比较才能达到预定的降低成本的目标。

（4）编制成本计划

经过成本预测和成本指标试算平衡，结合企业的经营要求，就可以正式地编制企业的成本计划。成本计划的最终表现为成本计划表，成本计划表通常包括责任成本计制表、降低成本措施表、降低成本计划表和成本计划分解表。

（5）进行成本计划的风险分析

成本计划的风险分析，就是对在本项目中可能影响目标实现的诸因素进行事先分析，分析其影响程度和确定消除其影响的对策。风险分析的目的是为了保证成本目标的顺利实现。通常可以从以下几方面来进行分析。

① 对工程项自技术特征的分析，如结构特征，地质特征等；

② 对业主单位相关情况的分析，包括业主单位的信用、信誉、组织协调能力等；

③ 对项目组织系统内部的分析，如施工组织发生失误导致窝工、返工，对新技术、新工艺、新材料使用的不熟练，重大安全事故等；

④ 对可能出现的通货膨胀的分析；

⑤ 对项目所在地的交通、能源、电力的分析；

⑥ 对气候的分析；

⑦ 其他方面的分析，如汇率、项目所在地的政府相关情况等。

11.3　成本控制

成本控制是指为实现工程项目的成本目标，在工程项目成本形成的过程中，对所消耗的人力资源、物质资源和费用开支进行指导、监督、调节和限制，及时纠正即将发生和已经发生的偏差，把各项费用控制在规定的范围内。成本控制是降低产品成本的主要手段，是加强成本核算、提高经济效益的前提，是成本管理最核心的部分。

企业成本控制的基本制度是分级、分口的成本控制责任制。分级、分口成本控制是以公司为主体，把公司、分公司、项目部承包队、班组的成本控制结合部来，以财务部门为主，把生产、技术、劳动、物资、机械设备、质量等部门的成本控制结合起来。

分级控制是从纵的方面把成本计划指标按所属范围逐级分解到班组乃至个人；分口控制是指从横的方面把成本计划指标按性质分解到各职能科室（组），每个科室（组）又将指标分解到职能人员。

实行成本计划指标的分级、分口管理，使企业的各级生产组织、各个职能部门以至每个职工都能明确自己在成本管理中应承担的责任，这样就形成了全企业的成本控制网。

实行成本控制还要建立成本记录和报告制度以及成本指标考核制度。

11.3.1 成本控制的对象和内容

（1）成本控制的对象

成本控制的对象可以从以下几方面来考虑。

① 以项目成本形成过程作为成本控制对象 施工项目的形成过程就是成本的形成过程，应对成本形成进行全过程、全面的控制。在投标阶段，对投标项目成本进行预测控制；在施工准备阶段，依据施工项目管理大纲编制成本计划，并且对目标成本进行风险分析，对成本进行事前控制；在施工阶段、以施工预算、施工定额和费用标准对实际发生的费用进行定额控制；由于业主或设计的变更，对变更后的成本调整进行控制，竣工、交工和保修期阶段，对验收（自验、企业验、业主验）过程中发生的费用和保修期的保修费用的支出进行控制。

② 以项目的职能部门、施工专业队和班组作为成本控制对象 施工过程中每天都在发生各种费用的支出或损失，这些支出和损失都发生在项目经理部各部门、各施工专业队和班组。成本控制的具体内容就是控制日常发生的各种费用或损失，故成本控制应该把这些部门、队、组（实质上是人）作为成本控制的对象。

③ 以分部、分项工程作为成本控制对象 只有通过微观控制，才能真正了解各目标的实际完成情况与产生的偏差，施工项目必须把分部、分项工程作为成本控制对象。

（2）成本控制的内容

项目成本受到影响的因素很多，如技术、工艺、方案、质量、进度、各类材料、设备、自然条件、人、制度、政策等，但最基本的因素是人，是参与施工和管理的实际操作者。从这个理念出发，项目成本控制，必须由项目全员参加，根据各自的责任成本对自己分工的内容负责成本控制。

① 施工技术和计划经营部门或职能人员

a. 根据管理大纲及业主或发包单位的要求，科学合理地组织施工。要及时组织已完工程的计量、验收、计价、收回工程价款，保证施工所有资金的周转，避免建设单位不拨款的条件下要求加快施工进度，避免无效的资金占用。

b. 按《建设工程施工合同示范文本》"通用条款"的规定进行施工管理，资金到位组织施工，避免垫付资金施工。

② 材料、设备部门或职能人员

a. 根据施工项目管理规划的材料需用量计划，制订合理的材料采购计划。严格控制主材的储备量，既保证施工需要，又不增大储备资金。

b. 按采购计划和经济批量进行采购订货，严格控制采购成本。

c. 签订材料供应合同，保证采购材料质量。若供应商违约，可以利用索赔减少损失或增加收益。

d. 坚持限额领料，控制材料消耗。

③ 财务部门或职能人员

a. 按间接费用使用计如控制间接费用。特别是财务费和项目经理部不可控制的成本费用。如上交管理费、折旧费、税金、提取工会会费、劳动保险费、待业保险费、固定资产大修理费、机械退场费等。财务费用控制主要是控制资金的筹集和使用，调剂资金的余缺，减少利息的支出，增加利息收入。

b. 严格其他应收预付款的支付手续。如购买材料配件等预付款，一般不得超过合同价的 80%。

　　c. 其他费用按计划、标准、定额控制执行。

　　d. 对分包商、施工队支付工程价款时，手续应齐全。必须有技术部门出具的计划验工计价单，经项目部领导签字方可支付。

　　④ 其他职能部门或职能人员　其他职能部门或职能人员，根据分工不同严格控制施工成本。如安全质量管理部门必须做到质量、安全不出大事故；劳资部门对临时工应严格控制发生的工费等。

　　⑤ 施工队或职工　施工队包括机械作业队，主要控制人工费、材料费、机械使用费的发生和可控的间接费。

　　⑥ 班组或职工　主要控制人工费、材料费、机械使用费的使用。要严格控制领料、退料、避免窝工、返工，提高劳动效率。

11.3.2　成本控制的依据和手段

　　(1) 成本控制的依据

　　① 工程项目的成本费用计划　成本控制的目的就是为了实现成本费用计划的目标，因此成本费用计划是成本控制的基础。

　　② 进度报告　进度报告提供了每一时刻的工程实际完成量、工程费用实际支付情况等重要信息。成本控制工作正是通过实际情况与费用计划相比较，找出二者之间的差别，分析偏差产生的原因，从而采取措施改进以后的工作。

　　③ 工程变更　工程变更包括设计变更、技术规划与标准变更、工程量变更、进度计划变更、施工计划变更和施工次序变更等。一旦出现变更，工程量、工期、工程款支付都将发生变化。项目管理人员应根据工程师的变更令的内容，分析、计算索赔额；而业主方的代表即工程师应判断和评估索赔额的合理性。

　　④ 成本管理计划　成本管理计划不同于前面述及的成本费用计划，成立在管理计划主要是为明确如何处理工程实施过程中可能发生的偏差而编制的。通过成本管理计划，可以明确不同问题的不同处理方法，为项目成本管理人员的决策提供参考。

　　⑤ 索赔文件　在施工过程中，现场条件、气候环境的变化，招标文件及图纸中的错误等原因常会导致索赔的发生并造成费用超支。

　　此外，相关法律、法规及合同文本等也都是成本控制的依据。

　　(2) 成本控制的手段

　　成本控制手段在成本控制中必不可少，成本控制手段具有强制性和约束性，若只有目标成本，没有必要的控制手段，对成本就起不到控制作用。常用的控制手段如下。

　　① 制度控制　制度控告是企业对项目成本实施的总体宏观控制。通过制度对成本进行控制，就是通过建立各项工作制度、责任制度、奖惩制度等，对各项成本费用的计划、费用发生前审核、费用开支的范围及限额、违纪行为的监督检查等环节都做出现确规定，并在工作中严格执行。

　　制度控制是企业行使监督、检查、考核兑现、协调及服务职能的依据和前提，也是企业内部管理制度建设中的重要组成部分。

　　② 定额控制　为了控制项目成本，企业必须要有完整的定额资料。这些定额除了国家统一的建筑、安装工程基础定额以及市场的劳务、材料价格信息之外，企业还要有完善的内部定额资料。内部定额应根据国家统一定额，结合现行的质量标准、安全操作规程、施工条件及历史资料等进行编制，并以此作为施工预算、工长签发施工任务书、控制考核工效及材料消耗的依据。

③ 合同控制 合同控制是企业实施成本控制的一个重要方面，合同控制与上述控制办法的主要区别在于前两者属于有效控制，而合同控制是合作双方在自愿协商的基础上产生具有约束力的控制办法。主要包括以下合同。

a. 项目经理部与公司之间的内部经济技术承包合同，又称主合同。该合同由公司与项目经理部之间签订，其主要内容包括项目承包方式、承包内容、承包指标，双方的责任与权限、考核与奖罚。在成本控制方面，该合同对项目经理部成本指标、成本降低额、成本降低率等内容进行了具体规定。该合同是项目经理部实施成本控制的主线。

b. 项目经理部与公司职能部门之间的专业管理合同，又称横向合同。通过横向合同可以解决企业与项目之间监督与被监督、指导与被指导、协调与被协调、服务与被服务的关系。与项目部签订横向合同的部门主要有生产科、技术科、质量科、安全科、材料科、财务科、经营科、科研实验室等。

c. 项目经理与项目管理班子成员之间的岗位责任合同和承包合同，又称纵向合同。纵向合同包括项目经理与各专业人员（如成本员、预算员、材料员等）的岗位责任合同；项目经理与项目工程师和项目主工长之间的单项承包合同；项目经理与劳务班组之间的分包人工费承包合同。

④ 结算控制 为了加强对成本的控制，可以在企业内部模拟市场运作，建立内部结算中心，内部各单位、部门都在结算中心设立账户，又在内部发生的成本费用支出、资金收付有为均办理内部结算。企业可以将内部各单位、部口的成本控制指挥分别划入其账户，内部发生的各项费用一律通过结算划款。同时，对外部发生的各项费用可以采用资金集中管理等措施统一办理结算，其费用部由单位承担。如材料费、电费、租赁费用等，都可以采取结算控制的手段。

11.3.3 成本控制的步骤

在确定了项目的目标成本之后，必须定期地将成本实际值与计划值进行比较。当实际值偏离计划值时，分析产生偏差的原理，采取适当的纠偏措施，以确保成本目标的实现。成本控制的步骤如下。

① 按照某种确定的方式将成本实际值与计划值进行比较，以发现是否超支。

② 在比较的基础上，对比较的结果进行分析，以确定偏差产生的原因及严重程度。这一步是成本控制的核心，其主要目的是找出偏差产生的原因，从而采取有针对性的措施以减少或避免再次发生这类问题的可能性。

③ 根据项目实际情况估算整个项目完成时的费用，其目的在于为决策提供支持。

④ 当工程项目的实际成本出现了偏差，应根据工程的具体情况、偏差分析和预测的结果采取适当的措施，以达到使各种偏差尽可能减小的目的。纠偏是成本控制中最具实质的一步，只有通过纠偏才能达到有效控制成本的目的。

⑤ 对工程的进展进行跟踪和检查，及时了解工程进展状况以及纠偏措施的执行情况与效果，为今后的工作积累经验。

上述五个步骤是一个有机的整体，在实践中构成一个周期性的循环过程。

11.3.4 成本控制的方法

成本控制的方法多，应该说只要在满足质量、工期、安全的前提下，能够达到成本控制目的的方法都是好方法。但是，在什么样的情况下，应采取什么样的办法，这是由控制内容所确定的，因此，要根据不同的情况，选择与之对应的控制方法。下面介绍几种常用的成本控制方法。

11.3.4.1　以目标成本控制成本支出

在项目的成本控制中，按施工图预算，实行"以收定支"或者叫"量入为出"是最直接、最有效的方法之一。具体的处理方法如下。

（1）人工费的控制

在企业与业主的合同签订后，应根据工程特点和施工程图确定劳务队伍，劳务队伍一般在通过招标、投标方式确定。企业在与劳务队伍去签订劳务合同时，一般应按定额工日单价或平方米包干方式一次包定，将其定在预算定额规定的人工费单价和合同规定的人工费用补贴两者之和之下，辅工还可以再低一些。在施工管理过程中，严格按合同核定劳务费用，严格控制支出，发现超支现象应及时分析原因，进行调整。同时，在施工过程中，要加强预控管理，防止合同外用工现象的发生。

（2）材料费的控制

对材料费的控制主要是通过控制消耗量和进场价格来进行。

① 材料消耗量的控制

a. 材料需要量计划的适时性、完整性、准确性控制。在工程项目施工过程中，每月应报施工进度计划，编制需要材料计划。

计划的适时性是指材料需要量计划的提出和进场要进时。材料需要量计划至少应包括工程施工两个月的需要量，特殊材料的需要量计划更应提前提出，给采购供应留有充裕的市场调查和组织供应的时间。

计划的完整性是指材料需要量计划的材料品种必须齐全，不能丢三落四。材料的型号、规格、性能、质量要求等要明确，避免临时采购和错误采购而造成损失。

计划的准确性是指材料需要量的计算要准确，绝不能粗估冒算。材料需要量计划应包括材料需用量和材料供应量，材料需用量是作为控制限额领料的依据，材料供应量是材料需用量加安全储备，作为采购的依据。

b. 材料领用控制。材料领用的控制是通过实行限额领料制度来控制的。一是工长给班组签发领料单的控制，二是材料发放对工长签约领料单的控制。超计划领料必须检查原因，经项目经理或授权代理人认可方再发料。

c. 材料计量的控制。材料的计量不准，必定造成浪费。因此，计量器具主要按期检验、校正，必须受控；计量过程必领受控；计量方法必须全面准确并受控。

d. 工序施工质量控告。工程施工前道工序的施工质量往往影响后道工序的材料消耗量。因此工序施工质量必须受控，以分清成本责任。

② 材料进场价格的控制　材料进场价格控制的依据是工程投标的报价和市场信息。材料的采购价加运杂费构成的材料进场价应尽控制在工程投标时的报价以内。由于市场价格变动频繁，往往会发生预算价格与市场价格严重背离而使采购成本失去控制的情况。因此，企业的材料管理部门，应利用现代化信息手段，广泛收集材料价格信息，定期发布当期材料最高限价和材料价格趋势，控制项目材料采购和提供采购参考信息。

③ 施工机械使用费的控制　凡是在确定目标成本时单独列出租赁的机械，在控制时应按使用数量、使用时间、使用单价逐项进行控制。

④ 现场经费和其他直接费的控制　现场经费和其他直接费内容多，人为因素多，不易控制，超支现象较为严重。控制的办法是根据现场经费的收入，实行全面预算管理。对某些不易控制的项目可以实行包干制，到一些不易包干的项自可以通过建立严格的审批手续来进行控制。

11.3.4.2 以施工方案控制资源消耗

在企业中资源消耗数量的货币表现大部分就是成本费用。由此，资源消耗的减少，就等于成本费用的节约；控制了，也等于是控制了成本费用。

采用施工方案控制资源消耗的实际步骤和方法如下。

① 项目开工以前，应根据设计图纸和工程现场的实际情况，制定整个工程项目的施工方案，以此作为指导和管理施工的依据。在施工过程中，若遇工程变更或需改变施工方法，则应及时调整施工方案。

② 组织实施。施工方案是进行工程施工的指导性文件，施工方案一经确定，则应是强制性的。有步骤、有条理地按施工方案组织施工，可以避免盲目性，可以合理配置人力和机械，可以有计划地组织物资进场，从而可以做到均衡施工，避免资源闲置或积压造成浪费。

③ 采用价值工程，优化施工方案。对同一工程施工，可以有不同的方案，选择最合理的方案是降低工程成本的有效途径。采用价值工程，可以解决施工方案优化的难题。通过价值工程，可以寻找实现设计要求的最优化的方案，也是对资源利用最合理的方案。采用这样的方案，必然会降低损耗，降低成本。

11.3.4.3 用工期-成本同步的方法控制成本

长期以来，企业都认为编制进度计划是为安排施工进度和组织流水作业服务的，与成本控制的要求和管理方法截然不同。其实，成本控制与计划管理、成本及进度之间有着必然的同步关系。因为成本是伴随着施工的进行而发生的，如果成本与进度不对应，则必然会出现虚盈或虚亏的不正常现象，要及时找出原因，并加以纠正。

为了便于在分部、分项工程的施工中同时进行进度与费用的控制，掌握进度与费用的变化过程，可以采用成本计划评审法和赢得值法进行成本控制。

（1）成本计划评审法

成本计划评审法是利用网络计划来进行成本控制。网络计划在施工进度的安排上具有较强的逻辑性，并可以随时对网络进行优化相调整，因此，对每道工序的成本控制也更为有效。

成本计划评审法就是在施工项目的网络图上标出各工作的计划成本和工期，箭线下（右）方数字为工期，箭线上（左）方 C 后的数字为成本费用，如图 11-2 所示（费用单位为千元，工期单位为周）。

在计划开始实施后，将实际进度相开支费用（主要是直接费用）累计计算，并定期将实际成本与计划成本对比，若发现偏差，及时采取措施如以纠正。图 11-3 为图 11-2 的网络计划执行 4 周后的情况。括号中的数字为实际值。

由图 11-3 可知，在计划实施 4 周后检查时，工作①-③是按计划完成的，费用正好与计划值相等；工作①-②是非关键工作，工作延误一周，虽然未影响总工期，但按单位时间计算的费用却超支，超出额为

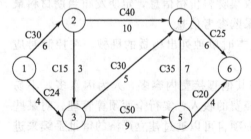

图 11-2　成本计划评审图

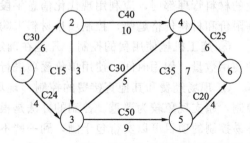

图 11-3　实施 4 周后的成本计划评审图

$$\frac{30\times1000\times3}{6}-20\times1000=-5000（元）$$

对工作①-②的费用超支，应及时查明原因，若有异常，应设法予以纠正。

（2）赢得值法

赢得值法又称进度费用曲线法，是对项目进行费用、进度结合控制的一种图形表示和分析方法。该方法是通过实际完成工程与原计划相比较，确定工程进度是否符合计划要求，从而确定工程费用是否与原计划存在偏差的方法。该方法为工程项目的集成管理提供了理想的工具，美国于 20 世纪 70 年代开发成功并首先应用于国防工程，由于该方法在实际中的成功应用，国际工程承包公司出于自身利益的考虑，在选择工程公司时，把能否运用赢得值法原理进行项目管理和控制作为资格审查和能否中标的先决条件之一。

赢得值法涉及以下几个参数。

① 拟完工程的预算费用 BCWS（Budgeted Cost of Work Scheduled）。是指根据进度计划安排在某一给定时间内所应完成的工程的计划成本，即施工中某一时刻按计划目标应完成的工程量的价值。

② 已完工程的预算费用 BCWP（Budgeted Cost of Work Performed）。是指在某一给定时间内实际完成的工程内容的计划成本，即赢得值。对承包商而言是指可以从业主处得到的工程款，与承包商实际投入的费用无关。

③ 已完工程的实际费用 ACWP（Actual Cost of Work Performed）。是指在某一给定时间内实际完成的工程内容的实际发生成本，与业主承认并承诺付款的工程价值无关。

说明：

BCWS 线根据施工组织设计的进度计划绘出，可按（进度计划工作量×目标预控成本/工程中标价）绘制。

BCWP 线根据施工过程逐月完成工作量绘出，可按（逐月完成工作量×目标预控成本/工程中标价）绘制。

ACWP 线根据施工过程逐月成本支出绘出。

图 11-4 是费用、进度综合控制的赢得值原理图。

赢得值分析是将施工过程中任一时刻的成本情况与工期进度情况联系起来。如果上述三个参数在施工中的任一时刻都保持相等（只是理想情况，实际很难做到），则没有任

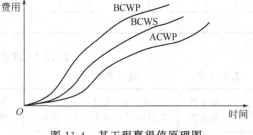

图 11-4　某工程赢得值原理图

何偏差产生，项目的成本和进度均与各自的计划值相符；如上述三个参数有任何差异，就产生了偏差变量，这些偏差变量有些是有利的，有些是不利的，要进行偏差变量分析。

相应的有两种偏差变量。

① 成本偏差=已完工程的实际费用（ACWP）-已完工程的预算费用（BCWP）

表示偏差中由于人工费、设备费、材料费及分包费等高于或低于原结算值的那一部分成本。

② 进度偏差=拟完工程的预算费用（BCWS）-已完工程的预算费用（BCWP）

表示偏差中由于超前或滞后于计划进度的那一部分成本。

当成本偏差大于零时，表示成本开支超过预算，是不利的，要分析原因进行调整；反之，当成本偏差小于零时，表示成本开支低于预算，是有利的。

当进度偏差大于零时，表示工程进度拖延，是不利的，要分析原因进行调整；反之当进度偏差小于零时，表示工程进度提前，是有利的。

11.3.4.4 成本控制的财务方法——成本分析表法

前面介绍的成本控制方法既可以用于项目的总成本控制，也可以用于作业成本控制，每种方法都有自己的特点，但都不能说是一种财务方法。下面介绍成本控制的财务方法——成本分析表法。

成本分析表法是工程项目成本控制的一种财务方法，是利用表格的形式调查、分析、研究工程项目的成本，成本分析表包括成本日报表、周报表、月报表、分析表和成本控制报告等。这种方法是目前在进行工程成本控制时经常采用的方法。成本分析表的编制要求准确、及时和简单明了，表的填制可以每日、每周或每月一次，根据实际需要而定。

常见的成本分析表有以下几种。

（1）月成本分析表

月成本分析表分为直接成本分析表和间接成本分析表两种。在该表中，要表明工期期限、费用项目、生产数量、工程成本、单价等，该表既可以用于项目的综合成本分析，也可以用于每一个成本中心的成本分析。

月成本分析表的格式如表 11-1 和表 11-2 所示。

表 11-1 成本分析表

工程名称：　　　　　施工单位：　　　　　日期：　　　　　（单位：千元）

编号	工程部位名称	实物单位	工程量				预算成本		计划成本		实际成本		实际偏差		目标偏差	
			计划		实际		本期	累计	本期	累计	本期	累计	本期	累计	本期	累计
			本期	累计	本期	累计										
1	2	3	4	5	6	7	8	9	10	11	12	13	14＝8－12	15＝9－13	16＝10－12	17＝11－13

表 11-2 成本费用项目分析表

工程名称：　　　　　施工单位：　　　　　日期：　　　　　（单位：元）

编号	成本费用名称	完成工程量	预算成本	计划成本	实际成本	差异		本月计划单位成本	本月实际单位成本	上月实际单位成本
						实际	目标			
1	2	3	4	5	6	7＝4－6	8＝5－6	9＝5/3	10＝6/3	

（2）成本日报表和成本周报表

工程项目管理者应掌握每周的工程进度和成本，迅速发现工作中的弱点和问题，并采取有效措施，对主要工程应编制成本日报表。对于成本日报表和成本期报表，最重要的适时而不拖延。要使工程项目管理者清楚每日（周）的工程量和成本变化情况，就必须及时报送成本日（周）报表。

成本日报表或成本周报表要比月成本分析表详细、精确。成本日报表的主要内容是记录人工的投入，成本周报表则要求反映人工、材料和机械使用费的计划与实际支出情况。

成本日报表和成本周报表的表格形式如表 11-3 和表 11-4 所示。

表 11-3　成本日报表

工程名称：

分部、分项工程名称	月　日		月　日		月　日		月　日	
	数量	单位	数量	单位	数量	单位	数量	单位

表 11-4　成本周报表

工程名称：

编号	工程部位名称	间接成本	数量			单价		成本			比较	
			单位	总计	本周数	预算	实际	总计	实际总计	最终预测	节约	超支

（3）月成本计算及最终成本预测报告表

每月成本计算及最终成本预测报告表是工程项目成本控制的重要内容之一。该报告表记载的主要内容包括项目名称、已支出金额，到竣工尚需的预计金额、盈亏预见等。报告表应在月末会计账簿截止后立即完成，一般首先由会计人员填写各工程科目的"已支出金额"，其余工件由成本会计师完成。月成本计算及最终成本预测报告表随时间推移精确性不断提高。

月成本计算及最终成本预测报告表如表 11-5 所示。

表 11-5　月成本计算及最终成本预测报告表

工程名称：　　　　　　　　　工程编号：

主管：　　　　　校核：　　　　　制表：　　　　　　　日期：

序号	项目编号	名称	已支出金额	调整		现在的成本			序号	到竣工尚需的预计金额			最终预算工程成本			合同预算金额			预算比较	
				金额增　减	备注	金额	单价	数量		金额	数量	单价	金额	数量	单价	金额	数量	单价	亏	盈
1									1											
2									2											
3									3											
4									4											
5									5											
6									6											
7									7											

成本会计师：

11.4　成本核算

成本核算是为了计算某一工程或某项产品的实际成本，对相关费用所进行的审核、记录、汇集和分配。通过成本核算可以反映如监督企业各项生产费用的支出，促使企业遵守国家的相关方针、政策、法令和制度，按照计划定额，节约人力、物力和财力。成本核算对加强项目全过程管理，理顺项目各层经济关系，实施项目全过程经济核算，落实项目责任制，增进项目及企业的经济活力和社会效益，深化项目法施工等有重要作用。

11.4.1 成本核算的意义和原则

（1）成本核算的意义

① 加强项目成本核算是建筑企业外部经营环境的要求。建筑企业的外部经营环境，包括政策法规环境、技术环境和市场环境。近二十年来，我国建筑业先后实施了项目法人责任制、招标投标制、建设监理制和建造师考试认证制度，这些制度的推行，大大改善了我国的建筑环境，为项目的成本核算创造了有利条件。计算机及网络技术在施工管理中的应用，使项目施工成本日益透明化，为成本核算提供了技术基础。

② 加强项目成本核算是建筑企业战略发展的需要。目前，建筑行业发展到了成熟期，企业发展的战略重点转向内部管理，由管理提高企业竞争力。许多学者提出了成本战略管理的概念，认为成本战略管理是企业运用一系列成本管理方法来同时达到降低成本和加强成本战略管理的有效手段。而成本核算就是成本战略管理的重要一环。企业只有推行成本战略，逐步建立信息资源优势，才能适应战略发展的需要。

③ 加强项目成本核算，可以为成本管理提供真实、准确的成本资料，有利于考核成本计划的执行情况，强化成本控制；有利于了解成本变动趋势，寻求降低成本的途径；有利于成本预测和决策，满足成本管理的需要。

（2）成本核算的原则

为了发挥项目成本管理的职能，提高项目管理水平，项目成本核算就必须讲求质量，才能提供对决策有用的成本信息。要提高成本核算质量，除了建立合理、可行的项目成本管理系统外，很重要的一条，就是遵循成本核算的原则。

① 确认原则　确认原则是指对各项经济业务中发生的成本，都必须按一定的标准和范围加以认定和记录。只要是为了经营目的所发生的或预期要发生的，和要求得以补偿的一切支出，都应作为成本来加以确认。正确的成本确认往往与一定的成本核算对象、范围和时期相联系，且必须按一定的确认标准来进行。在成本核算中，往往要进行再确认，甚至是多次确认。

② 实际成本计价原则　实际成本计价又称历史成本计价，是指成本核算要采用实际成本计价。实际成本计价包含三个方面的含义。

a. 对生产班消耗的原材料、燃料和动力等费用，都在按实际成本计价；

b. 碍于固定资产折旧，必须按其原始价值和规定的使用年限计算；

c. 对已完工工程要按实际成本计价。

按实际或本计价，能正确计算企业当期的盈利水平。但实际成本计价也有局限性，当物价变动较大时，历史成本将不能确切地反映资产的现值。

③ 分期核算原则　企业经营活动是连接不断进行的，为了计算一定时期内的项目成本，就必须将生产经营活动分为若干时期，并分期计算各期项目成本。成本核算的分期应与会计核算的分期相一致，这样便于财务成果的确定。但要指出，成本的分期核算与项目成本计算期不能混为一谈。无论生产情况如何，成本核算工作，包括费用的归集和分配等都必须按月进行。至于已完施工项目成本的结算，可以是定期的，按月结算，也可以是不定期的，待工程竣工后一次结算。

④ 一致性原则　企业在进行成本核算时，可以根据自身特点和成本管理的要求自行确

定成本核算方法，但一经确定，就不得随意变动。即企业成本核算所采用的方法应前后一致。只有这样，才能使企业各期成本核算资料口径统一，前后连贯，相互有可比。如果因特殊情况需改变原有成本的核算方法，应在相关报告中做出解释说明，并对原成本核算单中的相关数字进行必要的调整。

⑤ 重要性原则　在进行成本核算时，所采用的计算步骤、计算方法等，都是根据具体情况进行选择的。对于一些主要费用或对成本有重大影响的工程内容，为核算的重点，详细计算；而对于一些次要费用或不太重要的工程内容，可以相对简化计算。坚持重要性原则能够使成本核算在全面的基础上保证重点，有助于加强对经济活动和经营决策有重大影响和有重要意义的关键性内容的核算，达到节约人力、财力、物力，提高工作效率的目的。

⑥ 权责发生制原则　根据权责发生制原则，凡是应计入当期的收入或支出，无论款项是否收付，都应作为当期的收入或支出处理；凡是不属于当期的收入和支出，即使款项已拴在当期收付，都不应作为当期的收入和支出。权责发生制的核心是根据权责关系的实际发生和影响期间来确认企业的支出和收益。根据权责发生制进行成本核算，能够更加准确地反映特定会计期间真实的财务成本状况和经营成果。

⑦ 合法性原则　合法性原则是指计入成本的费用必须符合国家相关法律、法规和制度等的规定，不符合相关规定的费用不能计入成本。

⑧ 及时性原则　及时性原则是指企业成本的核算成本信息的提供应在要求时期内完成。成本核算及时性原则，并非越快越好，而是要求成本核算和成本信息的提供，以确保真实为前提，在规定时期内适时地提供，确保不影响企业其他环节核算工作的顺利进行。

11.4.2　成本核算的对象和内容

（1）成本核算的对象

成本核算对象是指在计算工程成本中，确定归集和分配生产费用的具体对象，即生产费用承担的客体。成本核算对象的确定，是设立工程成本费细分类账户，归集和分配生产费用以及正确计算工程成本的前提。具体的成本核算对象主要应根据企业生产的特点加以确定，同时还在考虑、成本管理上的要求。

成本核算的对象一般可以按下列方法确定。

① 施工项目成本一般应以每一独立编制施工图预算的单位工程为成本核算对象。如果一个单位工程由几个施工单位分包施工，各施工单位应以同一单位工程为成本核算对象，各自核算自行完成的部分。

② 同一建设项目，由同一施工单位施工，并在同一施工地点，属同一结构类型，开工、竣工时间相近的若干单位工程，可以合并为一个成本核算对象。

③ 规模大，工期长、或推行新工艺、使用新材料的单位工程，以将工程分段，按其工作部位作为成本核算对象。

④ 改建、扩建的零星工程，可以将开工、竣工时间接近，属于同一建设项目和各个单位合并作为一个成本核算对象。

⑤ 土方工程、打桩工程，可以根据实际情况和管理需要，以一个单项工程为成本核算对象，或将同一施工地点的若干个工程中较小的单项工程合并作为一个成本核算对象。

成本核算对象确定后，各种经济、技术资料归集必须与此统一，一般不要中途变革，以免造成项目成本核算不实，结算漏算账和经济责任不清的弊端。

（2）成本核算的内容

成本核算的内容主要是指核算消耗在工程实体上的人工费、材料费、施工机械使用费和措施费。

① 人工费。人工费是指直接从事建筑安装工程施工的生产工人开支的各项费用，包括基本工资、工资性补贴、生产工人辅助工资、职工福利费、生产工人劳动保护费等。人工费应按照劳动管理人员提供的用工分的和受益对象进行账务处理，计入工程成本。

② 材料费。材料费是指施工过程中耗费的构成工程实体的原材料、辅助材料、配件、零件、半成品的费用，包括材料原价、材料运杂费、运输损耗费、采购及保管费、检验试验费等。材料费应根据当月项目材料消耗和实际价格，计算当期消耗，计入工程成本。周转材料应实行内部调配制，按照当月使用时间、数量、单价计算，计入工程成本。

③ 施工机械使用费。施工机械使用费是指施工机械作业所发生的机械使用费以及机械安拆和场外运费，包括折旧费、大修理费、经常修理费、安拆费及场外运费、人工费、燃料动力费、养路费及车船使用税等。施工机械使用费按项目当月使用台班和单价计入工程成本。

④ 措施费。措施费是指为完成工程项目施工，发生于该工程施工前和施工过程中非工程实体项目的费用，包括环境保护费、文明施工费、安全施工费、临时设施费、夜间施工费、二次搬运费、大型机械设备进出场及安拆费、混凝土（钢筋混凝土）模板及支架费、脚手架费、已完工程及设备保护费、施工排水（降水）费等。措施费用应根据相关核算资料进行财务处理，计入工程成本。

11.5   建筑产品价格中的利润

11.5.1   建筑产品利润的概念

社会主义市场经济下存在着商品货币关系，因此劳动者为国家、为社会创造的剩余产品（M）还需要用价值来表现。税金和利润就是其表现形式。采用这种形式，有利于国家利用经济杠杆进行宏观调控，有利于促进竞争，促进企业精打细算，降低成本，增加盈利。价格中的税金和利润是盈利的两个组成部分，但是其共同点是利润和税金都是劳动者为社会创造的价值的货币形态，因此可把两者合称为盈利或利润，在本节中统称利润或盈利。

建筑产品价格中的利润，是指建筑安装企业的劳动者，为社会和集体劳动创造的价值，即 M 这一部分，因此便有公式（11-9）存在

$$M = W(C + V) \tag{11-9}$$

此式意味着，建筑企业所生产的商品的价值扣除成本后的余额，就是企业的纯收入，亦称盈利。也可以说，建筑产品的价格中只有包含利润部分，才符合价值规律，才是合理的。

从企业利润总额组成可以看出，企业只有增加已完工程数量，降低建安工程成本，严格控制营业外支出，才能获得一定的利润。因而利润是比较全面地反映企业经营成果的综合性指标。在我国现阶段，企业实现的利润也是企业扩大再生产的主要来源。要振兴我国建筑业，就要以内涵和外延两方面进行扩大再生产。建筑业扩大再生产资金来源主要靠本行业所提供的积累，即税后利润。此外，企业实现利润亦是改善职工集体福利、提高职工生活水平的主要资金来源，因此利润与企业职工的切身经济利益紧密相连。建筑企业实现利润也是国家财政收入的来源之一，根据企业不同情况，分别采取交纳所得税、奖金税等办法向国家交纳税金。建筑业已逐步发展成为国民经济的支柱产业，为国家创造更多税收。

11.5.2　建筑产品利润的构成与计算

按现行财务制度规定，建筑产品的利润即工程结算利润，它是由计划利润和工程成本降低额组成，如公式（11-10）

$$工程结算利润＝计划利润＋工程成本降低额 \qquad (11\text{-}10)$$

（1）计划利润

建筑企业的计划利润，是国家规定按一定利润率计算在建筑产品价格中的。1958 年以前，我国国营建筑安装企业建筑产品的价格，是按照预算成本加 2.5% 的法定利润而确定的。但从 1959 年以后，改为按预算成本确定建筑产品的价格。1967 年以后，施工单位的工资和管理费用由建设单位发给，材料实报实销。到 1980 年，国家重新规定按工程预算成本的 2.5% 计取法定利润，同时，实行降低成本留成。1988 年开始将法定利润 2.5% 改为 7% 的计划利润，同时取消原有的 3% 的技术装备费。总的看来，建筑产品长期处于低利和无利的水平。其主要原因在于我国长期否认建筑产品是商品，否认建筑业是物质生产部门，认为压低建筑产品价格有利于保证固定资产投资规模，这种理论的谬误不言自明。仅从对国家财政收入的影响来看，由于建筑产品采取无利或微利的价格政策所造成的财政收入损失额就将超过由此作为财政支出的固定资产投资所带来的节约额。纵观建筑企业自新中国成立以来利润的发展变化情况，可以看出建筑业作为独立物质生产部门，建筑产品价格中必须包括利润，而且要合理确定利润率才有利于行业的发展，利润率的高低应符合有利于正确评价他们的经济效益、经济规律的要求。

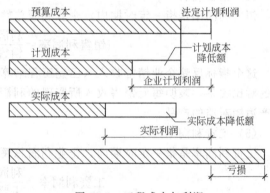

图 11-5　工程成本与利润

（2）工程成本降低额

工程成本降低额是在保证工程质量的前提下，通过一系列降低工程成本措施，从预算成本中节约出来的材料费、人工费、机械使用费、其他直接费、现场经费和间接费。预算成本、计划成本、实际成本与利润的关系见图 11-5。

建筑企业的盈利，完整地说是由营业利润、投资收益、营业外收入和营业外支出组成。

在施工企业会计制度中，将企业的利润部分具体规定为：

$$利润总额＝营业利润＋投资收益＋营业外收入－营业外支出 \qquad (11\text{-}11)$$
$$营业利润＝工程结算利润＋其他业务利润－管理费用－财务费用 \qquad (11\text{-}12)$$
$$工程费用利润＝工程结算收入－工程结算成本－工程结算税金及附加 \qquad (11\text{-}13)$$
$$其他业务利润＝其他业务收入－其他业务支出 \qquad (11\text{-}14)$$

11.5.3　建筑产品利润率的计算

为了观察和考核企业的经营成果，采用利润率指标来衡量企业的利润水平。常用的利润率指标有：资金利润率、产值利润率、成本利润率、销售利润率、工资利润率。

（1）资金利润率

资金利润率是指一定时期内（如 1 年），企业的利润总额与企业生产中占用的全部资金的比率。其计算公式为

$$资金利润率＝\frac{利润总额}{全部资金占用额}×100\% \qquad (11\text{-}15)$$

资金利润率是考核企业占用资金情况的一个重要指标。它反映企业资金所实现的利润，标志着企业资金的经营效果。

（2）产值利润率

产值利润率是指一定时期内，企业的利润总额与企业总产值（或建安工作量）的比率。其计算公式为

$$产值利润率 = \frac{利润总额}{建安工作量（或企业总产值）} \times 100\% \tag{11-16}$$

这个指标反映产值与企业利润之间的对比关系，表明每元产值所实现的利润。

（3）成本利润率

成本利润率是指一定时期内，企业产品销售利润总额与产品成本的比率。其计算公式为

$$成本利润率 = \frac{利润总额}{产品成本总额} \times 100\% \tag{11-17}$$

这个指标反映利润与成本之间的对比关系，它体现了企业利润的增加是由于降低成本的结果。但是不能反映企业所用全部资金的经济效益，而且，规模、技术和经营管理相近的施工企业，由于承包的建筑产品对象不同，所得的利润会有很大的差别。

（4）销售利润率

销售利润率是指一定时期内，企业利润总额与销售收入的比率。其计算公式为

$$销售利润率 = \frac{利润总额}{销售收入} \times 100\% \tag{11-18}$$

这个指标反映企业销售收入（已完工程结算收入和产品、作业销售收入）与实现利润之间的对比关系，表明每元销售收入所实现的利润。它有利于促进企业提高质量、降低成本、生产适销对路的产品。

（5）工资利润率

工资利润率是指一定时期内，企业利润总额与工资总额的比率，其计算公式为

$$工资利润率 = \frac{利润总额}{工资总额} \times 100\% \tag{11-19}$$

这个指标反映企业工资总额与实现利润之间的对比关系，表明每元工资所实现的利润。

11.5.4 建筑企业增加利润的途径

影响施工企业利润的因素是很多的，其中有企业内部的因素，也有企业外部的因素。从外部因素来说，主要是国家或地区工程任务量情况，能供应施工所需的材料物资等。从内部因素来说，主要是实行增产节约，即一方面要精打细算，节约支出，另一方面要加速施工进度，完成更多更好的施工生产任务，扩大企业的工程结算收入和其他收入。总之，要从各个方面改善施工经营管理，不断挖掘企业内部潜力。

（1）降低工程成本，是增加施工企业利润的根本途径

在规定的工程预算造价下，工程成本的高低，在很大程度上决定着企业利润的大小。降低工程成本，就可相应地增加企业的利润总额。因此，为了增加企业利润，首先必须采取各种有效的措施，大力降低工程成本。

（2）增加工程数量、提高工程质量

在其他条件不变的情况下，企业能承包并完成更多的工程，一方面可增加工程款收入，增加利润总额，另一方面可降低单位工程成本中的相对固定费用，如间接费、机械折旧、修理费等支出，降低单位工程成本，增加企业利润。至于提高工程质量，可以减少工程返工损失，从而降低工程成本，增加企业利润。因此，要增加利润，施工企业就要在提高工程质量

的基础上加速施工进度，完成更多的工程。

（3）提高流动资金和固定资金的利用效率

不断提高流动资金和固定资金的利用效率，有助于增加工程数量，使企业获得更多的工程款收入，并可节约材料保管费，减少材料损耗和利息支出等。有效地利用固定资产，可以提高劳动生产率，增加工程数量，减少单位工程成本中的折旧费等。

（4）降低附属工业企业的产品成本

在施工企业里，除了直接从事建筑安装工程施工活动的施工单位和为施工服务的辅助生产单位外，往往还有一些附属工业企业，如从事建筑材料、结构件的生产和机械设备的制造、修理等。这些附属工业企业实行内部独立核算，单独计算盈亏。降低附属工业产品的成本，就可增加附属工业企业的利润。为了增加企业利润，就应在附属工业企业开展增产节约运动，积极采取各种有效措施，不断增加产品数量，提高产品质量，降低产品成本。

（5）节约管理费用、财务费用开支，减少营业外支出

在工程、产品成本不变的情况下，管理费用、财务费用和营业外支出的多少，决定着企业利润总额的大小，要增加企业利润，就必须采取各种办法，减少管理费用、财务费用和营业外支出。施工企业如有股票投资、债券投资和对其他企业的投资，也应优选投资方向，讲求投资经济效益，力求增加投资效益。必须指出，施工企业在追求利润的同时，要重视工程、产品质量，注意企业之间的协作关系。不能为了增加利润，在施工生产时不顾工程、产品质量，偷工减料，弄虚作假在工程价款结算时，热衷于经济签订，算增加账。

11.6　建筑企业的经济核算制

11.6.1　经济核算与经济核算制

经济核算，就是企业借助价值的形式对企业的生产经营过程中的消耗和生产成果进行记录、计算、分析、比较和考核，促使企业用最少的消耗取得最大的经济效益的一种方法。经济核算是组织社会化生产和管理现代化工业的一项基本原则。企业进行经济核算是商品生产的客观需要。商品生产要受价值规律的支配。价值规律要求用社会必要劳动时间决定商品的价值。这就要求商品生产者必须设法使自己生产商品的个别劳动时间低于社会必要劳动时间，从而使商品的销售收入抵补支出后有所剩余，即得到利润。否则，就会出现亏损。经济核算的重要作用反映在企业管理的一切方面，企业的经营管理、计划管理、财务成本管理、生产诸要素管理等，都必须用核算的方法去进行。通过经济核算才能掌握整个企业经济活动的情况和结果，经济核算是企业管理的一个重要组成部分。

经济核算制是用立法制定下来的，管理企业经济活动的基本制度。它按照经济核算原则，通过经济立法，确定企业的法人地位，保护企业的经营自主权，明确企业对国家应承担的经济责任，使企业经济活动的成果同它应负的法律、经济责任和应有的经济利益结合起来。经济核算制规定，企业之间必须遵守等价交换的原则，发展协作关系，履行经济合同。为此，就需要明确企业内部各个部门、各个职工的责任，贯彻各尽所能、按劳分配的工资制度、奖惩制度、定额管理制度等各种核算制度。使人人职责分明，能从物质利益上关心企业的经营成果，从而有效地调动企业全体职工的积极性和创造性。经济核算与经济核算制既有区别又有联系。经济核算是一种管理方法和手段，是以提高企业的经济效益为目的；经济核算制是一种管理制度、管理体制，它赋予企业一定的经济权力、经济责任和经济利益。

11.6.2 建筑企业经济核算的特点

建筑企业经济核算的特点，是由建筑产品生产的特点决定的，建筑产品生产的特点决定了建筑企业经营管理的复杂性、艰巨性，也产生了建筑企业经济核算上的特点：

① 由于建筑产品具有多样性、单件性的特点，使得各个产品生产消耗的差别极大，因此，建筑产品的价格是按照特定的计算程序，通过编制施工图预算来逐个确定的，所以工程预算是建筑企业进行经济核算的基础。

② 由于建筑产品体积庞大，生产周期长，材料起用量大，需用建筑资金多、形成建设资金供应渠道多。按照现行财务管理体制规定建筑企业所需资金的来源，有向建设单位收取、按规定向银行贷款和企业内部形成等渠道。资金的来源不同，用途各异，因此，需要分别进行核算。

③ 成本考核与工业不同。由于建筑产品的单件性显著，没有可比产品，因此各期建筑产品的实际成本不能比较。只能同按预算定额确定的预算成本比较，以预算成本为尺度来衡量建筑产品的成本水平。

④ 工程价款结算方法不同。由于建筑产品生产周期较长，占用资金量较大，因而建筑产品一般不是在全部竣工后才收取工程价款，而是按已完工程收取和结算工程价款，以便及时回收施工中垫支的资金，及时考核企业的经营效果，在竣工后再作竣工结算，同时，因为有总包与分包参加建设，所以还有总分包结算等。

⑤ 利润形成不同。在目前，建筑产品价格是按预算成本加计划利润来确定的，因而企业的工程结算利润，是由实际成本低于预算成本的降低成本额和计划利润两部分构成的。企业工程结算利润的多少，决定于企业降低成本的幅度和完成工程的数量。

⑥ 建筑企业内部核算体制分工与工业企业不同，因为建筑产品生产地点分散、不固定，工程在企业内部有一定的独立性，便于独当一面地进行生产经营管理。

11.6.3 建筑企业经济核算的内容

施工企业的经济核算是对施工生产过程中的劳动耗费与劳动成果进行记录、计算、分析和对比的活动，是管理经济活动的一种方法，旨在考核经济效果。经济核算，就是运用记账、算账这个手段，反映经济效益的形成情况，研究耗费最少，成果最大，效益最好的经济活动方式，用以指导、部署、控制现在或未来的经济活动。运用这种方法所进行的经济核算工作的重点，应当放在经济活动中的耗费与经济成果的预测、计算、分析和控制上。

施工企业经济核算的具体内容，包括生产成果核算、生产消耗核算、资金核算、经营成果核算等。

(1) 生产成果的核算

分阶段核算工程进度。在施工准备阶段要反映施工图纸、场地平整、开工情况等。在施工过程中，因工期较长，应核算工程中间进度，如施工产值、实物工程数量、工程形象进度。中间分部分项工程的质量验收核算。特别是隐蔽工程的检查验收，要及时进行，评定质量等级。在形成具备完整使用价值的建筑产品后，就要有竣工交付使用指标的核算，如竣工产值、竣工个数、竣工面积等。同时，百年大计，质量第一，应特别重视建筑产品质量的核算。如竣工工程优良率和面积等。建筑产品的耐久年限，质量好坏，直接影响国计民生，也直接影响企业信誉，所以应将产品质量放在考核的首位，应用好"质量否决权"。在核算工程数量、质量同时，核算建筑产品的工期、建筑业总产值、建筑施工企业总产值、为社会新创造的价值，分析研究企业完成的建筑业净产值和建筑业增加值等。

(2) 生产消耗的核算

建筑产品的固定性，引起生产的流动性，大量生产要素人工、材料、施工机械围绕固定的建筑产品进行施工生产活动，组织管理稍有疏忽，就会造成浪费，可见生产消耗核算十分重要。核算的目的，是挖掘降低消耗的潜力，减少、消灭浪费。人力的消耗是活劳动的消耗，物力的消耗是物化劳动的消耗，财力的消耗是人力、物力总消耗的货币表现。综合反映生产消耗的是工程施工成本。不论人力、物力消耗最终都要反映在施工项目成本上，所以施工项目成本核算是企业经济核算的重要内容，必须切实做好，成本搞好了，企业的盈利就有来源。

为了节约人力、物力，做好成本分析，找出降低成本的途径，在人力消耗方面应该核算职工人数、工资总额、工资水平、劳动生产率、工时利用率、人员构成比例以及包清工人工费等。在物力消耗方面，应该核算固定资产折旧、原材料和结构件等物资消耗，施工机械利用情况以及机械设备租赁，周转材料租赁等。

（3）资金的核算

建筑产品生产周期长，所以资金周转快慢的特点显得十分突出，合理使用资金，就能使一元钱顶几元钱用，甚至以一当十。如资金使用不当，无效投资大，工程款不能及时收回，物资（存货，储备过多，就会降低资金周转速度。资金核算的目的，是反映、监督资金筹集、资金占用和周转情况，挖掘企业占用财产物资的潜力，加速资金周转，以尽量少的资金占用，生产更多的建筑产品，提高盈利水平。资金核算包括：资本金的构成、资产负债情况，如流动资产、无形资产及递延资产和其他资产、长期投资以及流动负债和长期负债等。企业总结、考核和评价财务状况的指标包括偿债能力指标、营运能力指标。

偿债能力指标主要有流动比率和速动比率，用于评价企业流动资产总体变现能力和偿还短期债务的能力；资产负债率，反映企业举债经营状况。

营运能力主要有存货周转率，反映企业使用经济资源或资本的效率及有效性。

计算公式

$$流动比率＝流动资产/流动负债 \tag{11-20}$$

$$速动比率＝速动资产/流动负债 \tag{11-21}$$

其中：
$$速动资产＝流动资产－存货 \tag{11-22}$$

$$资产负债率＝负债总额/总资产 \tag{11-23}$$

$$存货周转率＝销货成本/平均存货 \tag{11-24}$$

其中：
$$平均存货＝（期初存货＋期末存货）/2 \tag{11-25}$$

（4）经营成果的核算

企业的经营成果主要表现在盈利水平。盈利水平高，表明企业经济效益好，资金使用效率高。

$$企业利润总额＝营业利润＋投资净收益＋营业外收支净额 \tag{11-26}$$

其中：
$$营业利润＝营业收入－销售税金及附加－营业成本－管理费用－财务费用 \tag{11-27}$$

$$投资净收益＝对外投资收益－对外投资损失 \tag{11-28}$$

$$营业外收支净额＝营业外收入－营业外支出 \tag{11-29}$$

上述计算公式可参见损益表。

企业总结，考核和评价财务状况及经营成果的财务指标还包括盈利能力指标。这类指标主要有资本金利润率、销售利税率、净资产报酬率等，反映企业的盈利能力和投资效益。

计算公式：

$$资本金利润率＝利润额/资本金总额 \tag{11-30}$$

$$销售利税率＝利税总额/销售额（工程结算收入） \tag{11-31}$$

$$净资产报酬率＝利税额/平均股东权益（平均所有者权益） \tag{11-32}$$

$$其中：\quad 平均股东权益＝（期初股东权益＋期末股东权益）/2 \tag{11-33}$$

企业还可以根据实际情况。采用上述财务评价指标以外的一些比率进行分析，如成本费用利润率、产值利润率。

11.6.4　建筑企业经济核算的方法

实行经济核算必须借助于一定的方法。记录、分析、比较、核算施工企业经济效果的方法，有会计核算、统计核算和业务核算。这三种方法各具特点，相互补充，相互配合，组成了完整的施工企业经济核算体系。

（1）会计核算

会计核算主要是价值核算。会计是对一定单位的经济业务进行计量、记录、分析和检查，作出预测，参与决策，实行监督，旨在实现最优经济效益的一种管理活动。它通过设置账户、复式记账、填制和审核凭证、登记账簿、成本计算、财产清查和编制会计报表等一系列有组织有系统的方法，来记录企业的一切生产经营活动，然后据以提出一些用货币来反映的有关各种综合性经济指标的数据。资产、负债、所有者权益、营业收入、成本、利润等会计六要素指标，主要就是通过会计来核算的。实行经济核算制的企业，必须有独立的会计制度。所谓独立的会计制度，就是能用来独立计算企业盈亏的会计制度；企业实行自主经营、自负盈亏，以资本金作为实行自我约束和最终承担经营风险。需要通过会计来控制成本的降低和资金使用的节约，将本求利，获取最大的经济效益。至于其他指标，会计核算的记录中也是可以有所反映的，但在反映的广度和深度上有很大的局限性，一般不用会计来核算和反映。由于会计记录具有连续性、系统性、合法性、可靠性、综合性、全面性等特点，所以它的核算结果也比较正确，是经济核算中最重要的一种核算方法，它在整个经济核算中处于中心地位。

（2）统计核算

统计核算是利用业务核算资料，会计核算资料，把企业生产经营活动客观现状的大量数据表现，按统计方法加以系统整理，表明其规律性。它的计量尺度比会计宽，可以用货币计算，也可以用实物或劳动量计量。它通过全面调查和抽样调查等特有的方法，不仅能提供绝对数指标，还能提供相对数和平均数指标，可以计算当前的实际水平，确定变动速度，可以预测发展的趋势。统计除了主要研究大量的经济现象以外，也很重视个别先进事物与典型事例的研究。有时，为了使研究的对象更有典型性和代表性，还把一些偶然性的因素或者是次要的枝节问题，予以剔除，并不一定要求对企业的全部经济活动作完整的全面的时序的反映，以便对主要问题进行深入分析。上面所述施工企业经济核算指标体系中大部分指标就属统计指标。统计中所用的价值形式的指标，常常是根据会计所提供的资料经过计算得来的。

（3）业务核算

业务核算是各业务部门以业务工作的需要而建立的核算制度，它包括原始记录和计算登记表，如单位工程及分部分项工程进度登记，质量登记，工效、定额计算登记，物资消耗定额记录，测试记录等。业务核算的范围比会计、统计核算还要广，因为前两种一般是对已经发生的经济活动根据原始记录进行核算，而业务核算，不但可以对已经发生的，而且还可以对尚未发生或正在发生的经济活动进行核算，看看是否可做，是否有经济效果。它的特点是，对个别的经济业务进行单项核算，只是记载单一的事项，最多是略有整理或稍加归类，不求提供综合性、总括性指标。核算范围不太固定，方法也很灵活，不像会计核算和统计核算那样有一套特定的系统的方法。例如各种技术措施、新工艺等项目，可以核算已经完成的项目是否达到原定的目的，取得预期的效果，也可以对准备采取措施的项目进行核算和审查，看看是否有效果，值得不值得采纳，所以随时随地都可以进行。业务核算的目的，在于迅速取得资料，在经济活动中及时采取措施进行调整。因而也是改进企业管理、加强经济核算、提高经济效果所必需的，具有不可忽视的作用。

通过会计核算，统计核算和业务核算三种方法，达到对施工企业经济活动的各种指标进行分行和综合核算的目的。形成三条线进行核算的工作格局，即以生产经营部门为核心的计划与统计核算线，以财务部门为核心的会计核算线，以技术部门为核心的业务技术核算线。在这一系列活动中，努力创造一种对施工企业生产经营活动的全过程，在企业一切部门中，对一切人员的全部经济活动，进行全面的核算。即企业全面经济核算的良好环境。

11.7　建筑企业经济活动分析

11.7.1　经济活动分析的概念

经济活动分析是经济核算的一种重要方法，它是在会计、统计和业务核算提供资料的基础上，进一步对企业的经济活动进行分析、总结经验、发现问题、揭露矛盾、提出改进措施，为改善经营管理、提高经济效益指明方向。

经济活动分析是深入认识企业经济活动规律，并掌握运用这些规律，促使企业经济活动的正常发展，达到企业预期经营目标的一个重要方法。企业开展经济活动分析，也是挖掘企业生产潜力，促进增产节约，加强经济核算的重要工具。

11.7.2　经济活动分析的内容

企业的经济活动分析，可以针对企业的全面经济活动，也可以针对个别单位工程或专题进行。

① 生产情况分析　包括施工生产计划完成情况分析；工程质量情况分析；安全事故的分析；劳动计划完成情况分析；材料供应和消耗情况分析；机械化施工的分析等。

② 工程成本分析　包括工程成本的综合分析；单位工程成本分析；施工管理费分析等；

③ 利润的分析　包括利润形成情况的分析；利润分配情况分析；利润水平情况分析等。

11.7.3　经济活动分析的主要方法

（1）比较法

它是经济活动分析的基本方法，是利用指标数字进行对比分析，以便发现问题，分析产生差异的原因，一般是本期指标的实际完成情况同以下几方面的对比：

实际数与计划数比较，用以说明完成计划的程度，并指出进一步分析的方向。

本期实际完成数与前期完成数的比较，用以说明企业发展速度和经营管理的情况。

（2）因素分析法

又叫连环代替法或连锁置换法，可以分析多因素的影响，在应用本法确定某一因素的影响程度时，假设其他因素都不变，计算时要确定各因素的正确排列顺序。因素分析的计算方法是，以计划指标为基础，按预定的顺序，依次将各因素的计划指标替换为实际指标，每次替换的计算结果与替换前的数据比较，就可求得该因素对计划完成情况的影响程度，直到所有因素的计划指标都替换为实际指标为止。例如某砌砖工程，计划工程量是 600m³，按定额每立方米砌体用砖为 540 块，每块红砖的计划价格为 0.18 元；实际工程量为 580m³ 时，每立方米砌体用砖量为520块，红砖的实际价格为0.20元，试分析各因素的影响。按表11-6排列各因素的计算顺序，计算各因素的差值。

表 11-6 影响因素表

序号	因素	计划	实际	差值
1	工程量/m³	600	580	−20
2	红砖单价/元	0.18	0.2	+0.02
3	单位砌体用砖量/(块/m³)	540	520	−20
	所需红砖总费用/元	58320	60320	+2000

用连环代替法计算各因素对总费用的影响公式为：

砌体红砖总费用＝工程量×红砖单价×每立方米用砖块数

计算过程请见表11-7。

表 11-7 计算过程

项目	计算式	差值	原因
计划总费用	$600×0.18×540=58320$(元)		
第一次替换	$580×0.18×540=56376$(元)	−1944(元)	由于工程量减少
第二次替换	$580×0.20×540=62640$(元)	+6264(元)	由于红砖单价提高
第三次替换	$580×0.20×520=60320$(元)	−2320(元)	由于单位砌体用砖量减少
合计	$−1944+6264−2320=2000$(元)	+2000(元)	总费用超支

应该指出，当各因素排列顺序不同时，虽然总费用的差值是相同的，但各因素影响的差值可能不等。所以各因素的排列顺序，一经排定，不要轻易变动，使不同时期的分析结果有可比性。一般由于施工单位造成的因素应排在最后，使它产生的影响更接近于实际情况。

（3）差额计算法

差额计算法是因素分析法的一种简化形式，利用各因素的实际数和计划数之差来计算各因素的影响程度。仍以上例数据计算如下

由于工程量减少的影响：$(580−600)×0.18×540=−1944$（元）

由于红砖单价的提高

$$580×(0.20−0.18)×540=6264 （元）$$

由于单位砌体用砖量减少

$$580×0.20×(520−540)=−2320 （元）$$

砌砖工程红砖总费用的差值为

$$−1944+6264−2320=2000 （元）（超支）$$

（4）平衡法

平衡法是利用"四柱平衡"原理分析经济指标的一种方法。适用于有各种平衡关系的指标分析，方法简明适用。四柱平衡法的原理是

期初余额＋本期增加＝本期减少＋期末余额   (11-34)

上述等式两边是平衡的，任何一个数的变动都会影响其他三个数的变动，否则不能保持平衡。

表 11-8　差额计算表

项目	计划	实际	项目	计划	实际
期初余额	800	800	本期减少	100	120
本期增加	150	200	期末余额	850	880
合计	950	1000	合计	950	1000

从表 11-8 可以看出，流动资金期末余额增加了 30 万元，是由于"本期增加"超过计划量 50 万元，又由于"本期减少"超过计划量 20 万元，两项相抵后净增 30 万元，这样可进一步分析成本增加及减少是什么原因。

习　题

1. 建筑企业资金管理的主要任务是什么？加强建筑企业资金管理有哪些途径？
2. 建筑产品成本包括哪些内容？什么是成本管理？
3. 建筑企业的成本管理的任务和程序是怎样的？
4. 建筑企业成本控制的步骤和方法有哪些？
5. 建筑产品利润率有哪些指标？如何计算？建筑企业有哪些办法增加利润？
6. 什么是经济核算、经济核算制？经济核算的内容和方法是什么？
7. 某瓦工班本月砌砖基础耗用水泥的有关资料如表 11-9，试分别用因素分析法和差额计算法分析各因素的影响。

表 11-9　本月砌砖基础耗用水泥

指标	计划数	实际数
1. 砌砖工程量/m³	200	220
2. 每平方米砌砖水泥用量/kg	460	483
3. 每千克水泥单价/元	0.4	0.45
4. 水泥费用/元	36800	47817

参 考 文 献

[1] William G. Sullivan. 工程经济学. 第13版. 邵颖红等译. 北京：清华大学出版社，2007.6.

[2] 黄有亮.《工程经济学》. 第二版. 南京：东南大学出版社，2006.5.

[3] 赵国杰.《工程经济学》. 天津：天津大学出版社，2010.2.

[4] 刘玉明.《工程经济学》. 北京：清华大学出版社，2006.4.

[5] 万威武.《可行性研究与项目评价》. 第二版. 西安：西安交通大学出版社，2008.3.

[6] 李蕙民.《工程经济与项目管理》. 北京：中国建筑工业出版社，2009.9.

[7] 全国一级建造师执业资格考试用书编写委员会.《建设工程经济》. 北京：中国建筑工业出版社，2010.

[8] 杨建昊，金立顺.《广义价值工程》. 北京：国防工业出版社，2009.

[9] 王乃静.《价值工程概论》. 北京：经济科学出版社，2006.

[10] 孙继德.《建设项目价值工程》. 北京：中国建筑工业出版社，2004.

[11] 罗伯特 B. 斯图尔特.《价值工程基础方法》. 邱菀华译. 北京：机械工业出版社，2007.

[12] 刘伊生.《建筑企业管理》. 北京交通大学出版社，2007.

[13] 刘心萍.《建筑企业管理》. 北京：清华大学出版社，2007.

[14] 刘建忠.《建筑企业管理与实践》. 北京：中国环境科学出版社，2007.

[15] 中国建设监理协会编写.《建设工程投资控制》. 北京：清华大学出版社，2007.

[16] 徐蓉.《工程造价管理》. 上海：同济大学出版社，2010.

[17] 徐蓉.《建设工程工程量清单与造价计算》. 上海：同济大学出版社，2006.

[18] 刘晓勤.《建设工程招投标与合同管理》. 上海：同济大学出版社，2009.

[19] 刘钟莹.《建设工程招标投标》. 南京：东南大学出版社，2007.

[20] 建设部发布.《建设项目经济评价方法与参数》. 北京：中国计划出版社，2006.

[21] 《投资项目可行性研究指南》编写组.《投资项目可行性研究指南》. 北京：中国电力出版社，2006.

[22] 全国造价工程师执业资格考试培训教材编审组编.《工程造价管理基础理论与相关法规》. 北京：中国计划出版社，2009.

[23] 刘晓君.《工程经济学》. 北京：中国建筑工业出版社，2008.

[24] 郭献芳.《工程经济分析》. 北京：化学工业出版社，2008.

[25] 简德三.《项目评估与可行性研究》. 上海：上海财经大学出版社，2004.

[26] 李南.《工程经济学》. 北京：科学出版社. 2004.

[27] 曹玉贵.《投资项目经济评价理论与方法》. 郑州：黄河水利出版社，2006.

[28] 梁静国.《管理决策仿真》. 哈尔滨：哈尔滨工程大学出版社，2003.

[29] 谭大璐，赵世强.《工程经济学》. 武汉：武汉理工大学出版社，2008.

[30] 王恩茂.《工程经济学》. 北京：科学出版社，2010.